이미륵 평전
105년 만의 귀환

이미륵 평전
105년 만의 귀환

박균 | 정규화 공저

이로

프롤로그 :

105년 만의
귀환

그래펠핑 공원묘지 추모홀에서 거행된 이의경 애국지사 유해봉환 추모식

2024년 11월 14일 이른 아침 시간, 독일 뮌헨 근교의 작고 조용한 도시 그래펠핑의 공원묘지. 추모홀 부속 건물엔 검은색 정장 차림의 한국인들이 분주하게 움직이고 있다.

높고 둥근 아치형 창문 아래에 〈이의경 애국지사 유해 봉환 추모식〉

이라는 문구가 적힌 현수막이 벽에 걸리고, 하얀 장미가 가득 담긴 두 개의 꽃바구니가 흰 천이 깔린 테이블 위 양쪽에 놓인다. 그 뒤로 여섯 개의 촛대가 세워지고, 누군가의 섬세한 손길로 촛불을 켠다. 테이블 앞 양옆으로 흰 꽃으로 채워진 큰 화환들이 놓이고, 태극기와 독일기도 나란히 세워진다.

이어서 이의경 지사의 유해가 담긴 함과 영정 사진이 놓이고, 그의 대표작 〈Der Yalu fließt〉 독일어 초본을 비롯해, 한국어 번역본 〈압록강은 흐른다〉가 테이블에 가지런히 놓인다.

한국에서 파견된 보훈부 정부대표단과 프랑크푸르트 한국 영사관 담당 직원들이 의식 순서에 따른 리허설을 마무리할 때쯤 재독 한인 교민과 독일인들이 속속 모이더니 정해진 10시가 되자, 추모홀은 금방 만석을 이루었다.

뜻밖의 소식을 듣고 독일 곳곳에서 달려온 그들의 표정엔 이미륵 박사를 떠나보내는 아쉬움이 역력해 보였다. 누군가 "저기 하늘 위에서 이미륵 박사님이 우리를 내려다 보시며 환하게 웃고 있어요."라고 즐거움을 가장해 높은 톤으로 외치기도 하고, "늦긴 했지만, 살아생전 그토록 그리워하셨던 고국으로 돌아가시게 되었으니 다행이다."라고 서운한 마음이 묻어나는 어조로 말하기도 했다.

고향을 떠나와 독일 땅에서 긴 세월을 살아오면서 이방인의 고독을 절감했던 그들은 서로 깊은 눈빛을 주고 받으며 서운함을 비워낸 쓸쓸한 체념으로 이미륵 박사의 귀환을 축하했다.

다섯 명의 귀빈이 묘지에 들러 예를 표하고 추모홀로 돌아와 차례로 헌화하며, 뒤이어 묵념을 올리고, 한국의 애국가와 독일 바이에른주의 찬가가 차례로 한국인들에 의해 독일인들에 의해 불리었다.

프랑크푸르트 총영사관과 그래펠핑 시장, 국가 보훈부 담당관, 귀빈으로 참석한 오틸리엔 수도원 신부님 등의 추모사가 차례로 이어지고, 유족 대표가 화답 인사를 했다.

일본 식민 권력에 맞선 자랑스러운 독립운동가이자 최초의 한국 주독대사 역할을 하셨던 이미륵 박사님의 유해봉환 행사에 자리하고 있습니다. 독일과 그래펠핑에서 보낸 그의 세월과 그의 활동은 두 문화와 국가 사이에 오래도록 지속될 인연을 만드신 자랑스런 이미륵 박사님의 뜻을 잘 새겨서 한독관계 발전을 위해 계속 노력해 나가야 할 것입니다.(주한 프랑크푸르트 총영사)

오늘 이 박사님 유해봉환 추모식에 많은 분들이 참석하여 기쁩니다. 운명하신지 수십 년이 지난 오늘 이 박사님 유해는 고국으로 봉환됩니다. 유해는 송환되지만, 무덤은 추모 공간으로 계속 보존 및 관리될 것입니다. 이는 그래펠핑 시로서는 당연한 일이며 우리에게는 큰 영광입니다. 이 묘소는 수 십년 동안 한국과 독일, 그래펠핑 간의 연결고리 역할을 해 왔기 때문입니다.(그래펠핑 시 시장)

정부를 대표해서 이의경 지사님을 잘 모시고 돌아 가겠습니다. 이국 땅에 잠들어 계시는 독립운동가를 고국으로 모시는 것은 국가의 의무이자 책임입니다. 여기에 와서 보니 이 지사님이 독일에서 여러가지 훌륭한 일을 하신 것을 보고 깊은 감동을 받았고, 시장님과 그래펠핑 시민, 그리고 교민의 지원과 헌신 덕분에 이 품격 있는 귀향이 가능했습니다.(국가 보훈부 보훈문화정책실 실장)

이 박사님은 권위있는 작가로서 자유를 갈망하고 불의에 항거하면서 한국과 독일 양국을 연결하는 문화 가교 역할을 하셨습니다.

우리가 출간한 이미륵의 문학 작품이 네 권으로 요약되어 있으며, 이는 작지만 중요한 유산입니다.(상트 오틸리엔 수도원 EOS 출판 원장)

그간 할아버지의 묘소를 지켜주시고, 매년 할아버지의 추모제를 봉헌해 주신 여러분들에게 깊은 감사를 드립니다. 할아버님도 지하에서도 늘 기뻐하시며 한국인임을 자랑스러워 하셨을 겁니다.(유족대표 증손녀 이주연)

공원 묘지 추모홀 2층에 대기하고 있던 초청 성악가가 피아노 반주에 맞추어 한국 가곡 '가고파'와 '그리운 금강산'을 연이어 불렀다. 애절한 곡조가 홀 안을 휘감아 돌자 분위기는 더 숙연해졌다.

다만 지난 10여 년 동안 추모제를 올릴 때마다 매년 온 정성을 다해 제사 음식을 크게 차려내며 행사 참여자들에게 음복飮福의 덕을 베풀어 왔던 전 뮌헨 한인회 신 회장은 소리 없는 눈물로 작별의 슬픔을 꾹꾹 참아내고 있었다. 그녀의 애틋한 모습에서 불현듯 1950년 3월 24일 바로 이곳 그래펠핑 공원묘지에 삼백여 명의 독일인 조문객 행렬이 길게 이어졌던 이의경 애국지사의 장례식 장면을 묘사한 그의 독일인 친구 엘리자베스 샬크의 추모글이 떠올랐다.

"찬란히 푸른 하늘, 따뜻한 태양, 아름다운 봄날. 작고 조용한 공동묘지, 한 무덤가엔 꽃들로 풍성하게 화환이 둘러쳐 있고, 만개한 꽃들은 향기를 자아내고 그 주위로 벌들이 윙윙 소리를 내며 날아다니고 있고....... 그것은 마치 이 마지막 안식처 너머 소리 없는 청명함과 시정詩情이다. 그의 생에서 태양은....... 그렇질 못했다. 조용히 그리고 너무도 빨리 그는 우리 곁에 머물지 않고 세상을 떠났다. 이미륵은 너무도 멀리 그의 고향을 떠나왔고, 그를 뒤따르는 무리 가운데 누구도 그와 친족 관계에 있는 사람은 없었다. 그들 모두는 자신들의 생의 가치를 충만하게 해주었던 한 인간을 위해, 그리고 그들 자신의 충만한 내면을 함께 나누고자 했던 친구이자 교육자였던 한 동양인을 위해, 그리고 우리에게 그의 어릴 적 해맑은 본성과 아름답고 소박한 인성을 투영한 작품을 우리에게 선사했던 작가를 위해 모든 사람이 애도하고 있다.

"눈물을 흘리지 마세요." 친구들 가운데 누군가 엄숙하게 말한다.

"그는 마침내 고향을 찾았을 테니까요, 죽은 후에야 찾은 영원한 땅, 신성함 속의 고향을 말입니다."

지독히 가난하고 고독했던 한국인 이방인에게 따뜻한 가족의 사랑을 나누어 주었던 자일러 일가의 사람들, 돈독한 우정을 나누었던 독일인 친구들과 지인들, 그리고 그의 제자들이 한마음으로 기도했던 대로 이미륵은 그의 사후 74년 만에 고국으로 돌아가게 되었다.

하늘길 동행

2024년 11월 15일, 정부를 대표하는 보훈부 직원들이 지극히 정중하고 세심한 손길로 이의경 애국지사의 유해를 봉함하여 뮌헨발 인천행 루프트한자 비행기에서 배려해 준 특별한 공간에 모셨다.

비행기가 굉음을 쏟아내며 빠른 가속으로 뮌헨 하늘 위로 솟아오르자, 해넘이에 반쯤 걸린 태양과 그 주변으로 넓게 펼쳐진 붉은 노을 띠가 한눈에 들어왔다.

저 너머 어디쯤 있을 이미륵 박사의 마지막 안식처였던 그래펠핑 공원묘지에 깃든 고즈넉함.

그의 성공작 〈압록강은 흐른다〉를 집필했던 아킬린다 슈트라쎄의 집 마당에 세워진 그의 기념비 아래 '이미륵의 낯선 땅 고향, 한국 작가 이 곳에 살다. 1937년~1950년' 라고 새긴 동판 위에 켜켜이 쌓인 낙엽에 물든 가을빛 쓸쓸함.

쿠르트 후버 교수의 추모기념동판과 '사랑으로 세상을 보는 사람에게는 가시 동산이 장미 동산이 되리라'라고 새긴 이미륵 박사의 기념동판이 걸린 그래펠핑 시청 앞 작은 추모공원에 깃들어 있는 두 의인의 참 우정의 순결한 허무.

구름층에 도달하니 육안이 닫히는 막막함에 필자는 자연스럽게 상상의 심안에 의지해, 지난 10여 년간 찾아다녔던 '이미륵 박사 생의 발자취' 이곳저곳에 깃든 이방인의 슬픈 고독을 스케치해 보며 11시간의 비행시간을 보냈다.

첫 도착지였던 독일 중부 뮌스터슈바르차하 수도원의 전경. 넓게 펼쳐진 황량한 들판 한 모퉁이에 놓인 작은 벤치에 홀로 앉아 그 옆을 흐르는 작은 시내를 바라보며 고향의 어머니와 누이들을 그리워하는 스무 살 청년 이의경.

뷔르츠부르크 의과대학 시절을 보낸 마인강 마리엔 브뤽케 근처 라이스텐 슈트라쎄 4번지의 운치 있는 4층 저택 꼭대기 층 창가에 서서 망국 현실을 깊이 고뇌하던 유학생 이의경.

하이델베르크 의과 대학에서 임상 의학 과정에 집중하면서 서양의학에 대한 소극적 저항의식이 내부에서 요동치는 것을 감지하고, 다시금 생로生路의 큰 선회를 고민하며 하이델베르크의 검은 넥카 강을 가로지르는 붉은 벽돌과 아치형 교각의 고풍스러운 기품이 돋보이는 카를 테오도르 다리를 건너가서 한적한 철학자 거리를 거닐던 의학도 이의경.

뮌헨대학 근처 잉글리셔 가르텐을 가로질러 빠르게 흐르는 이자르강의 역동성에 힘입어 내면에 고착된 습관적 사고를 과감하게 떨치고 나와 부모님이 지어준 본래의 이름에 또 하나의 펜네임을 스스로 지어내어 작가의 길로 선회하는 이미륵.

첫 원고를 집필했던 알프스 아르츠바하의 작은 민박집과 발트헤르 산장.

한국적 이야기를 재생하는데 몰두했던 님펜부르크 성 부근 뇌르틀리헤 아우프파르츠알레 25번지 양부모 자일러 박사의 저택과 운하.

성공작 〈압록강은 흐른다〉를 집필한 그래펠핑 아킬린다 슈트라쎄 46번지.

그가 즐겨 다녔던 산행길과 사색의 공간들, 알프스산맥의 거대한 카르벤델, 카이저 베르크, 루폴딩의 그루타우, 베르크, 슈타른베르크 호수, 뷔름강 등등.

창가의 비좁은 자리에 꼼짝없이 앉아 장면들을 그리다가 틈틈이 혼절하듯 선잠을 오가며 자다 깨기를 수차례 반복하고 일어나보니 비행기는 어느덧 서해 앞바다에 떠 있었다. 선잠의 미몽이었는지, 아니면 의도적인 상상이었는지 창가에 맺힌 이슬에 반사된 이미륵 박사의 빈 시선을 본 듯하기도 하고, 그의 꾹 다문 입술 사이로 탄식의 일성이 울려 나오는 것을 들은 것 같기도 했다.

'고향을 떠났던 어머니의 하나밖에 없는 귀한 아들, 이제야 집으로 돌아왔구나. 한 줌 유해로!'

**떠난 자의 운명은
떠나온 그 자리로 돌아왔을 때, 비로소 완성된다**

인천공항 의장대의 이의경 지사 유해 운구 장면

2024년 11월 16일, 인천국제공항에 도착한 그의 유해는 기내에서 국방부 의장대에 인계되었다. 의장대의 절제된 걸음으로 공항 출구를 빠져나온 이의경 애국지사의 유해는 레드카펫이 길게 깔린 길을 따라 느리고 정중한 한 걸음 한 걸음으로 공항 14번 게이트에 마련된 봉환식 공간으로 이동하였다.

보훈부의 이미륵 박사의 유필 "平生 一片心"(사진)을 주제 모티브로 한 '평생 일편심 우리나라 만세'를 슬로건으로 내걸린 봉환식장의 제단 위에 그의 유해가 정중하게 모셔지고, 국가 의례가 거행되었다.

그의 행적을 한 컷 한 컷의 사진들과 기사들로 엮은 아주 짧은 다큐 영상이 대형 스크린에 상영되었고, 사회자가 낮고 깊은 톤으로 나레이션을 진행하였다. 뒤이어 이미륵의 자전적 소설 〈압록강은 흐른다〉에서 일경에 쫓겨 압록강을 건너는 긴박한 장면과 소설의 마지막 텍스트를 독일 출신의 유명 방송인이 낭송하였다.

"나는 너를 믿는다. 용기를 내거라. 너는 국경을 무사히 넘어 반드시 유럽으로 갈 수 있게 될게다. 이 어미 걱정은 절대 하지 말거라, 나는 네가 돌아올 때까지 조용히 기다리고 있을 테니. 세월은 빨리 지나간단다. 혹여 우리가 다시 만나지 못한다고 할지라도 너무 슬퍼 말거라. 너는 내 생에 가장 큰 기쁨이었다. 이제 혼자 네 길을 가거라."

유족 대표를 비롯한 귀빈들이 제단 위에 흰 국화를 올렸고, 보훈부 장관이 건국훈장 애족장을 헌정한 뒤 봉환사를 낭독하였다.

"머나먼 독일 땅으로 건너가서도 지사님의 조국을 향한 사랑은 변함이 없으셨습니다. (…) 대한민국은 물론 독일에서도 독립운동의 길을 개척하여 일제의 강압적인 통치에 항거하신 이의경 지사님의 독립정신에 다시 한번 경의를 표합니다. (…)

독일 정부는 우리 국외소재문화재단과 함께 그래펠핑 시의 후버거리에 동판을 세워 독일인의 벗이자 한국과 독일의 가교가 되신 이의경 지사님을 기리고 있습니다. (…) 압록강을 건너 조국을 떠나신 지 105년 만에 돌아 오시는 이의경 지사님께서 국민의 추모와 예우 속에서 영면하실 수 있도록 만전을 기할 것입니다. (…)"

이어서 추모 공연이 펼쳐졌다. 바리톤과 소프라노의 이중창으로 김효근 작곡 '눈'이 불렸다.

> "가슴에 새겨보리라 순결한 임의 목소리 바람결에 실려 오는가 흰 눈 되어 온다오. (...)"

행사가 끝나고 국방부 의장대를 선두로 하여 유족 대표와 보훈부 장관을 비롯한 100여 명의 참석자가 뒤따르는 봉송의식을 마치고 이의경 지사의 유해는 대전 현충원으로 향했다. 육중한 운구 차량이 경찰차의 인도를 받으며 인천공항을 천천히 빠져나갔다. 번잡한 도심을 통과하여 고속도로에 진입한 차량은 지체된 시간만큼 속도를 내어 빠르게 달렸다.

마침내 차량이 현충원 경내에 들어서자, 도로 양쪽으로 태극기가 길게 늘어서 있고, 노랗게 물든 은행나무와 붉은 단풍나무에서 떨어진 낙엽들이 바람에 날리는 게 보였다.

1919년 11월 일경에 쫓겨 차가운 압록강을 건너 낯선 땅 독일로 떠났던 스무 살의 애국 청년 이의경은 이방인의 고독한 여정을 끝내고, 자유로운 빈 몸으로 돌아와 대전 현충원 제7묘역 옛 애국 동지들 곁에 묻히면서 비로소 떠난 자의 운명을 마무리하고 진정한 영면에 들었다.

이 책은 2010년 3월에 출판된 초판본 이미륵 평전의 제2판본으로, 애당초 공저자인 고故 정규화 박사 서거 10주년을 기하여 기획된 것이었다. 원고의 내용을 수정 보완하고, 새로운 단상들을 첨가하는 등 교정작업이 마무리될 때쯤, 이미륵 박사의 유해가 105년 만에 고국으로 귀환하는 일정이 세부적으로 결정되면서 필자는 모든 일정을 멈추었다.

독일에서 작별의 추모식을 올리고, 이미륵 박사의 유해와 하늘길을 동행하고, 한국에서 경건하고 장엄한 봉환식을 치르고, 그리고 대전 현충원 안장식에서 그의 유해에 허토(虛土)를 올리는 등등 일련의 과정에서, 문득 '떠나는 자의 운명을 타고난 그가 떠났던 그 곳으로 되돌아와, 그 자신의 운명을 완성'하는 광경에서 필자는 '생'의 신비와 '인연'의 경이로움을 느꼈다.

19세기의 마지막 해인 1899년에 태어난 이미륵은 격변의 20세기를 거쳐, 초고속 변화의 시대인 21세기 세 번째 밀레니엄의 초입에 이르러 눈부신 발전을 이룩한 그의 조국으로 돌아왔다. 세계는 전쟁 중이다. 우연히도 그가 돌아온 지 채 한 달도 되지 않아 우리에게도 마치 전쟁과도 같은 대 혼란이 야기되었고, 세상 밑바닥에 감추어져 있던 은밀한 비밀들이 폭로되면서 사람들은 정신적 혼란으로 우왕좌왕하며 대변혁의 시간 터널을 지나가고 있다.

이미륵의 자전적 소설 〈Der Yalu fließt 압록강은 흐른다〉가 발표되었던 1946년 당시의 사회적 상황도 지금과 비슷했다. 당시 세계대전의 패배로 승전국에 의해 독일은 동·서로 쪼개졌고, 순식간에 철책으로 둘러쳐진 경계선 밖에서 사람들은 갑작스러운 이별의 고통과 실향의 지독한 상실감을 끌어안고 정신적 혼란의 시간 터널을 통과하고 있었다.

독일의 지성인들은 파괴된 건물을 재건하는 것보다는 히틀러 시대에 그들 스스로 소외시켰던 인간 영혼을 재건하기 위한 '포럼'들을 만들기 시작했고, 독일의 중심지였던 뮌헨 근교의 그래펠핑에도 다양한 분야에서 여러 개의 포럼이 설립되었으며, 바로 그 포럼들의 중심에 한국인 이미륵이 있었고, 독일인들은 그를 정신적인 지도자로 여겼다.

"몹시 야위고 키가 큰 그 친구가 정중한 자세로 친목 모임 〈월요 토론회〉에 나타났다. 그는 우리 인간이 구현했던 기적들에 대해 담론을 만들어 내면서 끝없이 곰곰이 생각할 수 있게 했던 것들에 점점 더 깊이 빠져들었던 그때의 한밤중 순간들에 빛났던 그의 신비로운 광채가 잊혀지지 않는다. 진실과 선함의 상태에서 외경심과 인내심을 정도正 道로 삼았을 때 어쩌면 한 번은 만날 수 있을지도 모를 최고의 선을 찾으려 했던 그의 삶은 순례의 여정 같은 것이었다.

세상을 떠나기 며칠 전, 그는 우리가 창조해 낸 것들, 문화와 종교의 진정한 자산들에 경외심을 가져야 한다고 말했다. 그것은 그것들이 우리 속에 있는 영원을 상징하는 것이기 때문이라고 했다. 이미륵은 참 신앙인이었고, 무경계의 정신에 매료되었던 사람이었다. 그의 자유로운 영혼이 과연 어떤 샘물에서 성장했는지를 말하고자 한다면, 우리는 전 세계의 정신사에서 어떤 하나를 투사해 볼 필요가 있다.

그것은 무엇보다 그가 바로 유럽의 중심인 독일을 선택했다는데 심오한 의미가 있을 것이기 때문이다. 말하자면 그는 인간 영혼이 괴리되어 버린 작금의 세계를 다시 한 번 정도正道에 되돌려 놓을 아르키메데스의 점을 바로 이 괴테의 나라에서 찾으려 했다. 그것은 단지 독일인의 영혼만이 아닌, 인류의 우주적인 영혼에 봉사할 수 있도록 최고의 유익한 포럼을 이 땅에 선물했다는 점에서 더 큰 의미가 있다."[1]

독일인들은 이미륵을 국가와 민족, 신념이라는 모든 경계를 뛰어넘어 인간에겐 가장 힘든 일인 '한 인간이 되는 것 ein Mensch zu sein'에 진심이었던 몇 안 되는 사람들 가운데 한 사람으로 여겼고, 순수하고 열정적인 인간적 소명의식을 실제로 행동으로 실천했던 이미륵의 휴머

---

1 Kurt Brem, Mirok Li - Mensch aus dem Geist, Münchener Merkur 1950년 3월 27일

니즘을 '완전한 인간의 한 초상'으로 평가했다.

  세계 2차대전의 패배로 극심한 정신적 혼돈에 빠져 있던 독일인들에게 인간적 휴머니즘을 새롭게 재건하도록 '동양의 인仁 사상'이라는 영혼의 씨앗을 심어주었던 '이미륵의 생 이야기'가 오히려 새로운 밀레니엄이라는 대혼란의 시대를 통과하고 있는 작금의 우리에게 "본래의 우리다움"을 각성시키는 기억 스펙트럼으로 작동되길 기대해 본다.

2025년 1월

저자 박 균

초판 서문

1946년, 작가 이미륵의 독문소설 《Der Yalu fließt. 압록강은 흐른다》가 뮌헨의 피퍼 출판사에서 출간되었을 때 독일 전역의 각 신문사들은 일제히 찬사를 쏟아냈고, 주요 잡지의 여론조사에서 "올해 가장 훌륭한 독일어로 씌여진 책은 외국인에 의해 발표되었는데, 그가 바로 이미륵이다"는 기사를 발표했다.

1945년 2차 세계대전의 패배로 히틀러 시대는 막을 내렸지만, 독일 사람들은 폐허더미 속에서 몰락과 실향失鄕의 지독한 상실감에 빠져들었다. 이미륵의 소설은 치명적인 우울증에 시달리던 독일인들에게 순수한 영혼에 대한 동경憧憬과 이상향을 회복시켜 주는 푸른 기적을 일으켰다.

의학도였던 청년 이미륵은 1919년 3·1 항일운동 참가 이후 새롭게 결성된 독립운동단체 '대한청년외교단'에 편집부장으로 적극 가담하여 활동하던 중 일본경찰에 쫓겨 상해로 건너가 '대한 적십자대 대원'으로 활약하다가, 1920년 5월 독일로 망명해 유학생활을 시작했다.

뷔르츠부르크 대학과 하이델베르크 대학에서 의학을 공부하던 중 1925년 뮌헨대학으로 전학해 1928년 '동물학' 박사학위를 받았다. 그러나 1931년부터 그는 본격적인 작가의 길로 선회했고, 1946년 자전소설 《압록강은 흐른다》를 발표해 마침내 작가로서 큰 성공을 거두었다. 그리고 1948년 독일작가보호협회에서 발간한 잡지 《슈리프트슈텔러》에 전후戰後 독일문단의 당면문제와 관련하여 문학의 순수성 – 정치적 무성향과 비 당파성 – 회복을 강조하는 담론의 글을 발표해 주목을 받기도 했다. 그 해 1948년부터 뮌헨대학 동양학부 외래교수로 초빙되어 한국학과 동양철학을 강의하면서 교육자로서의 새로운 도전을 감행했지만, 1950년 3월 20일 51세의 일기로 뮌헨 근교 그래펠핑에서 짧은 생을 마감했다.

이미륵은 독일 사람들로부터 진정한 휴머니스트 '완전한 인간'이라는 찬사를 얻었고, 오랫동안 그들의 기억 속에서 회고되었다.

이 책은 암울했던 시대 한 가운데서 찬란한 지성과 순수예술을 꽃피웠던 독일 망명 작가, 한국인 이미륵의 생애와 그의 작품, 그리고 교육자로서의 철학과 사상에 대한 총체 이야기이다.

그의 성공작 《압록강은 흐른다》를 비롯해 독일 잡지에 발표된 수십 편의 단편들, 유고로 남겨진 미발표 타자본 원고들, 백여 편의 서평書評들, 철학 강의록, 한국어 문법, 그리고 수십 통의 편지들, 지인知人들의 증언 내용들을 마치 육중한 과거 시간의 시계 태엽톱니에 걸려 나오는 그의 일점一點 '생'의 단편들로 재생했다. 그리고 그것을 '미륵'에 함의된 출생의 이야기로, 푸른 압록강을 건너 독일로 망명해 어느 수도원 뒤 울창한 숲길을 걷는 고독한 청년 미륵의 이야기로, 이자르 강을 배회하는 가난한 보헤미안 미륵의 이야기로, 순수예술을 추구했던 작가 미륵의 이야기로, 그리고 고결한 교육자 미륵의 이야기로 배열시켜 '인물 이미륵'으로 재구성한 것이다.

이미륵은 모든 인간 영혼의 가장 깊숙한 일 숨의 호흡에서 솟구쳐 오르는 원천적 '생'의 리듬을 인지했던 진정한 예술가이다. 그리고 그는 이러한 본원적 리듬을 깨뜨리는 그 어떤 당파적 성향도 허용하지 않았던 인간 정신의 절대적 자유를 신봉했던 철학자이며, 실천적 행동가이다. 독일 사람들에게 깊이 각인된 이미륵의 '완전한 인간'이라는 초상肖像은 '정신적인 모든 것을 호흡하고자 했던' 절대 자유인 이미륵에 대한 회상回想이다.

필자는 되도록 '완전한 인간, 이미륵'의 초상이 개방적으로 '관조'될 수 있도록 실제적 단상들을 그대로 배열하는 데 치중했으며, 그의 작가적 기법과 철학적 사상을 함축하고 있는 단편의 글들은 가능한 전문全文을 번역하여 싣고자 노력했다.

다만 독일에서 그의 발자취를 따라 찾아다녔던 알프스의 카이저베르크, 루폴딩, 아르츠바흐, 거대한 슈타른베르크 호수, 뮌헨대학 근처의 잉글리쉬가르텐, 슈바빙 거리, 이자르 강과 하이델베르크의 검푸른 넥카 강, 뮌스트슈바르차하 수도원과 뷔르츠부르크 등의 장면들은 이야기를 형상화하기 위한 공간적 여백 처리로 스케치된 것임을 밝혀둔다.

이미륵 서거逝去 60주년을 맞이한 경인년에 부족한 글이나마 고인故人의 영전에 올릴 수 있게 된 것은 정규화교수와 부인 황정로교수, 노환홍교수, 유족대표 이영래, 독일의 송준근 회장을 비롯한 여러 후원자의 덕택이다.

이 작은 책 한 권으로 모든 소중한 인연과의 은덕을 공유할 수 있게 되길 소원한다.

끝으로 범우사의 편집부 여러분께도 고마운 마음을 전한다.

2010년 2월
저자

차례

프롤로그 :
105년 만의 귀환 · 5
하늘길 동행 · 9
떠난 자의 운명은 떠나온 그 자리로 돌아왔을 때,
비로소 완성된다 · 12

초판 서문 · 18

제1장 출생과 성장

점지된 아들, 미륵 · 29
부드러운 남풍의 기억 · 31
허공의 바람벽에 서다 · 33

제2장 망명 생활의 시작

격동의 혼돈 속으로 · 39
상해에서의 망명 생활 · 46

제3장 독일에서의 유학 생활

고독한 이방인 · 53
자기성찰의 시간 · 56
뷔르츠부르크 의과대학 시절 · 61
안개비에 젖은 도시, 하이델베르크 · 67
회색 도시, 뮌헨 · 71
〈한국의 문제〉· 76
회류回流하는 강, 이자르 · 82
인식의 자유, 그 신비의 재생력 · 86

제4장 작가 생활

슈바빙의 보헤미안 · 91
첫 산행 · 94
도덕적 선善의 한 단상을 이야기하다 · 98
겨울의 시린 날들을 견디고 나니 봄꽃 인연이 오다 · 103
떠나는 자와 남는 자 · 108
지식을 표상하다 · 110
서양문명의 이율배반적 사고를 비판하다 · 114
'한국적인 것'을 회고하다! · 119
기독교와 유물론 · 124
이질異質과 공감共感의 미학 · 128
순수한 인간 영혼의 한 초상 - 수심에 잠긴 아이 · 135
단편 〈수암과 미륵〉 - 1935년 · 141
언어를 향한 파토스 · 145
새로운 마음의 통로가 열리다 · 153

제5장 문학의 세계관적 전략으로 '순수'를 이야기하다

그래펠핑에서의 새로운 삶 · 161
산행 · 165
어린시절의 회상 - 유년의 기억 회로에 담긴
역사적 변화의 타격을 표상화 · 167

제6장 백장미의 고결한 순교자,
쿠르트 후버를 추모하다

첫 만남 · 175
운명적 재회 · 179
고결한 백장미의 혼魂 · 186
고결한 영웅의 죽음은 고독했다 · 189

제7장 순수의 초상 '압록강은 흐른다'

소설 〈압록강은 흐른다〉를 탈고하다 · 193
무위의 카오스 · 196
안궁安窮의 생 철학 · 199
'푸른 압록강'의 기적奇蹟 · 204
〈압록강은 흐른다〉의 작품분석의 변辯
 - 순수의 초상을 세우다 · 212
한국, 한국문화, 한국인을 동경한 독일인들 · 233

제8장 사라진 원고의 비밀

이별, 그리고 의혹의 밑 마음 · 243
단편, 아들을 위한 투쟁 - 어느 한국 어머니의 이야기 · 248
서양으로 향한 길 · 252
무제無題... 그래도 압록강은 흐른다 · 257

제9장 동양 철학교수로서의 마지막 생

새로운 만남, - 인연은 숙명의 바람결 진동으로 온다! · 267
동양인 동양학자 이미륵과 서양인 동양학자 해니쉬의
만남 · 271
동양의 중도中道 사상 - 무성향・비 당파성 · 273
한국어 강의 - 소리 언어의 자유로운 확장성을 알리다 · 280
한국 '이야기' - 평화와 자유의 사회적 공감을 코드화하다 · 286
맹자의 위대한 실천교육의 철학을 펼치다 · 294
동양적 '시상詩想'의 경험미학 · 300
위대한 동양사상의 초석, 논어로 대화하다 · 307
무상無常의 단편, 마지막 생의 스케치 · 310

제10장 찬란히 아름다운 죽음

마지막 산행 · 319
죽음의 푸른 강 저 너머로 · 322
아름다운 생이여! 찬란한 더 아름다운 죽음이여! · 326
그 후로도 오랫동안...... 그를 기리며 · 331
〈무던이〉의 슬픈 사랑 이야기 · 338

제11장 영혼의 귀환, 저편과 이편을 잇는 가교를 세우다

오랜 이별, 그리고 슬픈 해후의 이야기 • 345
〈압록강은 흐른다〉 한국의 이야기로 귀향하다! • 349
애국지사 이의경의 105년 만의 귀환, 떠난자의
운명을 완성하다! • 351

제12장 정규화 자료 수집 40년, 증언자들을 회고하며

Dr. Lotte Wölfle – Otto Seyler
Gutensohn – Schneidewin – Bartscht – Schalk
Prof. Dr. Herbert Göpfert ‖ Prof. Dr. Wolfgang Bauer
Prof. Dr. Günther Debon ‖ Dr. Hans Dolezalek
Georg Gabritschevsky ‖ Dr. Ludwig Döderlein
Dr. Edmund Gans ‖ Walter Leifer ‖ Margott Dias
Lina Seizer ‖ Else Sigmundt ‖ Clara Huber
Egon-Bernhard Wehner ‖ 김재원 박사
Pro. Dr. Andre Eckert – Prof. Dr. Hermann Lautensach –
Dr. Anselm Schaller – Dr. Irmgard Sartorius ‖ 이의정

참고 문헌
이미륵 연보

제1장
출생과 성장

해주 생가(화살표)

점지點指된 아들, 미륵

황해도 해주, 수양산 자락에 자리한 평화로운 고을 서영정.[2]

꽤 성공한 상인으로, 또 천석 지주로 남부러울 게 없었던 이동빈의 간절한 소망은 대代 이을 아들 하나 보는 것이었다. 연거푸 딸만 셋을 낳은 그의 아내는 애타는 속내를 다 드러내지 못하고 그저 불심의 은덕으로 아들 하나만 점지되길 간절히 소망했다.

칠월 어느 여름날, 신산한 바람 부는 아침.

부인은 하녀를 데리고 여느 때처럼 신광사神光寺로 향했다.

계곡을 지나, 거대한 바위가 산 위로 치솟은 가파른 벼랑을 따라 웅장한 물소리를 토해내는 수양산 폭포.

축축한 산 공기가 턱에 차오르면 한숨 쉬고, 또다시 두 숨을 고르고 나니 마침내 산등성이 중턱 아래로 울창한 송림에 둘러쳐진 신광사 뜨락이 내려다보였다. 산길 40리를 걸어온 부인은 지친 걸음을 재촉해 마침내 절에 이르렀다. 검은 잿빛의 대웅전 지붕 처마 끝에 매달린 풍경이 숨죽인 바람 사이로 재잘대며 두 여인을 맞이하였다.

어느덧 마흔 중반이 다 된 부인.

그녀는 가느다랗게 피어오르는 향연香煙이 천정 위로 끝내 다 오르지 못해 저어하는 몸짓으로 흩어지는 것을 잠시 지켜보고 서 있다가, 적

---

2 한국독립운동사 자료3(임정편Ⅲ), 고등경찰요사(192~195쪽)의 기록대로라면 이의경(필명 이미륵)의 출생지는 황해도 해주군 해주면 서영정(西營町) 96이다. 출생연도(1899년)와 가장 근접한 행정구역자료(1914년)에 준거하여 서영정은 西四里와 西六里와 西三里 일부를 포함한 지역이다(海州市誌. 1994년. 165~169쪽 참고). 현재의 행정구역으로는 장춘동에 속한다.

당한 곳에 자리를 잡고 합장을 한 뒤 작은 손에 한 줌 가득 번뇌를 올려놓은 듯, 쉼 없이 절을 하였다……

신광사 5층 석탑

저녁 예불을 알리는 종소리가 깊은 골의 정적을 깨뜨리며 처연하게 울려 퍼지고, 내 웅장한 범성梵聲이 절간을 가득 메웠다. 산사에는 무거운 어둠이 내리는 듯싶더니, 어느샌가 성급한 여름날의 새벽 기운은 빨리도 일광을 재촉했다.

밤새도록 기도를 올린 부인은 서둘러 아침 산길을 내려왔다. 마을 어귀에 이르니, 해거름이 들녘 너머로 기울어 가고 있었다. 집안으로 막 들어서려는데 웬 낯선 노파가 그녀에게 다가와 말을 건넸다. 노파가 뜬금없이 "자기 말을 믿든 안 믿든 상관할 바 아니지만, 지금 부인에게 태기가 있다면 그 아이는 분명 내가 점지한 것이고, 태어나는 아이의 배꼽 밑에 그 징표가 있게 될 거요"[3]라고 알 수 없는 말을 던지고는 홀연히 자리를 떴다. 부인은 곧바로 하인을 시켜 노인의 뒤를 밟게 했다.

---

3 1974년 4월 이미륵의 둘째 누이 이의정의 편지 기록 : "70세 전후의 점장이 할머니가 지나가다가 아들이나 딸을 점지할 수 있다고 했다. 처음에는 믿지 않으려 했지만 믿든 안 믿든 상관이 없다고 하며, 자기가 이 집을 다시 올지 안 올지는 모르지만 태기가 있으며 그 아기가 태어날 때 배꼽 밑에 표가 있게 될 것이라고 하면서, 그것은 자기가 점지한 것이라 했다. 이 점장이 할머니가 음력 6월에 다녀가셨는데 3월 초팔일에 아기가 태어났고, 배꼽 밑에는 우물 정(井)자 모양의 표가 있었다."
점장이는 황해도 만신이었던 것으로 추정되며, 이미륵은 소설 〈압록강은 흐른다〉을 비롯한 단편 〈한국에서의 어린 시절에 대한 회상〉에서도 이 '만신'의 이야기를 인물 이미륵의 탄생배경과 관련하여 주요한 한 단편으로 삽입시키고 있다.

나이 칠십의 노파가 황해도에서 이름난 대 만신이라는 말을 하인으로부터 전해 들은 부인은 하룻날을 정해 만신의 신당을 찾아갔다. 미혹할지라도 만신의 신통력으로 아들 하나만 낳을 수 있다면 더 바랄 게 없을 터였기 때문이었다. 그녀는 만신에게 칠성기도를 청하였고, 만신은 신당에 재물을 쌓고 백일 동안 정성을 올렸다. 기도가 끝난 후에도 만신은 49일 동안 이동빈의 집 안에 더 머물며 미륵불에 정성을 올렸다.

마침내 1899년 음력 삼월 초팔일, 이동빈은 그토록 간절히 소원했던 삼대독자 아들을 얻었다. 그는 아들의 이름을 의경儀景이라 지었지만, 그의 부인은 미륵불 은덕으로 점지된 아이니 집안사람들과 아랫사람들에게는 '미륵'이라 부르게 했다. 만신이 예언했던 대로 아이의 배꼽 밑에는 신기하게도 우물 정井 모양의 징표가 있었다.

부드러운 남풍의 기억

상인으로 큰 성공을 거둔 이동빈이었지만, 그는 어린 아들 의경이 학자로 성공하길 바랐다. 그는 바깥채에 서당을 열어 덕망 있는 훈장 선생을 모셔놓고 집안 아이들에게 글을 가르치게 했다. 의경은 다섯 살부터 나이 많은 사촌들 틈에 끼어 천자문이며 소학 등을 익혔고, 열 살 무렵에는 사서삼경은 물론 통감 전권을 읽어냈다. 서당의 훈장은 일취월장하는 어린 제자를 지켜보는 재미에 푹 빠져 한동안 고향으로 돌아갈 생각도 잊고 의경을 돌보았다. 유독 책

읽는 것을 좋아해, 날 밤을 새워서라도 기필코 책 한 권을 다 읽고나서야 손에서 내려놓는 영특한 아들을 바라보는 부친의 마음은 늘 흐뭇했다.

그는 어린 아들과 한시를 주거니 받거니 낭송하는 재미를 즐겼고, 때때로 불행한 시대에 살았던 옛 시인들의 작품에 얽힌 전설을 들려주기도 하고, 또 때로는 그 자신이 좋아했던 소동파의 적벽가라든지 이태백의 장한가를 아들에게 낭송해 주기도 했다. 특히 풍류를 좋아했던 부친은 해마다 생신 때면 잔치를 크게 벌여 황해도 명기나 혹은 멀리 평양에서 소리 잘 한다는 명기들을 불러 놓고 시조창이나 가곡창을 즐겨 듣곤 했다. 그때마다 사랑채 대청에서 흘러나오곤 했던 기녀들의 권주가는 때로는 농염하게, 때로는 절절히 배어 나오는 한탄의 소리로 의경의 여린 감수성에 겹겹이 채색되어 갔다.

부드러운 남풍의 기억으로……

그러나 평화로운 들녘을 잔잔히 흐르던 남풍은 갑작스러운 돌풍의 난동으로 그 본색을 잃어 가기 시작했다.

19세기 마지막 해 1899년에 태어난 의경의 운명은 대격변의 20세기, 그 지독한 혼돈의 기류를 타기 시작했다.

1907년 고종 황제가 강제 폐위되었고, 그의 어린 아들 순종이 왕좌에 올랐다. 고종 황제는 일본과의 불평등 조약이 체결되는 동안에도 비밀리에 밀사를 파견해 외국에 도움을 청했지만, 그 뜻을 이루지 못했다. 온갖 치욕적이고 굴욕적인 사건들이 아주 은밀히 구중궁궐 속에 묻혀갔다. 조선의 역사 519년, 아니 수 천 년 유구한 한민족의 역사가 서서히 침몰해 갔고, 세상은 또 아주 급격하게 변해 갔다.

1909년 여름 어느 날, 이동빈이 여행 도중 갑자기 쓰러져 사경을 헤매게 되었고, 이후 가까스로 회복되긴 했지만, 그는 결국 사업에서 완전히 손을 떼고 사랑채에서 조용히 칩거 생활을 했다. 바깥채 서당도 결국 문을 닫게 되면서 그는 오랜 고민 끝에 집안 사람들의 반대를 무릅쓰고 1910년 봄, 의경을 신식학교에 보내기로 하였다.

**허공의 바람벽에
서다**

의경이 신식학교로 진학한 것은 다른 또래 아이들과 비교해 조금 늦은 편이었다. 그는 해주 제일공립보통학교에 입학했다. 그러나 오랜 세월 한학에만 익숙해 있었던 의경에게 신학문은 낯설고 생경한 두려움의 대상이었다.

> "신식학교에서 아이들은 읍내의 서당에서처럼 옛 고전 작품도, 습자도, 시도 배울 수 없었다. 그곳에서 아이들은 새로운 유럽대륙에서 들어온 낯설고 지금까지 전혀 경험하지 못했던 지식을 배워야 했다. 사람들은 대부분 그 대륙이 어디에 있고, 우럽인의 지식이란 게 무엇인지 잘 알지 못했다. 어떤 사람은 그곳에서 고등의 산술과 난해한 기술을 가르친다고 말하기도 했고, 또 어떤 사람들은 천문학과 지리학을 가르친다고도 했다. 그래도 어른들은 신식학교에서는 옛 고전 문학을 전혀 가르치지 않으니 혹여 아이들이 잘못되는 것은 아닐까 염려하였다. 다른 사람들보다 신식학교에 대해 많은 것을 알고 있었던 아버지도 오랜 고민 끝에 내가 그곳에서 일 년 동안 공부를 해야한다고 식구들에게 말했다."[4]

---

4   Mirok Li, Jugenderinnerungen eines Koeas, Atlantis, 1942년 6월, 193~199쪽.

그러나 이동빈이 상상했던 것보다 세상은 훨씬 더 심상치 않은 방향으로 변해 갔다. 1910년 8월 29일, 대한제국의 마지막 황제 순종은 국권을 포기하는 각서에 마침내 옥쇄를 날인하였고, 일본은 너무도 쉽게 조선이라는 나라를 그들의 손아귀에 넣을 수 있었다.

"1910년 8월 29일. 일본의 군인이며 정치가였던 데라우치에게 중요 문서가 전달되었다. 이 문서로 일본제국은 22만 평방 키로미터에 1300만의 인구가 늘어났고, 오랫동안 끌고 왔던 중·러·일 삼국 간의 전쟁을 그들에게 유리하게 종결시켰다. 드디어 황금 사과를 따게 된 사람은 바로 데라우치였다. (...) 데라우치는 침묵했으며, 자기가 계획했던 계략이 성공한 데 대해 광희狂喜로 날뛰지도 않았다. 그는 그저 고개를 끄덕이며 의미심장한 문서를 훑어보기만 했을 뿐이었다."[5]

황제를 지키던 옛 군사들이 강제 해산되고, 시전市廛도 허물어지고, 옛길은 파헤쳐져 그 고유한 형색을 잃어 갔다. 터전을 잃고 방황하는 부랑자들이 거리에 넘쳐 났고, 이동빈의 행랑채도 유숙을 원하는 방랑객들로 종일 북새통을 이루었다. 조선의 마지막 군대가 조총으로 무장한 신식 군대에 맞서다 유혈이 낭자해진 처참한 모습으로 포로가 되어 쇠사슬에 묶인 채로 처참히 끌려가는 광경을 목격했던 어린 의경은 피폐해진 몰골을 끌어안고도 질기도록 살아남아야 하는 참혹한 생의 현실은 무의식의 기억 저편에 깊이 각인시켰다. 그것은 나라 잃은 민족 모두의 자화상이었다.

이동빈은 어린 아들의 혼인을 서둘렀다. 당시 조혼早婚은 흔한 일이었

---

[5] Mirok Li, Vom Yalu bis zur Isar, Kyu-Hwa Chung(Hrsg.), 왜관 Benedict Press 1982, 13쪽.(이후부터 책제목, 출판사, 연도는 생략)

고, 의경이 삼대독자였으니 당연한 일이기도 했다. 그는 해주에서 상인으로 크게 성공한 최씨 집안의 딸 최문호와의 혼사를 결정했다. 그때 의경의 나이 열한 살이었고, 혼인할 여인은 그보다 여섯 살 많은 열일곱 나이였다. 의경은 부모에게 순종적이었고, 혼사는 그에겐 그저 어른들이 행하는 의례儀禮일 뿐이었다. 그는 오히려 "일본어로 바뀐 교과서로 공부해야 하는 어려움과 특히 일본 뜻대로 바뀐 역사책으로 다시 한국의 역사를 배워야 하는 것"[6]을 걱정했던 의경은 아직은 어린 열한 살 소년일 뿐이었다.

자주 국가였던 조선 왕조의 모든 중요한 사건들이 역사 속에서 삭제되어 가고, 논어니 맹자니 하는 도덕적 가르침에 대한 위대한 담론도 사라져 갔다. 그것을 대신해 유럽식 낯선 용어들이나 도식들이나 기호들이 넘쳐났다. 강압적인 문명 이식이 은밀하게 스며들어 오는 것에 의경은 정체 모를 두려움을 느꼈다. 그럼에도 이동빈은 새로운 유럽 학문이 높은 문화국을 만들어 줄 거라고 기대했다. 그는 '끝없이 탐구하고, 세상 진리를 얻기 위해서라면 외롭고 때로는 고통스럽기까지 한 학문의 길을 결코 두려워해서는 안 된다'고 아들을 위로했다.

그러나 1913년 여름날, 알코올 중독 증세로 이미 수차례 발작을 일으켰던 부친은 혼절상태에서 깨어나지 못하고 결국 세상을 떠났다.

망자가 생전에 거처했던 사랑채 방문에서 마당까지 길게 드리워진 하얀 혼백의 '길'이 열리고, 사람들의 메마른 곡소리가 며칠 동안 밤낮없이 울려 퍼지는 죽음의 의식이 장엄하게 거행되었다.

"마지막 여정을 위해 망자가 '상여'에 오르고, 사내 열두 명이 좌우 두 줄로 배열하여 그 상여를 어깨에 짊어지고 집을 나섰다. 그들 가

---

6 Mirok Li, Der Yalu fließt, München Piper 1946, 114쪽 참조.

운데 상두가 망자의 관 앞에 올라타 종을 흔들어대며 목청껏 상여 소리를 불러댔다. 절절히 맺힌 망자의 한이 상두에게로 이르면 상여 소리는 하늘 가운데로 떠올랐다. 이내 부서져 버리고, 그 소리 파편들이 다시 합쳐져 저편의 메아리로 너울져 되돌아오면, 기다렸다는 듯이 다른 열두 명의 사내들이 한 소리로 화답했다. 상여가 마을 거리를 천천히 돌며 이웃들에게, 고향 강산에 마지막 작별을 고했다. 천천히 마을을 벗어난 장례행렬은 이 마을 저 마을을 지나 이 골 저 골을 따라 흘러든 냇가를 건너 이 언덕 저 언덕을 넘어, 마침내 날이 저물어서야 선산 자락에 닿았다. 회 분칠한 땅속 깊숙이 망자가 묻히고, 그 위로 열두 쪽 좁은 판자가 관을 덮었다"[7]

언제나 그렇듯 죽음의 처절한 슬픔은 온전히 살아남은 자의 몫이었다. 사람들은 재빠르게 일상 속으로 스며들어 갔지만, 의경은 그러질 못했다. 독자였던 그는 집안의 가장이 되어야 했고, 또 가업을 이어야 했다. 그는 어머니의 소원대로 학업을 작파해야 했다. 아무런 저항도 할 수 없었던 작고 어린 몸은 허공의 바람벽에 홀로 서서 삭아 내릴 듯 헐거워진 육신을 스스로 지탱해야 했다. 그러나 나날이 쇠잔해가는 아들의 모습을 지켜보던 어머니는 고민 끝에 그를 송림마을로 떠나보내기로 하였다.

무겁게 작열하던 비극의 여름날이 지나가고 어느듯 하늘 드높은 청명한 기운이 사방에서 꿈틀대는 가을 어느 날, 연평도 수면 위로 차오르는 붉은 태양을 바라보며 의경은 난생 처음 망막한 일탈의 자유를 경험했다.

---

7 Mirok Li, Der andere Dialekt, Kyu-Hwa Chung(Hrsg.), Sungshin Women's University Press, 1984, 79-81쪽. 이미륵은 유고 작 〈Grabkult in Korea〉에서 그 자신이 경험했던 한국의 장례식 장면을 아주 섬세하게 묘사하고 있다.

제2장
망명 생활의 시작

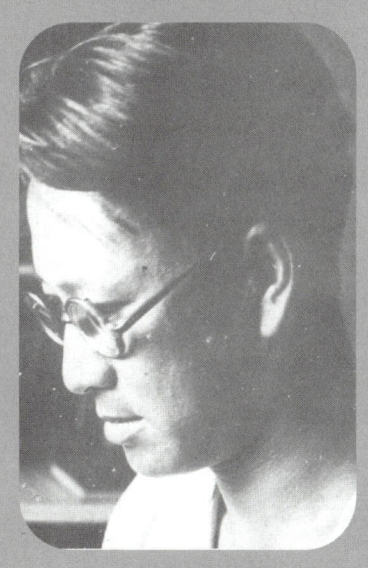

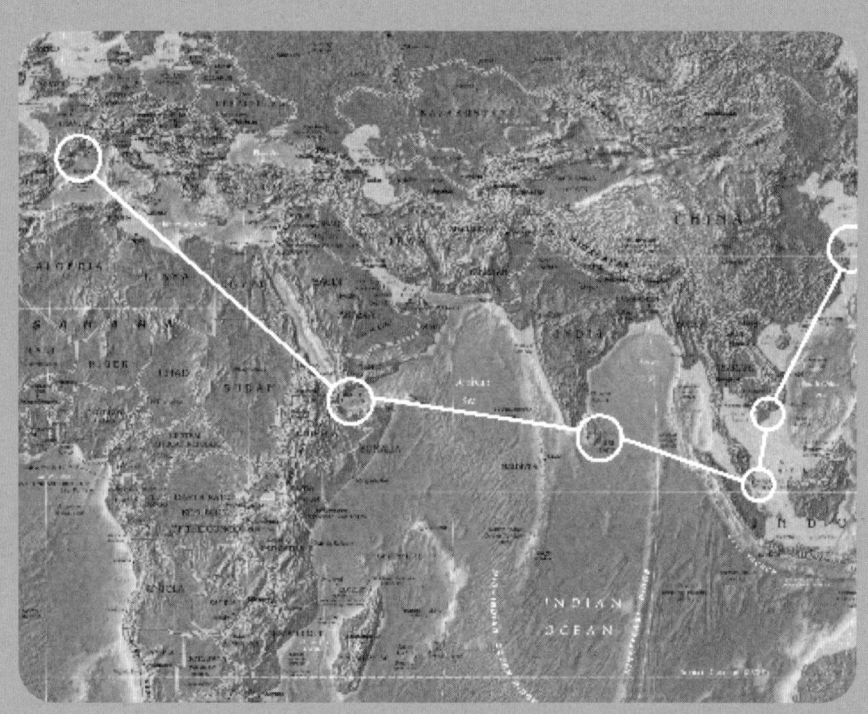

상해에서 마르세유를 경유하여 독일로 망명

격동의 혼돈
속으로

　　　　　　　　송림마을에서 보낸 일 년간의 섬 생활은 의경을 부쩍 성숙시켰다. 그리고 결혼을 한 지 7년 만에 부인 최문호와의 사이에서 첫 딸이 태어났다.[8] 어머니는 비로소 성인이 된 아들이 뜻을 펼치도록 다시 학교에 다닐 것을 허락했다. 망국의 식민시대를 살아가는 청년들이라면 누구라도 '미명'의 미래를 꿈꾸기 마련이었고, 의경도 그랬다. 1916년에 설립된 경성 의학전문학교로 진학을 결심한 그는 강의록으로 독학을 시작한 지 일 년만인 1917년에 경성의전 2기생으로 합격하여 의대생이 되었다.

　서울로 상경한 의경은 학교에서 멀지 않은 안국동에 자취방을 구해 친구와 함께 생활하며 공부에 열중했다. 물론 방학 때마다 고향 해주로 찾아가 식구들도 만나고 친구들과 지역봉사나 계몽운동에 동참하기도 했지만, 며칠을 묵은 뒤에는 곧바로 상경하여 친구 익원의 장서에 끼워져 있던 일본어 번역판의 철학책들을 탐독하는 것을 즐겼다. 이 당시 의경은 특히 '인간이 제시할 수 있는 문제 중에서 가장 어려운 문제를 다룬' 어느 독일 철학자의 존재론에 깊이 매료되었다.

　사실상 의경에게 의학 공부는 식민속국의 젊은 청년이라면 품을 수 있었던 소명의식에서 발로하였다면, 인간에 대해 그리고 진정한 인간으로서의 생을 탐구하는 철학에 대한 그의 특별한 관심은 천성이었다.

8　누나 이의정 증언자료 중에서 "결혼 7년 만에 첫 딸을 낳았으나 세 살 때 죽었다."

1919년, 의경이 3학년의 새 학기를 준비하느라 분주한 날들을 보내고 있을 무렵이었다. 그는 대학 주변으로 학생들의 움직임이 심상치 않음을 느꼈다. 마침내 3월 1일 새벽, 서울거리에는 각종 격문과 독립운동의 소식을 알리는 『조선독립신문』 제1호가 독립선언서와 함께 배포되었다.

강기덕과 김원벽의 연락을 받은 학생들은 오전 수업을 마친 뒤 학교를 단위로 하여 탑골공원에 집결하였고, 경성의전 학생들은 당일 아침 전원 학교를 결석하고 모이기로 했다.[9] 그해 3월 3일 고종의 장례식에 때를 맞추어 비밀리에 진행되었던 독립만세 시위운동이 바로 그 이틀 전인 3월 1일에 거행되기에 이른 것이었다.

"오후쯤 안과 강의를 끝내고 강의실을 나오는데 상규가 나를 불러 세웠다. 그리고는 나지막한 소리로 내일 저녁 중대한 회의가 있으니 식당 남운으로 오지 않겠느냐고 내게 물었다. 그는 나를 은밀히 건물 옆으로 데려가더니 속삭이듯 말했다.

'우리 한민족은 부정한 일본 정책에 대항하여 시위운동을 벌여야 하며, 모든 한국인 학생들이 이에 참여할 것'이라고 했다. 이튿날 저녁 남운 식당에 갔더니, 그곳엔 이미 10명 정도의 학생들이 모여 있었다. 상규는 시위운동이 이미 폭넓게 준비되어 있는데 국립대학교 학생들만 그 사실을 잘 모르고 있다고 설명해 주었다. 모두가 긴장한 모습으로 그의 이야기에 귀를 기울였다. 그들은 시위에 참여하기로 의견을 모았고, 아무도 반대하는 사람이 없었다. 그러나 누구도 이 시위를 누가 일으켰고, 어떻게 조직되었는지, 그리고 일본 정부에 무엇을 요구하려는지를 아는 사람은 없었다. 그럼에도 학생들은 전부 시위에 동참하기로 하였다.

---

9 서울특별시편찬위원회, 《서울항일독립운동사》 2009. 365쪽.

이후 상규는 시위를 위해 새롭게 준비된 사항들이나 국기며 전단이며, 행진 질서에 대한 소식을 전해 주었다. 그리고 마침내 그는 삼월 초하루 오후 두 시에 첫 시위가 종로의 파고다 공원에서 시작된다는 중요한 소식을 전해 주었다.

나는 밤새도록 잠을 이루지 못했다.

따스하고 화창한 봄날이었다. 오후 두 시에 약속 장소에 도착했을 때, 이미 공원은 일본 경찰들에 의해 포위되어 있었고, 담장 안에는 손바닥만큼의 틈새도 없이 사람들로 꽉 차 있어서, 몇 발자국 걸음도 뗄 수 없을 정도였다. 점점 더 많은 학생이 입구를 통해 몰려들고 있었다. 갑자기 정적이 흐르더니 누군가 연단에서 독립선언서를 목청껏 외치는 소리가 들렸다. 잠시 조용해지더니, 마침내 시민들이 만세 소리를 외쳐댔다. 그 소리에 천지가 진동하는 듯했다. 작은 공원 전체가 폭발해 버릴 듯한 기세였다. 각양각색의 전단이 공중에서 휘날렸고, 군중들은 공원에서 쏟아져 나와 시가행진을 시작하였다. 나는 허공 중에 날아다니는 전단 한 장을 받아 들고 읽어 보았다.

'일본에 의한 한국민족의 합병은 부당하며, 앞으로는 효력이 없음을 알린다. 한국인은 자유 민족으로서 자기 운명을 스스로 결정할 권리를 갖고 있으니 그 권리를 반환할 것을 요구한다.'

나는 선언서를 몇 번이나 되풀이해 읽으면서 군중들의 행진 대열에 끼어들었다. 사람들은 자유를 외치며 고함을 질렀고, 여인들은 공포에 떨며 통곡했다. 그러면서도 누군가의 어머니이고 누이들인 그녀들은 용감하게 사람들에게 먹을 것과 마실 것을 날라다 주었다. 일본 경찰들은 처음에는 전혀 개입하지 않고, 오히려 시내로 통하는 길을 완전히 터주었다. 그러나 해 질 무렵에 이르러서야 그들은 무력으로 군중들을 압박해 오기 시작했다.

사람들은 프랑스 영사관 앞에서 또 한 번 소리 높여 자주 민족임을 선언한 뒤, 총독부로 행진을 시도했다. 그러나 일본 경찰들이 포위망을 좁혀왔고, 그들의 계획대로 사람들은 완전히 고립되었다. 도로는 차단되었고 그 도로 양옆으로 중무장한 경찰들이 겹겹이 대열을 갖추고는 최종 발포 명령을 기다리고 있었다. 마침내 선두 대열에 서 있던 경관들이 희고 번쩍이는 총검을 쳐들자, 그들은 일제히 군중을 향해 돌진했다. 맨 앞줄에 서 있던 군중의 무리가 그들에게 거세게 저항했지만, 공포에 휩싸인 군중들은 맥없이 무너져 갔다.

사방에선 절규의 소리와 비탄의 울음소리가 터져 나왔다. 사람들은 이리 몰리고 저리 몰리면서 아우성쳤다. 이내 군중은 흩어졌고, 나도 집으로 돌아왔다. 그러나 익원을 비롯한 다섯 명의 친구가 행방불명되었다. 다음날에야 그들이 부상당한 채로 감금되어 있다는 사실이 알려졌다. (…) 수많은 시민이 체포되고 사살되었고 (…) 어떤 마을에선 주민 전부가 교회건물에 갇힌 채로 불태워져 생죽음을 당했다는 끔찍한 소식도 들려왔다."[10]

일본총독부는 경찰과 헌병, 보병 3개 중대와 기병 1개 소대를 동원하여 시위 군중의 해산을 시도하였고, 이날 하루 민족대표 33인을 비롯하여 130여 명이 체포되었다.[11] 서울에서 시작된 만세 시위운동은 본격적인 항일운동을 알리는 신호탄이 되어 순식간에 전국으로 퍼져 나갔다. 대학생들과 중학생들, 그 다음에는 상인들, 또 그 다음에는 노동자들과 농민들, 급기야는 관리들에 이르기까지 시위운동에 가담했다.

일본 경찰은 잡아 들인 조선인 포로들을 수용하기 위해 감옥과 유치장을 늘려야 했고, 서둘러 건물을 신축해야 했다. 많은 사람이 고문을 당하고, 처참하게 죽어갔다. 사람들은 황급히 해외 망명길에 오르기도 했고, 국내에 남은 사람들은 은밀한 곳으로 잠복해 들어가 독립운동을

---

10   Mirok Li, Der Yalu fließt, 169-178쪽.
11   서울특별시편찬위원회, 《서울항일독립운동사》, 2009. 366쪽.

위한 보다 조직적인 비밀행동강령들을 준비했다.

1919년 4월 17일, 중국 상해에서는 임시정부수립이 선포되었고, 국호를 '대한민국'이라 정한 뒤 정부 기관으로서의 의정을 시작했다. 그리고 그해 5월, 상해에서 활동하던 송세호와 조용주를 비롯해 연병호가 입국해 국내에서 벌어지고 있는 일본 식민정책에 대한 정보를 수집하고 또한 독립운동자금을 모금해 상해임시정부로 보내기 위한 국내 거점 조직책을 설립하였다. 그들은 서울 합동 170번지 이병철의 집에 모여 외교활동을 통해 행동강령을 세상에 알리는 역할을 담당할 엘리트 그룹인 '대한청년외교단'을 결성했다.

이 단체는 서울을 중심으로 지방 각처와 중국 상해에 지부를 두어 외교 선전 활동은 물론 독립운동 자금을 모금하기 시작했다. 서울 중앙부에는 안재홍과 이병철이 총무로, 김연우는 외교부장으로, 재무부장으로는 김태규가 선임되었고, 편집국장직은 이의경이 맡았다. 그리고 간사장에는 김홍식, 외교원으로는 조용주, 연병호, 유흥식, 외교특파원으로는 이종욱, 조소앙, 특별 단원으로는 정락윤이 각각 임명되었다.

이의경은 기관지인 외교시보를 발행하는 일과 전단을 인쇄해 배포하는 일을 맡았다. 청년단은 우선 경술년(1910년)에 당했던 국치일(8월 29일)을 기해 본격적인 만세시위를 계획했고, 이의경은 거사擧事를 위해 상해에서 조용주가 초안을 작성해 보내온 〈경술국치기념경고문〉[12]을

---

[12] 경술국치기념경고문의 내용 일부(출처: 조선민족운동연감과 국가기록원 관리번호: CJA0001287 문서번호: 773555, 38-79쪽) :
"첫째, 我 民族은 自主公民인 信念을 다시 堅固히 하고 大韓民國政府萬歲를 3唱할 것, 둘째, 10年前 今日의 恥辱을 回想 一般市民은 産業을 쉬고 娛樂을 금할 것, 셋째, 外人 및 日本人에게 今日이 國恥記念日임을 認識시킬 것"

안문하여 총 300부를 인쇄하여 배포하였다.[13]

1919년 8월 29일, 서울 종로 등지에서 만세시위가 전개되었고, 야간에는 서울 북악산 각처에 태극기가 게양되는 등 독립 만세운동의 분위기가 한껏 고조되었다.[14]

대한청년외교단의 주요업무는 1919년 7월 임시정부에 의해 부활했던 '대한적십자회' 활동을 다시금 국내에서 활성화하는 일이었다. 특히 청년단 중심의 대한적십자회는 대한민국 애국부인회와 연계하여 실제로는 각 지방에서 모은 독립자금을 수합하여 임시정부에 보내는 일을 주요업무로 하였다. 그러나 그해 11월, 그들의 비밀활동 정보가 누설되면서 송세호를 비롯한 간부 여덟 명이 긴급 체포되었다.

일본 경찰은 시위 주동자들을 찾는 데 혈안이 되었고, 의경은 수배 인물로 지목되어 쫓기는 신세가 되었다. 어머니는 아들이 상해로 피신할 것을 재촉했다. 결혼 7년 만에 얻은 첫 딸을 3년 만에 잃고, 막 둘째 자식[15]을 보게 된 의경은 식구들의 안전을 위해서라도 국경을 넘어야 했다.

부친이 돌아가신 후 가세는 이미 눈에 띄게 기울어 있었고, 그 탓에 어머니는 아들을 위해 몰래 간직해 왔던 얼마 되지 않은 돈과 옷 몇 가지와 은으로 된 회중시계를 챙겨 작은 상자에 넣어 짐을 꾸렸다.

짙은 안개 서린 늦은 가을 어느 날 밤, 의경은 집을 나섰다. 그리고 그의 어머니는 마을이 끝나는 길목까지만 동행하였다.

---

13 연창흠, 圓明 延秉昊, 증평군 문화원 2006. 39쪽.
14 서울특별시편찬위원회, 《서울항일독립운동사》, 2009. 365쪽.
15 이 의정의 증언 내용 중에서 "첫딸이 죽은 1년 후 아들 명기가 태어났." 이미륵이 상해로 망명하던 해인 1919년 바로 그의 둘째 자식인 아들 명기가 태어난 것이다.

"나는 너를 믿는다. 용기를 내렴. 너는 국경을 무사히 넘어 반드시 유럽에 갈 수 있게 될 게다. 이 어미 걱정은 절대 하지 말아라. 나는 네가 돌아올 때까지 조용히 기다리고 있을 테니. 세월은 빨리 지나간 단다. 혹여 우리가 다시 만나지 못한다고 할지라도 너무 슬퍼 말아라. 너는 내 생에 가장 큰 기쁨이었다. 이제 혼자 네 길을 가렴!"[16]

의경의 기억 깊숙이 각인된 어머니의 마지막 모습이었다.

압록강을 건너는 옛날 모습

달빛에 반사된 수면이 차가운 묵 빛 회색으로 처연히 흐르고 있는 압록 강, 그 물 위를 스치는 쪽배의 찰싹이는 소리 잔상 뒤로 고향의 전경은 그렇게 잠겨 갔다. 그리고 마침내 작열하는 붉은 태양이 희뿌연 모래 먼 지 사이로 가물대는 만주의 황량한 들판.

의경은 낯선 세상의 격정적 혼동과 그렇게 첫 대면을 하였다.

---

16 *Mirok Li, Der Yalu fließt*, 179쪽.

상해에서의
망명 생활

1919년 4월 10일, 중국 상해 프랑스 조계租界 김신부로金神父路에서 상해임시정부의 첫 의회가 개최되었다. 이동녕이 임시위원회의 초대 회장을 맡으면서 임시정부는 비교적 순조로운 출발을 보였다. 사실상 1910년 한·일병합이라는 강제적 비정상 조약이 체결된 이후 국내의 여러 지역에서는 개별적으로 임시정부의 형태로 독립투쟁을 전개해 오고 있었다. 그러다가 1919년 3·1운동을 계기로 하여 분산되었던 투쟁단체를 하나로 응집시켜, 그해 4월 통합적인 임시정부를 설립하는 데 합의를 보게 되었다.

독립운동가들은 그것에 대한민국임시정부라는 명칭을 부여한 뒤, 곧바로 국제교류와 관계를 확대하기 위한 외교활동을 공식적으로 펼쳐 나갔고, 해외를 비롯한 국내에서의 광범위한 투쟁정책을 감행해 나갔다.

그러나 임시정부의 활동이 대내외적으로 확대되자, 일본은 임시정부의 일을 은밀히 도와주고 있었던 프랑스 영사관에게 강력하게 항의하면서, 임시정부의 청사를 즉각적으로 내보내 줄 것을 요구했다. 이로 인해 1910년 10월 이후, 임시정부는 10여 년 동안을 이리저리 옮겨 다녀야 했고, 심지어 임원들의 자택에서 부처의 업무를 처리해야 하는 등 다소 어수선한 분위기에 빠져들었다. 그럼에도 불구하고 독립을 위한 투쟁의 뜻을 품은 수많은 한국 사람들이 상해로 몰려왔다. 의경도 상해에 도착하여 도심 변두리에 작은 방을 구했다.

"상하이!

그곳은 대부분 유럽인이 사는 중국의 도시이다. 신도시 일부는 깨끗하고 모던하게 세워져 있었다. 넓고 조화로운 거리 주변으로 6층 건물들이 열 지어 늘어 서 있었고, 자동차들이 도로 위로 쉼 없이 질주했다. (…) 밤에도 대낮처럼 밝았다. (…) 이 신도시 변두리에서 나는 두 사람이 함께 묵는 작은 방에 세 들었다."[17]

상해는 중국 땅에 유럽을 이식해 놓은 '모던'의 도시였다. 1911년 10월 10일에 발발한 신해혁명 이후 남경에 임시정부를 수립했던 혁명 초기, 중국의 중심지 역할을 했던 상해에는 사회주의, 무정부주의 등의 온갖 서양의 정치적 사조들이 뒤섞여 있었다. 특히 상해는 치외법권의 조계를 형성하고 있어서 각 나라의 정치 망명자들이 대거 몰려들었다.

"신 운동으로 고향을 잃게 되었던 한국인들이 찾아낸 첫 도시도 상해였다. 몇 년 전부터 미국, 중국 혹은 러시아에서 망명 생활을 했던 주요 인사들이 이곳으로 몰려왔다. 그들은 자신들의 고국을 해방하기 위해 새로운 투쟁에 참여하고자 상해에 왔다. 강철 주먹을 지녔다는 그 유명한 이동휘도 있었고, 진보 정당의 첫 지도자였던 안창호도 있었고, 한국의 유명한 연설가 옥계빈도 있었다. (…) 또한 한국 문학계의 신성이었던 이광수의 모습도 보였다. 한국의 거주지는 점점 커져만 갔다. 사람들은 날마다 새로운 사람들과 옛 친구와 동지를 만나 밤낮으로 일했다."[18]

17　Mirok Li, Pflicht des Sohnes, 19쪽.
18　위의 책, 25쪽.

1919년 11월 27일, 의경은 대한적십자회의 십자대 대원으로 발탁되어 임시정부의 일을 돕기 시작했다. 의학도였던 그는 간호사를 육성시키는 일을 맡았다. 그리고 애당초 계획했던 대로 그는 유럽으로 유학을 가기로 하고 학생여권을 준비했다. 그러나 당시 사정으로는 여권을 마련하는 게 쉽지 않아서 그는 한동안 임시정부의 일을 도우며 여러 달을 기다려야만 했다.

상해는 늘 떠나려는 사람들과 몰려 들어오는 사람들로 뒤엉켜 늘 북적댔다. 사연 많은 사람들은 스스로 침묵하는 지혜를 터득해야 했고, 또한 누구와도 언제든 담담하게 이별하는 일에도 익숙해져야 했다.

"그 며칠 동안 나는 한 부인을 알게 되었다. 그 한국 여인은 젊은 생을 영웅의 업적으로 마감했던 위대한 의사의 미망인이었다. (…) 안중근 의사가 일본 법정에서 사형을 선고받자 그의 가족은 불행에 처해졌다. 그의 부인은 고향을 떠나야만 했다. (…)

그녀는 두 아이를 데리고 북쪽으로 이주하였다. 그들은 10년 동안을 시베리아에서 이리저리 옮겨 다녀야 했다. 일본 경찰은 멈추지 않고 그녀를 추격하였다. 차가운 눈보라와 극심한 고통, 그리고 두 아이에 대한 걱정이 늘 그녀를 따라다녔다. 그러다가 그녀는 상해로 오게 되었고, 마침내 그녀의 남편이 자기 생명을 희생하여 민족의 운명을 떠맡기로 했다는 사실을 알고 있었던 몇몇 사람들의 보호를 받을 수 있게 되었다. (…)

그녀가 내게 나이며, 직업이며, 가족관계를 물었다. 아직 이렇게 어린데! 그녀의 부드러운 목소리가 슬프게 울려왔다. (…)

나는 그저 말없이 앉아 있었다. 그녀에게는 가족이라고 하는 두 명의 남자가 있었다. 한 사람은 죽은 영웅의 남동생(안공근)이었고, 다른 한 사람은 사촌(안봉근)이었다. 안 의사의 동생은 삼십 대 중반이었고 강직한 성격을 소유한 사람이었다. 그는 나이보다 진지해 보였고, 말이 없고 잘 웃지도 않았다.

 나는 그에게 상해에서 그의 가족과 함께 지낼 수 있도록 도와준 것에 감사를 표했다. 그리고 우리의 독립활동과 인간 삶에 대해 진지하게 생각하게 해준 것에 감사했다."[19]

상해 대한적십자회 간호부 양성소 수료식(이의경 3번 뒷줄 좌측 첫 번째).
이의경은 상해 임시정부 대한적십자회 십자대 대원으로 간호사 육성을 담당했다

1920년 4월, 의경은 지인知人의 도움으로 중국인 신분의 학생 여권을 받을 수 있게 되었다. 4월 16일자 신한민보에 고국에서의 마지막 한 컷 사진[20]을 남긴 채 의경은 프랑스행 여객선 〈르 뽈 르카 Le Paul Lecat〉에 몸을 실었다. 그렇게 청년 의경의 길고 고단한 망명의 여정이 시작되었다.

---

19 Mirokli, Pflicht des Sohnes, 26-27쪽.
20 〈신한민보〉, 1920년 4월 16일자 기사.

브뤼셀, 세계 피압박민족 결의대회(우측 두번째)

제3장
독일에서의 유학 생활

고독한 이방인

1920년 5월, 상해에서 출발한 여객선이 지루한 일정을 마치고 프랑스의 항구 마르세유 항에 도착했다. 함께 여행했던 친구들은 제각기 흩어졌다. 그들 대부분은 프랑스에 머물렀지만, 의경은 안봉근과 함께 독일로 향했다. 이미 유럽 생활을 경험했던 안봉근은 의경에게 독일로 가면 어떻게든 살 방법이 생길 것이고, 무엇보다 그곳에서 의학 공부를 계속하라고 격려해 주었다.

리용 · 디종 · 뮐하우젠 · 슈트라스부르크를 지나 마침내 독일 땅에 도착한 두 사람은 최종 목적지인 독일 남부 도시 뷔르츠부르크 근처 뮌스터슈바르차하 수도원으로 향했다. 독실한 가톨릭 집안이었던 안봉근은 한국에서 선교 활동을 했던 성 베네딕트회 소속 빌렘 신부에게 도움을 청했고, 의경은 두 사람의 도움으로 뮌스터슈바르차하 수도원에서 당분간 머물 수 있게 되었다.

친구, 빌렘 신부, 안봉근(좌로부터)

넓은 들판 한가운데서 세상 모든 정적을 품은 듯 신비롭게 서 있는 수도원 건물. 1920년 5월 26일, 그는 길고 힘들었던 고단한 여정을 잠시 멈출 수 있었다. 수도원 관리 담당자는 방문록 일지日誌에 "한국인 이의경은 한국에서 의과대학을 다니던 학생이었고, 조국의 독립을 위해 항일전단지를 만들다 일본경찰에 쫓기고 있고, 뷔르츠부르크 대학에서 의학 공부를 계속할 계획"[21]이라는 신상 내용을 비교적 상세하게 기록하였다.

뮌스트슈바르차하 수도원

작고 소박한 책상, 의자와 침대가 전부인 그의 숙소 맞은편으로 신축건물 한 채가 거의 마무리되어 가고 있었다. 그로 인해 발생하는 약간의 소음을 제외하고 수도원은 정말 조용했다. 수도사들은 각자 맡은 일에 충실했고, 많은 시간을 대부분 묵상으로 보냈기 때문에, 의경은 아무런 방해도 받지 않고 평화로운 시간을 보낼 수 있었다. 수도원의 무거운 침묵이 오히려 온갖 고초에 시달려온 의경의 영혼에 공기처럼 가벼

2 1 〈뮌스트슈바르차하 수도원 연감 1916-1927〉, II, pp. 304-306.

운 안식을 가져다주었다.

"나는 지쳐 있었다. 온통 내 삶을 눌러왔던 지독한 피로감이 엄습해 왔다. 총소리도 들리지 않고, 나를 체포하려는 사람도 없는 이곳에서 오히려 나를 무기력하게 하는 것은 바로 그 지독한 피로감이었다."[22]

낯선 하늘, 낯선 땅, 낯선 사람들.
수도원의 생활은 사람 간의 소통이 구태여 말할 필요가 없음을 일깨워 주었다. 그들은 침묵이라는 심오한 언어와 순결한 몸짓만으로도 충분히 소통하고 있었다. 서글픈 분노도 지독한 그리움도 애써 털어놓지 않아도 고통의 순간들이 점차 그의 내부에서 소멸되어 갔다.

"아침부터 저녁까지 고요했다. 사람들은 각자 일을 하기도 하고, 묵상하기도 하고, 길을 걷기도 했다. 아무도 낯선 이방인이 종일토록 무엇을 하며 보내는지 관심을 두지 않았다."[23]

그래도 조용한 일상이 더 깊은 침묵으로 빠져드는 저녁나절이면 그는 불시에 솟구쳐 올라오는 상념에 들떠 먼 숲길을 배회하곤 했다. 수도원은 고립된 섬이었다. 의경은 침묵의 섬에 갇혀 있는 자신의 상황이 도무지 믿기지 않아서 때때로 미혹의 몽환에 빠져들기도 했다.
강력하게 밀려오는 지독한 외로움!
그러나 일상은 세상 속에 머물러 살아가게 하는 묘한 친밀감을 배태하고 있어서 그의 고독을 소리 없이 수도원의 일상 속으로 끌어당겼다.

22　Mirok Li, Pflicht des Sohnes, 63쪽.
23　Yiking, Li, Düsseldorfer Nachrichten 1934년 3월 16일자.

의경이 독일에 도착한 지 한 달 정도 지난 1920년 6월 29일, 본국의 대구지방법원에서는 항일운동을 벌이다 체포된 대한청년외교단의 총무를 비롯한 간부 이하 여덟 명과 애국부인회 회장과 지부장 및 기타 이 십여 명에 대한 재판이 벌어졌다. 독일로 망명한 이의경에게는 궐석재판으로 출판법 위반에 따른 2년형이 선고되었다.[24]

1919년 이후 침략자 일본은 상해임시정부의 지휘하에 해외에서 벌어지고 있는 독립 운동가들의 활동에 촉각을 곤두세우며 그것의 원천 차단을 위한 자구책으로 유럽 내의 유학생 및 거류 한인들을 요주의 인물들[25]로 지목 감시했고, 의경도 그들 속에 포함되어 있었다. 고향의 가족들과 서신을 주고받는 일이 더욱 여의치 않게 되자, 그의 고독감은 점점 알 수 없는 불안감으로 변해 갔다.

자기성찰의 시간

단조로운 일상의 연속이었다. 수사들은 새벽 네 시에 일어나 미사 예배를 시작으로 하여 빈틈없이 바쁘게 하루를 보냈다. 여섯 시에 아침 식사가 끝나면 조용히 각자의 시간을 보내다가 오전 열한 시 삼십 분이면 다시 예배를 드리고 정각 열두 시에

---

24 『한민족독립운동사 자료집』 6 대동단사건.
25 日本外務省外交史料館 소장 자료, 「在歐 要注意 韓人(1925년 7월)」 명단에 이의경이 올라있다. 崔謹愚(프랑스 파리), 金在殷(프랑스 파리), 金英培(프랑스 파리) 尹潽善(프랑스 파리/영국) **李儀景(독일)** 申東植(프랑스 파리), 李得鍾(프랑스 파리), 李東鎬(프랑스 파리). 文明?(프랑스 파리), 方之化(프랑스 파리), 車均?(프랑스 파리).

점심 식사를 했다. 그리고 오후 여섯 시 저녁 예배 후 식사를 마치게 되면, 수사들의 정해진 하루 일정은 끝이 났다. 의경은 가톨릭 신자는 아니었지만, 수사들의 일정에 맞추어 하루하루를 보내야 했고, 이내 잘 적응했다. 생활이 점차 안정되면서 그는 의과대학 입학을 위한 어학 공부를 시작했다.

한국에서 경성의전을 다니던 시절에 독일어 의학서적은 물론 철학 서적을 읽었던 탓에 단순한 독일어 텍스트 정도 이해하는 데는 어려움이 없었지만, 전문적이고 심층적인 이론 강의를 듣기에는 역부족이었다.

의경은 안봉근이 베를린으로 떠나면서 그에게 선물한 고트프리트 켈러의 장편 소설 〈푸른 하인리히〉[26]를 펼쳐 들고 첫 문장부터 단어를 일일이 찾아가며 많은 페이지의 장편을 읽어나갔다.

"나는 한 문장 한 문장마다 일일이 단어를 찾아야 했고, 또 어려운 문장은 그 뜻을 완전히 이해할 때까지 오랫동안 숙고해야 했다. 누군가가 설명을 해준다고 해도, 그 설명마저 이해할 수 없었기 때문에 나는 매일 홀로 눈이 극도로 피로해져 글자를 알아볼 수 없을 지경에 이를 때까지 읽고 생각하고 또 읽고 생각하기를 반복하였다. (...) 언제쯤이나 학문을 할 수 있을 만큼 이 어려운 말을 다 배울 수 있게 될

---

26 고트프리트 켈러(1819~1890)의 소설 〈푸른 하인리히 Der grüne Heinrich〉는 독일의 대표적인 성장소설 가운데 하나이다. 스위스 출신의 작가가 독일 베를린에서 체류했던 시기(1850~1855)에 총 4권의 책으로 독일에서 출판되었지만, 대중적인 성공을 거두지 못했다. 그 후 작가는 스위스로 귀국하여 공직생활을 하다가 은퇴한 뒤 1879년 개정판을 출판함으로써 30년에 걸친 장편소설 《푸른 하인리히》가 마무리되었다. 켈러의 《푸른 하인리히》는 독일의 대표적인 교양소설 괴테의 《빌헬름 마이스터의 수업시대》와 비견되며, 또한 일인칭 서술화자의 연대기적 회상의 형식을 지닌 자전적 소설을 특징을 지니고 있어서, 이미륵의 전기적 소설 《압록강은 흐른다》와 형식적 내용적 측면에서 일견 켈러의 영향을 받았으리라 견해도 있다.

지 알 수 없었다. 밖에서 사람들과 만나면 나는 여전히 낯선 세계에 와 있다는 느낌이 든다."²⁷

〈푸른 하인리히〉를 읽으면서 의경은 일단 작가 고트프리트 켈러의 자기 경험이 총체적 생의 이야기라는 거대한 서사적 틀을 만들어 내는 전 과정을 살펴볼 수 있었다. 이야기 배경들 속에서 인물들의 다양한 행동 양상에 따른 관계 구도가 만들어지고, 이로써 사건들이 이야기로 형상화되는 것을 그는 하나의 객관적인 대상을 관찰할 수 있었다. 특히 인물들의 다양한 감정 변화들을 그려낸 심층적 내면의 단면도에 담긴 의미를 파악하기 위해서 의경은 아주 간단한 텍스트의 몇 구절을 놓고도 때로는 몇 시간을 때로는 며칠 동안을 고민해야 했다. 그가 할 수 있는 최선책은 뻐근해진 안구의 통증을 끌어안고 더는 글을 읽을 수 없을 때까지 책을 읽고 또 읽을 뿐이었다.

길고 긴 여름날이 그렇게 지나고 있었다.

수도원 뜨락에 서 있던 몇 그루 나무들에서 한잎 두잎 붉게 물들어 가는 고혹한 가을 냄새가 스멀거리기 시작하더니 그것도 잠시, 해그림자가 빠르게 창문에 드리워지고, 새벽마다 차가운 시냇물 위로 피어오른 하얀 물안개가 사방으로 번지면서 한 치 앞 광경마저도 가려 버리는 차가운 초겨울의 습한 기운이 선뜻 다가왔다.

언덕 위에 드문드문 서 있던 커다란 나무에선 그 마지막 잎이 떨어져 내리고, 앙상해진 몰골의 창백한 나무들이 처연히 허공 바람을 맞고 서 있었다.

---

27   Mirok Li, Der Yalu fließt, 215쪽.

독일에 온 지 어느덧 8개월이라는 긴 시간이 지나고 있었다.

의경은 아주 오랜 시간 너무도 힘들게 읽어왔던 켈러의 〈푸른 하인리히〉를 손에서 내려놓을 수 있었다. 수많은 단어와 문장들, 그리고 문장 간의 유기적 짜임에 따라 형상을 갖추어 가는 이야기들. 아주 사소한 사건들이 '생'이라는 총체적 의미로 확대되어가는 장편의 소설을 읽으면서 의경은 마치 거대한 산에 오르는 것과도 같은 가쁜 숨의 희열과 무호흡의 통증을 동시에 경험할 수 있었다.

의경은 고향으로 돌아온 주인공 하인리히가 어느 날 문득 푸른 산비탈 작은 계곡을 거닐다가 "간절히 원했지만 잃어버리고 만 것들, 또 잘못된 생각으로 놓쳐버린 모든 것들을 회상하며"[28] 고통스러워하던 장면을 떠올리며, 수도원 뒤로 나 있는 작은 길을 따라 지칠 때까지 걷고 또 걷기도 했다. 아득히 고요해진 들녘에 붉게 물든 노을빛이 어머니에게로, 아내에게로, 누이들에게로, 그리고 벗들에게로 향해 차오르는 그리움의 일편 정情을 아련한 통증으로 의경의 가슴을 물들였다.

고향에서 소식이라도 올까 노심초사 수도원 우편국에 들러 보았지만, 의경은 번번이 빈손으로 돌아와야 했고, 그때마다 불안한 마음을 떨칠 수 없게 되었다.

그러던 "어느 날 아침, 침대에서 일어나 창밖을 내다보니, 흰 눈이 내리고 있었다."[29] 밤사이에 이미 세상은 눈 속에 깊이깊이 하얗게 잠겨 있었다. 그 날 그는 고향에서 온 편지 한 통을 받았다.

---

[28] G. Keller, Sämtliche Werke und ausgewählte Briefe, Band I, Carl Hanser Verlag München 1978, 1115쪽 참고.

[29] Mirok Li, Der Yalu fließt, 219쪽.

"언젠가 고향 마을 송림만 위로 휘날리던 쓸쓸한 눈보라의 소리 없는 난무를 닮아 있었다. 그 날 아침, 그는 고향에서 보내온 편지를 받았다. 큰 누이의 편지였다. 지난 가을 어머니가 며칠을 앓은 뒤 세상을 떠났다는 사연이었다."[30]

너무도 멀리 떠나와 있었다. 절망감이 점점 온몸 저린 통증으로 변해갔다. 더는 감당할 수 없는 날카로운 비수의 통증이 그를 박탈감과 무력상태에 빠져들게 했다. 살갗을 후벼 파고 들어오는 독일 땅의 겨울 냉기가 한 번 더 가혹하게 의경의 가슴을 쓸고 지나갔다. 그럼에도 어머니의 죽음은 그가 반드시 살아남아야 하는 생의 의지를 더욱 견고하게 붙잡게 했다.

'그랬다. 그는 살아남아야 했다. 어머니가 간절히 소원했으므로!'

겨우 내내 수도원 저편 숲길도, 언덕도 흰 눈에 잠겼다. 인적 끊긴 수도원에선 수사들의 분주한 움직임과 그로 인한 묵음의 진동이 조용히 새해를 불러오고 있었다. 그러나 스물두 살 한국청년 의경에겐 무중력에 갇혀 있는 듯한 수도원의 생활이 어울리지 않았다. 찬란한 그의 젊음은 고요한 안식보다는 갈등과 투쟁 속에서 빛을 발하는 원초적 생존을 갈망했다.

1921년 1월 마침내 그는 수도원을 떠나 세상 밖으로 일보를 감행했다.

길은 걸어 가고자 할 때 비로소 길인 까닭에.

그리고 '길이 곧 생존의 의미'인 까닭에 그는 도시로 향했다.

---

30 위의 책, 219쪽.

뷔르츠부르크
의과대학 시절

도시다운 면모를 지닌 뷔르츠부르크는 겨울 특유의 짙은 회색빛 분위기 속에서도 활기가 넘쳤다. 거대한 검은 마인강이 도심을 가로질러 흐르고, 양쪽 강변을 따라 검붉은 색 지붕의 주택들이 즐비했다. 강 언덕 위로 보이는 대주교의 웅장한 페스퉁은 멀리서도 그 찬란한 위엄을 과시하고 있었다. 의경은 뷔르츠부르크 시내에 있는 인너러 그라벤 49번지의 소박한 2층집에 숙소를 정했다.

1918년 세계 일차 대전에서 패전국이 되었던 독일은 이후 정치, 사상, 문화 전반에 걸쳐 총체적인 변화를 겪고 있었다. 그래서인지 사람들은 그야말로 살아남기 위해 분주했다. 새로운 정치체제의 바이마르 공화국이 탄생하고 대내외적으로 대립과 긴장이 팽팽하게 이어지는 위기의 매 순간들을 독일의 소시민들은 가벼운 일상 정도로 잘 넘기고 있는 듯 보였다. 전쟁이 끝난 지 3년이 지나가고 있는 1921년 독일의 상황은 여전히 참담한 상태에 있었지만, 의경은 그들이 다시금 복구될 찬란한 미래를 꿈꾸고 있음을 감지했다. 도시의 회색빛 미명은 오히려 이십 대 청년 의경에겐 제격이었다.

그는 대학에 입학서류를 냈다. 한국 경성의전에서 1920년 9월까지 3년 동안 공부했던 학점을 인정을 받기는 했지만, 일 년 동안은 어학 강의만 참여할 수 있었다. 인너러 그라벤에서 약 3개월간을 머문 뒤, 그는 마리엔부뤽케 건너편에 있는 비교적 한적하고 조용한 라이스텐슈트라쎄 4번지로 이사를 했다. 그 자체로 운치를 풍기는 4층 건물의 저택은 바로 대주교의 페스퉁 아래에 위치해 있었다. 의경은 그곳에서 대략 한 달을 머문 후 바로 그 건너편 길가에 있는 메르겐트하임 5번지로 다시 이사해야 했다.

그는 뷔르츠부르크 대학에서 1년간 독일어를 청강하고 난 뒤 다음 해 1922년 4월 26일 학적부에 정식으로 의과대 학생으로 등록하여 5월이 되어서야 의학전공 강의를 들을 수 있었다.[31] 그러던 중 그는 예전에 살았던 라이스텐 슈트라쎄 4번지로 또 한 번 이사를 했다. 특별히 경제적 지원을 받을 수 없었던 탓에 의경은 부유한 한국인 유학생과 함께 동숙하며 그에게 독일어를 가르치고 받은 레슨비로 학비와 생활비를 해결해야 했다.[32]

당시 뷔르츠부르크에는 수십 명의 한국인 유학생들이 있었다. 그들 가운데는 명석한 두뇌와 능력을 갖춘 가난한 젊은 한국청년도 있었지만, 제법 재력 있는 집안의 자제들로 일본을 통해 들어온 신문명의 화려한 몽환에 빠져 한국을 떠나온 젊은 청년들도 있었다.

1922년 당시 독일 화폐는 지나치게 평가 절하되어 있어서 호사스럽게 생활하는 한국인 유학생들도 많았다. 그들 가운데는 자가용을 끌고 다니는 사람도 있었고, 독일 사람 중에서도 부자들이나 탈 수 있다는 일등석 열차를 타고 다니는 사람도 있었다.[33] 식민지의 불행은

---

[31] 2007년 겨울, 필자의 자료추적과정에서 새롭게 발견된 뷔르츠부르크대학 학적부의 내용에 따르면, 해주 출신 이의경, 그리고 한산 출신 김갑수는 물리학을 전공했고, 귀국하여 일경의 감시로 고초를 겪으면서도 후학 양성에 힘썼다. 또 나주 출신 김현준은 법학을 전공했고, 라이프찌히 대학으로 옮겨 학위를 마친 후 귀국하여 대학에서 교수로 재직하였다.

[32] 뷔르츠부르크 시청 기록에 의하면 이의경의 주소는 한국에서 유학 온 서울 출신 이강기의 주소와 동일하다. 이강기는 1923년 10월 뷔르츠부르크 대학 정치학과에 입학했다. 이의경은 이강기와 동숙하면서 독일어를 가르쳤고, 그 사례비로 학비와 생계비를 충당했을 것으로 보인다. 뷔르츠부르크 학적부에 의하면 이강기는 가명이고 뒷장의 상단에는 민범식이란 이름이 적혀있었다. 민범식은 충정공 민영환의 장남이다. 그 당시 독립운동에 가담했던 유학생은 가명을 흔히 사용했다. 가족의 증언에 의하면 민범식은 순종 장학금을 받고 유학 중이었다.

[33] 김재원, 이미륵씨의 생애, 藜堂隨筆集, 탐구당 1973, 126쪽.

마치 목숨 걸고 투쟁하는 몇몇 독립 운동가들과 가난한 대다수 백성의 몫일 뿐, 그 시대에도 여전히 방관자들은 존재했고, 나라를 팔아먹은 몇몇 친일세력은 나날이 더 많은 부를 축적해 가는 시대적 난센스가 펼쳐졌다.

1923년 뷔르츠부르크대학교 한인 유학생들
(앞줄 우측 첫 번째 민범식, 두 번째 이미륵, 세 번째 이상순, 좌측 두 번째 김갑수)

의경에게 가난보다 치명적인 것은 오히려 독일의 음습하고 칼끝처럼 매서운 겨울 날씨였다. 1922년 겨울, 취약했던 그의 폐부에 신열이 차오르면서 그는 결국 쓰러지고 말았다. 다음 해 봄 다행히 그의 병세가 호전되기는 했지만, 폐부 깊숙이 차 올랐던 이때의 신열 기운은 그의 몸속에 남아 평생토록 겨울나기 신열에 시달리게 했고, 가난한 유학생활을 더욱 힘들게 만들었다. 그 탓에 학문적 성과도 만족스럽지 못했고 그 탓에 의경은 점점 절망감에 빠져 들었다.

수도원에서 충실했던 독일어 독학으로 의학 관련 전문서적을 읽어나가는 데는 큰 어려움이 없었지만, 강의 중 토론과정에서 모국어인 한국말에 깊이 뿌리내려 있는 그의 사고와 이종 언어인 독일말 사이에서 발생하는 차이에 대한 정체 모를 의혹과 회의감이 점점 더 증폭되어 갔다. 그것은 단순히 텍스트 이해에 대한 문제가 아닌, 본질적인 것에 있음이 분명했다.

뼛속 깊이 각인된 그의 동양적 사고방식대로라면 학문이란 그대로 '문文'을 익히는 것이었고, 따라서 하나의 문장 혹은 하나의 경구 속에 존재해 있는 궁극의 의미를 파악하는 게 무엇보다 중요했다. 그리고 더 나아가 그 의미를 시대에 맞게 변용하여 스스로 실천적 행동을 끌어내는 게 의경에겐 학문하는 궁극의 목적이었다. 그에게 하나의 문장은 은유에 깃든 역사적인 의미들이 결합해 있는 독립적인 하나의 경구이기도 하고, 또 오랜 역사 속에 사람들이 배태해 놓은 거대한 철학적 형상들을 끊임없이 재생해 놓은 사고의 축적물들이기도 했다. 그래서 경구들에 대한 담론만으로도 세상의 참 이치를 총체적으로 압축하여 의미로써 응결해 놓을 수 있는 동양의 학문은 구태여 '체계'라고 각지어 놓은 서양식 사고방식을 도구로 하여 그것의 합리성 내지는 정당성을 강조할 필요가 없었다.

서양의 학문은 실용을 앞세우고는 있었지만, 오히려 의경에게 관념적인 이론과 실제 사이에 '체계'라는 또 다른 격식을 요구하고 있었다. 이러한 서양의 사고방식에 적응하기 위해 그에겐 무엇보다 시간이 필요했다.

1923년에 들어서면서 독일의 정치적 경제적 사정은 점점 더 심각한 상태로 빠져들어 갔다. 1차 세계대전에서 패전국이 된 독일은 전승국에게 막대한 전쟁배상금을 지불해야 했고, 외국의 공리공론적인 투자가 점진적으로 독일에서 퇴각해 버리자, 실물시장이 급격하게 경색되어갔기 때문이었다. 화폐경제가 매우 불안정한 상태로 빠져들게 되면서 정치체제를 근근이 유지해오던 공화국의 경제는 과잉 인플레이션이라는 재앙의 늪 속으로 서서히 침몰해갔다. 특히 프랑스가 루르지역을 점령하면서 독일의 경제재앙은 더욱 가속화되었고, 1923년 10월 미화 1달러가 독일 화폐 120억 마르크라는 상상도 할 수 없는 환율을 기록하기에 이르렀다.

의경은 최소 3만 내지는 4만 마르크가 있어야 한 끼 식사를 해결할 수 있을 정도였다.

한국 유학생들은 독일의 경제 사정이 어려워지자 서둘러 귀국길에 올랐다. 그들 가운데는 독일 여성과 사귀다가 아이를 낳아 놓고 한국으로 도망쳐 버리는 비겁한 사내들도 속출했고[34] 의경은 독일 여성들의 정신적 경제적 고통을 외면하지 못하고 작은 도움이라도 주려고 노력했다.

유학생들이 독일을 떠나자, 의경은 더 극심한 생활고에 시달려야 했다. 독일은 수백만에 달하는 실업자들로 넘쳐 났고, 이 때문에 외국인 유학생들에게는 노동 일자리조차 금지되었다. 가난을 견디다 못해 미국으로 건너간 몇몇 대학생들이 독일 유학생들의 참담한 현실을 세상에 알리면서, 1924년 미국에서는 그들을 구제하기 위한 대대적인 모금 운동이 미국 이민자들에 의해 전개되기도 하였다.

〈신한민보〉 1924년 5월 1일자 신문에는 「독일 류학하는 한인학생의 참경」이라는 제목의 짧은 기사가 보도되었다.

---

3 4   1972년 10월 4일, Enne Bornemann이 정규화 박사에게 보낸 편지 중에서 이미륵이 한국 남자들이 버리고 간 여자들을 돌보았고, 또 어떤 한국 남자가 독일 처녀와 사귀다가 귀국해 버리자 미혼모가 된 독일 여성을 위해 아이의 출산 비용 전부를 지불했다는 내용이 진술되어 있다.

"오호라! 四천 여 년의 긴 역사를 가진 세계 문명의 원조가 되었던 동방예의지국이었던 2천만 동포와 3천리 화려강산을 저 왜적에게 맡기고 부모처자의 따뜻한 사랑을 떠나 만리이역萬里異域 인종 풍속이 다르고, 빛 다른 인종의 틈에서 학문을 배우고자, 조선 二천만 동포의 영원무궁한 행복을 위하여, 천신만고 온갖 고초를 겪다가 마침내 주리고 목마르는 데 이른 참경이 웬 말인가. 신한국의 주인이 될 사람 착한 형제자매들을 그 같은 참경에서 구할 자 우리가 아니고 누구인가. (…) 형제여 우리는 저 참경을 구제하기 위해 나타납시다. 동포여 만리이역에서 오늘 내일 연명할 도리 없는 저 가련한 60여명의 동포를 위하여 다소를 막론하고 동정을 하시길 바라나이다(시카고 한인 학생회)."

망국의 현실 속에서 오히려 한국 사람들의 순수한 인정이 암흑 속에서 온몸으로 빛을 밝히는 가느다란 빛줄기처럼 고통받는 동포 학생들이 포기하지 않고 희망의 길을 찾아가도록 스스로 빛을 반짝이고 있었다.

"덕국(독일)에서 유학하는 우리나라 고학생은 경제 곤란이 극도에 달하여 어찌할 바를 모르던 때에 동포의 성의로써 모집된 동정금이 마침 모아져 큰 곤란을 면하게 되었나이다. 본회는 거기에 대하여 무한히 감사한 인사를 드리며 특별히 로스엔젤스에 계신 동포들이 많은 동정금(270불)을 보내주신 데 감사하오며 재미동포의 건강과 귀회의 큰 사업이 날로 나아감을 비나이다.(류덕 고려 학우회 이극로)"[35]

---

35 〈신한민보〉, 1924년 8월 15일

의경은 고통스러운 생生의 굴곡 속에서 그 골의 각진 깊이만큼 때로는 강하게 때로는 유연하게 대처하는 생의 방식을 깨우쳐갔다. '생'을 위한 최선책은 도전뿐이었다. 뷔르츠부르크 의과대학에서 학문적 성과를 기대할 수 없었던 의경은 새로운 도전을 위해 유서 깊은 대학도시 하이델베르크대학으로의 전학을 결심했다.

안개비에 젖은 도시,
하이델베르크

1923년 봄, 뷔르츠부르크를 떠나 하이델베르크에 도착한 그는 대학건물들이 밀집해 있는 베르크하임어 슈트라쎄에서 멀리 떨어지지 않은 로르바하 슈트라쎄 67번지[36]에 자취방을 정했다.

하이델베르크는 큰 도시는 아니었지만, 짙푸른 물결을 출렁이며 도도히 흐르고 있는 거대한 넥카강은 그 자체로 유구한 역사를 품고 있었다. 한쪽 산 언저리에는 작은 집들이 늘어 서 있고, 그 맞은편 산 위엔 강을 바라보고 서 있는 거대한 성이 있는 유서 깊은 대학도시, 하이델베르크.

잿빛 도시엔 사색에 잠겨 바람에 휘날리는 코트 자락을 깊숙이 여미고 몽환에 젖어 강가를 걷는 사람들이 많았고, 그들의 그런 모습은 검은 넥카 강과 잘 어우러져 아주 독특한 분위기를 풍겼다. 강을 따라 나 있는 비탈진 산기슭엔 유명한 철학자 혹은 문학가들이 거닐었을 법한 '철학자 거리'가 있고, 전나무 울창한 숲길을 걷는 누구라도 깊은 넥카

---

36 하이델베르크 대학교 학생 기록부 기재.

강을 발치에 두고 맞은 편 산언덕에 서 있는 음산하고 고풍스러운 성을 바라보는 여유를 즐길 수 있었다.

거대한 강은 작은 도시를 늘 안개비에 젖어있게 했고, 그래서 회색빛 도시엔 또 늘 젖은 강바람이 불었다. 그는 오랜 역사를 지닌 하이델베르크 바디쉬 루프레히트 카알스 의과대학에서 새로운 열정으로 공부에만 전념했다. 그러나 뷔르츠부르크 대학에서보다 실습시간이 더 많아지면서 그는 늘 곤죽이 된 몸을 간신히 지탱해야 할 만큼 지쳐갔다.

그러던 어느 날 "수술실에서 환자가 사망한 일이 발생했다. 의경은 의료진이 환자의 죽음에 대해 슬퍼하는 기색도 없이 냉정하게 돌아서는 것을 보고, 의학이라는 학문의 냉혹성에 대한 깊은 회의감을 느꼈다."[37]

동양의 청년 의학도 의경에게 의술이란 단순히 질병만을 치료하는 게 아니었다. 그것은 환자의 인간적 존엄성을 회복시켜주는 성스러운 직업이기도 했기 때문이었다.

"어느 겨울 오후, 나는 해부 실습실에 들어갔다. 친구 허익원, 그리고 다른 동료 의학도들과 함께 해부 실습용 시체가 놓인 테이블로 천천히 다가갔다. 얼마간의 거리를 두고 서서 우리는 창백한 청년의 시체를 응시하고 있었다. 죽은 청년은 대지의 심연 속에서 영면을 취하지 못하고, 테이블 위에서 겨울 햇볕에 알몸을 그대로 드러낸 채로 누워 있었다. 익원은 슬프게 나를 바라보며, 내 손을 잡았다. 향이라도 피워 줄 것이지! (...) 등불 아래서 시체의 모든 내장 기관을 들여다보는 작업이 끝나고, 집으로 돌아갈 즈음엔 이미 사방엔 어둠이 짙게 깔려 있었다. 집으로 돌아온 후 나는 식사도 거르고 온밤을 침묵으로

---

37 1972년 1월 17일, 하이델베르크 대학교 교수 Günter Debon(뮌헨대학교 동양학을 전공했던 이미륵박사의 제자)이 정규화에게 보낸 편지의 내용 중에서.

지새웠다. 학문이며, 철학이며, 자연이며, 인간이 산다는 것조차 모두 무의미하고 끔찍해 보였다. 다음 날 익원이 나에게 물었다. 의학 공부를 계속해야 하는 걸까?"[38]

독일인 의학도들은 인간 육신을 단지 '물건'으로 취급하여 그것을 낱낱이 해체한 채로 실험대 위에 눕혀 놓고 그 속을 들여다보며 간혹 고개를 갸웃대기도 하고 간혹 끄덕이기도 하면서 제법 심각한 표정으로 세상의 모든 진리를 자신의 손아귀에 쥔 양 의기양양하게 판단하고 규정하고 있는 서양식의 의학적 진술이 과연 인간의 존재성 탐구인지 의경은 오랫동안 확신에 차 있었던 자신의 신념이 점차 헐거워지고 있음을 감지했다.

반복되는 일상의 무력감으로 심신이 눅진해져 있을 무렵, 고향 선배가 그를 찾아왔다. 동향의 선배이자 베를린 대학에서 의학을 공부하고 있던 김준엽이었다. 두 사람은 힘든 유학 생활을 소소하게 털어놓으며 가볍게 이야기를 나누었지만, 종국에는 식민지라는 굴종의 비탄 상황에서 여전히 헤어 나오지 못하고 있는 조국의 현실을 직시하지 않을 수 없었고, 결국 걱정과 고민으로 울적해진 마음을 뒤로 남겨 놓은 채 헤어져야 했다.

의경은 언젠가 돌아가게 될 고국을 위해 무엇을 준비해야 할지 오랜 시간 고민했다. 그러나 그의 관심은 이미 서양식 의학에서 멀어져 있었고, 그것을 대신해 순수한 생명체로서 그 존귀함을 밝히는 인간 존엄성 탐구로 점차 바뀌어 갔다. 그 무렵 의경은 뮌헨대학으로 전학을 준비하고 있었던 여대생 잉에보르크 자르토리우스를 우연히 만났다.

---

38 Mirok Li, Der Yalu fließt, 159쪽.

변화를 갈망하고 있던 의경은 그의 인생에서 매우 중요한 결정을 내렸다.

1925년 봄 그는 또 한 번 새로운 도전을 감행하기로 했다. 의학 공부를 완전히 포기하기로 한 것이었다. 한국 경성의전에서 3년을 뷔르츠부르크대학에서 2년을, 그리고 하이델베르크대학에서 1년을 모두 합치게 되면 그는 무려 6년이라는 긴 세월을 의학을 공부하는 데 보냈다. 오십 년이라는 그의 짧았던 생을 고려한다면, 결코 짧은 시간이 아니었다.

의경은 이미 진부해진 사고의 틀을 과감하게 깨뜨리고 나와 새로운 전환을 위해 빈 몸을 돌려세웠다. 새로운 일보를 위해서는 언제든 돌아들어야 하는 에움길의 거친 운명을 그는 결단코 거부하지 않았다.

불현듯 찾아오는 전혀 다른 우연들로 중첩되는 '생'이란 연속되는 우연의 실체들을 낱낱이 헤아리는 게 불가능해 누구든 스스로 단호하게 '생'을 이렇다 저렇다 결정짓기 어렵다. 그것은 단 한 치의 오차도 없이 정해진 시간 흐름 속에 순열하는 우연의 실체를 사람들은 오직 죽음의 순간에 이르러서야 생의 정교한 교활함을 감지할 수 있게 된다! 그것의 교활함은 무엇보다 사람들이 의도적으로 그것을 배열시키는 것을 허용하지 않는다는 사실이다. 그래도 아주 드물지만, 예외는 있기 마련이던가.

의경은 가혹한 시련에서 강렬한 생의 의지를 돋구어내고, 또 그것을 생으로 충전시키는 방식을 체득했다. 그의 방식은 가진 것을 비워내는 것이었고, 그 비워냄을 통해 운명의 경이로운 이면을 관통하는 직관으로 생각의 틀을 벗어나 거침없이 생의 길로 스스로 걸어 들어가는 도전적 행동이었다. 그리고 그렇게 가벼워진 마음으로 의경은 새로운 도시, 뮌헨으로 향했다.

회색도시, 뮌헨

1925년 여름, 의경은 뮌헨의 중심가 레오폴트 슈트라쎄 양쪽으로 늘어서 있는 대학 거리를 걷고 있었다. 웅장하면서도 기품 있는 옛 건축물들.

그는 대학에서 멀리 떨어지지 않은 마샬 슈트라쎄 1번지에 숙소를 정했다. 팽팽한 긴장감 탓이었는지, 아니면 바뀐 환경 탓이었는지 그는 이른 새벽에 잠을 깨곤 했다. 때로는 아주 늦은 밤까지 때로는 희뿌연 잿빛 여명黎明이 창문 틈새로 비집고 들어오는 새벽녘까지 그는 책을 읽다가 잠깐 혼절하듯 얕은 선잠에 들었다가 간신히 정신이 들면 잠자리에서 빠져나와 공원을 배회하곤 했다. 꼭 그 때문이 아니더라도 독일의 여름날 아침은 너무도 일찍이 강렬한 햇살을 쏟아내는 탓에 잠자리에 눌러 있을 수만도 없었다. 의경은 그렇게 이른 아침에 집을 나와 대학건물 맞은편에 있는 잉글리쉬 가르텐을 산책하곤 했다.

그곳은 군데군데 큰 아름드리 고목들이 작은 잡목들과 각양각색의 꽃들과 보기 좋게 어우러진 이국적인 분위기의 정원에서 그가 여느 아침때처럼 책을 읽고 있을 때였다. 키가 크고 날렵해 보이는 독일 청년이 다가와 그에게 인사를 건넸다. 그는 자신을 안젤름 샬러이고, 뮌헨대학에서 동물학을 전공하고 있다고 했다. 언젠가 혹은 어디선가 만난 적이 있었던 듯 낯설지 않은 친근감 때문이었는지 의경은 그에게 지도교수를 정하지 못하고 있는 자신의 고민을 털어놓았다. 샬러는 선뜻 자신이 잘 알고 있는 교수 한 분을 소개해주겠다며 그를 교수 연구실로 안내했다. 그 덕분에 의경은 동물학 박사 빌헬름 괴취 Wilhelm Götsch 교수를 만날 수 있었다.

"그는 나의 연구경력과 현재의 관심사에 대해 자세히 말해보라고 했다. 실제보다는 이론에 치우쳤던 것에 좋지 않은 기억을 갖고는 있었지만, 그래도 한 번 더 자연과학을 공부하고 싶었고 가능하다면 생물학 전공으로 학위를 하고 싶다고 그에게 말했다. 그는 인내심을 갖고 아주 신중하게 내 이야기가 끝날 때까지 듣고 있다가 상냥한 어투로 자기 연구실에서 한번 뜻을 이루어 보라고 했다. 그리고 자기가 할 수 있는 데까지 나를 도와주겠다고 했다. 그는 생물학을 위한 전반적인 연구 과정에 대해 간략하게 설명한 뒤, 부전공 선택을 도와주었다. 그는 제1 부전공은 식물학으로, 제2 부전공으로는 인종학을 권했다. 나는 그에게 무척 감사했다."[39]

다행히도 의과대학 시절에 들었던 과목들이 학점으로 인정되어 의경은 몇 개의 수강과목을 듣고 곧바로 학위 논문과정에 들어갈 수 있었다. 학위 과정이 순조롭게 진행된 것은 안젤름 샬러 덕분이었다.

"사랑으로 세상을 보는 사람에게는 가시동산이 장미동산이 되리라."

미럭

"Wer die Welt mit Liebe betrachtet, dem verwandelt sich die Dornhecke zum Rosengarten.

　　　Mirok Li aus Korea"

---

39 Mirok Li, Immer noch fließt der Yalu, 184-185쪽.

의경은 고마운 마음을 표하기 위해 독일에서 어렵게 구한 희귀본 책 1904년 안구스 하밀톤 Angus Hamilton이 쓴 〈한국. 붉은 아침의 나라 Korea. Das Land des Morgenrots〉를 선물하면서 책갈피 속에 짧은 메모를 적어 자신의 진심을 전하며, 한국어로 쓰고, 그 밑에 독일어(위의 친필 사진)로 옮겨 적었다.

뮌헨대학 시절 의경은 뮌헨대학 외국인 학생대표를 지낼 만큼 매우 적극적이고 열정적인 대학 생활을 보냈다. 박사학위 논문 준비와 실험으로 바쁜 나날을 보내고 있을 무렵, 그는 베를린에서 유학 중인 이극로에게서 의미심장한 편지 한 통을 받았다. 매사에 고군분투하고 물불을 가리지 않았던 자신의 적극적인 성격을 놓고 스스로 고투 혹은 물불이라고 부를 정도로 이극로(1893~1978)는 그야말로 투사다운 기질을 가진 한국 청년이었다. 그는 의경보다는 여섯 살 위였고, 비교적 늦은 나이인 향년 스물여덟의 나이에 1922년 독일로 와서 1922년 베를린대학에서 경제학 공부를 시작했다.

이극로는 1923년 1월 '유덕학생회'의 대표가 되어 유럽에 거주하고 있는 유학생들의 어려움을 세심하게 살피고, 한국독립의 정당성을 주장하는 전단을 직접 작성하여 베를린 시내에 뿌리며 지속적인 항일 활동을 전개하고 있었다. 유럽의 정치 경제에 대한 전반적인 흐름을 꿰뚫고 있었던 이극로는 1927년 2월 벨기에 브뤼셀에서 세계 피압박 민족결의대회가 개최된다는 사실을 김준엽에게서 전해 듣고 서둘러 대회에 참가하기 위한 구체적인 방안을 세웠다.[40] 그는 뮌헨대학의 이의경과 프랑스 파리 대학의 김법린을 대표단에 합류시켰다.

---

40 이극로, 고투 40년, 범우사 2008, 75쪽.

김법린(1899~1964)은 1920년 10월 상해를 떠나와 프랑스 어느 부호의 집에서 청소부 일을 하면서 불어를 공부했고, 1923년 11월 파리대학교 철학과에 입학해 1926년 7월 대학을 졸업한 뒤 파리 근처 작은 지방 은행에 다니다가 파리대학원에 진학해 근세 철학을 연구하고 있었다.[41]

1919년 3월 1일 항일운동에 가담한 이후, 각자의 방식대로 독립운동에 적극적으로 참여했던 세 사람이 '한국의 문제'를 세상에 알리는 항일거사를 위해 한자리에 모이게 되었다. 그들 가운데 가장 열정적이고 행동가 자질이 더 탁월했던 이극로가 대표단의 단장을 맡았고, 나머지 세 사람은 한국의 역사, 정치, 경제에 관련된 광범위한 자료들을 수집해 세밀한 통계수치를 첨부한 결의문을 작성했다. 그들은 결의문을 독일어와 영어, 프랑스어로 옮겨 베를린 쾨페니커 슈트라쎄에 있는 잘라 드룩 운트 슈타인콥 인쇄소에서 배포용 작은 책자로 만들었다. 결의대회 참가비용을 구하는 일은 베를린 대학에서 의학을 공부하다가 귀국해 당시 동아일보 기자로 유럽파견 근무를 하고 있었던 김준연이 맡았다. 세계 각국 124개 단체에서 147명이 참가한 대규모 대회장에 여러 나라의 국기와 함께 태극기가 게양되었다. 대회장 밖에는 사회평등, 민족 자유라는 슬로건을 내세운 포스터가 걸렸고, '제국주의 타도'라는 한문으로 된 선전 문구도 걸렸다.

회의 첫날, 김법린이 한국에 대한 일본의 압박을 탄핵하는 기조연설을 하였다. 그 내용은 첫째, 하관 조약(1895년 청일 전쟁 후 일본이 조선을 완전한 자주 독립국임을 확인했던 조약)을 실행하여 조선의 독립을 확정할 것. 둘째, 조선 총독 정치를 즉시 철폐할 것. 그리고 셋째, 상해임시정부를

---

4 1 김광식, 김법린과 피압박민족대회, 불교평론 2호, 2006년.

인정할 것에 대한 안건이었다. 그러나 본 대회는 세계 피압박 민족대회라는 당초의 슬로건과는 다르게 중국을 비롯한 인도, 이집트 등 영국에 예속되어있던 나라들의 영국 타도에만 논쟁이 모아져 있었기 때문에 조선의 문제는 정식 의제로 채택되지도 못했다. 이에 이극로가 격분하여 항의하자, 주체 측은 중의에 붙여 가부를 결정하기로 하고 표결에 붙였지만, 결국 3표 차이로 부결되고 말았다.[42]

망국이란 결국 국제사회에서 철저히 소외된 존립 부재를 의미한다는 사실을 참가자 모두 절감해야 했다. 이의경의 유고遺稿 어디에서도 이 사건에 대한 단서조차 남겨 놓지 않았던 사실에서 필자는 상처 입은 자존을 침묵으로 일관했던 그의 슬픈 항변을 상상해 볼 수 있을 뿐이다.

나라를 잃었으니 '할 말을 잃었음'이오, 나라를 지키지 못했으니 더욱 '할 말이 없음'이오, 망국은 한국인 모두의 절망이자 패배가 아니던가.

그러니 뒤늦은 외침의 그 깊은 공허를 절감했을 그의 회한이 미루어 짐작될 뿐이다. 얇은 배포용 책자 한 권으로 남겨진 〈한국의 문제〉를 또다시 가슴에 품고 의경은 그렇게 회색빛 도시, 뮌헨으로 되돌아왔다.

---

42 이극로, 고투 40년, 76쪽.

〈한국의 문제〉

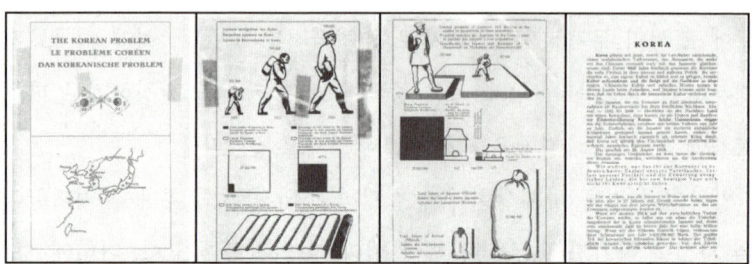

"역사가 시작된 이래로 아득히 먼 옛날부터 대한제국은 한민족, 즉 고대 우랄 알타이어족에 속하고, 중국이나 일본과는 다른 독자적인 민족이다. 한민족은 4천 년 이상 국내는 물론 외교정책에서도 완전한 자유를 누려왔다. 한민족은 외래문화를 수용하여 우리만의 독특한 문화를 창조 발전시켜 왔으며, 나아가 우리의 문화를 인접 국가에 전해 주기도 했다. 특히 일본은 바로 이러한 한민족의 문화와 교류하면서 풍요로운 삶을 영위할 수 있었음을 결코 부정할 수 없을 것이다. 한민족보다 많은 인구를 가진 일본은 평화롭게 사는 이웃 나라 땅을 자주 침범해 약탈을 일삼았다. 1592년부터 1598년까지 그들은 수차례 군사를 일으켜 우리 한국을 유린하였고, 이후에도 한반도 해안지대에 사는 시민들에게서 해적질과 강도질을 일삼았다.

이 같은 사건들은 해가 갈수록 두 민족 간의 적대감을 고조시켰으며, 근대 유럽식의 전쟁방법을 충분히 숙지하고 있었던 일본인들은 마침내 수천 년 동안이나 지속해 왔던 전쟁을 끝내고 22만 평방 km의 영토와 2천만의 국민을 가진 대한민국을 그들의 속국으로 만들었다. 1910년 8월 29

일의 일이다. 미국을 비롯한 열강들은 앞다투어 이 합병을 인정했다.

우리는 이 사건이 우리 한민족에게 무엇을 의미하는지를 알고 있다. 그것은 곧 조국의 상실이자, 자유의 상실이며, 앞으로 있게 될 이루 말로 다 할 수 없는 참담함 바로 그 자체이다.

일본이 합병 이후 – 17년이 지났다 – 한국에서 무력을 사용함으로써 어떤 결과를 초래하게 되었는지를 알려주기 위해, 그동안 한민족에게 강요해 왔던 경제적 삶에 관한 몇 가지 사실을 지금 이곳에서 언급하려고 한다.

한민족의 경제적 손실과 관련하여 가장 먼저 제시하고자 하는 것은 한국에서 기생하고 있는 일본인들을 먹여 살리는 비용이다. 그들의 숫자는 꾸준히 증가 추세에 있으며 작년에는 대략 50만 명에 이르고 있다. 오래된 통계만을 보더라도 이 기생충들은 연간 10억 마르크를 소비하고 있다는 것을 알 수 있다. 강제 지불해야 하는 공물 때문에 한국의 상류층 가운데서도 절반 이상이 가난과 실업의 도탄에 빠졌다. 그리고 3년 전 실업자 수는 997.000명에 이르렀다.

이것은 단지 한국의 경제적 손실이라는 명분에 포함되는 극히 일부분의 손해액에 지나지 않는다. 이러한 일본인들의 기생으로 인해 우리 한국 국민에겐 어떤 국가 기업도 남아 있지 않다. 일본의 정치경제학 원리는 대문자로 인쇄된 한 절을 포함하고 있는데, 이에 따르면 전망이 있는 모든 사업은 일본인들만 소유하게 되어있다. 외국 무역뿐만 아니라 중요한 국내 무역도 일본인들이 장악한 상태이다.

한국과 연간 15억 마르크에 이르는 외부세계 간의 무역이 완전히 재편성됨으로써 2천만 명의 강요된 소비자를 가진 이 시장의 독점을 통해 매년 일본인들이 얻는 이익이 얼마인가는 쉽게 가름할 수 있다. 전도유망한 한국의 석탄 광산들은 작년에만 순이익 5천만 마르크를 일본에 안겨주었다. 전체 인구의 4분의 3 이상이 종사하고 있는 농업의 순 생산량은 연간 3백만 마르크에 이른다. 현재 한국 땅 3분의 1은 일본 자본가들이 자신들의 사유 재산으로 소유하고 있다. 강제 노동에 시달리고 있는 한국 농민들은 극도로 착취당하고 있으며 한 가구당 연간 평균 수입은 2백 마르크에 불과하다.

불행하게도 우리는 다른 경제 분야에 대한 확실하고 정확하게 집계된 통계마저 갖고 있지 않다. 그러나 우리는 한국 경제 전체 생산량의 최소한 절반은 일본인들에게 수탈당하고 있으며 이는 결코 과장된 주장이 아니다. 어떻게 다섯 식구 한 가정이 일 년 동안 200마르크로 살 수 있겠는가?

이렇듯 피폐해진 경제생활은 한국인들이 근대적 방법으로 자신들의 농토를 경작할 만한 환경에 처해 있지 못하기 때문이다. 합병 이전에는 오히려 경제 발달 면에서 꾸준한 개선이 이루어지고 있었다. 한국에 가 본 적이 있는 사람들은 한국 젊은이들 사이에 지식에 대한 욕구가 얼마나 강하게 일어나고 있는지를 잘 안다. 착취에 열을 올리고 있는 일본인들은 한국에서의 그들의 범죄행위를 외부 사람들에게 은폐시키는 방법을 잘 알고 있다. 그들의 주장에 따르면 한국은 아프리카나 오스트레일리아 내륙 등지의 원시인들과 같은 생활을 하고 있으며 아직 개화가 덜 된 나라라는 것이다. 그리고 기껏해야 한국인들은 과거 한때에 고도의 문화를 가졌던 종족에 속했을 뿐, 현재 그들은 다른 열강과 겨루거나 외국의 침입에 자신들을 방어할 능력이 없다고들 말한다.

따라서 한국인들은 일본의 문화적. 경제적 지도와 보호가 필요하다는 것이다. 자신들의 주장을 뒷받침하는 증거를 만들어 내기 위해 한국에 기생하고 있는 모든 일본인은 한국인의 나쁜 관습과 일부 개개인들의 결점을 기록하고 일반화하는 데 혈안이 되어있다. 모든 발전은 일본인의 덕택으로 돌려진다. 그러므로 전적으로 잘못된 한국인 상像이 외국인들에게 알려져 있다. 이른바 일본의 선의적인 문화정책이라는 것은 한국의 경제적, 정치적 삶에서 주도적인 역할을 담당하는 것이었고, 아무 죄 없이 모든 유능한 한국인들을 어두운 감옥에 투옥하여 우리를 더욱 피폐하게 만들었다. 많은 사람이 자신들의 생명을 희생하지 않으면 안 되었다. 일본의 문화정책은 한국인들이 경영하는 모든 학교와 고등교육기관 및 대학을 점진적으로 폐쇄조치 했다.

학교 교육을 받고 싶어 하는 6~7세 나이의 어린아이들에게 일본어를 강요한 것조차도 일본인은 인도주의 정책이라고 한다. 한국인들은 자국어인 한글로 된 신문이나 책을 인쇄할 수 없다. 그리고 한국인은 누구도 자기 자신의 나라에서 자기 자본과 노동자들을 고용하는 어떤 산업시설도 세울 수 없다. 한국의 경제적 삶을 조직하고 한국의 문화를 향상하기 위한 모든 노력은 감옥형 판결로 억압당하고 있다. 한국의 역사를 읽거나 민요를 부르는 것도 '범죄행위'가 되었고 일본인 지배자에게 발각되면 누구라도 감옥에 가야 하는 탄압방식으로 한국문화는 억압당하고 있다.

지각이 있는 사람들이라면 한국의 현재 상황이 일본에 아무런 득이 되지 않고 또한 불평불만을 해소하지 못한다는 사실과 더불어 또 다른 한편으로 그들의 이러한 강도행각이 한국인들의 문화적 발전 전반을 질식시켜버리고 말 것이라는 사실을 인정해야 할 것이다. 일본의 외교정책에 회유된 사람들은 한국인들이 일본의 정책에 만족하고 있다고 생각한다. 그것은 그들이 뭔가 잘못 알고 있는 거다. 한국인들은 일본의 통치를 절대적으로 반대하고 있다. 세계는 한국에서 일본의 군사독재에 저항하는 운동이 일어났다는 사실을 모르고 있다.

많은 나라의 정당에서는 문화적으로 미천하기까지 한 이웃 나라 일본에 한국이 억압당하는 것에 반대하고 있다. 한국의 여러 지역에서는 기생충에 의해 나라가 강제로 잠식되는 것을 막기 위한 결사가 조직되었다. 일본의 정책에 반대하는 모든 활동에 대해 일본은 - 우리가 일본 제국주의의 앞잡이들을 세상에서 가장 잔인한 야만인이라고 부르는 데 조금도 주저할 게 없는 - 짐승 같은 방식으로 대응해 왔다. 일본에 거슬리는 행동을 시도했다는 의심을 받는 사람들의 전 가족들을 - 노인과 어린아이까지 가리지 않고 - 사살하는 일은 아주 흔하게 자행되고 있는 일이다. 때때로 교회와 학교를 포함한 마을 전체가 반일 감정을 품었다는 이유로 모두 불태워지고 살해당한 일도 있다.

그들은 사전에 마을 주민들을 도망칠 수 없도록 집안에 가둬두고는 대량학살을 저질렀다. 실제로 일본의 강탈 정치에 반대하는 한국인뿐 아니라, 일본인들이 보기에 재능 있어 보이는 한국인 경쟁자들도 사정없이 제거되어가고 있어서 결국 한국이 좋아질 전망은 매우 어둡다. 뛰어난 일부 한국 지식인들은 일본의 고문 기구에 시달려야 했다. 고문은 다음과 같은 방식으로 행해지고 있다. 추운 겨울에 찬물을 끼얹고, 손톱과 손톱 밑 살을 바늘로 찌르고 불에 달궈진 송곳으로 살갗을 지지고, 사지를 벌려 잡아당기고, 몇몇 군데의 살점을 뜯어내기도 하고, 부식성 물질을 성기 틈으로 집어넣기도 한다.

우리는 이와 같은 고문이 여전히 일본 경찰에 의해 자행되고 있으며 반일 활동에 대한 보복 수단으로 강행되고 있음을 목격한 사람들이다. 이와 같은 온갖 야만적인 행위에도 불구하고 학생들을 선두로 하여 1919년 3월 1일 독립을 선언했다. 그것은 결코 마지막 조치가 아니다. 우리는 장차 자유를 회복하기 위해 할 수 있는 모든 일을 다 할 것이다. 일본인들은 이런 자유 운동을 무력과 술책으로 억압하고 있다,

독립운동이 평화적인 성격을 띠고 있음에도 무력이 사용되고 있다.

한국인들의 이러한 자유 운동에 대한 일본의 첫 대응은 군대와 경찰력을 증강하는 것이었다. 우리의 독립운동이 전 총독과 그의 무력통치에 대한 불만에서 비롯된 것이라는 핑계로 총독을 갈아치웠다.

그들은 한국인에게 세 개의 신문을 허용하였고 언론 규제를 완화하였다고는 하지만, 이와 동시에 그들은 판매금지령을 내리기도 하고 증회 죄를 적용해 그들에게 불리한 출판물의 발행을 저지하였다. 독립 선언 이후 노동자와 청년 운동 조직들은 완전히 억압되었다. 그러나 일본인들은 무력으로도 책략으로도 우리를 결코 억압할 수 없다. 일본에 대한 우리의 투쟁은 우리를 자유로운 삶으로 인도할 최후의 그리고 유일한 길이라는 것을 우리 모두 잘 알고 있다. 일본이 한국에서 물러가거나, 우리 한민족이 치욕스러움과 비참함, 궁핍과 배고픔으로 죽임을 당할지, 이 둘 중 하나일 것이다."[43]

---

[43] 독립기념관 자료, 가로 15cm, 세로 23cm의 갱지에 인쇄, 영어, 불어, 독일어로 기록되어 있다. 〈한국의 문제〉라는 제목이 붙어 있고, 그 아래에는 태극기와 동아시아 지도가 그려져 있다. 본문 'Korea'는 독일어와 영어로 각 4페이지씩, 8페이지 분량으로 되어 있으며, 앞 뒤 표지에는 일제식민 당시(1910-1926)의 약탈상을 도표로 상세하게 제시되어 있다. 이 자료는 이미륵의 뮌헨대학교 동물학과 동기동창이었던 안젤름 샬러박사가 정규화에게 전해주었고, 1984년 7월 14일 독립기념관에 기증되었다.

회류回流하는 강, 이자르

브뤼셀에서 돌아온 후, 빌헬름 괴취박사의 도움으로 1927년 여름학기부터 장학금을 받게 된 의경은 경제적인 압박에서 어느 정도 벗어날 수 있어서 학위논문 쓰는 일에만 몰입할 수 있었다. 반복되는 실험과 그 결과들을 논리적으로 진술하기 위해 그는 남보다 더 많은 시간과 노력을 기울여야 했다. 실험의 학문적 성과가 보이기 시작하면서 그는 자신의 육체적 한계를 벗어나 잠을 자지도 않고 잘 먹지도 않으면서 논문을 마무리 짓는 일에 온 힘을 기울였다.

그러다가 브뤼셀에서 돌아온 지 석 달째 되는 어느 여름날, 갑자기 신열이 솟아오르며 의경의 몸이 반란을 일으키기 시작했다. 심각한 무기력 상태에 빠져들게 된 그는 마치 벌거숭이인 채로 홀로 들판에 서 있는 그 자신과 맞닥뜨리게 된 것이었다. 5년 전 뷔르츠부르크대학 시절에 겪었던 중환의 악몽이 되살아났다. 병의 재발이 그에겐 치명적이라는 것을 알고 있었던 그는 순간 죽음의 공포가 엄습해 오는 것을 느꼈다.

학생 후생처 담당 의사는 건강이 회복될 때까지 그에게 학업을 중단하길 권했고, 스위스 루가노에 있는 아그라 요양소를 소개해 주었다. 팽팽한 긴장감에서 단 한 순간도 자유로울 수 없었던 의경에게 요양은 아이러니하게도 그에게 오랜만에 허락된 휴식이었다. 그래도 살아서 뮌헨으로 다시 돌아올 수 있을지 확신할 수 없었던 의경은 떠나기 전에 그의 모든 짐을 정리했다. 편지와 문서 대부분은 불살라 버리고 누구든 고향으로 보낼 수 있도록 묶어 놓은 작은 소포 하나에 주소를 적어 남겨 두고, 그는 루가노로 떠났다.

유월의 태양이 하늘과 맞닿은 날카로운 산마루의 뾰쪽한 형상을 덮고 있는 만년설을 아주 비현실적이고 몽환적으로 내리비추고 있는 요양소 맞은편의 알프스 전경. 그 탓에 아래로 드넓게 펼쳐진 초록 들판은 눈부시도록 현시적이었다. 요양소 뒤로 드문드문 늘어선 한적한 암갈색 지붕의 집들. 스위스의 알프스는 독일의 그것과는 사뭇 다른 느낌이었다.

아그라 요양소 전경

그의 담당 의사는 한스 알렉산더 박사였고, 그는 한때 의학도였던 동양인 청년 의경에게 특별한 관심을 보였다. 시간이 지나면서 마치 어둠의 긴 터널을 빠져나오듯 의경의 병세는 호전되어갔다. 그러다 회복기에 접어들 무렵, 친구 안젤름 샬러가 요양소로 찾아왔다.

> "어느 날 아침, 산책을 하고 돌아왔을 때 병실 앞 베란다에 낯익은 사람이 서 있는 것을 보고 깜짝 놀랐다. 날렵하고 적당히 그을린 얼굴에 반짝이는 회색 눈의 동창생 샬러였다. 그는 얼마 전에 결혼하여 아름다운 젊은 부인을 데리고 신혼여행 차 스위스를 지나다가 루가노에 입원하고 있는 외로운 친구를 찾아온 것이었다. 너무나 반갑고 기뻤다."[44]

---

44 Mirok Li, Immer noch fließt der Yalu, 210-211쪽.

따사로운 빛처럼 정겨운 친구 안젤름 샬러는 세상을 짓누르는 그 어떤 무게에도 거뜬히 튕겨 나올 수 있는 탄력적인 활력을 지니고 있었다. 그의 방문은 외로운 요양 생활에 새로운 활기를 불어넣어 주었다.

석 달간의 요양 생활을 마치고 뮌헨으로 돌아온 그는 이자르 강 부근 베스터뮐 슈트라쎄에 값싼 자취방을 구했다. 작은 쪽 창문이 달린 허름한 집들이 좁은 도로를 사방간극으로 아주 비좁게 들어차 있었다. 집들은 대부분 옹색한 단칸방에 공동 취사장이 딸려 있었고, 몹시 지저분했다. 좁은 계단과 복도엔 늘 악취가 풍겼고, 집안엔 늘 벌레가 들끓었다. 그래도 집 근처엔 이자르 강이 흐르고 있었고, 강을 따라 길게 나 있는 길은 그에겐 늘 거닐 수 있는 한가로운 평화를 가져다주기도 하였다. 흐르는 강물을 보는 것만으로도 가난한 생활로 허기진 마음은 충만해졌다.

강가를 걷는 모든 사람은 겉으로 보기에는 한가롭게 산책을 즐기는 듯 보였고, 마치 심오한 철학적 고뇌 속에서 출구를 찾으려 이자르 강변을 배회하고 있는 것처럼 보이기도 했다. 뮌헨 도심을 빠르게 회유回遊하는 이자르 강은 어지러운 세상 속에서도 그 도도함을 잃지 않았다.

그 무렵 어느 봄날, 의경은 짙은 갈색 머리의 아름다운 독일 여인, 로자 마우러를 만났다. 뮌헨대학에서 영문학을 전공하고 있었던 로자와 의경은 꼭 의도하지 않아도 학교에서 혹은 길에서 혹은 이자르 강가에서 우연히 마주쳤고, 그렇게 두 사람은 자연스럽게 친해졌다. 열한 살의 어린 나이에 부모의 권유로 혼인을 했던 의경은 이국의 아름다운 여인 로자에게서 그녀의 이름 그대로 오묘한 장미 향의 연정을 느꼈다. 그의 나이 어느덧 서른이었고, 타국에서 홀로 보낸 세월도 벌써 십 년이 넘어가고 있었다. 그녀는 그의 고독한 망명 생활에 따스한 사랑의 숨결로 스며들어 왔다.

봄빛 좋은 어느 날, 로자는 의경을 자신의 집으로 초대했다. 그녀는 그가 살고 있던 베스터빌 슈트라쎄에서 걸어서 오 분 정도 거리의 암글록켄바하 2번지에 그녀의 부모와 함께 살고 있었다. 그녀의 아버지는 수학교사였고, 어머니는 독일의 전형적인 넉넉한 모습의 여인이었다. 그리고 위로 두 언니 올가와 요한나가 있었다. 당시 독일은 암울한 분위기였지만, 로자의 집안엔 따뜻한 평온함이 깃들어 있었다. 그녀의 부모와 두 언니는 때때로 방문하는 의경을 늘 반갑게 맞이해주었다.

"이미륵은 수년 동안 다정한 손님으로 우리 집을 방문했습니다."[45]

그들은 낯선 동양인 청년과 오랜 시간 이야기를 나누며 그의 지적이면서도 우아한 몸짓에, 그리고 그의 나지막한 독특한 독일어 음색에 매료되었다. 그는 자주 초대를 받았고, 로자 가족과 훈훈한 인정을 나누었고, 그만큼 연정도 깊어져 갔다.

그럼에도 의경은 여전히 미혹한 경계선 밖에 홀로 서 있는 외부인이었고, 이방인이었다. 그들의 따스한 온실 밖 냉혹한 현실을 그는 늘 혼자 감당해야 했다. 나라 잃고 핍박받는 민족의 슬픔을 끌어안고 살아가야 하는 운명을 타고난 가난한 한국인 유학생이라는 현실을 뛰어넘는 게 그에겐 쉽지 않았다. 더욱이 이미 혼인해 자식까지 둔 처지였던 의경은 로자에게 오롯한 연민의 정을 품을 수도 없었다.

"이미륵과 내 막내 여동생 로자는 사랑하는 사이였습니다. 그러나 당시 사정으로는 결혼은 불가능했지요."[46]

---

45 1972년 11월 13일. C. Johanna Maurer - Cundry 가 정규화에게 보낸 편지에서
46 위의 편지에서.

회유하는 푸른 이자르 강처럼 두 사람의 정情은 그저 한가롭게, 그리고 자유롭게 시간의 흐름 속을 부유浮游할 뿐이었다.

**인식의 자유,
그 신비의 재생력**

1928년 7월 18일, 그는 마침내 학위논문을 제출했다. 논문의 내용은 〈Regulative Erscheinungen bei der Planarienregeneration unter anormalen Bedingungen 비정상적인 조건에서 플라나리아 재생에 나타나는 규칙적인 현상들〉에 대한 연구였다. 수많은 반복 실행을 통해 얻은 우연의 축적물들을 체계적으로 배열시키기 위해 그가 채택한 논리적 진술의 최우선 과제는 핵심용어인 '재생'을 정의하는 일이었다. 실험과정에서 그는 미생물체 플라나리아가 다양한 형태의 손상을 통해 기관을 상실해버린 부분을 스스로 대체하면서 새로운 유기체로 거듭거듭 태어난다는 사실을 밝혀냈다. 새롭게 변형된 부분들이 원래대로 정상적인 조직 관계를 유지하고 있다는 것은 정말 신비롭기까지 했다. 그리고 손상된 기관이 대체되기 바로 이전의 상태에 따라 또 하나의 독립된 객체로 성장하면서 그 자체가 독자적인 생명체로 다시금 태어난다는 사실은 정말 경이로운 일이었다.

의경에게 '재생'이란 단순한 반복이 아니라, 거듭 태어나는 새로움을 의미했다. 재생된 것들은 서로 대립 관계를 보이기도 하고, 서로 연결되는 상관관계를 보이기도 하고, 또 새롭게 재생된 것들과는 서로 상보적인 유기적 관계를 보이기도 했다. 이 모든 관계 속에서 각각의 재생 물체들이 독자적 객체로서 완전한 면모를 유지하고 있다는 것은 얼마나 놀라운지, 정상적인 형태로든 혹은 비정상적인 형태로든!

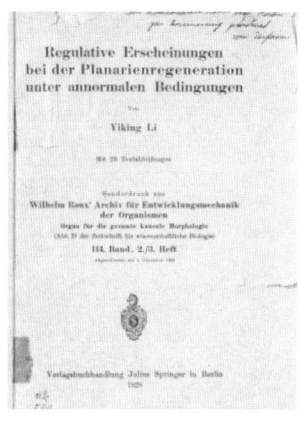

이의경의 생물학 학위논문

의경의 관심은 비정상적인 형태에 있었다. 그것은 생명체의 무한한 다양성을 발현시키게 하는 원동력이었기 때문이었다. 그는 지도교수였던 괴취 박사에 의해 연구된 바 있었던 비정상적인 재생의 구조를 다양한 방식으로 실험하여 볼 수 있었고, 그 결과 재생의 다양한 상관관계가 형성되는 몇 가지 현상들에서 '재생'의 참 의미를 경험하게 된다.[47]

의경은 강인한 생명력이란 결국 '생'에 대한 항구적이고 독자적인 재생 의지에 달려 있음을 인식했다. 살아남은 개개의 객체들이 때로는 잘려나간 부위를 때로는 상처 입은 부위를 스스로 복원시켜 생명을 연장하였고, 자율적인 복원 능력을 상실한 것들은 결국 도태되고 소멸해버리고 마는 '진정한 생명의 원리'를 의경은 오히려 생물학의 연구 과정에서 구체적으로 경험할 수 있었다. 그는 '작고 보잘것없는 생명체'의 놀라운 재생력에서 말로는 다 표현할 수 없는 '생의 신비'에 감동했다. 그것은 단지 실증적 실험의 결과로써 뿐 아니라, 그 속에 깃든 생의 본질을 직접 볼 수 있게 하는 특별한 경험세계였고, 의경은 바로 그 본성에 포진해 있는 다양한 변화의 가능성과 그 실재를 '재생'의 의미로 정의하였다.

---

47 Yiking Li, Regulative Erscheinungen bei der Planarienregeneration unter anormalen Bedingungen, München 1928, 내용참고.

님펜부루크성의 운하 옆 자일러 家(우측)의 전경

제4장
작가 생활

**슈바빙의
보헤미안**

　　　　　　1928년 박사학위를 마치자 의경은 더 이상 장학금을 받을 수 없게 되면서, 생활은 또다시 궁핍해졌다. 그는 독일에 온 지 8년 만에야 학위를 마치면서 운명의 책무 하나를 마무리했다.
　그리고 다시 빈 마음으로 또 하나의 생로生路로 향했다.
　당시 독일의 경제 상황으로는 독일국민조차 직업을 갖는 게 쉽지 않았으니 외국인 망명자 신분의 의경이 직업을 갖는다는 건 현실적으로 불가능했다.
　생활이 더 어려워지자, 의경은 1930년 웅게러러 슈트라쎄 24번지 라우멘 부인 댁에서 다른 세 명의 청년들과 함께 기숙하기로 하고 이사를 했다. 영국인 헤럴드 투비 Harald Tooby, 화가 지망생 브루노 구텐존 Bruno Gutensohn, 의대생 헬무트 바흐만 Helmut Bachmann, 그리고 한국인 이 의경.
　네 사람 모두 가난한 젊은이들이었다. 그들은 번갈아 가며 식사 당번을 했고, 1마르크 50페니히로 한 끼 식사를 해결해야 할 정도로 몹시 곤궁한 처지에 있었다. 그럼에도 슈바빙의 젊은 청년들은 활기에 차 있었다. 그들 대부분은 배고픈 육체적 곤궁을 정신적 가치로 대체시키면서 자유로운 몽환적 일탈을 꿈꾸고 있는 그야말로 슈바빙의 보헤미안들이었다. 그들의 평범하지 않은 일상은 예술로 숙성되어 어떤 형태로든 정신적 가치의 형상물들을 만들어 냈고, 하나의 형상이 만들어질 때마다 빈곤에 노출된 그들의 외적 표상들은 오히려 내적인 충만으로 내사되어 갔다.

빈곤한 삶이 오히려 그가 진정으로 원했던 '정신적인 것'을 추구할 수 있는 새로운 길을 열어주고 있었다. 운명은 늘 그렇듯 선명한 노선을 드러내지 않고, 단지 아주 사소한 동기부여만을 넌지시 길 위에 올려 놓아줄 뿐이다. 그래서 운명은 늘 우리 인간이 선택하는 무엇으로 결정된다.

지독한 가난을 해결하기 위해 의경이 선택했던 것은 그의 '서예'였다.

브루노와 베른하르트 베너의 서예지도

하나의 점·하나의 선·하나의 파임·하나의 비침이 만들어 내는 서체의 예술적 형상과 그 속에 하나의 의미를 담아내는 고혹적인 서예의 미학이 그를 운명의 길로 이끌었다. 붓끝에 전달되는 미세한 전율을 통해 글자들이 때로는 화사하게 때로는 강직하게 때로는 부드럽게 꿈틀대는 신비를 바라본 독일의 지성인들은 감탄했다.

그들은 물질인 자字속에 인간의 가장 순수한 영혼을 담아내는 서예의 놀라운 세계를 경험하게 되었고, 그들의 경험의식 속에서 의경은 동양적 신비를 지닌 인물로 빛을 발하기 시작했다.

그에게 서예를 배우는 독일인들 중에는 국립 도서관장이었던 라이스 뮐러와 중국학을 공부하고 있었던 뢰어(Löhr, 훗날 중국학 교수가 됨), 음악을 전공했던 마르코트 슈미트, 독문학을 전공해 훗날 장학사가 된 엘제 지그문트와 역사학을 전공한 롯테 뷜플레도 있었다. 그들은 서예를 배우는 즐거움보다는 한국인 의경의 영혼에 깃든 기품있는 인격에 더 깊이 매료되었다.

이 무렵 의경은 자신도 모르는 사이에 정신의 강력한 에너지가 분출되어 빚어내는 순수의 형상들이 빛의 파편들로 그의 내부에서 부유하고 있음을 자각했다. 그의 내부로 삽입되어 들어온 형상의 빛은 단순한 서체書體의 표상을 관통해 의미를 품은 문학적 은유의 형상들을 비추었다.

어린 시절 아버지가 즐겨 낭송해 주던 당시唐詩, 충절의 신하 성삼문의 통한을 토해내는 한시 등등.

그는 얽히고설킨 생의 이야기를 은유의 형상들로 재생하여 하나의 거대한 서사를 완성하기 위한 환희의 서곡을 준비했다.

독일 뮌헨 슈바빙에서!

첫 산행

　　　　　　　　1930년 여름 어느 날 의경은 뮌헨의 도심을 벗어나 독일 남부 알프스 카르벤델 부근에서 휴가를 보내기로 하고 짐을 꾸려 기차에 올랐다. 도심을 벗어나자 초록 들판 저 멀리에 독일 알프스 산군의 거대한 능선들로 겹겹이 포개진 회색빛 실루엣이 드러났다. 잿빛의 군상들은 웅장했다. 종착지역인 랭그리스에서 하차한 의경은 한적한 초록의 길을 따라 천천히 걸었다. 그러다 고향 마을의 옥계천을 닮은 작은 마을이 그의 시선을 잡았다.

　아르츠바하!
　푸른 물빛을 품은 시냇가를 따라 걷기도 하고, 산 속 발트헤르 산장을 돌아서 그는 한 허름한 게스트하우스에서 걸음을 멈추었다. 그곳에는 이미 세 명의 여성 투숙객들이 머물고 있었다. 의경은 어린 여자아이가 안내해 주는 방으로 올라가 짐을 풀었다. 짐이라고는 고작해야 옷 몇 가지와 간단한 세면도구, 파이프 담배, 그리고 타자기가 전부였다. 짐 정리를 끝내고 그는 잠시 멍한 시선으로 창밖을 바라보며 고순도 산소를 들이켰다. 작은 침대에 누이자 그는 곧바로 깊은 잠에 빠져들었다. 그리고 다음 날 아침, 의경은 창가에 내려앉은 부드러운 햇살에 눈을 떴다. 그리고는 침대에 그대로 누워 산바람의 살랑이는 떨림이 얼굴로 부딪쳐오는 감미로운 촉감에서 어린 시절 고향 집에서 초여름 어느 날 아침이 생각났다.
　수양산에서 혹은 더 멀리 구월산에서 일어났을 법한 산바람이 방문의 두꺼운 문풍지를 스치고 내려앉을 때의 그 미세한 진동!
　문풍지를 뚫고 들어와 온방을 가득 채우곤 했던 그 아침 햇살! 다만 고향 집의 갓 지은 구수한 밥 냄새를 대신하여, 여주인 비히라가 아래층 작은 부엌의 화덕에서 굽고 있는 신선한 빵 냄새가 그의 후각세포를 깨웠다. 그는 아래층에서 들려오는 식기 달그락거리는 소리와 두 여인의 분주한 몸짓 사이사이로 무질서하게 섞여 들려오는 웅성거림에 잠시 귀를 기울였다. 마치 고향 집에 돌아온 듯 편안했다. 침대에서 일어나 가볍게 씻고 아래층으로 내려온 의경을 비히라와 어린 소녀 마리아가 수줍게 반짝이는 미소로 맞이했다.

뮌헨의 초라한 자취방에서 치즈를 얹은 딱딱한 빵 한 조각으로 한 끼 허기를 때워야 했던 아침 식사와는 다르게 비히라의 음식은 손끝 맛의 따스함이 있었다.

아르츠바하 민박집, 친구들과 함께

의경은 다른 투숙객들과 한 테이블에서 식사하고, 차도 마시고, 또 이런저런 이야기도 나누었다. 아침 식사를 마친 후 의경은 가벼운 산책을 위해 여인숙을 나섰다. 집 뒤로 나 있는 오솔길을 따라 천천히 한 40여 분을 걸어가니 키다리 전나무 숲속에 은밀히 감추어져 있던 좁은 산길이 모습을 드러냈다. 깊숙한 어둠에 갇힌 짙푸른 계곡에서 마치 수증기처럼 뿌옇게 공중으로 날아올라 사방으로 흩어지는 미세한 물방울들이 그의 머리 위로 그의 얼굴 위로 그의 어깨 위로 하얀 습기를 내려놓았다.

한여름이었는데도 서늘한 공기 탓에 의경은 양쪽 관자놀이를 무직하게 누르는 아찔한 통증의 현기증을 느꼈다. 그는 잠시 너럭바위에 앉아, 두 눈을 감고 턱을 약간 끌어올린 자세로 콧구멍을 힘껏 확장해 청량한 습기를 흡입했다. 숲에 갇혀 왕왕대는 물소리 때문인지 귀가 먹먹해졌다. 갇힌 물소리가 어디로든 빠져나가려고 바람 골을 찾아 울부짖고 있었다. 의경은 좁은 골 사이사이를 비집고 터져 나온 물소리가 한 덩어리 음들을 만들어 냈다가 또다시 그 덩어리 음들을 자유롭게 해체하는 낙수의 조음을 즐겼다. 그러자 물소리는 재잘대는 속삭임으로 바뀌었고, 그 속삭임은 언젠가 한 번 들어본 적 있는 익숙한 것들을 떠올리게 했고, 의경은 절로 고개를 끄덕이며 그의 안으로부터 무거운 침묵의 추임새가 터져 나오는 것을 경험했다.

고향 산천의 풍경을 닮은 아르츠바하

짧은 산책을 마치고 의경은 느린 걸음으로 여인숙으로 돌아와 창가에 놓인 작은 테이블에 앉아서 내부에서 터져 나오는 소리를 서둘러 타이프의 탁성으로 옮겼다. 밤새도록 쉬지 않고……

"두 테이블의 한쪽에는 우리가 조용히 앉아 있었고, 다른 쪽 테이블에는 시인이 앉아 있었다. 그는 때때로 줄거리가 떠오를 때까지 글쓰기를 중단하고 명상에 잠기기도 했고, 이내 다시 글을 쓰곤 하였다. 우리가 위층에서 잠을 자고 있을 때도 아래층에서는 그의 타이프 소리가 끊이질 않았다. (...) 어두운 하늘이 더 어두워지더니 비가 내리기 시작했다. 번개가 번쩍이고 천둥소리가 점점 더 가까워졌다. 밖에선 폭풍우가 점점 더 심해졌다. 그러다 갑자기 가벼운 소리가 나는 듯하더니 바로 전등이 꺼졌다. 촛불 아래서 우리는 이야기를 이어갔다. (...) 우리는 그의 이야기에 매혹되었고, 마침내 그가 이야기를 다 마치자 우리는 그에게 찬사를 보냈다."[48]

아르츠바하에서 여름휴가를 보낸 의경은 원고 뭉치를 들고 뮌헨으로 돌아왔다. 부르노와 그 남동생 에두와트가 의경이 집으로 돌아왔다는 소식을 듣고 그의 작은 자취방으로 찾아왔다. 오랜만에 만난 친구들에게 의경은 습자한 몇 편의 글을 낭독해 주었고, 두 형제는 열띤 어조로 그의 글을 평가해주었다. 세 사람이 밤새도록 이야기를 나누는 동안, 의경의 작고 초라한 자취방은 예술적 담론을 나누는 공간으로 변했다.

독일인 화가 브루노와 그의 동생 에두와트, 그리고 작가의 길로 선회한 한국인 이의경! 혼돈과 새로운 희망이 공존했던 독일 '황금의 20년대 Die goldenen zwanzigen Jahre'를 함께 보내온 세 사람은 예측할 수 없

---

48 Elisabeth Schalk, 전혜린(번역), 이미륵씨와 함께 보낸 가을, 여원, 1959년 6월호.

는 1930년대의 미혹한 세상 한가운데로 함께 걸어 들어갔다. 격동기에도 예술 영역만큼은 심오한 정신세계를 융성하게 하고 있었다. 예술가의 길을 선택한 세 사람은 각자의 감수성을 각자의 방식으로 세계관을 숙성하기 위해 밤낮없이 제 몸 사르는 작업에 몰두했다.

 의경은 무엇보다 심연의 정신세계에 잠재해 있는 그의 원초적인 리듬을 기억해 내기 위한 영혼의 호흡에 집중했다. 깊은 들숨으로 가능한 한 가슴을 크게 확장하여 내면의 빈 여백을 만들어내고, 그 여백에 날숨의 한 올 한 올을 아주 정교하고 세밀하게 스케치하는 방식으로 그는 필력을 키워 나갔다.

도덕적 '선善'의
한 단상을 이야기하다

1931년 의경은 그의 첫 단편 〈한국의 골목길에서 어느 날 밤 Nachts in einer koreanischen Gasse〉을 〈디 다메〉 지에 발표하였다. 그는 제목에서 단편이 '한국의 이야기'라는 외형 프레임을 독일 독자들에게 분명하게 제시한다. 그리고 특정 공간인 성벽이 있는 '골목길'과 '밤'이라는 특정한 시간을 내부 프레임으로 한 하나의 사건을 이야기한다. 같은 공간과 같은 시간에서 반복되는 사건 속에서 두 인물 - 나이든 선비와 젊은 선비 - 의 서로 다른 행동 양상에서 발생하는 미세한 '차이'를 이야기 구조로 제시한다. 의경은 독일의 독자들이 짧은 독서시간 동안, 한국의 어느 골목길과 밤이라는 특정 시간에 벌어지는 사건을 상상하고, 그들 스스로 그것의 의미를 찾아내도록 이끄는 서술적 장치를 내재화하였다. 의경은 독일 독자들이 한국이라는 특별한 문화적 공간에서 펼쳐지는 이야기 상황에서 인물들의 행동을 관찰하면서 '한국인다움'의 일면을 알게 하는, 이른바 문화적 커뮤니케이션을 시도하고 있다.

    옛날 옛적 두 선비가 나지막이 이야기를 나누며 서울의 한 골목길을 걸어가고 있었다. 달 밝은 밤이었다. 그런데 인적 끊긴 성벽 뒤에서 낮은 소리로 기도하는 목소리가 들려왔다. 목소리만 들으니, 필시 노파였다.
    "도대체 그녀는 무엇을 빌고 있는 것일까?"라고 말하며, 두 선비는 호기심에 성벽에 나 있는 작은 구멍을 통해 그 소리를 엿들어 보기로 했다.
    "그 아이는 나쁜 애가 아닙니다. 이 불쌍한 어미를 위해 그렇게 했을 뿐이지요. 그 아이는 너무도 병약합니다. 그러니 감옥에서 지내게 할 수는 없어요. 하느님, 한 냥만이라도 던져 주시면 그 돈으로 제 아들이 감옥에서 풀려나오게 할 수 있답니다. 하느님, 제발! 그 애는 정말 나쁜 애가 아닙니다."
    "내게 한 냥이 있다면!" 조금 더 나이가 든 선비가 말했다. 그는 주머니를 뒤져 돈을 세어 보았다. 그런데 일곱 돈 밖에는 되지 않았다. 그리고 나이 젊은 선비에겐 단 한 푼도 없었다. 조금 모자라긴 했지만, 선비는 자기 돈 전부를 성의 돌담 안으로 던졌다. 철커덕 소리가 나니, 기도하던 소리가 뚝 멈추었다.
    며칠 후 젊은 선비는 같은 시각에 다시 한번 그 골목길을 지나갔다.
    '오늘도 그 노파가 빌고 있을까?'하고 자문해 보면서 그는 몸을 낮추어 살금살금 성벽을 따라 걸었다. 그런데 바로 그때 그 날의 그 기도의 목소리가 정말 들려왔다.
    "그 애는 정말 나쁜 아이가 아니랍니다. 석 돈만 던져 주신다면 저는 아들을 다시 찾을 수 있답니다. 이 가련한 어미를 위해 저지른 죄이니. ……"

오늘 젊은 선비의 주머니엔 한 냥이 있었다. 그러나 그는 내일까지 빚쟁이에게 그 돈을 갚아야 했다. 그는 생각했다. 어쩌면 지난번에 일곱 돈으로 충분했을 테니, 이번에는 석 돈만 노파에게 던져 주어도 되지 않을까? '그래, 그러면 되겠구나!'하고 그는 혼잣말로 중얼거렸다. 그리고는 그는 한 냥짜리 큰 돈을 어떻게 잔돈으로 바꾸어야 할지 잠시 궁리해 보았다. 이미 늦은 밤이라 행인도 없었다.

"이 보시오!" 그가 성벽 작은 구멍에 대고 소리쳤다.

"당신은 이제 당신의 하느님으로부터 석 돈을 받게 될 것이오. 그런데 그가 잔돈이 없어서 내게 한 냥짜리 큰 동전을 주었답니다. 내가 지금 그것을 던져 줄 터이니, 당신은 일곱 돈을 내게 던져 주어야 하오."

성안 뜰에서 쨍그랑 소리가 났다. 선비는 일곱 돈이 던져 오기를 조급하게 기다렸다. 그런데 아무런 낌새가 없었다. 한참을 묵묵히 기다리던 선비는 또다시 노파의 목소리를 들었다.

'오 하느님, 당신은 제 아들이 며칠 동안 아무것도 먹지 못하고 있다는 사실을 잘 아실 겁니다. 당신은 정말 부자시니. 부디 이 일곱 돈도 제게 주십시오! 그러면 저는 아들에게 좋은 음식을 줄 수 있게 될 겁니다. 또 아들은 겨울을 나기 위해 두꺼운 옷도 필요합니다. 더구나 그 애는 신발도 없어요.'

선비는 마음이 더 조급해졌다. 내일 빚쟁이에게 돈을 갚지 않으면 그를 영락없이 감옥에 처넣을 게 분명했기 때문이었다. '아, 저 노파가 단 얼마만이라도 내게 나누어 주어야 할 텐데!'

"그건 곤란하겠는데요, 부인. 하느님은 그리 부자가 아닙니다. 그도 돈이 필요하지요. 그러니 제발 일곱 돈은 제게 던져 주시오!"

"오, 자비로우신 하느님, 그래도 당신은 저처럼은 가난하지 않을 겁니다. 제 아들은 병이 들었습니다. 그러니 그 아이는 좋은 음식을 먹어야 합니다. 자애로우신 하느님, 제게 이 나머지 돈도 주시길 간곡히 빕니다. 당신은 이 늙은이만큼은 가난하지 않잖습니까. 제발 이 나머지 돈도 제게 ……"

'어쩔 도리 없군!' 하고 탄식하며 그 하느님의 심부름꾼은 가던 길을 갔다.[49]

'성벽'이라는 경계에서 발생할 수 있는 상호 맹목盲目의 양상에서 독자들은 오히려 이야기 장면을 자유롭게 상상하여 의미를 부여할 수 있게 된다. 그것은 독자들의 개성대로 유연하고 자유로운 담론 공간으로 끌어들이는 매개로 문학적 위트가 내재해 있기 때문이다. 따라서 독자들은 옳고 그름을 따지는 교훈의 경직성에 구속되지 않고, 오히려 느슨한 여유를 즐기면서 관습적인 사고의 무료함에서 벗어나 자기 내면에서 잔잔하게 번져 나오는 옅은 미소를 지으며 스스로 정서적 이완을 즐길 수 있다.

혹자는 두 선비의 몽매하고 무모한 선행先行을 이용하는 노파의 능숙한 작위적인 행동을 부정적으로 비판할 수 있고, 혹자는 노파를 측은하게 여기는 두 선비의 순수한 인정을 긍정적인 시선으로 바라볼 수도 있다. 또 혹자는 노파의 음흉하고 내밀한 의도에 이용당하는 어리석은 선비에게 오히려 인정을 가장한 편협한 동정심을 품을 수도 있다. 의경은 인물들 간의 모호한 사고의 불일치에서 발생할 수 있는 대립의 관계 구도를 양극화하는 요소들을 원천적으로 차단하기 위해, 인물들이 서로를 볼 수 없는 '성벽'을 설치하였고 그 벽의 경계에서 벌어지는 난센스 장면을 독일 독자들에게 제시하고 있는 것이다. 여기에서 난센스는 단지 표면적으로 드러나는 희극성일 뿐, 엄밀하게는 의미심장한 미소를 끌어내는 한국적 골계이다.

의경의 첫 단편은 인간의 '주고 받는' 순수한 제스처 행위를 통해 발현되고, 마침내는 인간관계의 궁극적 이상향인 '선善'에 도달하는 동

49　Yiking Li, 「Nachts in einer koreanischen Gasse」, 『Die Dame』, 1931. 全文인용.

양의 도덕 철학적 의미를 전달하고 있다. 그의 '선'에 대한 철학적 사상은 다음 편지글에서 유추해 볼 수 있다.

"친애하는 에두와트!
(...) '선善'한 것이라고 말하는 것은 여러 가지로 이해될 수 있네. 그것은 물론 수많은 철학자들이 골몰해 왔던 개념이지. 우리 현실적으로 얘기해 보세. 우선 다른 사람에게 필요할 것이라는 게 이유가 되어 행동한 모든 것은 '선'하다고 말할 수 있네. 이러한 현실적인 명제에서 출발하여 '주는 것'에 대한 여러가지 방식을 생각해 볼 수 있다네. 일단 다른 사람에게 뭔가를 받게 될 거라는 것을 계산하여 준다면, 그것은 다른 사람이 필요할 것이라는 생각을 전제로 한 '주는' 행동이 아니니 선한 것은 아니네. 그리고 다른 사람에게 뭔가를 주면서 나중에 더 큰 것을 되돌려 받으려고 준 거라면 선물은 미끼가 되는 셈이니 그것은 더욱 선한 일이 아니지. 또 애당초 주고 싶은 생각이 없었는데 양심상 억지로 누군가에게 뭔가를 준다면 그것도 그다지 선한 것은 아니라고 보네. 또 다른 사람에게 그것이 왜 필요한지도 모르면서 준다면, 그것은 사람들에게 선하다는 말을 들으려고 하는 동기를 수반한 것이니 또 그다지 선한 것은 아니네. 또 '준' 것을 의식하는 고의성이 있다면, 그것도 선한 것은 아니라고 보네. 준 것을 의식한다는 것은 뭔가를 잊지 않으려는 내적인 암시가 있기 때문이네. 그런 한에 있어서 그것은 잊히지 않게 될 것이니 그 행위는 순수하게 '줌'도 아니고, 또 선물도 아니라네. '준 것'을 기록한 수첩은 결국 소유하겠다고 생각하는 것이니까. 그런 사람들은 잠자리에 들 때도 회사에 갈 때도 학교나 교회에 갈 때도 항상 그 수첩을 잊지 않고 챙겨 다니지. 그런 사람들은 결코 그 수첩을 파기하지 않지. 하지만 그것을 완전히 덮어버리게 되면 우리는 '사랑의 붉은 끈으로 mit einer roten Schnur der Liebe' 영원히 서로를 묶어 둘 수 있게 될거네."[50]

---

50 1935년 여름, 이미륵이 Eduard Gutensohn에게 보낸 편지에서.

누군가에게 무엇을 주고 싶다는 마음이 일어나는 것은 인간과 인간 간의 가장 순수한 사랑의 관계를 형성하게 하는 원초적 몸짓이다. 사람들은 자기 진심을 상대에게 전하고자 할 때, 누군가에게 무엇을 건네주며 수줍게 말한다. '이것은 단지 내 마음의 작은 몸짓'이라고.
　의경에게 '주는 행위'는 사람 사이의 가장 순수한 관계를 형성하게 하는 첫 단초이고, 가장 원초적인 '마음 행위'이다. 의경의 첫 단편은 '젊은 선비'와는 달리 '나이든 선비'의 순수한 마음의 '줌' 행위에 내재해 있는 인간의 원초적 무심無心의 도덕적 이상향 '선'을 우의적으로 이야기하고 있다.

겨울의 시린 날들을 견디고 나니
봄꽃 인연이 오다

　　　　　　　　　　1932년 어느 봄날이었다. 의경은 그에게 서예를 배우고 있던 마곳 슈미트와 그녀의 친구 엘제 지그문트와 함께 전차를 타고 뮌헨 근교 뉨펜부르크 성 부근에 있는 자일러 박사의 집으로 향했다.
　베르사이유 궁전을 본떠 지은 17세기 로코코 양식의 뉨펜부르크 궁전 중앙부에서 길게 뻗어 있는 운하가 평온하게 흐르고 있는 게 보였다. 그것의 긴 물길을 따라 양쪽으로 쥐틀리헤-뇌르틀리헤 아우프파르츠알레가 있었고, 자일러 박사의 저택은 뇌르틀리헤 아우프파르츠알레 25번지에 위치해 있었다. 잘 정돈된 바깥 정원을 지나 일행 중 마르고트 슈미트가 현관문을 두드렸다.

님펜부르크 운하가 흐르는 자일러家(좌측 집)

자일러 박사의 딸 베르타가 문을 열고 나와 세 사람을 반갑게 맞이해 주었다. 집안으로 들어서자 자일러 부인이 부드럽고 자애로운 미소를 지으며 다가와 인사를 건넸다. 그리고 뒤이어 유난히도 눈매가 부드럽고 콧수염이 인상적인 자일러 박사가 따뜻한 미소를 지으며 다가와 의경에게 손을 뻗어 악수를 청했다. 자일러 부부의 안내를 받아 거실에 들어서자, 창밖으로 흐르는 강을 따라 나 있는 운치 있는 좁다란 길과 그 맞은편으로 싱그러운 초목의 푸른 전경이 한눈 가득 들어왔다. 의경은 조금은 상기된 표정으로 인사말을 건넨 후, 자일러 내외가 권하는 자리에 앉았다. 가정부 리나가 간단히 차와 과자를 가져와 테이블 위에 올려놓았다. 어색한 분위기가 차향 속에 잠시라도 녹아들기를 기다리듯 자리에 앉은 모두는 리나가 따르는 찻잔을 조용히 바라보았다.

알프레드 자일러 박사는 뮌헨에서 1905년 '레겐스부르크의 중세 조각'에 대한 연구로 박사학위를 마친 후 뉘른베르크 독일국립박물관에서 보좌관으로 일을 시작했고, 그 후 1910년 6월부터는 뮌헨 미술관 그래픽부서에서 조교로 있었으며, 1912년 11월부터는 박물관 전문사서로 근무해 오고 있었다.

Seyler, Alfred(1880년 6월 28일 - 1950년 3월 1일)

알프레드 자일러는 뮌헨에서 1905년 "레겐스부르크의 중세 조각"에 대한 연구로 학위를 마친 후 뉘른베르크 독일국립박물관에서 보좌관으로 일하기 시작했다. 그 후 〈Graphische Sammulung München 뮌헨 그래픽 미술관〉에서 1910년 6월부터 조교로 있었고 1912년 11월부터는 박물관 전문직으로 근무했다. 1937년 말에서 1940년 말까지 오래동안 보좌관직을 맡아 보던 그는 퇴직한 감독 오토의 후임자가 되었고, 1940년 1월부터 공식적으로 미술관의 관장이 되었다.

알프레드 자일러는 실무에 정통한 박물관장으로 명성을 누렸다. 그는 특히 새로운 카드식 목록을 통해 많은 예술작품을 관람하는 데 있어서 신속하고 간편하게 사용할 수 있게 하는 데 전념했다. 이른바 자일러-카탈로그는 알파벳 순서대로 예술가들을 정돈한 카드식 목록에 작품의 위치와 숫자들이 첨부되어 있다. 자일러-카탈로그는 1944년 폭격에 소실되었다. 그러나 자일러가 이전에 오래된 마분지 액자 위에 기록해 놓은 메모는 매우 정교한 작업 방식을 보여주고 있다. 전쟁 동안 새로운 작품 수집은 거의 불가능했지만, 그는 1938년 막스 슬레보그트(1868-1932)의 수채화 몇 점을 당시의 상태로 복원해내기 위해 노력했다. 1945년 이후 그는 1944년에 당면해 있던 미술관의 복구 작업에 몰두했다. 그의 열정적인 박물관 작업과 관련해 - 특히 그가 선호했던 16세기 인쇄 그래픽 분야에서 - 널리 알려지지 않은 것은 매우 유감스러운 일이다. 1948년 4월 1일 알프레드 자일러는 퇴임했다.

자일러 박사는 그의 타고난 섬세한 예술적 감성과 지적인 호기심을 가득 담은 선한 시선으로 한국인 청년 의경의 말하는 태도와 작은 몸짓까지도 면면히 살폈다.

의경은 일행과 함께 만찬이 차려진 테이블로 이동하여 와인이 곁들여진 고급음식을 먹으며 사람들은 소소한 일상의 대화를 나누었다. 훈훈한 분위기 속에서 만찬이 끝나고, 다시 거실에 모인 사람들은 한층 친근해진 마음으로 대화를 이어갔다. 미술박물관에서 그래픽 분야에 종사하고 있던 자일러 박사는 한국의 서예에 대해 의경에게 이것저것 물어보면서, 화기애애했던 분위기는 진지한 담론으로 바뀌어 갔다.

"서예는 동양의 교육 이데아를 실천하기 위한 정신교육의 한 영역입니다. 동양에서 정신교육은 인간을 고상하게 하고, 진실하게 하고 경건하게 살아갈 수 있도록 돕기 위한 것입니다. 한국 사람들은 그것이 현세의 악습으로부터 자기 자신을 정화하게 하고, 현세의 '나'를 극복하게 하여 인간 영혼의 근원으로 돌아가게 한다고 믿습니다. 그리고 그들은 인간 영혼이 우주의 정신적 근원과 연결되어 있다고 믿습니다. 말하자면, 동양에서 정신교육은 인간 영혼의 본원인 우주와 연결하기 위해 스스로 마음을 정화하는 훈련이지요. 그리고 그것을 상징하는 도구가 한국에서는 붓이라고 할 수 있습니다. 한국인들은 '붓'을 도구로 하여 오 천년의 문화를 일구어냈지요. 그들은 그 붓의 끝 지점에 직관의 정신력을 집중하여 점과 획들을 결합한 하나의 글자를 만들어 냅니다. 그리고 그것은 한 편의 시를 만들어 내고, 마침내는 수 천 년 시공을 뛰어넘는 웅장한 한편의 서사를 만들어 냈지요.

한국의 지성인들 대부분은 아주 어려서부터 끊임없이 반복적으로 습자를 하고 그 과정에서 자신만의 서체를 획득하게 됩니다. 그것은 개개인이 지향하는 정신적 이데아를 미적인 것으로 표상하는 하나의 도구였습니다. 사람들은 개성을 담은 서체로써 그때그때 강하게 혹은 유연하게 자기 사상을 표출하기도 하고, 동시대인과의 예술적 세계관을 공유하기도 했습니다. 서예는 그 자체로 한국의 전통문화입니다. 그것은 나를 한국인으로서 살아가게 하는 생명의 원동력이면서, 동시에 언제 어디서든 나의 영혼을 역동적으로 표현하게 하는 예술혼의 원천이지요. 사람들은 가장 독특하면서도 난해한 글자체인 초서 Schriftzeichen im Grasstil로 운韻에 갇혀 있는 시 문학을 아주 자유분방하고 추상적인 회화예술로 바꾸어 놓지요. 붓은 나 자신을 아주 깊이 들여다볼 수 있게 하는 도구입니다."[51]

의경은 독특한 'W' 발음을 제외하고는 거의 완벽하게 독일어를 구사했고, 말 사이 사이에 바이에른 방언까지 활용하는 재치있는 화술로 모든 사람의 마음을 강하게 끌어당겼다. 때로는 담담하고 부드러운 어조로 때로는 확신에 찬 강한 어조로 의경은 다이내믹하게 이야기를 끌고 나갔다.

네 명의 여자 - 알리체 자일러와 그녀의 딸 베르타, 그리고 의경과 동행했던 마르고트 슈미트와 엘제 지그문트 - 는 둥근 검은 뿔테 안경 너머로 총기 어린 눈빛을 지닌 한국인 청년 의경에 매료되었다. 그들은 일상에 찌들지 않은 맑은 미소에, 안정적인 음색으로 자기 뜻을 확신 있게 전달하는 한국인 청년 의경의 정제된 말솜씨에 감동했다. 고향을 떠나와 먼 낯선 나라 독일에서 겪었던 온갖 일들이 의경 특유의 담백한 어조로 한 편의 이야기로 재현될 때마다 그의 지독한 실향의 고통, 마치 여울처럼 그녀들의 마음결을 따라 잔잔하게 흘러 들어갔다.

---

51   서체에 대한 일반적인 견해를 정리하여 이야기 장면으로 구성함.

헤어질 시간이 되어 작별의 인사를 하려고 자리에서 일어나자, 자일러 부인은 애잔한 시선으로 말없이 의경의 손을 잡았다. 의경이 돌아간 후에도 가난한 한국인 청년을 향한 연민을 내려놓을 수 없었던 자일러 부부는 그를 가족으로 받아들이기로 마음을 모았다.

1932년 의경은 알프레드 자일러 박사와 그의 부인 알리체, 딸 베르타, 그리고 아들 오토와 가족의 연을 맺게 되었다.

"존경받는 한 학자 집안사람이 그를 보살펴 주었다. 그는 그 집안의 아들이 되었다. 그 다정한 친구가 고독한 삶의 순환에서 벗어나게 되었을 때, 비로소 그의 이방인의 삶도 사라졌다."[52]

떠나는 자와 남는 자

뇌르틀리헤 아우프파르츠알레 주택가의 평화로운 전경은 슈바빙의 허름한 자취방을 무겁게 짓누르던 곤궁의 잿빛 우울과는 완전히 달랐다. 느슨하고 여유롭게 사색할 수 있는 공간을 갖게 된 의경은 가난과 고독의 세월에서 반사되어 나오는 처절함의 감정들을 천천히 내려놓을 수 있게 되었다.

1929년 여름 친구인 마르고트가 찾아와 "동양의 천재를 만나러 가지 않겠는가?"고 제의했다. 그녀들은 뮌헨 시내에 있는 웅게러러슈트라쎄

---

52 Franz Thierfelder, Der Koreaner in Lederhosen, Die Neue Zeitung, München, Nr. 166, 1950년 6월 15일.

46에 있는 이미륵의 집을 찾았을 때, 그는 거의 끼니를 굶는 가난한 신사였다. 그러나 그의 진지한 모습과 해박한 지식에 매료당해 그녀들은 매주 그를 찾게 되었다. 당시 이미륵은 뮌헨대학에서 동물학박사 학위를 받았지만, 이 후에 뮌헨대학에서는 그의 문재文才를 더 높이 평가해 동양학부에서 한시를 비롯한 동양사를 강의하게 되었다.

엘제는 독문학을 전공한 회사 직원이었고, 마르고트는 자일러 교수의 딸인 무미의 피아노 교사였다. 이 두 여인은 자일러 교수 부인에게 '동양 철학에 대해 강의를 들어보지 않겠느냐?'고 제의하였고, 며칠 후 자일러 부인이 그를 자기 집에 초대했지요.

자일러 박사는 물론 부인 알리체, 딸 무미, 아들 오토는 완전히 그에게 매료당했고, 그 후 미륵은 그들과 함께 죽을 때까지 살게 되었지요. 특히 오토는 그의 어머니가 자기보다 미륵을 더 사랑했다고 말하면서 자신이 죽기 전에 미륵이 찍어 놓은 사진을 전시하는 것이 큰 꿈이라고 말하곤 했어요. 아르츠바하에서 그는 버드나무에 원두막을 쳐 놓고 책을 보거나 직접 쓴 글을 읽어 주기도 했어요.[53]

갑작스러운 환경 변화는 의경의 일상적 습관은 물론 늘 익숙한 친밀도로 관계를 맺고 있던 사람과의 결별을 의미하기도 했다. 뮌헨대학 시절 만났던 연인 로자 마우러와의 관계가 그랬다. 영문학을 전공했던 로자는 불어와 이탈리아어에도 능통해 1933년부터 독일 육군부대에 근무하면서 이탈리아와 독일을 오가는 문서나 편지들을 검열하고 번역하는 일을 했다.

히틀러 정권에 강한 부정적 견해를 지니고 있었던 의경과 타의든 자의든 나치 정부의 일을 돕게 된 로자 마우러와의 관계는 예상치 못했던 사회적 변화 속에서 본인들도 모르게 은밀히 자라나는 모호한 갈등

---

53 엘제 지그문트가 정규화박사에게 보낸 2007년 12월 12일자 편지에서

의 현실에 갇히게 되었다. 더욱이 뉨펜부르크로 이사하게 된 의경은 떠나온 거리만큼 로자와 멀어지게 되었다.

그는 필요한 책을 사려고 대학 근처 '뷜플레' 고서점에 들르는 일을 제외하고는 뮌헨 시내에 나가는 일이 드물어졌다. 오히려 때만 되면 그는 뉨펜부르크 성 운하를 따라 길게 나 있는 작은 오솔길을 산책했고, 무엇보다 글 쓰는 일에 몰두했다. 평화로운 환경 속에서 일상의 고단함도 조금씩 사라져 갔고, 로자 마우러와의 관계도 의도적이든 아니든 더는 진전되지 못한 상태에 머물렀다.

의경은 나치의 급진적인 체제변화에 합류하지 않으려는 독일의 수많은 정치인과 학자들, 그리고 예술가들이 그들의 고향을 떠나 해외로 망명길에 오르면서 독일의 지성인들이 떠나는 자와 남는 자로 갈라지는 것을 묵묵히 지켜보았다. 어느 쪽을 선택하든 각자의 성향에 따른 일방 一方의 당파성을 피하기는 어렵게 되었고, 그 때문에 독일 사회의 중심을 이루고 있었던 지식인들은 서로 상충하는 대립의 의혹들로 분열되기 시작했다.

지식을
표상하다

1933년 2월 독일의 저널 Hamburger Fremdenblatt에 발표된 의경의 단편 〈유럽지식인 Europakenner〉은 그런 점에서 시사되는 바가 크다. 그것은 존재하는 것의 근원적 전체성을 훼손하여 얻은 정보 꾸러미들을 끌어안고 스스로 지적인 포만감에 빠져 있던 서양의 지식인을 비판하는 글이면서, 동시에 한때 유럽적인 것을 무조건 우월한 것으로 인식했던 의경 자신의 문명 열등의식과 허영심에 대한 자기반성을 고백하는 글이기도 하다.

"어릴 적 나는 어느 신식 집에서 살았던 적이 있었다. 그저 평범한 여인숙이었지만, 이따금 유럽식 음식이 나오곤 했다. 그래서인지 많은 도회지 사람들이 서양 요리를 먹어 보겠다고 이곳으로 몰려왔다. 그들 대부분은 자칭 신식사람들이었다. 그들은 유럽을 매우 우월하다고 생각했고, 닮고 싶어 했다.

(...) 어느 날, 나도 유럽식으로 뭔가 해볼 요량으로 여인숙 모퉁이에 앉아 있었다. 그런데 그곳에는 이미 다른 두 명의 아이가 있었다. 그들은 나보다 훨씬 더 깊이 유럽이라는 것에 빠져 있었다. 한 아이가 영국인 의사에게 수술을 받았던 이야기를 털어놓았다. 그것은 정말 신기한 일이었다. 의사가 열 살짜리 한 어린 소년에게 손가락 길이만 한 꼬리를 잘라내야만 한다고 말했다고 했다. 나는 그 말을 듣고 몹시 놀랐다. 그런데 이야기를 듣고 있던 또 다른 아이의 생각은 달랐다.

"꼬리가 있는 게 나쁜 것도 아닌데. 나라면 그걸 잘라버리지 않을 거야. 분명 그것은 어디에든 쓸모가 있을 테니까."

"도대체 그걸 어디에 쓰겠다는 거지?" 나는 그 아이에게 물었다.

"소의 꼬리가 꼭 필요해서 있는 거니?"라고 그 아이가 내게 되물었다.

"그것이 너무 길 때는 자를 수도 있는 거지"라고 유럽을 잘 알고 있다는 그 아이가 설명했다.

"그럼 그렇게 잘라낸 장腸은 버리는 거야?" 또 다른 아이가 물었다.

"아니" 유럽을 잘 알고 있는 아이가 말했다.

"그것을 떼어내 글라스에 넣어 두었다가 장이 짧은 사람이 있으면 다시 그 조각을 갖다가 꿰매려고 하는 거겠지."

"도대체 잘라낸 꼬리로 뭘 하겠다는 거야?" 다른 아이가 계속해서 물었다.

　유럽에 정통한 아이도 그것에 대해서는 대답을 하지 못했다. (…) 그 유럽 지식인은 낯선 것에 대해 분명 많은 것을 알고 있었지만, (…) 그는 우리에게 반드시 그 잘라낸 '꼬리'로 무엇을 하려는지 대답해야 할 책임이 있다."[54]

　인물 '유럽에 정통한 아이'의 모습에서는 실제 의학도로서 혹은 동물학 박사로서 해부한 낱개의 사실들을 현대적 '지식'의 표상들로 확신했던 청년 의경의 모습이 교차한다. 그리고 인물 '다른 한 아이'는 아무리 하찮은 것이라도 존재하는 모든 것에는 존재하는 당위성이 있다는 동양적 가르침에 몰입해 있었던 어린 의경의 세계관이 투영되고 있는 게 보인다. 그리고 이러한 대립 관계에 놓여 있는 두 아이 사이에서 지식에 의혹을 품고 있는 현재의 '나'를 각성한 작가 의경의 모습이 보인다.

　이야기의 구조를 이루고 있는 세 아이의 유희 논쟁은 아주 가벼운 터치로 서술되고 있지만, 그 이야기 이면에는 단편적인 지식의 한계를 자각한 작가 의경의 자기반성이 밑그림으로 자리 잡고 있다.

　유럽적인 것 혹은 서양 학문의 경험을 통해 획득된 피상적인 지식만으로 자의든 타의든 유럽 지식인이 된 한 아이의 의식경계에 원천적인 맹아의 무지가 배태되어 있다면, 이에 대립하는 다른 한 아이는 아직은 '앎'에 이르지 않아서 오히려 더 많은 진실을 담을 수 있는 심안의 투명함으로 무한한 표리表裏 공간을 관통할 수 있는 순수한 혜안을 지니고 있고, 그것을 통해 본질의 '앎'에 도달하려고 한다.

　'왜 꼭 그래야만 하는지?' 아이다운 거침없는 질문으로써 지식의 당위성에 대한 의혹을 제시하고 있는 '나'는 스스로 그 해답을 찾으려는 작

54　Yiking Li, Europakenner, Hamburger Fremdenblatt, 1933년 2월 18일.

가 의경이 철학적 여정을 본격적으로 시작하려는 의지를 투사하고 있다.

지식이라는 게 한편으로는 얼마나 편파적이던가! 언제든 그것에 대한 의혹은 새롭게 불거질 수 있고, 그에 따른 논쟁도 끊이지 않게 된다. 의혹과 논쟁이라는 순환고리에 갇힌 지식인들은 어떤 방식으로든 그때그때에 시의에 부합하는 해답을 찾아내려고 고군분투한다.

그리고 그들은 거듭되는 시행착오를 거쳐 보편적 지식의 또 하나의 단면을 만들어 내고, 그것은 또다시 하나의 서사적 이야기 모티브가 되고 역사가 된다. 단편적인 지식은 고작해야 역사의 한 단면을 구성하는 최소 단위의 모티브일 뿐이다. 그것은 일시적이고 제한적으로 활용되다가 언제든 시대가 변하게 되면 곧장 폐기되기도 하고, 또 새롭게 재구성되어 업데이트된 불안정한 상태에서 어느 정도 제한적인 생존을 보장받기도 한다. 그러나 그것은 언제든 전혀 새로운 지식으로 대체되어 효용성을 상실하게 되면 곧바로 역사 뒤로 허무하게 사라져 버린다.

지식은 인간 삶에 유용하다. 그러나 지식의 진정한 가치는 진리의 세계로 한 걸음 다가갈 수 있도록 매 순간 각성하고 사유할 수 있는 변화를 촉발할 수 있는 능력을 배양하는 데 있다. 감각을 초월한 숭고한 가치를 경험할 수 있는 마음의 지경에 이르게 될 때, 우리는 비로소 참지식인이 된다.

인간 몸에 각인된 원천에너지의 리듬을 느끼고, 이로써 영혼의 자유로운 여정에 오르기 위해 우리는 주변에 무수히 축적되어있는 인위적이고 편파적인 지식의 표상들을 하나씩 하나씩 깨뜨려 제거해 내가야 한다.

의경은 한때 서양 문화적인 것들에만 친숙해지려 애썼고, 게다가 서양식 교육이 방해받게 되는 거라면 뭐든 피했다. 그 때문에 그는 단 한 편의 한국 여행기도 읽지 않았고, 동양의 시를 번역한 것들에는 손도

대지 않았다.[55]

1933년에 이르러 의경은 그의 의식 속에서 철학적 보편적 가치로 혹은 이상향으로 신기루처럼 피어올랐던 유럽 지식에 대한 표상들을 걷어 내고 서서히 그의 사상적 본향으로의 복귀를 시도한다.

순수한 앎이 출렁이는 무한 광대의 지혜 바다로!

서양문명의 이율배반적 사고를 비판하다

1933년 3월 23일 히틀러는 공공생활에서 나치즘에 반하는 모든 정치적 독소를 제거하기 위해 언론을 통제하기 시작했고, 특히 개개인의 자유와 탐미 의식을 촉구하는 예술인들의 모든 활동을 억압했다. 독재자의 전체주의 노선에 동참하지 않는 과학자들이나 정치가들 혹은 교육자들 혹은 예술가들이 줄지어 독일 탈출을 감행하였다.

남은 사람들은 나치에 충성을 맹세하든지 소심하게 침묵하는 편을 택해야 했다. 그리고 그해 5월 10일 나치는 베를린 제국의회 의사당에서 '독일국민에게 유해하다'는 이유로 히틀러 정권을 비판하는 작가들의 작품들을 모두 불살라버렸다. 그것은 군중 심리를 자극하고, 그들의 마음 흐름을 강제적으로 조정하여 획일화된 방향으로 몰아가기 위해 기획된 정치 퍼포먼스였다. 내밀한 의미가 담긴 지적인 비유나 은유, 풍

---

55 그래도 압록강은 흐른다.

자 등의 문학적 표현의 자유는 원천적으로 차단되고 통제되었다.

한국에서 이미 이러한 사회적 붕괴를 경험한 바 있었던 의경은 독일인들이 대혼란 속으로 빨려들어 가고 있음을 감지할 수 있었다. 자연스럽게 의경의 시선은 당시 독일 사회에 만연해 있었던 서양문명의 극단적 우월주의로 향했다. 1933년 11월 독일의 저널 뒤셀도르퍼 나흐리히텐에 발표된 단편 〈혼동 Verwechslung〉은 독일 생활에서 의경이 실제로 경험했던 정체성 혼란의 한 예를 비유적으로 이야기하고 있다.

〈혼돈〉

"유럽인들은 낯선 나라 사람들의 이름을 말할 때 최대한 빠르고 불분명하게 중얼거리는 나쁜 습관이 있다. (…) 내가 어떤 사람을 처음 소개받았을 때였다. 나는 습관대로 내 이름 두 글자를 한 글자 한 글자 아주 정확하고 발음하여 그에게 말해 주었다. 그러나 그가 내 이름에 별로 신경을 쓰는 것 같지 않아서 나는 위대한 시인 이-태-백까지 소환하기도 했다. 그러나 나의 이런 모든 노력은 그에게는 소용이 없었다. 내가 그에게 인사를 할 때마다, 그는 매번 내 이름을 틀리게 불렀다. 그는 한 번은 '왕'이라 부르기도 하고, 또 한 번은 '샹'이라고 부르기도 하고, 심지어는 '팅'이라 부르기도 했다. 더욱이 그가 나를 어떤 교수에게 소개하면서 내 이름을 또 그렇게 불러서 나는 화가 났다. 그는 나 말고도 진짜 팅이라는 사람의 이름조차도 제대로 발음하지 않았다. 팅은 나와는 그다지 친하지 않았다. 그는 지나치게 냉정하고 의례적인 것을 따지는 사람이어서 내가 머리도 잘 빗지 않고, 또 항상 나의 넥타이가 삐뚤어져 있는 것을 못마땅하게 여겼다. 나는 이런 내 동료에게 창피를 주지 않기 위해서라도 수천 번도 더 내 본래의 이름을 고수하려 하였다.

그 독일인 교수는 나와 비슷한 동양 사람을 많이 알고 있는 듯했다.

나는 단지 그가 알고 있는 아시아인들 가운데 네 번째 사람일 뿐이었다. 내가 그의 방명록 속에 한 번 입력되었다고 한다면, 어쩌면 아흔아홉 번째 지인일 것이다. 그의 주변에는 대부분 중국인이나 일본인 대학생들이 있었다. 내가 그에게서 구두로 초대받았던 그 날 저녁에도 한 명의 중국인과 한 명의 일본인이 참석했었다. 그 외 다른 손님들 가운데는 인도사람도 있었고 브라질사람도 있었는데, 그들은 대부분 말이 없었다. 여덟 개 나라에 열다섯 혹은 열여섯 사람이 초대되었다. 거기에는 독일인 다섯 명과 오스트리아 한 명이 있었는데, 이 남자들을 제외하고 모두 '팅'으로 소개되었다. 나는 내 이름을 고쳐주려고 열심히 노력했지만, 결국에는 이 불쾌한 일을 그만두고 말았다. 말하자면 소용이 없었던 거다. 초대한 사람은 나를 여전히 '팅'이라 불렀고, 다른 손님들도 마지 못해 그 이름을 받아들였다. 나는 그렇게 팅이 되었다.

다양한 국가의 다채로운 사람들이 저녁 만찬에 참석하여 그들 개개 인종의 풍속에 대해 어떻게 서로 이해를 해야 할지에 대해 이야기를 나누었다. 사람들에게 잘 알려진 '젓가락질'은 나를 통해 시연되었다. 나는 그렇게 초대자와 손님들이 내게 바라는 모든 것을 열심히 실행했다. 사람들의 관심이 중국 철학에 집중되었고, 나는 늦은 저녁이 되어서는 심지어 노자와 도교에 대해 일종의 강연을 하기도 했다. 좋은 포도주와 새로운 지인들의 다정한 시선 탓이었는지 기분도 조금 상기되고 말도 술술 풀려서 나 자신도 어안이 벙벙해질 지경이었다. 스스로 만족스럽기도 하고 기분도 좋아져서 나는 초대자에게 훌륭한 저녁 식사 초대에 감사의 인사를 전했고, 팅으로 불리던 다른 손님들과도 기분 좋게 작별인사를 나누었다.

그날 이후 3주가 지난 어느 날 저녁, 진짜 팅이 나를 찾아왔다. 그는 언제나처럼 장갑까지 갖춘 아주 우아한 차림을 하고 있었다. 그는 짧게 저녁 인사를 나눈 후, 내게 A 교수 댁에 간 적이 있냐고 물었다. 나는 그렇다고 했다. 순간 그의 평평한 이마에 몇 가닥 긴 주름살이 접혔다.

"그때 당신의 이름을 팅이라고 했나요?" 그가 아주 근엄한 어투를 가장하여 내게 물었다.

"내가 아니고, 나를 초대한 사람이 그렇게 불렀죠." 나는 그와 똑같이 진지하게 말했다.

"어째서 당신은 그가 남의 이름을 부르도록 그냥 내버려 둔 것이죠?"

"어떻게 불리었던 건 내겐 마찬가지였죠. 당신은 그것에 대해 어떻게 생각하시오?"

"그러나 나는 당신 때문에 아주 난감했던 상황을 겪었습니다." 그가 매우 침통한 어조로 말했다.

"며칠 전에 A 교수 댁에서 나를 알게 되었다는 어떤 '쉬'라는 사람으로부터 초대를 받았습니다. 그 이름은 내겐 낯설었어요. 그래도 내가 그를 알고 있음에도 그의 이름을 잊어버렸을 수도 있다는 생각 때문에 나는 그의 집엘 갔습니다. 나는 그에게 다정하게 인사를 했고, 심지어 내가 정말 그를 알고 있는 것처럼 행동했지요. 저녁 식사도 아주 맛있게 먹었습니다. 그리고 나서 차를 마실 때, 그는 내가 전혀 알지 못하는 중국의 철학자들에 관해 이런저런 이야기를 물었지만, 나는 대답을 피할 수밖에 없었지요. 그러자 그가 서재에서 많은 책을 가져와 내게 그 책들이 정말 잘 번역이 되었는지 아닌지를 묻더군요. 나는 그 같은 일을 전혀 예상치 못했기 때문에 그저 멍하니 서 있었죠. 그러자 그 초대자는 이내 내가 A 교수 댁에서 알았던 그 사람이 아니라는 걸 알아차렸지요."

나는 웃었다. 나는 진짜 팅에게 그 상황에 관해 설명해 주었다. 그리고 그 초대자가 왜 그랬었는지를 그에게 이야기해 주었다.

"그래도 나는 믿을 수가 없어요." 그가 계속 이야기했다. 그리고 내가 웃는 것에 대해 조금은 흥분한 듯 "여기 제2의 팅이 살고 있군요. 나는 그 초대자에게 그 가짜 팅은 어땠는지를 물었지요. 그의 설명을 듣고 나니, 그 장본인은 다름 아닌 당신이었지요."

나는 또 웃었다.

"웃지 마세요! 당신도 내가 얼마나 창피했을지를 생각해 보세요! 저녁 만찬에 초대받은 것은 내가 아니었는데, 심지어 나는 마치 내가 그 교수를 정말 잘 아는 것처럼 행동했으니 말이에요! 그런데 더 최악인 것은 그 초대자가 나를 그 팅이 아니라는 것을 알아차리고 내가 좋은 저녁 만찬 때문에 사기 행각을 벌였다고 생각했다는 거예요. 작별인사를 할 때, 그는 진짜 팅에게 호감의 인사로 격려했지요. 말하자면 내게 거짓의 과장된 행동을 했던 것이죠!"

"그거 잘됐군요." 내가 심술궂게 말했다. "당신은 한번 창피스러웠겠지만, 나는 빗질하지 않은 머리카락과 비뚠 넥타이를 더는 용납할 수 있는 운명에 처하게 되었으니까요."[56]

사람들은 태어나는 순간 그의 부모에게서 '이름'을 받고, 이로써 그가 속해 있는 사회집단의 구성원들에게 자기 존재를 알리게 된다. 한국인에게 이름은 가문의 역사성을 표상하기도 하고, 이름을 지어주는 부모와 형제자매의 관계성을 표상하기도 하고, 부모의 소원하는 바를 내재해 놓은 특별한 의미를 표상하기도 한다. 의경의 이름은 가문을 표상하는 성씨 '이李'와 형제자매 혹은 사촌 등의 관계성을 표상하는 돌림자 '의儀'와 그의 부모가 소망하는 바를 특별한 의미로 새겨 놓은 '경景'으로 이루어져 있다. 이외에도 의경에게는 어려서는 '정쇠'와 '미륵'이라는 아명도 있었다.

한국의 전통문화 속에서 성장해 온 의경에게 이름은 단순한 호칭이 아닌, 자신의 사회적 정체성을 지시하는 하나의 기호였다. 따라서 그의 태생적 문화적 관습대로 자신의 이름을 정확하게 발음하여 상대방에게 전달하는 것은 그의 사회적 정체성을 밝히는 최소한의 행위였다.

---

56 Yiking Li, Verwechselung, Düsseldorfer Nachrichten, 1933.

의경에게 '이름'의 왜곡과 몰이해는 한 개인으로서의 본성은 물론 그가 품고 있는 민족문화의 역사성과 고유성을 박탈하는 치명적인 혼돈의 덫이었다.

의경은 단편 〈혼동〉에서 유럽 지식인의 극단적 우월감과 편파적인 사고방식이 동양의 두 남자 – 한국인 '나'와 중국인 '팅' – 를 똑같이 하나의 이름 '팅'으로 불리게 하여 진짜 '팅'과 가짜 '팅'이 존재하게 되는 황당한 상황을 야기하고, 또 이로 인해 둘은 자신들의 의지와는 상관없이 '뒤바뀐 모습'으로 살아가야 하는 운명에 처하게 되는 상황을 작은 웃음극의 한 장면으로 서술하였다.

유럽의 극단적 문명 우월주의가 불러오게 될 이율배반적 대 혼란과 대 파탄을!

'한국적인 것'을 회고하다!

1933년 나치 정권의 출현으로 독재 전체주의로 변하는 현상을 목격하게 된 의경은 서양문명의 우월성에 의혹을 품기 시작했다. '문명이란 억압과 속박의 절대복종을 강요하기 위해 만들어 낸 인간의 산물'로 인식했던 독일의 유명한 철학자 마르쿠제 H. Marcuse 조차도 고향을 떠나 미국으로 망명길에 오르지 않았던가!

1933년 12월 서양문명의 현대적 오류를 날카롭게 지적했던 독일의 지성인마저 떠나버린 바로 그 독일 땅에서 고작 절반의 문명인 자격만을 허락받은 식민국가 한국의 청년 이의경은 자기모순을 빠져들어 가고 있는 독일인 독자들에게 문명과 종교의 본질적 가치를 환기하게 하는 두 편의 글 - 〈서양의 영향 - 동양의 옛 종교〉, 〈기독교의 유입 - 유물론의 속박 속에서〉 - 을 연이어 발표하였다.

그것도 히틀러 시대에, 그것도 뮌헨 땅에서!

"우리는 서양의 영향을 받게 된 이래로 두 개의 신개념이 나타났고, 그것들은 민간의 하층 부류에까지 서서히 퍼져나갔다.

그 첫 번째 신개념 '문명'이었다. 사람들은 서양의 우월한 원리를 배우려고 신식학교에 갔다. 물리학이며 화학이며 수학이며 기술학이며, 그리고 의학 등이 아주 빠르게 민간에 퍼져나갔다. 교육이라는 말은 도덕적 미덕이라든지 학문적 지혜를 익히는 게 아니고 자연법칙을 지배하는 방식을 배우는 것으로 인식되기 시작했다.

신식학교의 교육에서 사람들은 인간존재라는 것이 여러 계층으로 분류된다는 사실을 처음 알게 되었다. 여기에서 계층이란 문명화된 사람 zivilisierte Mensch, 반 문명화된 사람 halbzivilisierte Mensch, 그리고 야만적인 사람 wilde Mensch을 가리킨다. 신식교육을 받은 학생들은 자신들이 적어도 중간 계층인 반 문명화된 사람에 속한다는 사실에 안도했다.

두 번째 신개념은 '종교'이다. 그것은 사람들이 오랜 세월 '주요 가르침'이라고 일컬어 왔던 것이 '종교'라고 번역된 것이다. 서양 사람들은 동양의 한 민족이 종교라는 용어와 개념 없이 살아왔다는 사실을 알게 된다면 아마 매우 놀랄 것이다. 한국에는 한국식 유교 학자도 있고, 부처 신봉자도 있고, 전지전능한 신들을 믿는 자도 있다.

한국인은 지구상에 있는 그 어떤 민족보다도 많은 종교를 갖고 있다. 한국 사람들은 하늘의 법도니 인간의 도리니 윤리니 우주니 공자니 부처니 정령이니, 그리고 영혼 등에 관해 이야기하지만, 그것들을 특별히 종교라고 칭하지는 않았다. 그들은 다른 사람들에게 어느 종교에 속하는지를 묻지 않았고, 또 국교가 무엇인지도 묻지 않았다. 2천 년 전 이 나라에 들어온 공자 사상은 가족관계와 사람과 사람 사이의 사회적 정치적 관계에 대한 실제적이고 합리적인 행동 양식을 가르쳤던 도덕철학이다.

사람들은 부모를 공경하고, 그들을 돌보고, 그들에게 순종해야 한다. 그리고 왕과 신하 사이엔 의리가 있어야 하고, 나이 든 사람과 젊은 사람 간에는 질서가 있어야 하며, 남자와 여자 간엔 분별이 있어야 하고, 친구 간에는 믿음이 있어야 한다고 가르친다. 이 가르침에는 결코 비밀이란 게 없다. 사람들은 모든 것에 대해 질문을 던질 수 있었고, 그것의 근본을 캐낼 수도 있었다. 그러니 이런저런 여러 다른 논점으로 나타날 수 있는 개인의 의견을 조정하고 중재하는 사제司祭는 필요하지 않았다. 그것은 단지 큰 가르침일 뿐이었다. 사람들은 이 가르침을 공부하면서 더 현명해지고 더 지혜로워졌다. 그들은 결코 은밀한 비밀의 땅으로 끌려가지 않았고, 현실 세계 뒤에 존재하는 그 무엇에 대해서는 아무 말도 하지 않았다.

공자는 주어진 그대로 받아들이고, 더는 그 뒤를 캐내려고 해서는 안 되는 천자天子의 도리를 하늘의 법도라고 했다. 한국 사람들은 애니미즘과 토템, 샤머니즘과 같은 토착 신앙을 버리지 않고도 공자의 가르침을 받아들였다.

마을에서는 때때로 아주 사악하게 변하는 악령을 위해 '당산목'을 기르기도 하고, 새로 지은 지붕에 성주 신을 위한 '신목神木'을 꽂기도 했다. 그리고 대문 안쪽에는 삼신할머니를 위한 신당을 세워 가지런히 접은 '커다란 활모양의 종이 묶음'을 매달아 두기도 했다. 특히 집안 뒤뜰 - 골목길과 둘러 처진 담장 사이에 있는 사이 공간 - 에는 사람의 운명을 돌린다는 북쪽의 칠성신을 받들기 위해 '초가지붕의 작은 모형 집'을 세워 놓았다. 한국의 유교 신봉자들은 무당이나 예언하는 맹인 혹은 점쟁이들을 찾기도 했다.

한국 사람들은 토착의 신들을 믿었다. 그들은 무생물에도 생물에도 생명을 불어넣었다. 땅이며 돌이며 강물이며 들풀이며 짐승이며 심지어는 시체, 테이블, 문, 그림, 집, 글씨 등 모든 것에 생명을 불어넣었다."[57]

"(…) 이 땅에 불교가 들어왔다. 그것은 인간의 윤회를 설파했다. 사람들은 그것을 통해 진정한 현생을 통과하여 영원 속 현세를 지나 마침내 우주에 이른다. 영혼의 니르바나 상태에 도달하기 위해서는 사람들은 우선 욕망에서 벗어날 수 있어야 한다. 그래서 쾌락을 위해 먹는 모든 것들, 술과 육식은 믿음을 위해 금지된다. 견고한 믿음을 가진 사람은 자손을 낳는 것조차도 포기해야, 했다.

불교는 어떤 이유로든 인간 생의 쾌락과 가정적인 행복을 거부하고 초 현세적 생을 받아들이게 했다는 것을 알 수 있다. 아이가 없는 노인들이라든지 현세적 행복의 포만감에서 벗어나 뭔가 새로운 것을 찾고자 하는 사람들이라든지, 사악한 세상에 기만을 당하고 초 현세적 안도를 구하고자 했던 사람들은 속세를 떠나 이 가르침을 쫓았다. 물론 불교는 이들 말고도 뭇사람들로부터 큰 호응을 얻었다. 그것은 공자가 이미 강조한 바 있었던 금욕, 자비, 무소유를 설파했기 때문이었다.

공자의 추종자들조차도 부처의 가르침에서 오히려 수많은 공자 말씀의 정당성이 입증되고 있다는 사실을 발견하기도 했다. 사람들은 부처를 추앙했고, 이 새로운 가르침을 앞세워 행동을 실천했다. (…) 불교는 공자의 가르침에 결속되어 있어도 그다지 큰 모순을 겪지 않았다. 다만 부처는 독신을 강조했고, 공자는 자식을 허용했다는 게 다를 뿐이었다. 여하튼 사람들은 이 두 가르침을 추종했다. 그 때문에 두 가르침은 어느 정도 타협을 했다.

말하자면 사람들은 사람 사이의 관계를 유교로써 상호 조정했고, 죽음 뒤의 영혼을 위해서는 부처의 가르침을 따랐다. 그것이 가능했던

---

57 Yiking Li, Religion in Korea, 1933년 12월 21일.

것은 이 두 가르침이 상대의 가르침을 극단적으로 거부하지 않고 서로 인정했기 때문이었다. 부처도 공자도 다른 믿음을 갖는 것이 영혼을 파괴하는 것이라 하여 벌하지는 않았다. 이 얼마나 큰 모순이던가! 낙천주의와 염세주의, 생의 긍정과 부정 사이의 모순!"[58]

의경은 특유의 서술기법 – 필체는 가볍게, 그러나 그 뜻은 무겁게 – 으로 한국인의 순수한 제스처 행위로서의 믿음을 독일인 독자들에게 이야기한다.

한국인의 믿음의 본질은 19세기 말 '제스처를 상실한 관념적 믿음의 한계를 벗어나 인간 본래의 순수한 믿음의 행위로 회귀하길 강조했던 독일 철학자 니체[59]의 의도와 결을 같이 한다. 다만 한국인의 순수한 '믿음' 행위는 단순한 관념을 뛰어넘어 다양한 신격의 형상들을 보이는 그대로의 모습으로 창조해 낸다. 만물에 자연의 신비한 생명의 힘과 정령 등이 깃들어 있다는 믿음을 숭배했던 옛 한국인들은 다양한 신적 표상들을 만들어 냈다. 표상들 – 당산목, 신목, 금줄, 서낭 등등 – 은 수천 년 전 먼 조상에게서 전해져 온 것이었고, 의경은 이러한 문화적 인자를 그대로 품고 있었던 그의 부모로부터 그것들을 물려받았다. 그 표상들은 마치 '기러기가 떠나도 소리는 남아 있는 雁過留聲'이란 의경의 기억을 통해 현재의 것으로 재생되었다. 그는 '한 마리의 나비 속에, 강에서 떠내려오는 한 송이 꽃 속에, 한밤중 꾀꼬리 속에, 우리 인간의 마음속에, 떨리는 울림 속에 존재하는 영혼'을 믿는 한국인의 순수한 마음 세계를 회고해 냈다.

---

58 Yiking Li, Religion in Korea, 1933년 12월 21일.

59 Hans-Thies Lehmann, Postdramatisches Theater, Verlag der Autoren, Frankfurt am Main 1999년, 374쪽.

의경의 회고는 자신을 환기하는 단순 기억에서 벗어나, 특정한 독일 독자의 의식세계로 스며들어 가는 방향성을 지니고 있다. 비록 그들이 이질적인 사고습관으로 인해 진실을 다 알지 못해 사이비로 왜곡된 해석을 할 수도 있고, 그로 인해 모순이 발생하게 된다 할지라도 - 누구든 생과 죽음의 경계 공간을 결코 증명할 필요가 없듯 - 의경은 인간의 믿음이란 본디 이렇다 저렇다고 논쟁을 벌이는 대상이 아니고, 인간의 다양한 행위양상들이 개개인의 의식 속에서 자유롭게 부유하게 하는 것이라는 것을 독일인 독자들에게 이야기하고 있다.

살아 있는 모든 것에 깃들어 있는 영혼을 생의 원상 Urbild으로 볼 수 있길 기대하며!

기독교와 유물론

일제 강점기에 새롭게 등장한 '미신未信'이라는 말은 실제로는 서양에서 비롯된 것이다. 그것은 단군 이래 수 천 년 동안 한국인의 믿음을 이끌어 왔던 무巫의 굿을 미개한 "푸닥거리"로 전락시켰다. 암울한 식민지 시대에 시퍼렇게 날 선 작두 위에서 마치 피로 낭자한 맨발로 외롭게 버티고 서있어야 했던 무녀들의 활인업活人業을 훼손당하게 되었고, 역사적 상징물도 파괴되었다. 한국문화를 저급의 문화로 퇴락시키려 했던 일본 식민정책의 음모에는 서양의 편협한 종교적 세계관이 그 배후에 있었다. 의경은 어린 시절 수백 년 동안 동네 어귀를 묵묵히 지키고 있던 당산목이 베어지고, 집안의 안녕을 지켜주던 성주의 형상들이 불태워지고, 모든 신적인 것들이 미혹한 것으로 추락했던 역사적인 사건을 담담한 어조로 서술하고 있다.

순수한 '믿음'의 표징들이 파괴되고 훼손되고, 또 평화를 상징했던 성물들이 사라졌을 때 발생하는 문화 상실의 진정한 의미에 대해!

"기독교가 들어오면서 한국인의 종교 생활은 새로운 시대를 맞이했다. 그러나 사람들은 이 새로운 가르침을 받아들이기까지 참으로 오랜 시간 갈등을 겪어야 했다. 특히 기독교는 집안에서 다른 가르침이나 다른 신을 곁에 두는 것을 허용하지 않았기 때문에 사람들은 혼란을 겪지 않을 수 없었다. 기독교는 한국 사람들이 온전히 그것에만 속하길 강요했고, 다른 신에게 제물 받치는 것을 금했다.

스스로 진보적이라고 믿었던 사람들은 세례를 받았고, 오직 이 종교만을 추종했다. 그들은 다른 모든 가르침을 그릇된 교리라고 비난했다. 그들은 미신이니, 우상숭배니, 조상숭배이니 하는 말들을 했고, 사람들을 기독교와 이교도로 신앙인과 비신앙인으로 분류했다. 그리고 진리라는 것이 오직 하나의 가르침에만 주어져야만 한다고 했다.

정말 새로운 개념 "종교"가 나타났다! 이후 사람들은 구교인지 아니면 신교인지 둘 중 어디에 속하는지를 물었다. 기독교인들은 한국 땅에서 자신들의 선교 임무를 수행해나갔다. 그들은 기독교 학교를 설립했고, 시민들을 교육하였다. 그들은 이 땅의 모든 우상 숭배자들을 몰아냈고, 당목을 베어냈고, 미신적인 종이형상과 신모神帽를 불태워버렸다. 새로운 가르침은 빠르게 퍼져나갔고, 곳곳에 새로운 바람을 불러일으켰다. (...)

이 신 개념의 '종교!' 그것은 새로운 개념과 더불어 다른 많은 개념을 생겨나게 했다. 불교의 승려는 불교주의자로, 공자의 유학자들은 유교주의자들로 불리었다. 기독교인들은 선교학교를 설립했지만, 종교 간의 타협은 절대 용납하지 않았다. 그 후 사람들은 하나의 종교가 아닌 너무도 많은 종교가 존재한다는 사실을 알게 되었고, 그 가운데서 하나를 골라야 했다. 사람들은 서로 비교했고, 그것들 사이에서 스스로 선택해야 했다. 사람들은 다른 종교, 즉 마호메트교니, 라마교니 하는 것들도 알게 되었다. 그러면서 사람들은 이처럼 수많은 가르침의 절대적 가치에 대해 의심하기 시작했다. 특별히 신령의 흐름과도 같았던 수많은 비밀스러운 가르침들, 예를 들면 천도교라든지 단군 사상이라든지, 예전엔 특별히 경외심을 갖지 않았던 것들까지 갑자기 종교라는 등급설정을 해야만 했다. 몇 년 후 천도교는 백만 이상의 추종자들을 획득하면서 매우 빠르게 확산해 갔다."[60]

독일 땅 한가운데에서 의경은 고상한 독일 지식인들이 축적해 놓은 서적들이 나치에 의해 불살라지는 것을 목격했다. 이 끔찍한 사건은 우월한 서양문명 혹은 서양인의 세계관, 이를테면 종교에 대한 의경의 '의혹'을 증폭시키기에 충분했다.

1933년 12월 그는 두 편의 글을 독일의 어느 저널에 발표하였고, 이를 계기로 그는 그 자신의 정신적 근본 자리를 이루고 있는 한국 전통문화를 기억해 냈다. 그리고 그것에 내재해 있는 오랜 역사성이 서양문화에 의해 저급한 것으로 혹은 미개한 것으로 추락된 사실을 각성하게 된 의경은 마침내 우의적인 방식으로 고독한 자기 담론을 시작했다.

특히 그는 인간의 정신적인 가치를 物의 개념으로 전락시킨 유물론에 대해서는 비판의 날 선 어조를 그대로 드러낸다.

"이 혼돈의 시기 내내 현대적 세계관, 유물론을 향한 지표가 부유浮游했다. 그것은 눈에 보이지 않는 모든 것을 부정했다. 유물론은 신을

---

60 Yiking Li, Das Eindringen des Christentums - In den Bänden des Materiallismus, 1933년 12월 22일.

향한 인간 본연의 믿음뿐 아니라, 기독교와 불교 심지어 유교와 같은 종교들조차도 '미신'으로 간주하였다. 그것은 어떤 민족 혹은 종족을 정복하기 위해 종교가 필요하다는 별로 달갑지 않은 상상을 아이들에게 부추겼다.

늘 신을 향한 믿음 속에서 성장해온 한국 사람들은 시간이 지나면서 세 개의 낯선 종교들을 받아들였다. 중국의 유교, 인도의 불교, 팔레스티나의 기독교가 그것이다. 한국 사람들은 이 모든 종교를 숭상했지만, 오히려 그 낯선 객들이 서로 화합하려 하지 않았다. 그것들은 서로 싸우고 또 서로를 무너뜨리려 했다. 그런데 그런 종교들마저 이젠 유물론에 위협을 받고 추방당할 위기에 처하게 된 것이다. 그 종교들이 언제 이 땅에서 유기될지, 또는 어느 하나가 다른 것들을 정복하게 될지 예단할 수는 없다. 다만 오늘날까지 한반도에서는 단 한 번도 종교전쟁이 일어나지 않았던 것이 다행스러울 뿐이다.

평화를 사랑하는 한국 민족은 그들의 땅에 들어온 모든 가르침에 감사하지 않았던가. 유교에서는 도덕적 질서를, 불교에서는 절제를, 기독교에서는 이웃사랑을 배웠다. 그런데 유물론을 통해서는 무엇을 배워야 한단 말인가?"[61]

1930년대에 낯선 나라에서 삼십 대의 생을 살아가고 있었던 의경은 비로소 그의 본래 마음자리를 찾기 시작했다. 그는 '그저 하늘을 우러러 오롯이 믿는 행위의 순수'를 쫓았던 한국인의 믿음 자리로 회귀하는 회고의 작업을 시작했다.

1934년에 발표한 〈한국, 한국 사람 - 먼 아시아 일본 정치 엿보기 Im Hinblick auf die japanische Politik im fernen Osten〉[62] 레포타쥬 형식의 글은 '일

---

6 1   위의 기사에서
6 2   Yiking Li, Korea und die Koreaner, Hamburger Tageblatt 1934년 2월 9일

본이 연약한 모수母樹에서 황금 사과를 떼어내려는 침략행위에 침묵으로 일관했던 유럽, 러시아, 미국의 정치적 행각'을 폭로함으로써 서양 정치의 한계를 우회적으로 비판하고 있는 작품이다.

"40년 전 일본은 중국으로부터 빼앗은 만주 땅을 본토에 되돌려 주었던 적이 있었는데, 그것은 유럽 국가들이 일본이 지나치게 강해지는 것을 허용하지 않았기 때문이었다. 그런데 지금은?" 약탈자의 속내를 감추고 있었던 유럽 열강은 아주 작은 나라, 그러나 아주 오랜 역사를 지닌 자주 국가, 한국을 염두에 두지 않았고, "한국의 언어, 문화, 역사 등 모든 것을 해체하고 말살하는 일본의 "무분별한 식민정책"을 그저 멀리서 지켜보기만 했던 유럽의 방관자적 태도와 냉소적 비굴에 대해 강한 어조로 비판하였다.

이질異質과
공감共感의 미학

1933년 이후 독일 시민들은 히틀러를 찬양하는 군대 퍼레이드의 획일적인 리듬 반복과 강렬한 퍼포먼스에 열광하기 시작했다. 그러나 사람들의 자유로운 감정표현은 선동적인 선전 문구에 묻혀갔다.

우회적인 서술방식으로 한국의 문제에 대해 소극적이나마 정치적 담론을 시도해 왔던 의경도 1934년 이후부터는 사고 전환을 맞게 된다. 그 대표적인 작품이 1934년 3월에 발표된 단편 〈이상한 사투리〉이다. 이 단편은 의경이 처음 독일에 도착하여 약 8개월 동안 머물렀던 뮌스터슈바르차하 수도원에서의 일상을 회고하는 이야기로 마치 한 폭의 수묵화에서 묻어나오는 담백한 서정성을 발향發香하는 작품이다.

〈이상한 사투리〉

"언젠가 어느 수도원에서 여름휴가를 보낸 적이 있다. 그것은 신앙심 때문이 아니라, 단지 휴식을 위해서였고, 그것은 그곳에 사는 사람들 때문이었다. 아침부터 저녁까지 수도원은 아주 조용했다. 사람들은 맡은 일을 수행할 뿐이었고, 그들 모두 각자의 길을 걷고 있을 뿐이었다. 아무도 이 낯선 이방인이 종일토록 무엇을 하며 지내는지 신경 쓰지 않았고, 말을 걸어오는 사람조차도 없었다. 그래도 아주 가끔 독일에서의 생활은 괜찮은지, 고향이 그립지 않은지를 묻는 사람이 있었다.
 수도원 문지기는 금발에, 얼굴이 넓적했으며, 온화한 성품을 지닌 사십 세 가량의 수사였다. 그는 항상 미소를 짓고 있었다. 아마 수사들 가운데서는 가장 많이 웃는 사람이라고 할 수 있었다. 그는 비가 오는 날에도, 깊은 밤중에도 늘 웃는 얼굴을 하고 있었다. 나는 그를 볼 때마다 마음이 평온해졌다. 이따금 산책하다가 정해진 시간보다 늦게 돌아와 문을 열어 달라고 청할 때면 더욱 그랬다. 사람들은 외출할 때마다 그에게 미리 이야기해야 했고 돌아올 시간도 알려 주어야 했다. 저녁 무렵 나는 늘 산책을 했다. 수도원 주변의 숲속을 걷기도 하고 때로는 조용한 시골길을 따라 걷기도 했다. 해지는 저녁 운터프랑켄의 경치를 바라볼 때면 우울했던 기분이 말끔히 사라졌다. 누구나 약점은 있기 마련인데, 내겐 바로 저녁 시간이 그랬다. 사방에 어둠이 깔리기 시작하면 나는 방안에 혼자 앉아 있을 수가 없었다.
 유난히 화창한 어느 날 저녁이었다. 밖에서 산책하다가 조금 늦게 돌아오겠노라고 미리 말해두려고 문지기 수사에게 갔지만, 그가 자리에 없었다. 미닫이 창문 앞에서 기다리고 있을 때였다. 털이 덥수룩하게 자란 농부가 건초더미를 잔뜩 싣고 지나가고 있었다. 나는 그에게 바깥 날씨가 좋은지를 물었다.

"네, 아주 좋아요. 한번 나가 보구려." 그는 수염이 덥수룩한 입술로 중얼거리듯 말했다. 시간이 지나도 수사가 나타나지 않자 나는 마음이 초조해졌다. 너무 오래 서 있어서 몹시 피곤해진 나는 나중에 외출해야겠다는 생각으로 방으로 되돌아가기로 했다. 본관 건물의 긴 복도를 지나 막 방으로 들어서려는 순간, 젊은 수사가 내 방에서 물통을 들고 나왔다. 나는 그 젊은 수사에게 문지기 수사를 보지 못했는지를 물었다. 그러자 그는 손가락으로 수도원장의 방을 가리키며 아주 낮은 소리로 뭐라고 말했다. 늘 그랬지만, 나는 그 수사의 말을 절반도 알아듣지 못했다. 그는 표준독일어를 사용하지 않았고, 게다가 아주 낮은 톤으로 말했기 때문이었다. 나는 문지기 수사가 '내 고향 친구'와 함께 원장실에 들어갔다는 정도로만 겨우 알아들을 수 있었다. "고향 사람이라고요?" 나는 놀라서 그에게 되물었다. "그래요, 당신 고향 사람이오."

누가 이곳까지 왔다는 거지? 나는 곰곰이 생각해 보았다. 일본사람? 그럴 리 없지. 그럼 중국인? 그것도 아닐 테고. 도대체 고향 사람이라니? 날마다 내 방을 청소해주고 있는 그 젊은 수사는 정작 내가 어디서 왔는지도 모르고 있었다. 그렇다고 그가 지리학에 조예가 깊은 것도 아니었고, 인종학이니 민족학에 대해서는 더더욱 그랬다. 그가 물동이를 들고 내 방으로 다시 돌아왔을 때 그는 그 '고향 사람'과 함께였다. 수줍게 들어오고 있는 그 고향 친구라는 사람은 한눈에 보아도 아프리카 사람이라는 것을 알 수 있었다.

그 젊은 수사가 방을 나가자, 나는 그 고향 손님에게 자리를 권했다. 나는 그에게 독일어를 알아듣는지 물었다. 그는 고개를 저었다. 영어는 할 줄 아세요? 그러자 그는 전혀 이해하지 못하겠다는 표정을 지어 보였다. 중국어 혹은 일본어, 심지어 한국어까지 해보았지만, 그 남자가 아는 언어는 없는 듯했다. 그때 그가 내게 물었다. "불어를 하세요?" 나는 그 문장이 무슨 뜻인지는 알고 있었다. 순간 나는 '아니오(non)! 라고 말했다. 그도 그럴 것이, 그것은 내가 알고 있는 유일한 불어였다. 불어 사전이라도 있으면 간단 한 말 정도는 어렵게라도 읽을 수 있었을 텐데. 안타깝게도 내가 알아들을 수 있는 말은 방금 그가 내게 물었던 그 말이 전부였다. 나는 종이와 연필을 가져와 그 앞에 놓았다. 그가 고개를 저었다. 나는 그가 글을 쓰지 못한다는 것을 금방 알아차렸다. 그렇다면 그는 읽을 수도 없는 셈이었다. 그는 내가 손가락으로 가리키는 모로코, 알제리, 이집트 등도 전혀 모르겠다는 듯 내가 내민 아프리카 엽서를 그저 바라보고만 있었다.

 우리 두 "고향 사람"은 말없이 서로 마주 바라보고 앉아 있었다. 그도 내가 어느 나라 사람인지를 골똘히 생각해 보는 눈치였다. 그는 한참을 내 얼굴이며, 손이며, 발을 훑어보았다. 그리고는 코트며, 모자며, 지팡이며, 방 안에 있는 모든 것들을 주의 깊게 살피더니 뭔가를 물어보려는 듯 나를 바라보았다. 그는 내가 알아듣지 못하는 몇 마디 말을 반복적으로 말했다. 나는 그에게 담배 한 개비를 주었다. 그러자 그는 그것을 받아들었다. 내가 불을 권하자, 그는 고개를 저었다. 담배를 피우지 않으려는 듯, 그는 담배를 손에 쥐고만 있었다. 나중에 피우려는 거겠지. 그에게 성냥 한 갑을 건네자. 그는 또 그것을 그냥 받아 들었다. 우리는 또다시 말없이 앉아 있었다.

 그는 깃 없는 옷을 입고 있었는데, 내 짐작으로는 셔츠도, 내복도, 양말도 없어 보였다. 웃옷과 바지는 여러 군데 찢겨 있었고, 마치 거울처럼 반질거렸다. 나는 옷장에서 속옷과 양말을 꺼내 그의 무릎에 올려놓았다. 그는 눈이 휘둥그레졌다. 나는 그 물건들을 가져도 된다는 몸짓을 해 보였다. 그는 미소를 지으며 속옷을 넥타이와 담배, 그리고 성냥과 함께 둘둘 말아 챙겨 들고는 밖으로 나가려고 했다. 나는 그런 뜻이 아니라며, 내 방에 더 있어도 된다는 시늉으로 고개를 저으며 그를 다시 의자에 앉혔다. 그러자 그는 당혹스러운 눈치를 보이며 짐 꾸러미를 도로 탁자 위에 내려놓았다. 그리고는 물건들을 놔둔 채로 방을 나가려고 했다. 내 뜻을 잘 못 이해하고 있었던 게 분명했다. 나는 이 물건들은 전부 그의 것이며, 좀 더 머물러 있어도 좋다는 것을 어떻게 이해시켜야 할지 고민했다.

그리고는 나는 그의 손을 잡아 다시 의자에 앉힌 다음, 짐 꾸러미를 그의 무릎에 다시 올려놓아 주었다. 그제야 그는 나를 이해하겠다는 듯 얼굴 가득 환하게 미소를 지어 보였다. 그는 한 번 더 내 방의 모든 물건을 둘러보다가 다시 나를 훑어보았다. 그는 손으로 책들을 가리키며 내 눈을 들여다보고는 내가 그것들을 다 읽을 수 있는지를 물으려는 듯했다. 나는 책 한 권을 꺼내 그에게 몇 줄을 읽어 주었다. 그는 알겠다는 듯 고개를 끄덕였다. 나는 타자기 덮개를 벗겨 내가 글도 쓸 줄 안다는 듯 몇 줄 쳐 보여주었다. 그는 아주 놀랍다는 듯 나를 바라보았다. 그리고는 그는 이내 다시 우울해졌다. 그는 더는 웃지 않았고, 더는 경이로운 시선으로 나를 바라보지도 않았다. 그는 한동안 창문 밖으로 점점 어두워지고 있는 수도원 지붕 너머를 바라보고 있었다. 수사가 들어와 그를 그의 침실로 안내할 때까지, 그는 그렇게 앉아 있었다.

다음 날 나는 그가 프랑스 군대에서 도망 나온 모로코 사람이라는 것을 알게 되었다. 그는 독일의 이 마을 저 마을로 보내졌다가 수도원 인근 시의 자치단체에서 이곳으로 보내진 것이었다. 다행히 불어를 할 줄 아는 수도원 신부 한 분이 그가 몸짓을 섞어가며 말하는 몇 마디 단어에서 그의 이야기를 알아들었다. 그는 부지런히 일만 한다면, 그대로 수도원에 머물러 있어도 된다는 허락을 받게 되었다.

저녁 식사 후, 그가 다시 내 방문을 두들겼다. 내가 들어오라고 하자, 그는 미소를 지어 보였다. 고향 사람인 내게로 오지 않고 그 누구에게로 가겠는가. 나는 기꺼운 마음으로 그를 맞이했다. 나는 그에게 담배 한 개비를 건넸다. 그는 아주 만족스럽게 담배를 피웠다. 그는 손님이 되었고, 종일토록 밖에서 일했다는 몸짓을 해 보였다. 나는 고개를 끄덕이며, 나 또한 온종일 책을 읽고 글을 썼다고 그를 이해시켰다. 우리는 웃으며, 서로를 잘 이해할 수 있게 된 것에 기뻐했다.

그때 젊은 수사가 물동이를 가져가려고 다시 방으로 들어왔다. 그는 우리 옆에 서서는 우리가 '모국어'로 무슨 말이든 해보라고 간청했다. 나는 '내 고향 친구'가 나와는 다른 사투리로 말하고 있다고 그에게 설명해 주었다. 그는 곧 알아차렸다는 듯, 자신도 운터프랑켄에서 사용하는 말과는 다른 사투리를 쓰는 저 먼 어떤 마을에서 왔다고 말했다. 그래서 자기는 다른 사투리를 이해한다는 것이 얼마나 어려운지를 잘 안다고 했다. 그는 내가 운터프랑켄 사람들 보다 자기를 더 잘 이해할 것이라고 확신하는 듯 내게 자기 고향 이야기를 해주었고, 나는 알아들을 수 없는 그의 낯선 발음에도 불구하고, 그를 잘 이해할 수 있었다.
　　아프리카인, 유럽인, 그리고 아시아인. 그렇게 세 남자는 아무 말 없이 앉아 창문을 통해 잿빛 수도원 지붕 너머, 그리고 푸른 마인강의 계곡 너머로 지고 있는 저녁놀을 바라보고 있었다."[63]

　　기억을 끄집어내어 이미지로 형상화하는 방식에는 그것의 시간적 소환방식과 관련하여 대략 두 가지가 있다고 본다. 그 하나는 '현재의 나로부터 저 먼 시간'으로 소급해 올라가는 방식이 있을 테고, 또 다른 하나는 '저 먼 시간으로부터 현재의 나'로 이르는 방식이다.
　　단편 〈이상한 사투리〉는 회고를 소재로 한 여러 편의 글들 가운데 '글 쓰는 시점'이 당시 작가의 현재에 가장 근접해 있는 기억 단상이다.
　　완전한 기억재생이란 사실상 가능하지 않다. 그것은 단지 어느 특정한 시간으로 소급해 작가 자신의 사건으로 재구성하여 그가 의도한 대로 특정한 장면 이미지를 그려내는 형상화 작업일 뿐이다. 말하자면 상상력을 동원하여 기억의 파편들을 하나의 통일된 장면 이야기로 엮어내는, 일종의 기억 단편들을 그래픽 장면으로 형상화하여 이야기로 재생한 것이 회고이다. 따라서 작가는 그때 그곳에 현존해 있다고 그

63　Yiking Li, Der andere Dialekt, Düsseldorfer Nachrichten 1934년 3월16일 全文인용.

스스로 상상하여 만들어 낸 시간적 공간적 단서들을 아주 간결하게 압축시킬 수 있는 자기만의 문학적 장치를 찾아내는 게 중요하다. 의경이 찾아낸 문학적 장치는 이야기 사건들을 인과로써 배열하지 않고, 독자들이 스스로 장면 이미지들을 자연스러운 연기緣起로 보고 상상하여 이야기로 전달하는 서술기법이다.

단편 〈이상한 사투리〉는 화선지의 흰 여백만큼의 공간 속에서 작가 자신이 그때 그 사건에 실재해 있으면서, 동시에 그 상황을 하나의 장면으로 그려내어 작가 스스로 관조하는 방식으로 하나의 이야기를 재생하고 있다. 독자들은 사건보다는 인물들의 시선을 쫓아 그들이 바라보는 맞은편의 빈 곳을 상상하고 채색하여 장면을 그려내기만 하면 된다. 그것은 의경의 서술기법이 독자의 시선을 자연스럽게 끌어당겨 너무도 명백한 인물들의 '다름' 혹은 '이질'이 아닌, 단지 고향을 떠나온 '다른' 세 사람이 향해 있는 평행의 시선 구도를 바라보면서 인물들의 심안에 깃들어 있는 동향의 관념상을 상상하게 하는 것을 목적으로 하고 있기 때문이다.

'사투리'는 모국어의 고정적 혹은 안정적인 전형에서 벗어나 있는 세 남자가 공유하고 있는 '실향'의 동질성을 표상한다. 그리고 동시에 '낯선 발음'에도 불구하고 마치 서로를 잘 이해하는 듯 '말없이' 창문을 통해 잿빛 수도원 지붕 너머, 그리고 푸른 마인강 계곡 너머로 지고 있는 저녁 해거름을 바라보는 세 남자의 평화로운 뒷모습을 통해 인간의 순수한 무아상을 표상하고 있다.

독자들은 세 남자의 어깨 위로 드리운 빛의 떨리는 잔영을 통해 그들이 쉼 없이 재잘거리는 속삭임으로 들썩이는 모습을 지켜보게 되고 '저 멀리 앉아 있는' 그들의 이상한 사투리를 들을 수는 없지만, 그들이 바라보는 '저곳'으로 흩어지고 있는 애절한 향수를 공감하게 된다.

그것은 마치 영화 속 마지막 한 컷 고정장면에 반복적으로 울려 나오는 배경음악처럼 공허하다. 단편 〈이상한 사투리〉는 '이질'의 거리두기보다는 '동질의 감정교류, 즉 공감을 통한 사람 사이의 평등하고 조화로운 관념의 공간'으로 향하는 마음의 시선을 서술적 이미지의 구도로 삼고 있다. 이 작품은 사람 사이의 조화로운 공감을 일으킬 인간의 순수한 마음자리를 찾고자 했던 작가 의경의 문학적 회고 여정의 첫 기점이다.

순수한 인간 영혼의 한 초상
– 수심에 잠긴 아이

의경은 현존의 '나'를 위해 미망 속에 갇힌 저편의 과거 공간에 흩어져 있던 기억의 파편들을 주워 모아 선명한 '나'의 이야기로 복구하는 글 작업을 시작했다. 그 첫 번째 기억 단상으로 재생된 것이 단편 〈아이의 수심 Kinderkummer〉이다. 1934년 2월 독일 저널 〈Hamburger Fremdenblatt〉에 발표된 이 작품은 지적인 앎의 세계로 향한 문을 열고 한 걸음을 내딛게 된 여섯 살 어린아이의 순수한 첫 수심愁心을 이야기한다.

"중국의 고사성어故事成語에는 하늘은 둥글고 땅은 각이 졌다고 되어 있다. 나는 여섯 살 때 이미 꽤 많은 한자를 익혔기 때문에, 이런 성어成語 정도는 잘 알고 있었다. 그것도 아주 분명하게.
하늘은 분명 내 머리 위에 둥글게 걸려 있고, 땅은 분명 네 개의 귀통이가 있다. 그래서 네 개의 방향이 있지 않은가! 또 땅은 완전히 평평하다고 생각한다.

하루는 우물가에서 물을 긷고 있는 여인들을 지켜보고 있다가, 그녀들이 물을 긷기 위해 항아리가 아닌, 돌처럼 딱딱해 보이는 크고 단단한 호박껍질로 된 반쪽짜리 두레박을 사용하는 것을 목격하게 되었다. 나는 그 두레박을 하늘과 비교해 보았다. 그것들은 참으로 닮아 있었다. 이후 나는 하늘을 보면서 거대한 두레박을 떠 올리곤 했다. 한 번은 하늘의 모습을 더 자세히 확인해보고 싶어 부엌에서 제일 크고 반반하게 생긴 두레박을 골라내었다. 그러나 그것들은 하늘만큼 충분히 크지 않았고, 게다가 대개는 한쪽으로 비스듬히 찌그러져 있었다.

또 하루는 아침에 커다란 놋대야로 세수를 하면서, 그것의 둘레가 아주 둥글고 고르다는 것을 발견했지만, 그것은 하늘 그것처럼 반구형은 아니었다.

나는 아버지에게 '하늘이 이 세숫대야와 왜 같은 모양인지, 그리고 하늘은 왜 평평한지'를 물었다. 그는 '그렇지 않다'고 했다. 나는 그의 말을 반박할 방법이 없어서 기분이 몹시 언짢았다. 그러나 아버지의 말씀은 한 번도 틀린 적이 없었다. 언젠가 아버지는 하늘의 별들이 실제로 보이는 것 보다 훨씬 더 크다고 말한 적이 있었다. 얼마나 크다는 거지?

내가 아주 작은 동전에서 둥근 갓 통에 이르기까지 둥글게 생긴 모든 물건을 비교해 보이자, 아버지는 고개를 저었다. 모든 게 맞지 않았다.

며칠 후 나는 빨랫감을 옮기는데 사용되는 버드나무로 엮어 만든 아주 둥근 광주리를 발견했다. 그것은 내가 들어갈 수 있을 만큼 컸다. 저녁에 나는 그것을 질질 끌어다가 아버지 앞에 놓고 또 물었다. 별들이 이 광주리만큼 큰가요?

그는 처음에는 나를 바라보고, 또 한 번은 광주리를 보더니, "그래 그렇구나!"라고 말했다."[64]

---

64 Yiking Li, Kinderkummer, Hamburger Fremdenblatt, Jahrgang unbekannt. 2월 3일.

첫 번째 수심의 단상은 '하늘은 둥글고 땅은 각진 것'이라는 '천원지방天圓地方'이라는 고사성어에 내재해 있는 동양적 우주관이다. 아이의 순수한 지적 호기심이 '손을 넣어 직접 만져 보고, 눈으로 확인하고, 그리고 질문하는' 행동으로 실천하면서 첫 번째 앎의 문을 스스로 연다. 이로써 인식의 경계가 열리고, 아이는 오직 영감으로 광활한 우주의 진리를 상상하여 자기 몸을 담을 수 있을 만큼의 크기와 깊이를 지닌 둥근 광주리를 그의 한 세계로 창조해 낸다. 이 단상은 깊은 의식 세계인 수심愁心의 공간에 각인되어 있던 원천적 앎의 프로세스에 관한 이야기이다.

하늘은 둥글고 땅을 각진 것으로 보게 하는 고정된 옛 지식에 대한 의혹으로 아이의 근원적 수심愁心의 공간이 열린다. '아이의 수심'은 확고 부동한 앎의 인지경계로부터 자유로운 '아이다움'의 영혼이다. 때로는 손으로 만져 보고, 때로는 눈으로 관찰하고, 그래서 마침내 질문할 수 있는 '아이다움'은 극도로 맑고 투명한 무궁無窮의 수심을 개방할 수 있는 원초적 힘이다. 그것은 우주의 영원성을 관통할 수 있는 심안의 힘이다. 너무도 광활해 결코 측정할 수 없고 볼 수 없는 우주가 아이가 자신을 담을 수 있는 만큼의 '광주리' 속 현실 세계로 재생된다.

실제로 '앎'의 경계라는 게 존재하기는 하는가! 단지 '앎'이 가능하지 않다는 이유로 사람들은 그것을 알 수 있는 만큼만으로 도식적인 인지경계를 만들어 낼뿐이다. '아이의 수심'은 바로 이러한 인지경계를 허물고 인간 영혼의 순수한 앎의 지평에 이르게 되었을 때, 비로소 순수한 지각의 세계로 향하는 문이 열리는 지점에서 자율적으로 일어난다. 그리고 바로 그 지점에서 아이의 영혼은 아주 오랜 옛 시대에 창조된 별자리 '견우와 직녀'를 향한 원초적 연민의 정을 직관하게 된다.

"저기 세 개 모서리에서 함께 있으려는 세 개의 별들이 보이느냐?" 아버지가 은하수 옆에 있는 별 모양을 가리키며 내게 물었다. 나는 그렇다고 말했다. "그러면 은하수 맞은 편 세 개의 별들을 보렴. 그것들은 하나의 선에서 나란히 서 있지." 나는 고개를 끄덕였다. "그 별들은 견우이고, 다른 것은 직녀란다. 둘은 서로를 너무 좋아해서 하느님이 그들을 갈라놓았지. 그래서 그들은 아주 멀리 떨어져 지내야 했고, 일 년에 딱 한 번만 만날 수 있단다. 견우는 해마다 칠월 칠 일에 강을 건너 직녀에게로 갈 수 있지. 그 날엔 세상 모든 까마귀가 가련한 견우가 그의 연인에게로 갈 수 있도록 은하수 위에 다리를 놓아주려고 하늘로 날아 오른단다. 착한 까마귀들! 나는 마치 철새들이 우리 마을의 작은 시내를 건너 날아가듯 까마귀들이 무리를 지어 강 위로 날아가는 것을 상상해 본다. 그러나 은하수는 너무 넓고 또 너무 멀리 있다. 견우는 밤새도록 걸어서 새벽이 되어서야 직녀와 함께 보내고 곧바로 다시 떠나야 한다.

오, 불쌍한 견우! 곰곰이 헤아려보니, 견우는 아직 아홉 달이나 기다려야 했다. 나는 말로는 다 표현할 수 없는 깊은 연민에 빠져 종종 견우의 꿈을 꾸곤 했다. 견우는 한번은 아주 크고 밝게 깜박이는 별이었다가, 또 한 번은 아주 작은 연분홍빛 별이 되기도 했다. 또 견우가 수염이 덥수룩한 키 큰 사람으로 변해 지팡이를 들고 드넓은 은하수 강바닥을 헤매고 있는 모습으로 꿈에 나타나기도 했다.

그럴 때면 나는 잠에서 깨어나 견우가 떠 있을 뒷마당으로 황급히 달려갔다. 그는 언제나처럼 그 자리에 있었고, 아득한 천공을 통해 직녀가 있는 곳을 애타게 굽어보고 있었다.

오, 견우는 현세를 살아가고 있는 한 아이가 그를 걱정해 수심 가득 찬 긴 가을밤을 보내고 있다는 걸 알고 있을까?"[65]

---

65 Yiking Li, Kinderkummer, Hamburger Fremdenblatt, Jahrgang unbekannt. 2월 3일.

절대 순수의 세계란 오직 사랑만이 존재하는 이상세계이다. 그것은 천공을 통해 직녀를 애타게 바라보고 그리워하는 정情의 세계이고, 또 그 천공을 통해 어머니를, 그리고 고향을 바라보고자 했을 작가 자신의 사무치게 그리운 정情의 세계이기도 하다. 의경의 지독한 이별의 슬픔이 견우가 그렇듯 언젠가 만나게 될 가슴 벅찬 해후의 날을 기다리며 밤새도록 목청 끊어지도록 불러댔을 침묵의 소야곡으로 한껏 차오른 그의 수심을 토해 내고 있다.

단편 〈아이의 수심〉은 마치 질펀한 토혈의 비릿한 냄새를 씻으려 들이켰던 차가운 샘물 한 모금의 청량감에서 촉발된 기억 재생이다. 은하수로 흩뿌려진 잔별들의 차가운 정한情恨이 가을밤의 정취로, 아이의 근심으로 숙성되어 슬프도록 냉혹한 작가 의경의 현실로 녹아든다. '아이의 수심'이 언제든 견우직녀가 만나는 순간 사라져 버릴 수 있는 가변적이고 일시적인 '미망'이듯, 의경은 단 한 번의 '해후'를 위해 스스로 미망의 수심愁心으로 침잠하는 자기 내사를 시도하고 있다.

견우와 직녀 이야기 단상은 의경이 아버지의 목소리로 직접 전해 들은 이야기를 서술텍스트로 재생한 것이다. 따라서 〈아이의 수심〉의 한 단상인 견우직녀 이야기에는 어린 시절 그의 아버지와 함께했던 어느 한때를 그리워하는 마음이 포개져 있다. 그리움의 마음은 늘 멀리 떨어져 있는 이별의 슬픔에서 싹튼다.

독일의 Altair와 Vega의 이야기는 "아득히 먼 곳에 있는 별 무리 어딘가에 있는 알타이어와 베가는 저기 하늘에서 서로를 바라보지만, 자부심 강한 청년별과 사랑스러운 소녀별 사이엔 너무도 광대한 은하수가 있어서 서로를 찾을 수도 만날 수도 없는"[66] 영원한 별리別離의 슬

---

66 Walter Liefer, Es waren zwei Sternenkinder, Erinnerungen an den koreanischen Dichter und Gelehrten Mirok Li, 1955. S,264.

픔을 이야기하고 있다.

> "창공의 어두운 벨벳 속에 박혀있는 작은 은빛 점으로 빛나고 있는 허공의 별을 가리키며, 서양 사람들에게 저 별들은 아득히 먼 별 무리 어딘가에 있는 Altair와 Wega이지요. 두 별은 저기 하늘에서 서로를 바라보고는 있지만, 자존심이 강한 청년별과 그리고 그가 사랑하는 소녀별은 서로를 찾을 수도 만날 수도 없지요. 그것은 두 성좌 사이에 바로 강물이 놓여 있기 때문이겠죠. 그 두 별 사이에 있는 너무도 광대한 은하수, 우리 고향에선 그 희뿌연 우윳빛 길을 은하수라고 부르지요."[67]

일 년에 오직 한번 하늘이 열리고, 까마귀 떼가 다리를 놓아 주는 희뿌연 우윳빛 '길' 은하수를 건너온 견우와 직녀의 짧은 만남.
순수한 마음의 눈을 뜨는 수심의 순간에 우리는 광대한 하늘 저 멀리서 둘의 비밀스러운 해후를 보게 되고, 신비를 경험하게 된다. 그 경험은 그대로 시공을 뛰어넘어 신비의 전설이 된다. 그리고 재생된 전설에는 늘 현세의 '나'에게로 향해 있는 아버지의 애틋한 사랑과 도덕적 교훈의 목소리가 현존한다. 세월이 흘러 아버지의 이야기는 낯선 땅 독일에서 의경의 현세적 '나'의 순수한 수심을 깨워 독일어 이야기 버전 견우직녀의 이야기로 재생되었다.
단편 〈아이의 수심〉은 독일의 별자리 'Altair와 Wega' 이야기에는 존재하지 않는 화소, 즉 은하수에 만남의 가교를 세우는 '까마귀' 에피소드를 배열하여 희망을 코드화한 한국의 견우직녀 이야기를 독일 독자들에게 소개하고 있다.

---

67 위의 책

단편,
〈수암과 미륵〉 – 1935년

의경은 사색에 잠겨 강가를 배회하는 시간이 많아졌다. 그는 잔잔하게 흐르는 수면을 바라보며 문득 현재 '나'의 의식을 자유롭게 부유하는 모습을 반영하기도 하고, 물속에 잠긴 고요한 '나'의 모습에 현재의 나를 내사하기도 하면서 각각의 미묘한 반증 모티브를 교차하는 서술 모티브를 착상한다.

"(...) 자네의 사고방식은 지나치게 한쪽으로 쏠려 있는 것 같네. 그 어떤 일로도 자네의 생각을 다른 곳으로 돌리려 하지 말게. 좀 더 멀리 자네의 길을 걸어가 보고 나서, 혹 그것이 맹목의 길은 아니었는지 살펴보게. (...) 고통 뒤에 뭔가 숨어 있는지 알아내 보려 해보게. 그러면 그 고통은 자네 자신이 아니라, 그 뒤에 고통을 품고 있는 뭔가가 숨어 있음을 알게 될 걸세. 셀 수 없이 많은 경험들, 수천 번도 넘게 변하는 정신적 형상들을 한꺼번에 생각하고 느낄 수는 없는 거네. 정신세계 뒤에는 사람들이 미처 발견하지 못한 뭔가가 늘 숨어 있기 때문이지. 그것은 자네가 매일 작은 호수를 지나치면서 문득 물속에 투영된 자신을 들여다보게 되었을 때, 순간 스치게 되는 바로 그런 것이네. 기분에 따라 그것들은 전혀 다른 모습으로 보일 걸세. 그 모습은 물속에서 자넬 바라보고 있을 걸세. 물속에 들여다보이는 자네 전신의 모습은 항상 똑같지 않을 것이네. 그것들은 헤엄쳐 떠다니기도 하고 혹은 잠겨있기도 하면서 다양한 삶의 경험들 뒤 머물러 있지 (...)."[68]

---

68 1936년 가을, 이미륵이 Eduard Gutensohn에게 보낸 편지 내용 중에서.

지나치게 현실적이고 근시안적인 안목으로는 마음자리에 겹겹이 쌓여 있는 기억의 파편들을 투과할 수 있는 통찰력을 획득할 수 없고, 또 통찰력이 차단된 상태에서 역사라는 특별한 과거의 암흑 속에 갇힌 개개의 기억들을 역동적인 빛의 공간으로 끌어올리는 동력을 작동시키기도 어렵다. 자신의 의지와는 상관없이 사회공동체의 한 일원으로서 획일화된 실향의 운명에 처하게 되었던 의경은 평화로웠던 어린 시절에 대한 기억들을 재생하여 스스로 온전한 생의 역동성을 복원하기 위한 동력으로 삼았다.

1935년 의경은 단편 〈수암과 미륵〉을 발표하면서 수면 위로 반사된 전경 아래로 깊숙이 잠수해 있는 전신의 몸을 형상화하는 기억재생 작업을 본격화하였다. 오랜 세월 잊힌 채로 어둠 속에 유기되었던 '아이 미륵'이 의경의 현실로 소환되어 직접 말하고 보고 느끼는 역동적인 생명력을 부여받아 세파로 닳고 헤어진 의경 자신의 생 한가운데로 복귀하기 시작했던 것이다.

"오래되고 거대한 문화국 중국과 강대국으로 성장하고 있던 섬나라 일본 사이에서 북쪽의 만주 시베리아를 거쳐 남쪽의 아열대 지역에 이르는 700km 길이의 반도국이 끼어있다. 겨울에는 시베리아처럼 몹시 춥고, 두껍게 쌓인 눈이 땅을 뒤덮고, 두꺼운 얼음 조각 밑으로 강물과 시내가 묶인다. 여름에는 뜨거운 태양과 몬순이 빠르게 짙은 녹음을 드리우게 한다. 간절기는 아주 짧다. 얼음이 질펀하게 녹아내리는 4월이 지나면, 봄은 밤새도록 들녘과 산으로 찾아들어 온통 울긋불긋한 진달래로 물들인다. 가을에는 쌀과 기장으로 계곡은 황금빛으로 변한다. 이것이 한국이다. (…) 한국 사람들은 쾌활하고 춤추기를 즐긴다. 몽상가적이긴 해도 산처럼 완고하고, 뜨거운 여름만큼이나 호탕하다. 3천 년 전 쾌활하고 놀기 좋아하는 한민족은 처음으로 중국과 관계를 맺으면서 놀라운 일을 겪게 되었다. 그들은 이 서쪽 이웃이 너무도 거대한 나라라는 것을 알게 되었을 때는 두려움으로 심장이 격렬하게 뛰었다. 그래서 소수의 민족은 스스로 몸을 굽히고 이 거대한 나라가 어떻게 하는지를 주의 깊게 지켜보았다. 그리고 이내 이 강대국이 매우 훌륭하다고 여기게 되었다. (...) 사람들은 그들의 행동과 말과 예법과 관습을 배웠다.

그런데 이후 한국 사람들은 또 한 번 놀라운 일을 겪었다. 작은 섬 정도로 여기고 있었던 동해에서도 심상치 않은 움직임이 있었다. 사람들은 서쪽의 이웃 나라와의 경험을 통해 동쪽의 이웃 나라와도 똑같이 우호적인 관계를 맺을 수 있을 거라고 여겼다. 그러나 그러질 못했다. 동쪽 이웃 나라는 매우 호전적이었고, 종종 무력으로 위협해 오기도 했다.

이런 이웃을 갖는다는 건 분명 기분 좋은 일이 아니었다!

사람들은 유감스럽게도 자기 민족 보다 훨씬 큰 이 기분 나쁜 무리배와 어떻게 관계를 유지해야 할지 알 수 없었다. 이런 이웃을 가졌던 게 그저 불행일 따름이었다. 사람들은 화를 내고 분노했다. 유혈의 전쟁이 일어났고, 그것은 지난 세기말까지 계속되었다. 서쪽에서는 문화가 흘러들어왔지만, 동쪽에서는 전쟁야욕이 희뿌연 날 죽음의 섬광처럼 일어나고 있었다. 혼란의 시절에 두 어린 사내아이 수암과 미륵은 동아시아 무대에서 어릿 광대극과 난센스가 펼쳐지고 있다는 사실도 모른 채, 뒷마당에서 진흙 놀이를 하고 있었다."[69]

고향을 떠나 낯선 땅 독일에서 살아가고 있는 의경의 황량한 마음 한 켠에 그리운 고향의 전경이 그려지고, 그 전경 속에서 태생적 혹은 본원적 순수를 품고 있는 어린 미륵이 생생하게 부활하여 아이답게 뛰놀고 생각하고 말하고 보고 느끼는 역동적인 생의 모습이 그려진다.

---

69 Mirok Li, Suam und Mirok, Atlantis, 1935년 6월.

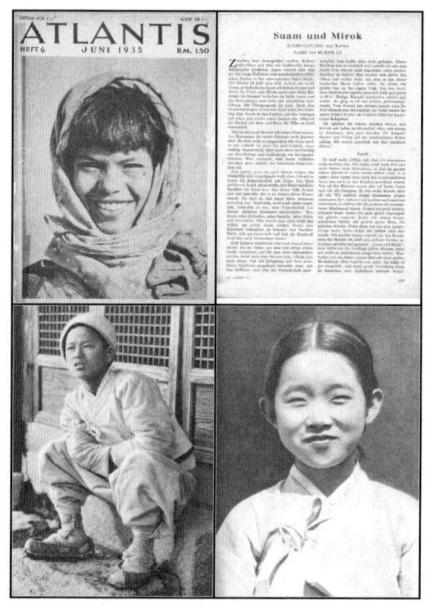

1935년 잡지 〈아틀란트〉, 〈수암과 미륵〉의 배경 사진들

역사적 배경에 잠재해 있는 긴 시간의 경과, 다양한 환경과 변화, 그리고 수많은 인물이 얽히고설키는 관계들을 만들어 내는 거대한 사건 프로세스!

의경은 역사적 사건의 주체가 될 수 없는 아이들의 무 성향의 시선과 말을 통해 뒤틀리고 왜곡되어버린 시대적 난센스 상황을 독자들을 향해 이야기한다.

독일의 독자들은 단지 아이들의 무 성향 시선이 향하는 불특정 방향 - 위에서 아래로 혹은 북에서 남 - 을 따라 압축된 시공의 세계로 들어가 '섬광'처럼 빠르게 아이들이 뛰노는 '뒷마당'으로 들어가 일상의 삽화들 - 수암의 이야기, 누이의 이야기, 사촌 칠성의 이야기, 그리고 만신 어머니의 이야기 - 를 보고 듣고 느끼고 상상하기만 하면 된다.

의경의 우회적인 서술기법은 독일 독자들의 상상 속에서 한국의 역사와 한국인들의 삶이 생생하게 재생되고, 그들 스스로 의미를 찾고, 종국에는 자연스럽게 공감하는 것을 목적으로 한다. 의경이 문학적 서술메커니즘으로 직설적인 구호가 아닌, 우의적인 위트를 선택한 것은 독자의 상상을 부추겨 자유로운 공감을 끌어내기 위함이었다.

1935년 '아틀란티스 잡지사'에 2회 연재되었던 〈수암과 미륵〉에서 의경은 '미륵'이라는 필명을 사용하였고, 이후의 그의 이야기는 의경이 아닌, 미륵의 이야기로 대체되어 갔다.

언어를 향한 파토스!

1936년 8월 덴마크 코펜하겐에서 세계언어학자 대회가 개최된다는 소식을 전해 들은 미륵은 제4차 국제 언어학자대회에 참석하기 위해 여객선에 몸을 실었다. 그는 비릿한 물바람을 맞으며 갑판 위에 머물렀다. 세차게 물살을 가르는 소리에 승객들의 말소리가 뒤섞여 왕왕대는 소리를 뚫고 유독 한 젊은 독일 남자의 목소리가 미륵의 귀에 거슬리게 들려왔다. 그는 말머리에도 말끝에도 반복하여 '하이, 히틀러!'를 외쳤다. 그의 무미건조한 구호에 짜증이 올라온 미륵은 퉁명스럽게 한마디 말을 내뱉었다.

"도대체 히틀러가 누구요?"

그러자 그 젊은 독일인은 과장되게 놀라워하며 소리쳤다.

"아니, 히틀러가 누군지 모른단 말이오?"

미륵은 천연덕스럽게 그에게 대꾸했다.

"히틀러라니? 나는 그런 이름을 들어 본 적이 없소."

그러자 그 젊은 남자가 완전히 이성을 잃고 소리쳤다.

"아니, 당신은 도대체 어느 나라에서 왔소?"

미륵은 "독일에서 왔소."라고 응수했다.

순간 갑판 위엔 깊은 침묵이 내려 앉았다."[70]

나치는 더 엄격하고 더 강력해진 규율로 독일국민들의 정신을 완전히 통제하였다. 사람들의 개성과 자유로운 표현은 일상 속에 깊이 침투해 있는 획일화된 군대식 선동의 구호 뒤로 묻혔다. 나이 서른이 넘어서야 작가의 길로 선회했던 미륵의 초기 글 작업은 일종의 구국 행위였다. 따라서 초기작품들에는 '자유' 혹은 '평화'가 핵심코드로 내재화되었고, 미륵은 직설적인 구호가 아닌, 우의적인 위트를 문학적 메커니즘으로 삼았다.

그래핑의 친구들과 함께(우측 남자 티어펠더)

---

70 Franz Thierfelder, Der Koreaner in Lederhosen, Die Neue Zeitung, München, Nr. 166, 1950년 6월 15일.

"1939년 어느 날, 이미륵은 사진기를 들고 뮌헨 시내에 나갔다가 독일 군인들이 행진하는 것을 지켜보다가 무심코 그 장면을 사진기에 담았는데, 곧바로 경찰이 달려와 그를 체포했고, 그는 경찰서로 끌려가는 신세가 되었죠. 경찰서에서 몇 시간 동안 심문을 받으면서 그는 마치 독일어를 전혀 알아듣지 못하는 것처럼 묵묵히 앉아 있자, 경찰관이 "저 놈 바보군. 저 멍청이 내보내!"라고 비웃음을 흘리며 그를 풀어 주었다고 하더군요. 그는 황당한 사건을 친구인 브루노와 에두와트에게 들려주며 " 바보 같은 경찰 놈들, 내가 알아듣지 못했다고 생각했겠지? 어리석은 놈들..." 하며 장난기 어린 웃음을 지어 보였죠."[71]

천성이 낙천적이었던 이미륵은 어떤 상황에서든 당황하거나 조급하게 행동하는 법이 없었다. 극빈했던 슈바빙 시절에도 그는 브루노와 에두와트, 베른하르트와 이자르 강가에서 낚시를 즐기며, 냉혹한 현실에서 벗어나 밖으로 가벼운 일탈을 감행하는 여유로움을 잊지 않았다.

뜨거운 여름 어느 날, 이자르 강가에서 모닥불을 피워 놓고 친구와 함께 물고기를 굽고 있는 모습을 담은 한 장의 사진 속 이미륵의 순수한 모습은 따뜻하고 자유롭다. 삶이 진정 헛되지 않은 까닭은 때로는 너무 진부하고, 또 때로는 너무 가벼워 비상을 꿈꾸게 만드는 비몽의 일상이 공존하는 탓일 것이다. 히스테릭하고 과장된 형이상학적 이데올로기를 아주 고상한 정신적 품격인 양 우쭐대고 앞 다투어 그것의 선두를 차지하고 싶어 하는 자칭 유럽의 문명인들. 그러나 한국인 이미륵은 가벼워질 수만 있다면, 그 자신 갖고 있는 모든 것을 덜어내는 것도 마다하지 않았다. 그럼에도 그는 여전히 고상했고, 강렬히 빛났다.

---

7 1 1073년 1월 12일 Egon Bernhard Wehner와 정규화의 인터뷰 내용 중에서

"그래펠핑에는 그 어떤 사람보다도 그의 고국 한국을 독일인들에게 더 가까이 다가가게 했던 한 한국인이 잠들어 있습니다. 순혈주의 아시아인이자 독일 시인이기도 한 선량했던 사람, 이미륵은 아주 특별하게도 두 세계를 결합시켰습니다. 그는 외모만 보면 바이에른 레더호젠과 무관하다는 사실을 알 수 있습니다.

하지만 이미륵은 이 지방의 사투리까지 구사할 줄 아는 바이에른 사람이 되었을 뿐만 아니라, 유명한 독일 작가가 되었습니다. 이미륵은 쿠르트 후버 교수의 진정한 친구였고, 우리 세 사람은 함께 둘러 앉아, 같은 사상, 같은 희망을 나누며 숱한 밤을 지새웠습니다. 그는 언제든 철학적 심연으로 빠져들 준비가 돼 있었고, 현자의 유머도 지니고 있었다. 타인에게 "얼굴을 보이게 하고" "진실을 말하는" 그는 동양 세계의 예술을 대가답게 구현했습니다."72

이미륵은 바이에른의 자부심이자 상징인 레더호젠 칭호를 부여받은 한국인이었고, 그의 순결한 고독이 독일 바이에른의 투박한 '레더호젠'에 순수의 결을 입힌 방랑자였다!

뮌헨으로 돌아온 미륵은 코펜하겐 세계언어학 대회에서 만났던 정인섭(1905~1983)을 떠올렸다. 그는 일본 와세다 대학 영문학과를 졸업한 후 연희전문학교에서 영문학 교수로 재직 중이었고, 1933년에 조선어학회에서 착수한 우리말의 '외래어 표기법 통일안'을 국제적인 언어학

---

7 2 Franz Thierfelder, Der Koreaner in Lederhosen, Die Neue Zeitung, München, Nr. 166, 1950년 6월 15일.
1810년 막스 1세 요제프 왕은 최초의 뮌헨 옥토버페스트를 개최했다. 바이에른 왕국이 건국된 지 얼마 되지 않아서 왕국의 연대감을 형성하고 서로 뭉칠 수 있는 구심점을 만들기 위해 '가죽 반바지, 레더호젠'을 입도록 명했다. 그것이 시초가 되었고, 오늘날까지도 중요한 바이에른 뮌헨 행사에는 레드호젠을 입는 것이 중요한 전통이 되고 있다.

네트워크에 연결하게 하는 일에 특별한 관심을 쏟고 있었다.

1920년대 말 한국에서는 지식인들이 '문화부흥 운동'이라는 슬로건을 내걸고 그 어느 때보다도 열정적인 활동을 벌이고 있었고, 특히 한글학회가 만들어진 이래로 조선말은 '한글'이라 칭하게 되는 등 큰 변화가 일어나고 있었다. 국어학자들은 한글의 대중성을 확장하기 위해 우리의 글말들을 모아 사전을 편찬하는 사업을 진행하였고, 동시에 '한글 맞춤법 통일안'과 '한글의 외래어 표기법 통일안'을 마련하는 사업도 진행하고 있었다.

일본에서 서구 모더니즘의 앙가주망을 경험한 문학인들이 대거 귀국하여 민족의 독자적인 문학적 세계관을 세우기 위한 문화부흥 운동에 합류하는 등 한국은 문화의 대 격변기를 맞고 있었다. 세계언어학자 대회에 참석해 언어의 중요성을 경험했던 미륵은 뮌헨으로 돌아온 후 곧바로 한국어 문법 koreanische Grammatik의 독일어 초안과 6만 자의 한자를 독일어 발음기호로 표기하고 뜻을 해석한 사전을 구상하였다. 그는 일단 한국말의 근원이 어디이고, 어떤 짜임으로 되어있는지, 또 어떤 경로를 통해 '소리'로 발화되는지에 대한 의문을 파헤치기 시작했다.

"한국어가 어느 어원에 속하는지 정확하게 밝혀진 게 없고, 다만 문법적인 구조에 따르면 우랄 알타이어 군이라고는 하지만, 어원학적인 근거를 토대로 동일 어군에 속한다고 단정할 만한 정확한 근거가 없고"[73] 더욱이 소리 말인 한국어의 언어적 특성을 독일어 문법체계 안에서 설명한다는 게 현실적으로 쉽지 않았다. 그는 며칠간의 고민 끝에 중국학에 관심 있는 독일인 학자들과 대학생들을 대상으로 하여 한

---

73 Mirok Li, Koreanische Grammatik

자들을 독일어로 번역하고 발음기호를 병기하는 사전작업을 한국어 문법 초안 작업과 병행하기로 마음먹었다. 한자의 경우엔 언어적 특성을 고려하여 미륵은 독일인들에게 최소한 단어의 의미 정도를 알려줄 수 있는 소책자를 계획하였다.

"한자는 대부분 다른 나라의 그것과는 대조적으로 의미 문자였다. 즉 그것은 a 혹은 o와 같은 소리를 묘사하는 것이 아니라, 사물의 의미나 해, 달, 산, 강 등등과 같은 자연의 형상들이 지시하는 개념을 묘사하였다. 오천 년 동안 발전해 온 이 문자들은 적지 않게 추상적인 특성, 즉 수많은 개별문자에 형상성을 내재화하였고, 그런 이유로 사람들은 그것을 형상문자라고 불렀다. 모든 문자의 근원은 상형문자에서 출발하였고, 점차 문명이 발전하면서 문자의 상형들은 사라져 버린 데 반해, 한자는 세계에서 유일하게 본래의 문자 생성방식을 그대로 발전시켜 더 많은 사물을 지시할 수 있게 되어 있었다. 즉 눈으로 볼 수 있는 사물뿐 아니라, 추상적인 개념과 성질 및 활동성, 철학적 개념과 시적인 뉘앙스까지 모두 문자로 표현할 수 있는"[74] 중국어의 사전작업을 진행하면서 미륵은 책의 효율성을 높일 수 있는 다양한 아이디어를 생각해 냈다. 특히 소리를 표기하는 데 있어서 성聲에 따라 의미가 달라지는 중국 문자의 특성을 설명하는 데는 많은 숙고의 시간이 필요했다.

"한자는 소리(聲, Laute)의 특성에 관심을 가져야 했다. 그것은 네 개의 음 방식을 가지고 있는데, 독일 중국학자의 예제에 따르면, 음 방식은 1에서 4까지 숫자로 표기되어 있었다. 모든 한자의 단어들은 하나의 음절로 이루어져 있고, 각 음절은 제1, 제2, 제3, 제4의 성 Ton

---

74 위의 원고

을 지니고 있는데, 제1성은 순평하게 진행하고, 제2성은 약간 낮은 음에서 시작하여 조금 높은 음으로 진행하고, 제3성은 처음에는 뚝 떨어졌다가 끝에 다시 올라가고, 마지막 제4성은 완전히 뚝 떨어지는 음으로 진행한다."[75]

미륵은 이러한 성조 Tonarten를 설명하기 위해 독일어에서 다양한 음조로 말하는 단어 'so'와 비교하는 방식을 고안하였다. 그는 수업 중에 교사가 학생들에게 'so'에 대한 음조의 선을 그려보게 하는 방식으로 중국어의 성조를 설명해 보기로 한 것이다.

일례로 교사는 단어 'so'를 중국어의 제1성에서처럼 같은 높이로 말하면, 학생들은 그 'so'에 대해 같은 음 라인을 그려내고, 교사가 'so'를 중국어의 제2성에서처럼 상승하는 선으로 말하면 학생들은 다른 음 라인을 그린다. 그러나 이때 교사가 화를 내며 학생에게 'nein, so'라고 말하자, 이때 so는 중국의 제4성에서처럼 툭 떨어뜨리게 된다. 그러자 놀란 학생이 'achso'라고 말하자, 이때 단어 'so'의 발음은 중국어 제3성에서처럼 처음에는 떨어졌다가 다시 소리가 올라가는 음 라인을 그리게 하여 중국어 4성, 즉 평성, 측성, 입성, 거성을 설명하는 방식을 고안해 내어 미륵은 본격적으로 중국어 사전작업에 뛰어들었다.

그가 가장 우선시했던 것은 발음표기와 관련하여 함께 작업할 수 있는 중국인을 찾는 것이었다. 그러나 독일어를 잘 구사하는 중국인을 찾는 게 쉽지 않았다.

"함께 일할 중국인을 찾느라 애를 먹고 있네. 이 일이 중요한 것은 내 중국어 발음이 정확하지 않기 때문이지. 그러나 헛되이도 아직 아

---

75 위의 원고.

무도 찾지 못하고 있지만. (...) 좀 더 기다리다 보면 가을쯤엔 많은 것을 이야기할 수 있게 되겠지."[76]

"나는 지금 일에 푹 빠져 있네. 내가 너무도 좋아하는 이 일에. 성씨와 함께 두 시간 넘게 작업을 했다네. 다만 그는 발음 아주 훌륭한데, 아쉽게도 독일어를 잘하지 못하더군, 그래서 우리 둘은 가장 적절한 독일어 번역을 찾아내는 데 많은 시간을 보내고 있네. 이와는 별도로 나는 지금 현대 중국인의 독특한 사고방식을 알아가고 있다네.(...)"[77]

"(...) 중국 하남 출신의 성씨가 박사 논문을 시작하려고 뷔르츠부르크로 갔다네. 그가 이곳에 있을 수 없게 되어 너무 안타깝네. 그래도 그를 대신하여 나를 도와줄 다른 사람을 찾기는 했네. 그는 본래 남중국 출신이지만 북경에서 성장해서 발음은 괜찮더군. 엊그제 그가 중국식당에서 펼쳐지는 중국의 신년축제에 나를 초대했었네. 그곳에는 지역마다 다른 방언을 사용하는 중국인들이 대략 열댓 명이 있었네. 대개는 표준 중국어를 사용해서 말을 잘 이해할 수 있었네. 그래도 그들의 독특하면서도 다양한 표현을 알게 되었다네."[78]

사전작업을 하는 동안 미륵은 언어의 물리적인 소리 현상이나 단어적인 의미를 알려주는 기능적인 측면보다는 오히려 그 언어를 말하는 사람들과 그 말로써 표현되는 사람들의 사고방식에 흥미를 갖게 되면서 자연스럽게 언어 광狂[79]이 되었다.

---

76 이미륵이 Egon Bernhard Wehner에게 보낸 편지(1940.8.26)에서.
77 이미륵이 Egon Bernhard Wehner에게 보낸 편지(1941.1.12)에서.
78 이미륵이 Egon Bernhard Wehner에게 보낸 편지(1940.1.31)에서.
79 이미륵이 Egon Bernhard Wehner에게 보낸 편지(1943.4.12)에서.

새로운 마음의 통로가 열리다!

1937년 미륵은 자일러 박사의 가족과 함께 간단하게 짐을 꾸려 님펜브르크의 저택을 떠나 슈타른베르크의 작은 마을 베르크로 이사하였다. 뮌헨 외곽 그래펠핑에 새 집을 짓는 동안 이 별장에서 지내야 했다. 그곳은 나치의 광폭한 선전 선동의 구호와 소음이 소거된 완전한 고요 속에 있었다.

언덕 위 작은 통나무 별장! .

슈타른베르크 호수 언덕의 통나무 집

산정山頂에서 골마다 굽이굽이 흘러내린 계곡물들이 산 아래 넓은 대지에 이르러 거대한 강물을 이루고 있는 광활한 슈타른베르크 호수!

깊은 바닥으로 쉼 없이 흐르고 있는 강물의 육중한 무게에 갇힌 검푸른 전경! 미륵은 거대한 호수를 바라보며 마구 뒤엉킨 잡념을 한 꺼풀 한 꺼풀 풀어내려고 자주 호숫가를 걸었다.

그해 초여름 어느 날, 고향 선배 김준엽이 베르크 별장을 방문하였다.

"몇 년 만에 그를 만났는데도 그는 별로 변한 게 없어 보였다. 선량해 보이는 그의 거무스레한 얼굴이며, 살짝 미소를 지으며 말하는 태도는 그때나 지금이나 그대로였다. 그는 특유의 간결한 어법으로 자신이 지금까지 살아온 이야기를 들려주었다. 몇 년 동안 혼자 살아온 내가 그를 만나서 함께 있을 수 있다는 게 그저 기쁠 따름이었다. 김준엽은 평소에는 누군가 그에게 질문하지 않는 한 거의 아무 말도 하지 않을 정도로 과묵했다. 그는 늘 미륵의 말을 들어주었고, 고개를 끄덕이고 미소를 지어 보이며 언제나 미륵의 편이 되어 주었다. 다만 한국의 역사에 관해 이야기할 때만큼은 때때로 하얗게 질린 표정을 지으며 떨리는 어조로 극도로 분노하기도 하였다. 말하자면, 그는 심지가 매우 곧은 사람이었다."[80]

무뚝뚝한 성격에도 김준엽은 반가운 마음을 애써 감추지 않았다. 서로의 안부를 확인하고 난 뒤, 그는 천천히 고국의 이런저런 소식들을 풀어내었다. 1930년대 '전통문화부흥 운동'이 벌어지고 있고, 특히 일본에서 서양의 모던을 경험하고 돌아온 지식인들이 한국적인 것을 복원하여 새로운 형식의 문학 작품들을 창조해 내어 식민지의 암울한 시대 상황을 담아내는 문학 앙가주망을 활발하게 전개하고 있다는 이야기를 전해 들었을 때, 미륵은 만감이 교차했다. 그것은 나치의 억압과 통제를 벗어나기 위해 앞다투어 독일을 떠나 해외로 망명하거나, 남겨진 자들은 아예 자유로운 표현을 포기하고 나치의 선동정치에 아부하는 부역자의 길을 걸어나거나 스스로 침묵하는 길을 선택하고 있는 독일의 상황과는 정반대였기 때문이었다.

---

80 〈그래도 압록강은 흐른다〉의 내용 중에서

식민국가인 한국의 지식인들은 나치보다 가혹한 일본의 문화 말살 정책이라는 억압의 장벽을 뚫고 나와 자유를 위해 투쟁하고 있다는 게 놀라울 뿐이었다. 그동안 독일의 저널들에 단편과 수필의 글들을 발표하면서 모호한 경계에 갇혔다는 생각을 떨칠 수 없었던 미륵에게 큰 울림으로 다가왔다.

며칠 동안 긴긴 이야기를 나누고도 이별이 못내 아쉬웠던 미륵은 김준엽이 떠나기 전 함께 〈카페 그라프〉에서 커피를 마시며 남은 이야기를 나누고 있을 때, 카페 여주인이 방명록을 가져와 외국인 두 남자에게 메모를 남기길 권했다.

베르크의 카페 그라프

김준엽은 조금은 장난스럽게 카페 이름 'Graff'를 소재로 하여 한글로 지은 즉흥시를 적어 넣었다.

"이름이 그랍이니 백작이런가. 나 모를세라 문을 두다리어, 보기에 드문 好人者 (...) 처음 보는 호인자. 그 이름 그랍."

친구의 즉흥시에 덧붙여 미륵은 왕유의 시 〈送元二使安西 송원이사안서〉의 후 구절을 적었다.

"勸君更進一盃酒, 西出陽關無故人"
자네에게 한잔 술 더 권하는 것은 서쪽 양관을 나서면 옛 벗 떠나고 없기 때문이지.

친구가 떠나고 난 뒤, 미륵은 다시 홀로 한가로운 걸음의 느릿한 템포로 호숫가를 거닐며 김준엽과 나누었던 이야기를 다시 떠올리며 그자신이 진정으로 원하는 삶이 무엇인지를 곰곰이 생각해 보았다. 한결 평온해진 마음으로 별장으로 돌아온 미륵은 잠시 미루어 두었던 독일인 친구 에두와트의 편지에 답장을 쓰기 위해 타자기를 테이블 위에 올려놓았다.

"친애하는 에두와트!
자네의 작은 호수는 정말 마음에 드네. 뭔가를 쓸 때마다 내게 보내주게. 시간만 있다면 많은 것을 쓰게. 자네는 이미 시간을 쌓아두었으니, 자네가 살아 있을 때, 자네가 그것을 음미할 때, 글은 정말 요긴한 것이 되지. 자네의 사고방식은 지나치게 한쪽으로만 쏠려 있는 것 같네. 자신을 그 어떤 것에도 매어두지 말게나.
 자네의 길을 좀 더 멀리 걸어가 보고 나서, 그것이 맹목의 작은 길은 아니었는지를 살펴보게. 자네 자신이 고통을 당했을 때의 느낌을 그대로 한번 시도해 보게. 물론 그것은 생각일 뿐이고, 또 상상일 뿐일 테지만. 그 고통 뒤의 뭔가를 스스로 발견하려고 시도해 보게. 그러면 고통이 자네 자신이 아닌, 고통을 품고 있는 뭔가가 고통 뒤에 숨어 있다는 것을 알게 될 걸세. 수많은 경험과 수천 번도 넘게 변하는 정신적인 현상들을 한꺼번에 생각하고 느낄 수는 없는 것일세.
 인간의 정신세계 뒤에는 늘 사람들이 발견할 수 없는 뭔가가 숨어 있지. 그것은 자네가 매일 호수에 지나가면서 스스로 바라볼 때야 비로소 스치는 바로 그런 것이네. 자네의 기분에 따라 그것은 여러 모습으로 보일걸세. 어쩌면 그 모습이 물속에서 서로를 굽어보고 있는 것인지도. 그러나 물속에 들여다보이는 전체적인 모습이 그 모습이 가리키는 그 자체와 똑같다고는 볼 수 없지. 그 모습들은 둥둥 떠다니기도 하고 혹은 잠겨있듯이 여러 다양한 삶과 경험들이 분명 그 뒤에 숨어 있을 것이네. 많은 것을 글로 쓰고 나중에 그것에 대해 들려주게나."[81]

 베르크의 고요한 전경 속에서 소란스러운 미륵의 마음엔 또 평화로운 하루가 쌓여갔다.
 마침내 겨울이 되었다.
 적막한 호수면 위로 눈발이 흩날리는 신비로운 설경!
 만년설의 비현시적인 거대한 하얀 결정체!
 미륵은 숨 멎은 듯 적막이 휘 감도는 강물을 바라다보며 강바닥 깊숙이로 자신의 무거운 탄식을 밀어 넣었다. 그리고는 깊은 들숨으로 만년설의 차갑고 고결한 숨결을 들이키자 그것의 원초적 냉기가 그의 폐부를 관통하여 막막한 심정에 닿아 신선한 자유의 표상을 그려내게 했다.

---

81 1936년 가을, 이미륵이 Eduard Gutensohn에게 보낸 편지 내용 중에서.

방명록에 이미륵의 이름을 남긴 팔켄산장

제5장
문학의 세계관적 전략으로 '순수'를 이야기하다

그래펠핑에서의 새로운 삶

새롭게 지어 이사한 저택(그래펠핑)

1937년 12월 20일, 미륵은 자일러 가족과 뮌헨 근교의 작고 조용한 마을 그래펠핑 아킬린다슈트라쎄 46번지에 새 집을 지어서 이사했다. 뮌헨 근교에 위치한 그래펠핑은 작고 조용한 도시였다. 넓은 마당에 쪽 나무로 엮어 만든 하얀 담장이 둘러쳐 있고, 그 담장을 따라 드문드문 키 작은 관목들이 울 쳐져 있었다. 흰 눈이 가지가지마다 맺힌 키다리 전나무 숲이 집 뒤에 병풍처럼 둘러쳐 있어 아늑함을 더했다.

잘 정돈된 그의 작은 방엔 크고 품위 있어 보이는 책상이 놓여 있고, 그 뒤로 비스듬히 경사진 벽면에 침대가 놓여 있고, 그 옆에 책꽂이 하나와 찬장 하나, 그 옆엔 작은 소파가 있고, 또 그 앞에는 작은 차 테이블이 있었다. 미륵은 테이블에 앉아 집 앞 작은 뜰을 내다보았다.

서재 겸 침실

미륵은 시선 머무는 어느 곳에서든 고향을 떠올릴 수 있었고, 저무는 해그림자의 붉은 설움도 불쑥불쑥 솟아나는 그리움도 그대로 담담하게 마음속에 품을 수 있게 되었다.

그는 마음이 일어나는 자리를 투찰透察하여 흩어진 기억의 조각들을 모아서 이야기 단상으로 엮어내는 회고작업을 시작했다. 그는 온밤을 새우며 글을 썼다. 미명의 새벽 언저리쯤에서야 타자기에서 손을 떼고 일어나 그대로 차가운 침대 속으로 들어가 혼절하듯 그는 깊은 잠 속으로 빠져들 수 있었다.

"누군가 밥 먹으라고 혹은 차 마시라고 부를 때까지 잠을 잤다. 비몽사몽으로 테이블에 앉아 있다가, 한참 후에야 현실로 돌아와 밥을 먹고, 차를 마시고, 담배를 피우고, 부엌에서 접시와 찻잔을 갖고 나와 닦는 것을 도왔다. 아침 식사 후엔 집안을 이리저리 둘러보면서 누군가 도와줄 사람이 있는지를 기웃거렸고, 부엌에서든 정원에서든 작은 일거리라도 찾아내어 지칠 때까지 일하고 난 후에야 자리를 털고 일어나 어디로든 걸었다. 집안을 배회하기도 하고, 정원 혹은 전나무 숲을 거닐기도 하고, 아니면 어디든 앉아 조용히 사색하다가 문득 현실로 다시 넘어와 그의 작은 방으로 돌아왔다. 저녁 해거름 질 때면 그는 어디든 앉아서 인생에 대해, 세상에 대해, 어린 시절에 대해, 현재의 삶에 대해, 너무도 기이하게 연결되기도 하고 갈기갈기 찢겨버리기도 한 생의 의미에 대해, 지나간 청춘에 대해 생각했다."[82]

---

82 1938년 헬레네에게 보낸 편지

언제부터인가 그의 손엔 늘 파이프 담배가 들려 있었고, 그는 습관처럼 줄담배를 피웠다. 날밤을 새우고도 단 하나의 기억 파편도 끌어올리지 못한 날이면, 그는 무작정 자전거를 끌고 집을 나섰다. 때로는 가우팅까지 때로는 더 멀리 슈타른베르크 호수까지 달려갔다.

넓게 펼쳐진 평원 사이로 나 있는 길을 따라 한참 달리고 난 뒤, 그는 뷔름 강이 흐르고 있는 숲속 길로 들어가 잠시 숨을 골랐다. 그는 거대한 전나무 기둥에 몸을 기댄 채 나무 우듬지 사이로 빛살이 쏟아져 내리는 비현시적인 푸른 신비를 호흡하고, 파동치며 흘러 내려오는 강물의 청량한 기운을 온몸으로 느꼈다. 조용히 흘러가는 물에 반사되어 오묘하게 피어오르는 푸른 빛을 바라보면서 그는 마음속에서 시리도록 차갑게 흐르고 있는 고향의 옥계천을 떠올렸다. 숲속의 물소리도 바람 소리도 새소리도 모두 고향의 '부드러운 남풍'에 실려 온 물기 젖은 소리로 구슬프게 울려왔다.

불현듯 마음을 비집고 들어오는 절망적인 외로움에 그는 잠시 심호흡을 했다. 이내 먹먹한 고요가 찾아왔다. 제각기 고집스럽게 울어대던 온갖 소리가 어느새 커다란 한 덩어리 울림으로 그의 고요한 마음에 잔잔한 진동을 일으키는 것을 음미하면서 그는 평화로운 해방감에 젖었다. 집에 돌아온 그 날도 그는 밤새도록 글을 썼다.

책상 위에 놓인 갓등에서 발산하는 노란 불빛과 그의 파이프 담배 연기가 휘감겨진 뿌연 몽환의 기운이 그의 작은 방을 가득 채웠다. 다시 피어오른 열정에 그는 여러 날, 아니 여러 달을 하얗게 새우며 기억의 조각들을 짜 맞추어 '한국에서의 어린 시절 이야기'를 한 장면 한 장면 재생해 나갔다.

1940년 1월, 자일러 박사가 뮌헨 국립박물관의 관장이 되었다. 그는 그래픽 영역에서 탁월한 예술적 감각을 지녔을 뿐 아니라, 실무에도 남다른 능력을 지니고 있었다. 실무와 관련하여 그는 미술품 관람할 때 신속하고 간편하게 감상할 수 있도록 예술가들의 이름을 알파벳 순서대로 배열해 놓은 카드식 목록을 만들어내어 그 업적을 인정받게 되었다. 작품의 위치와 숫자들을 첨부해 놓은, 일명 '자일러 카탈로그'로 그는 해당 분야에서 정통한 전문가로서의 입지를 굳히게 되었다.

가족들은 자일러 교수의 승진을 축하하고 그의 60주년 생일을 기념하기 위해 바이마르와 밤베르크로의 여행을 계획하였고, 미륵(사진: 자일러 부부와 함께)도 동행하였다.

특이한 건축양식의 집들이 조화롭게 어우러진 고풍스러운 작은 도시, 밤베르크!

독일의 대문호 괴테가 58년 동안 살았고, 그의 대작 〈파우스트〉를 완성한 뒤 숨을 거둔 바이마르!

미륵은 바이마르 괴테 하우스에서 담벼락을 휘감고 있는 담쟁이 넝쿨의 은밀한 기생을 발견했다. 괴테의 숨결이 그 깊은 고즈넉함 속에 머물러 있는 음산한 신비. 그는 남몰래 넝쿨 몇 잎사귀를 뜯어 가방에 챙겨 넣었다. 여행에서 돌아온 미륵은 그 담쟁이 넝쿨의 작은 뿌리들을 화분에 심어 그의 작은 방 창가에 놓아두었다.

위대한 독일 작가 괴테의 열정적인 예술혼과의 기묘한 동거!

햇볕 잘 드는 작은 방 – 이젠 괴테의 푸른 숨결을 품은 작은 화분 속 넝쿨이 놓인 – 에서 미륵은 쉼 없이 타자기를 두들겼다. 때로는 빠른 속도로 때로는 긴 쉼의 느린 속도로 둔탁하게 울리는 타자기 소리 사이사이로 뿜어져 나오는 파이프 담배의 자욱한 연기가 갓등의 노란 불빛을 휘감고 도는 비현시적인 밤 풍경 속에서 그의 기억 파편들이 '어린 시절 이야기'로 되살아났다. 그것은 겨울밤의 짙은 어둠을 뚫고 나온 순수한 빛의 환영들이었다.

산행

더 깊은 고요에 침잠할 수 있는 곳을 찾기 위해 미륵은 그렇게 산행에 올랐다. 온갖 산의 형상들이 겹겹이 둘러쳐진 알프스 산맥, 그것은 산 위에 또 다른 산을 얹어 놓은 산정은 마치 아주 작은 산 하나를 올려놓은 것처럼 보인다.

거대한 산 주변엔 늘 거대한 호수가 있다. 킴가우의 호수가 그렇고, 슈타른베르크 호수가 그랬다. 그는 '산사람'이라고 자청할 만큼 산행을 즐겼다.

"조용히 집에 앉아 있을 수가 없다네. 다시 그 암벽에 가고 싶군! 며칠 동안 카르벤델에서 피크닉이라도 하려고 힌터리스로 자전거 하이킹을 갈 작정이네. 산사람이 무슨 말을 하겠는가?"[83]

그는 때로는 벗들과 함께, 때로는 자전거를 타고 혼자 며칠 동안 힘든 산행길에 오르기도 했다.

---

83 1940년 7월 14일, 이미륵이 E. Bernhard Wehner에게 보낸 편지

"(...) 며칠 동안 카르벤델산엘 다녀왔네. 첫 날은 디젠호펜까지는 자전거로, 그리고 렝그리스까지는 기차로. 또 힌터리스까지는 또 다시 자전거를 타고 갔지. 둘째 날은 걸어서 엥을 지나 팔켄 산장까지. 셋째 날은 폭우 때문에 어쩔 도리 없이 팔켄산장에서 머물러야 했지만, 다행히 넷째 날은 날씨가 화창해 호올흐, 라디츠코프, 토이펠스코프에서 피크닉 하다가 오후 5시에 요한스탈을 지나 힌터리스로 하산했다네. 다섯째 날은 자전거로 바트 퇼츠까지 갔다가 날씨가 좋지 않아 유숙해야 했고. 마지막 여섯째 날, 자전거로 슈타른베르크를 지나 그래펠핑으로 돌아왔네."[84]

무엇보다 "산은 많은 것을 사진에 담을 수 있게" 했다. 사진광에 가까울 정도로 그는 사진 찍기를 즐겼고, 또 어두운 암실에서 직접 인화한 사진들을 지인들에게 선물하곤 했다.

사진 광狂 이미륵   암실에서 미륵의 사진현상

---

84   이미륵이 마야에게 보낸 편지에서.

향기로운 여름과 안개 속에 잠긴 울창한 숲, 지는 저녁놀. 너무도 아름다운 여름 저녁, 근심 없이 산책도 하고 이야기도 나누는 그루텐 산장에서의 여유로운 사색의 모습이 한 장 사진으로 담아내기도 하고, 킴가우의 친구와 함께 글로크너 산군 프란츠 요제프의 산정을 행군하는 눈부시게 활기 찬 모습도 한 컷 사진에 담았다.

어린 시절의 회상 –
유년의 기억회로에 담긴 역사적 변화의 타격을 표상화

1942년 6월, 이미륵은 단편 〈어느 한국인의 유년에 대한 회상〉을 아틀란트지誌에 발표한다. 그것은 1935년에 발표되었던 단편 〈수암과 미륵〉의 뒷 이야기이고, 또한 회상을 위한 여러 단상의 배열이다. 첫 도입부는 조선이 일본에 의해 국권을 침탈당했던 1910년 이후 시기를 기점으로, 당시 급속하게 파급되었던 신문화의 유입으로 익숙했던 모든 것으로부터의 이탈을 강요받았던 시대상을 묘사하고 있다.

주인공 '어린 미륵'이 '아버지'의 손에 이끌려 소위 신문화를 표상하는 신식학교에 들어가는 첫 장면에서 시대의 '타의의 강제성'을 내재화시켜 '아이의 행동 양상'으로 실제적 사실이 폭로되길 의도하고 있는 작가의 비판적 환유가 감지된다.

"날씨가 몹시 쾌청했지만 아직은 쌀쌀한 봄날 아침, 나는 아버지를 따라 시내로 나갔다. 그는 내가 다니게 될 소위 신식학교라는 곳으로 나를 데려갈 참이었다.

 부모님은 몇 년 전 마을에 세워진 이 진기한 학교에 대해 자주 이야기를 나누곤 했었다. 그러나 이 신식학교에서 아이들은 시골 서당에 다닐 때처럼 고대의 고전 작품도, 서예도, 시도 배울 수 없었으며, 단지 새로운 유럽대륙에서 들여온 너무도 낯설고 여태껏 알지 못했던 지식을 배워야 했다. 대부분의 사람은 그 대륙이 어디에 있으며, 그들의 지식이라는 게 무엇인지 잘 알지 못했다. 다만 사람들은 그곳에서 고상한 산술과 어려운 기술을, 또 천문학과 지리학을 가르친다는 말을 들었을 뿐이었다. 그러나 사람들은 고전 문학을 배우지 않아 혹여 아이들이 잘못되는 것은 아닐까 걱정하기도 했다."[85]

〈어느 한국인의 유년에 대한 회상 : 아틀란트 6호, 1942〉

 누구에게든 '유년'은 기억회로 속에 여전히 그 공간에, 그때 그대로의 모습으로 존재하도록 의도된 자아상을 내포하고 있다. 작가는 허구 인물 '아이 미륵'에게 작가 자신의 필명과 동명同名을 설정함으로써, 의도

---

85 Mirok Li, Jugenderinnerungen eines Koreaners, Atlantis 1942년

된 자아상을 곧바로 형상화된 회상으로 관통시켜 '폭로하고자 하는' 내용의 진실성을 확보하게 된다. 그것을 위해 작가는 우회적 또는 은유적 등식을 통한 일종의 파라독스 기법으로 진실폭로를 은밀히 내재시켜 소설의 허구적 실제성을 실현하는 정교한 작가적 테크닉을 발휘하고 있다. 작가는 '아이 미륵'을 거대한 세상의 흐름 한가운데로 내몰아 놓고 단지 "유럽대륙이 어디에 있는지, 서양의 지식이라는 게 어떤 것인지"를 모르는 너무도 표피적이고 일상적인 작은 두려움 정도로 독자들이 인식하게 하여 실제의 억압된 무게감을 덜어낸다. 그러나 아주 치밀하게 "고등 산술이니 난해한 기술奇術이니, 천문학이니 지리학이니"하는 등의 아이가 감당할 수 없는 무게를 단순한 아이다운 호기심으로 처리해, 그 아이의 완전한 박탈감을 잠시 유예하는 방식으로 작가 자신이 실제로 처했던 악몽의 현실을 몽환적 이상으로 대체해 나간다.

"그게 정말일까요, 아버지, 천문학을 배운다는 게?" 나는 그에게 물었다. "사람들이 그렇다고 하더구나." 그가 말했다. "그러니 하늘에 관한 이야기를 할 때는 주의 깊게 들어야 한다. 그것은 고귀한 가르침이니까."[86]

천문학, 한자 뜻대로라면 분명 '하늘의 가르침'이어야 마땅하고, 그래서 그것은 당연히 '높은 가르침'이어야 할 테지만, 서양의 천문학은 망원경을 통해 하늘에서 빛나고 있는 별들을 바라보면서 그것의 크기, 위치, 지구로부터의 거리 등을 측정할 수 있는 물적 대상으로 하늘을 관찰한다. 빛을 '쪼개어' 분석하고 인지하는 서양식의 관찰방식과 빛을 그대로 '빛나 보이는' 것으로 감지하는 동양식의 관조적 방식만큼

---

86 위의 책.

의 차이를 서술하려는 작가적 의도가 내재해 있다.

"저녁이 되었을 때, 유리관을 통해 학교 마당에 있는 돌이며, 사람들이 입고 있는 옷이며, 기와들을 들여다보았는데 바로 눈앞에서 모든 것이 아주 찬란하게 빛이 났어요. 그런데 그 까닭은 알 수 없었어요. 아버지는 알고 계세요?"[87]
"그것이 유럽에서 온 것이라더냐?" 아버지는 한동안 말없이 계시더니 내게 물었다.
"그런 것 같아요."
"어느 선생님이 그것을 가르쳐 주더냐?"
"옥 선생님이라고 하시는 것 같았어요."
"그래 그는 그것에 대해 뭐라고 하시든?"
"빛이 쪼개어진다고 했어요."
"빛이 쪼개져, 빛이 쪼개진다고?" 그는 계속 중얼거렸다.[88]

단편 〈어느 한국인의 유년에 대한 회고〉는 국권 침탈이라는 역사적 실제 사건 현장을 목격했던 작가 미륵이 사건의 진실을 들추어내어 비판의 칼날로 난도질하기보다 아주 사소한 이야기에 그 진실의 의미를 내재화하여 독자 스스로 '그저 들여다보게 하는' 은근한 공감을 유도한다.

갈등요소를 허구의 날카로운 대립 구도로 첨예화시키지 않으면서도 독자의 감성을 자극하는 미륵 특유의 필법이 돋보이는 작품이다. 특히 이야기 공간이 대부분 회상이라는 '과거' 시간에 있음에도 불구하고, 과거 회귀적 역행이 철저히 차단되어 독자의 시선이 현존하는 사건의

---

87 위의 책.
88 위의 책.

순차적 진행을 쫓게 한다. 미륵은 독자들의 내적 역동성을 통해 그들 스스로 인식의 자유로운 흐름을 이끌고, 그 흐름 속에서 어느 것에도 매이지 않은 순수한 가치를 탐닉하는 것을 허용한다.

1942년 미륵은 〈어느 한국인의 유년에 대한 회고〉를 발표하였다. 나치의 폭력과 독재에 항거하는 자국민의 비밀스런 투쟁이 전개되고 있었던 시기이기도 했다. 자폐적 난폭성은 그것에 반대하는 저항세력을 잉태시키게 하기 마련이었고, '회고된' 허구의 비현실 속에 갇힌 '아이 미륵'의 두려움은 바로 암울한 혼돈에 처해 있었던 독일인들의 그것과 다르지 않았다.

"모든 것을 잃을까 두려워하던" 아이가 불렀던 소동파의 "영원토록 슬픈 노래"는 히틀러 정권의 몰락 뒤 실제로 모든 것을 잃어야 했던 독일 사람들의 슬픈 '푸가'와 교차되었다.

쿠르트 후버와 이미륵의 기념동판이 있는 거리

제6장
백장미의 고결한 순교자, 쿠르트 후버를 추모하다

첫 만남

쿠르트 후버 교수와 처음 만난 것은 미륵이 뮌헨대학에서 생물학 전공 박사학위 과정을 밟고 있을 때였다. 1927년 겨울학기에, 미륵은 오래도록 갈망해왔던 철학 강의를 처음으로 신청하였다. 오랜 중병을 앓고 난 후 겨우 건강을 회복하여 다시 연구를 시작할 수 있게 된 미륵에게 철학 강의는 인생의 선물과도 같은 것이었다. 전공필수과목과 실험 실습에 많은 시간을 할애해야 했던 미륵은 시간을 쪼개어 철학수업을 준비했다. 다만 전문용어를 이해하기 위해 그는 미리 관련서적들을 찾아 읽어 두어야 했다.

그 교양 철학 강의 담당 교수가 바로 쿠르트 후버 Kurt Huber(사진)였다. 르네상스 시대의 유명한 카펠 마이스터 '이보 데 벤토(16세기 음악사에 관한 연구)'에 대한 박사학위 논문으로 수석 졸업하였던 후버 박사는 실제로는 음악학자였다. 그는 〈음악적 기본 모티브들의 표현, 실험심리 연구〉는 주제로 교수자격 시험에 합격한 1926년 심리학과 방법론 강사로 뮌헨대학에서 강의를 시작했고, 이후 실험심리학을 가르치는 외래 강사로 정식 임명되었다. 당시 뮌헨대학의 거의 모든 학생이 그의 강의를 들을 정도로 후버 교수의 인기는 대단했다.

드디어 첫 철학 강의 수업! 미륵은 조금 긴장된 마음으로 강의실에 앉아 있었다. 그것은 그가 철학 강의를 처음 듣는 데다가 무엇보다 심오한 철학적 논쟁을 쫓아갈 만큼 자신의 독일어 이해력이 충분하지 않다는 생각이 들었기 때문이었다.

한 젊은 교수가 강의실로 들어왔다. 좁은 통로를 지나 연단에 오를 때까지 미륵은 설레는 마음으로 그 젊은 교수의 모습이며 행동거지 하나하나를 한눈 가득 담았다. 작은 키에 한쪽 얼굴은 조금 일그러져 경직되어 보였고, 우뚝하니 돌출된 커다란 매부리코 탓에 강하면서도 고집이 세어 보이는 인상이었다. 걸을 때마다 오른쪽 다리가 약간 바닥에 끌리고 그의 의지와는 상관없이 양손이 떨리는 게 한눈에 들어왔다. 특히 연단에 선 그가 떨리는 음성으로 말할 때 첫 일성을 듣는 순간, 한때 의학도였던 미륵은 그 젊은 철학 교수가 병적 후유증으로 장애를 겪고 있음을 금방 알아챌 수 있었다.

실제로 후버는 어렸을 때 디프테리아를 앓았고, 목을 절개하는 응급수술을 받은 후 후유증으로 인해 다리를 절고, 두 손을 떨고, 목소리도 훼손되어 발음이 불확실했다. 그러나 본격적으로 수업이 진행되면서 그의 떨리는 음성은 마치 확고한 자기신념으로 군중을 설득하는 설교자의 거대한 웅변으로 강의실에 울려 퍼졌다. 학생들은 모두 그의 명쾌한 논리에 속수무책으로 빨려 들어갔고, 미륵도 예외는 아니었다.

강의가 시작되면서 미륵은 후버의 철학적 논리가 너무도 심오해서 수업을 따라가는 게 쉽지 않았다. 특히 수많은 낯선 용어의 개념들을 완전히 이해하지 못해 스스로 모호성에 갇혀 있었던 미륵은 질문과 답을 정확하게 포맷하는 것조차 쉽지 않아서 토론에는 거의 참여하지 못하고 앉아 있어야만 했다. 미륵은 고민 끝에 그 젊은 철학 교수에게 직접 조언을 구하기로 하고 그의 사무실을 찾아갔다.

그는 반갑게 미륵을 맞이해주었고, 미륵이 질문하는 난해한 용어들의 개념들을 상세하게 설명해 주었다. 그러다 그는 잠시 생각에 잠긴 듯 말없이 미륵을 살펴보더니 조심스럽게 입을 열었다.

"당신은 장차 어떤 직업을 갖고자 하나요? 또 대학에서 강의할 생각인가요?"

미륵은 그러고는 싶지만, 그 일이 과연 자신의 적성에 맞는지는 잘 모르겠다고 대답했다.

"만약 당신이 강의하게 된다면 어떤 과목을 가르쳐 보고 싶나요?"

미륵은 그것도 잘 모르겠다고 말했다. 그러자 후버 교수가 다시 물었다.

"지금까지 당신은 뭘 공부한 겁니까?"

미륵은 지금까지 이수한 필수교과목들을 시간대별로 나열해 주었다.

"이 많은 과목 중에서 마음에 드는 게 하나도 없다는 건가요?" 그가 놀라워하며 물었다. 미륵은 긴 침묵 끝에 '그렇다'고 대답했다.

그 철학 교수는 미륵을 바라보더니 한동안 아무 말 없이 창문 너머로 시선을 보냈다. 그리고는 "조용히 이야기를 더 나눌 수 있게 오늘 저녁에 저의 집으로 오세요."라고 말했다.

미륵이 후버 교수의 집을 처음 방문하였을 때였다. 그는 처음에는 미륵이 혼자 말을 하게 하고 그 자신은 말없이 듣기만 했다. 그는 동양인 학생 미륵이 말을 할 때 단어 하나하나 놓치지 않으려고 매우 주의 깊게 들었다. 그리고는 미륵에게 무엇이 그를 고무시키지 않는지를, 또 무엇이 그를 권태롭게 하는지를 일일이 지적해 주었다. 후버 교수의 명쾌한 지적은 의경에게 그동안 학문적 진전을 힘들게 했던 원인이 단순히 독일어 이해능력이 아닌, 동양적 사고에 깊게 침잠해 있었던 자신의 태생적 사고방식에 있다는 사실을 각성시켜 주었다.

오랜 세월 동안 풀 수 없었던 의문들, 그리고 그 때문에 늘 자괴감으로 방황하게 했던 절망적인 의혹들이 점차 해소되어 갔다. 특히 실험과 관찰을 통해 단계적으로 인지하는 방법과 의미를 설명하는 후버 교수의 강의를 들을 때마다, 미륵은 그의 논리적 방법론에 감탄하지 않을 수 없었다.

한 번은 지각 Perzeption에 대해, 그 다음에는 엔텔레키 Entelechie에 대해, 또 그 다음에는 총체 개념 Ganz Begriff에 대해.[89]

후버 교수는 난해하기 짝이 없는 개념들과 문제들을 미륵이 완전히 이해할 때까지 묵묵히 기다려 주었다. 그의 배려 덕분에 서양식의 개념 정의는 미륵의 사고에 뿌리 깊이 내려 있는 그 만의 독창적인 전통적 철학사고를 훼손하지 않고, 미륵의 새로운 지식 지평을 확장할 수 있게 되었다. 대화가 너무 길어져 미륵은 그의 소중한 시간을 빼앗는 것 같아 그에게 미안한 마음을 표현하자, 그는 오히려 "함께 이야기를 나눌 수 있어 즐거웠습니다. 무엇보다 당신의 독특한 직관적 사고방식이 내겐 매우 흥미로웠습니다. 언제든 다시 찾아오세요."[90]라고 말했다.

이후 미륵은 후버 교수의 집과 사무실을 자주 방문하였고, 그의 따뜻한 배려와 가르침에 힘입어, 실험과정에서 관찰된 것들, 그리고 그 과

---

[89] "Perzeption(감각적 지각)은 Apperzeption(통각, 명각)의 반대 개념이다. 통각은 체험된 내용, 인지된 내용, 사고된 내용을 분명하고 의식적으로 수용하는 것을 의미한다. 라이프니츠는 이러한 의식된 통각과 의식되지 않은 감각적 지각을 구분하기 위한 개념으로 통각을 제시했다. 의식된 상상(bewußter Vorstellung)과 무의식의 상상(unbewußter Vorstellung)을 철학적으로 구분하는 대신, 칸트는 경험론적 통각(empirische Apperzeption)을 단지 객관적이고 순수한 혹은 선험적인 통각과 관련된 초자연적 요소를 상상의 조합을 통해 주관적으로 파악하는 것으로 구분하였다. 칸트는 특히 경험 가능성을 조건 짓는 것으로 이 개념을 설명했다. Entelechie(엔텔레키): 아리스토텔레스는 Energeia(에네르게이아, 행위)와 유사한 개념으로 엔텔레키를 사용했으며, 이를 '영속적인 작용(ständige Wirksamkeit)', 즉 존재(Seienden) 속에 내재된 가능성의 실현으로 보았다. 이는 지속적인 발전을 위한 목표 설정에 초점을 맞추며, 물체 내에서 실행되는 Am-Wirken-Seins(작용하고 있는 존재)의 원리이다. 아리스토텔레스는 유기체의 첫 번째 엔텔레키를 영혼(Seele)이라고 규정했다. 근대로 넘어오며 라이프니츠 등은 엔텔레키의 개념을 다시 수용하며, 모나드(객체)를 첫 번째 엔텔레키로 기술했다."

[90] Mirok Li, Kurt Huber und das Ausland, in: Clara Huber(Hrsg.), Kurt Huber zum Gedächtnis, Regensburg 1947.

정에서 나타나는 변화 혹은 변이에 내포해 있는 의미를 논리적으로 진술할 수 있는 방법론을 찾아낼 수 있었다. 1928년 미륵은 박사학위 논문 〈비정상적인 조건에서 플라나리아 재생에 나타나는 규칙적인 현상〉을 완성하였고, '재생'의 철학적 의미를 정의할 수 있었다.

> "재생은 손상된 기관이 그 손상 부분에 스스로 개조한것 Neubindung 을 대체한 것을 의미하고, 중요한 것은 새롭게 재생되는 과정에서 전체 부분과 정상적인 관계를 이루게 된다는 사실을."[91]

운명적 재회

시간이 지나면서 그래펠핑에는 예술가들이며, 학자들이며, 철학자들이 대거 이주해 와 그야말로 제2의 슈바빙이라 불릴 정도로 도시의 분위기가 새롭게 변화되어 갔다.

미륵은 여느 때처럼 한가로운 걸음으로 마을을 산책하면서 그날은 아킬린다슈트라쎄에서 중앙역 방향을 향해 천천히 걸어갔다. 10여 분 정도 걸어갔을 때였다. 그는 앞서 걸어가고 있는 한 남자의 모습에 놀라 걸음을 멈추었다. 작은 키에 오른쪽 다리를 조금 끌며 걸어가는 움직임의 실루엣만으로도 미륵은 그 남자가 후버 교수라는 것을 금방 알아챘다. 20여 년 만의 재회였다.

---

9 1 Yiking Li: Regulative Erscheinungen bei der Planarienregeneration unter anormalen Bedingungen. Diss. München 1928. 서문에서.

두 사람은 강렬하게 포옹하며 말없이 서로의 눈을 그윽하게 바라보며 그저 환하게 미소를 지었다. 후버는 자기 확신에 찬 지식인 특유의 묵직한 카리스마가 언제나처럼 돋보였다. 짧게 안부 인사를 나눈 뒤 후버 교수는 자신의 집 주소를 미륵에게 가르쳐주며 꼭 한번 자기 집으로 방문해 달라고 했고, 미륵은 시간을 내어 찾아가겠노라고 약속하고 헤어졌다. 며칠 후 미륵은 예전에 고향 선배 김준엽이 가져다준 동양 차를 들고 후버 교수 집을 방문하였다.

쿠르트 후버 교수의 기념동판

후버 교수의 부인 클라라가 미륵을 따뜻하게 맞이해 주었고, 이후 그녀는 미륵이 방문할 때마다 "그에게서 선물 받은 동양 차를 몇 번씩 우려내고 다시 말렸다가 또 우려내기를 반복하며"[92] 함께 따뜻한 차담의 정情을 함께 나누었다.

후버는 민속 음악 연구라는 범주에서 인종을 차별화하는, 이를테면 음악적 인종학을 강하게 반대했다. 음악학자인 후버 교수는 민요를 단순히 음악적 노래로 보지 않았다. 그는 오히려 그것을 민족문화의 성장인자가 내포해 있는 문화적 자양분으로 인식했다.

"민요는 민족정신이라는 기질의 영역 속에서 가장 원초적인 내적 자아를 파악하게 하는 절대정신의 한 현상이고, 역사적으로 개인들에게 각인되어 온 민족정신에서 자아를 들여다보게 하는 하나의 형식이다."[93]

---

92 쿠루트 후버의 부인 클라라 후버와 신순희의 면담에서.
93 Kurt Huber, Volkslied und Volkstanz, Buch-Kunstverlag Ettal 1959. 서문에서

말하자면, 후버는 민요를 민족문화의 궁극으로 도달할 수 있는 원동력을 품고 있는 원석을 채굴할 수 있게 해주는 보고寶庫로 여겼다. 후버가 민요에 깊이 매료된 것은 멜로디의 선명한 간결성은 물론 사람과 사람의 마음을 연결하는 민요의 강력한 영혼 응집력 때문이었다. 그는 1901년 결성된 독일 청년 도보 여행 단체 '반더포겔 Wandervogel'의 기본적인 행동강령인 '생명 느끼기 Lebensgefühlen'를 본뜬 그 만의 독자적인 민요육성 프로젝트 - 독일의 청년들이 스스로 생동적인 '생의 노래'를 창조하도록 교육하기 - 를 계획하였고, 오랫동안 남부 독일과 오스트리아 국경의 산악지대를 찾아다니며 직접 민요를 채집하고 분류하고 주석을 첨부한 민요집을 발간하는 등 민요 육성 프로젝트에 몰입했다. 그는 민요육성을 독일 청년 도보 여행자들이 성취해야 할 매우 중요한 문화적 사명 가운데 하나로 확신했다.

"민요는 문화적 사명을 해결하는 과정에서 청년여행자 그룹이 민족성을 찾게 하고, 어쩌면 그들의 정신적 이상향을 구체적으로 실현할 수 있게 하는 가장 의미 있는 것들 가운데 하나가 될 것이다."[94]

음악학자였던 후버는 자연스럽게 민속 음악 학자로서의 입지를 구축할 수 있게 되었고, 그의 연구업적은 점차 세계인들의 주목을 받게 되었다.

1935년 그는 '독일제국 방송국'에서 국가심의를 위한 콘서트위원회 임원이 되었고, 베를린 국립음악 연구회(BStMWi)에서 음악 감독과 문화재 감정위원이 되었으며, 1936년 바르셀로나에서 열린 국제 음악학협

---

94 Huber, 1916, o.P., in: Maria Bruckbauer, ...und sei es gegen eine Welt von Feinden!, Kurt Huber Volksliedsammlung und -pflege in Bayern, München 1991. 27쪽.

회의 제3차 회의에 독일 대표로 참가하면서 국제 민요분과 회장으로 임명되었다. 같은 해 10월 4일부터 10월 10일까지 프랑크푸르트에서 개최되었던 음악학 학회에 참가하였고, 그 다음 해 1937년 4월 1일 StIdMf 민속 음악 분야 감독으로 임명되면서 후버는 명실공히 세계적인 민속학자로서의 입지를 구축해 나갔다. 이듬해 1938년 베를린 대학 민속 음악 연구소의 신임 소장 자리를 제안받았다.

그러나 독일에 산재해 있는 수많은 청년 단체들의 구성원들을 흡수하여 창설된 '히틀러 유겐트'는 나치즘의 이데올로기에 맹종하고 오직 히틀러만을 따르도록 강도 높은 세뇌 교육을 받고 있었고, 더욱이 독일 청년들이 자율적으로 설립한 도보 여행 단체 '반더포겔'마저도 그 본색을 잃어 가는 것을 목격한 후버는 자신의 민요연구가 나치의 세밀한 정치설계도면에 그려져 있는 선동정치를 완성하기 위한 한 조각 퍼즐이 될 수 있다고 판단했고, 결국 1938년 10월 1일 자신에게 부와 명예를 보장해줄 수 있었던 음악 감독 자리를 내려놓고 식구들을 데리고 뮌헨으로 돌아와 박봉의 가난한 강사직으로 복귀하였다.

후버는 그의 동양인 제자 미륵에게서 동양의 철학적 세계관이며, 도덕적 윤리며, 풍습이며, 전통문화 등등에 관한 이야기를 듣는 걸 좋아했다. 춤과 노래를 잘하고, 악기 연주도 즐겨했던[95] 미륵은 어릴 적 고향에서 불렀던 애련성의 농음 짙은 민요 '남훈가'를 자신의 풍월대로 독일의 뛰어난 민속학자 후버에게 들려주기도 하고, 수십 명 광대들이 북, 꽹과리, 장구, 징, 깽깽이, 호적을 불러대며 길놀이를 벌이던 유희 장면이며, 노천 무대에서 갖가지 땅재주를 부리던 광대의 질펀한 놀이 장면들을 묘사해 주기도 했다.

---

95 작은 누이의 증언 메모지에서.

특히 마지막 놀이 과장 '승무' 장면을 묘사하면서 미륵은 절로 감정의 절정에 도달하는 것을 느낄 수 있었다. 먹장삼의 웅장한 곡선을 절제된 비애미를 승화시킨 '승무'에 얽힌 남녀 간의 애절한 사랑과 이별 이야기를 들려줄 때면 독일의 노련한 철학자는 알 수 없는 신비의 춤에 크게 감동했다.

"석양이 내릴 무렵 시작해서 아주 늦은 시간까지 계속되었던 광대의 춤은 무거운 곡조에 맞추어 긴 소매를 한번은 뒤로, 한번은 앞으로 흔들며 지친 듯 걸음새를 멀리 딛었다가, 또 가까이 딛었다가, 등을 굽혔다 폈다"[96] 연신 허공에 대고 애환哀患을 그려대던 승려의 모습을 후버는 애써 상상해 보려는 듯했다.

인간 마음속 '슬픔과 기쁨'이라는 서로 대립하면서도 서로의 이면으로 존재하는 감정을 배타적 관계 상이 아닌, 독특한 '한恨과 흥취興趣'라는 능동적인 통합체를 만들어내었던 한국인의 민족성을 미륵은 아주 진지한 어조로 독일 철학자 후버에게 설명해 주었다.

암울한 시대의 음산함보다는 황금빛 찬연한 둥근 후광처럼 드리운 채, 제 몸 불사르는 영롱하고 신비로운 작은 촛불 아래서 동·서양의 두 철학자는 긴 담론의 시간을 보냈다. 밀랍의 촛농이 흘러내리면서 마치 몰락의 기괴한 형상을 만들어내는 광경을 지켜보며, 불운의 시대를 통과하고 있는 두 남자는 밤새도록 이야기를 나누었다.

"중심테마는 오랜 시간 육체와 영혼의 문제에 머물러 있었고, 우리는 종종 드리쉬 Driesch와 베커 Becker에게로 돌아왔다. 특히 윤리의 문제에서 내가 동양적 세계관에 따른 예를 들어 보이려고 공자의 어록을 인용할 때면, 그는 매우 즐거워했고, 우리는 동양의 철학과 문화에 대

---

96 소설 〈압록강은 흐른다〉의 내용 중에서.

한 많은 이야기를 나누었다. 나는 그런 이야기들로 너무도 많은 신세를 지고 있었던 스승을 고무시키고 위로해 줄 수 있어 기뻤다. 내가 동양의 관습이며 풍속이며 시와 그림이며 의식과 악기에 대해 설명해주었을 때, 그는 그 모든 것에 크게 감동하였다."[97]

하루는 미륵이 4자 혹은 5자 혹은 7자로 집약시켜놓은 간결한 4행의 한시를 자신의 독특한 서체로 써 내려가는 것을 시연해 보이자, 후버는 미륵이 한 획 한 획 그려내는 글 모양새와 붓끝의 놀림을 아주 세심하게 관찰했다. 그는 미륵이 한문 시의 간결한 시구를 습자하는 것을 지켜보면서 중국 중세시대의 시대상에 깊이 매료되었던 라이프니츠를 떠올리기도 했다.

"라이프니츠는 모든 자연수를 0과 1의 이진 체계로 설명할 수 있다는 이른바 이진법 산술체계를 완성했는데, 그는 자신의 이진법이 고대 중국 복희 팔괘의 수리적 구조와 같다고 생각했어요."[98]

미륵은 서양 철학자들의 학문적 호기심과 영역 확장의 도전의지에 놀라지 않을 수 없었다. 17세기 독일의 법학자이자 철학자이고 수학자이고 물리학자이고 언어학자이기도 한 라이프니츠의 평전을 계획할 정도로 후버는 라이프니츠를 존경하고 인간적인 깊은 애정을 품고 있었다. 후버는 직접 붓을 들고 미륵이 쓴 4행시 가운데 한 글자를 골라 조심스럽게 모사해 보이고는 매우 흐뭇해하며 상기된 목소리로 말했다.

---

97 Mirok Li, Kurt Huber und das Ausland, Kurt Huber zum Gedächtnis, Regensburg 1947. 160-164쪽.
98 위의 책.

"라이프니츠도 한자를 세계적인 문자로 생각했어요!"

미륵은 한국의 오 천년 문화를 일구어내고, 그 자체가 지성인의 교양과 문체를 상징했던 '붓'이 서양의 철학자 후버 교수의 손에 들려진 것을 바라보면서 깊이 감동했다.

또 어느 날 하루는 밤새도록 후버의 집에 머물면서 미륵은 옛 한 왕조 혹은 당 왕조 이야기를 후버에게 들려주었다. 후버는 마치 동양의 어느 작은 마을에서 말 탄 선비들이 수양버들과 단풍나무 아래서 노니는 중세 중국풍의 평화로운 전경을 눈으로 직접 보듯 음미했다. 그는 남태평양 군도에 이르기까지 고대시대는 물론 타민족들과 종족들의 위대한 문화유산 연구에도 열정적이었다.

> "그는 고대 그리스, 독일, 프랑스, 스페인의 비슷한 화풍의 풍경화에 관해 설명해 주기도 하고, 직접 모사해 미륵에게 보여주기도 했다. 그는 어느 시대 어느 나라를 막론하고 고대 국가들의 조화로우면서도 풍부한 생활양식에 각별한 애정을 품고 있었다. 궁극의 진실을 지향했던 후버는 진정한 철학가였고, 지구상에 존재하는 모든 것의 아름다움과 매력을 음미할 줄 아는 예술가이기도 했다. 그는 그저 말없이 앉아 듣고만 있다가 이따금 빈 찻잔을 채우기도 하고, 그가 그토록 좋아했던 두꺼운 밀랍 양초를 닦기도 하면서 미륵의 이야기를 경청했다. 시간이 너무 늦어 작별하려고 일어서자, 그는 한사코 손을 잡으며 좀 더 있어 달라고 했다."[99]

빈사의 마지막 핏빛 노을이 짙은 어둠 속으로 서서히 빨려 들어가고, 이윽고 깊은 밤의 시간이 찾아오면, 사람들은 누구라도 창밖에 고집스럽게 버티고 있는 자신의 검은 망아忘我 그림자를 품에 꼭 껴안고 침대

---

99 위의 책.

속으로 들어간다. 그리고 붉게 떠오른 아침 햇살에 또 오늘을 맞이하고 또 만나고 또 헤어지길 반복하다가 어느 날 문득 더는 오늘이 없고 다시는 만나지 못하고 영원히 이별하는 순간을 마주하게 된다. 운명의 만남은 숙명적인 이별로써 사랑의 붉은 끈 한 매듭을 짓게 된다.

미륵과 후버의 운명적인 만남이 그랬다.

고결한 백장미의 혼魂

히틀러의 국가사회주의 이데올로기는 결국 세계전쟁의 불씨가 되었다. 1933년 5월 1일 베를린 템펠호프 광장에서 "나는 전능하신 분께서 나를 선택하셔서 나로 하여금 독일을 위해 이 투쟁을 이끌게 허락하심에 감사한다. 이 투쟁은 가장 아름다운 투쟁이고 가장 훌륭한 과제다."라고 외쳤던 히틀러가 그로부터 10년 후인 1943년 2월 25일 무솔리니에게 "나는 국민을 전쟁으로 인도하도록 부름을 받았고, 이것은 곧 계시의 은총이다"라는 메시지를 보낸 것은 전쟁을 정당화하기 위한 하나의 포석이었다. 그의 저주받은 광기가 절정에 치달으면서 세상은 온통 경악스러운 사건들로 뒤덮여갔다.

후버는 매일 이른 아침에 깨어나자마자 강의 준비를 했다. 그는 라이프니츠, 헤겔, 빈델란트 등 관련 도서들과 참고 문헌들을 한 학기 내내 곁에 두고 밤낮없이 읽으며 강의를 준비했다.[100] 특히 그의 라이프니

---

100 Kurt Huber zum Gedächtnis, Regensburg 1947, 9쪽

츠 강의는 음악학자로서 그의 탁월함이 두드러졌다. "신은 가능한 한 최대의 '선'을 산출하는 존재이고, 그것을 위해 필요한 모든 지식과 능력을 갖추고 있는 존재이기 때문에 신에게는 결함도 과오도 죄도 없다"[101]라고 주장했던 라이프니츠의 세계관에서 후버는 '악惡'을 단지 '선善의 결핍'으로 인식했던 것에 주목했다.

그는 라이프니츠의 '악'의 개념을 아름다운 협주곡에서 불협화음을 일으키는 결함의 음音에 비유하여, 신이 인간에게 부여한 최고 선善에 이르는 인간의 실천적 방법은 이런 결함의 음들을 조화롭게 하여 완전한 미美의 경지에 도달하는 것이라고 생각했다. 음악가 특유의 역동적인 사고 방식을 지니고 있었던 후버는 그의 음조와 그에 걸맞는 온몸의 리드미컬한 제스처로 강의를 듣는 모든 학생을 매료시켰다.

그는 인간의 존엄성과 자유를 각성시킬 수 있는 모든 서양 철학적 사고들을 은유와 비유라는 수사적 표현으로 강단에 쏟아냈다. 그의 확신에 찬 목소리 톤은 수사적 표현 뒤에 숨겨놓은 수많은 철학적 의미들을 학생들의 정신세계에 깊이 각인시켰다. 그의 열정적인 강의는 독일인 대학생들은 물론 외국인 학생들까지 열광케 하였다. 수업이 끝나고도 그를 추종하는 제자들은 종종 조언을 듣고자 그의 집으로 찾아왔다.

후버의 철학 강의를 듣는 학생들 가운데 바로 생물학도였던 소피 숄과 그녀의 오빠인 의학도 한스 숄이 있었다. 두 남매는 세간에 풍문으로 들려오는 유대인 학살과 온갖 비인간적인 잔혹 행위 등을 전해 들으며, 자신들이 야만적인 제3제국의 시민이 되었다는 사실에 절망적 자괴감에 빠져 들었다.

---

101 라이프니츠의 〈변신론〉에서.

그들은 후버 교수의 강의를 들었던 친구들과 함께 독서 소모임을 조직하여 낮은 목소리로 은밀하게 제3제국을 비판하는 전단을 만들어 직접 배포하는 일을 시작했다. 그들은 1942년 1월 이미 다섯 번째 전단 〈모든 독일 시민에게 외침〉을 발행하면서 비폭력저항단체 '백장미 Weiße Rose'을 결성하였고, 그해 6월 후버 교수를 그들의 모임에 초대하였다.

스탈린그라드 전투에서 대패하면서 수십만 독일군들이 전사했고, 그들 속에는 후버의 제자들도 포함되어 있었다. 크게 분노한 후버는 용기를 내어 백장미 전단의 발행자들을 만나 저항의 글을 직접 작성하기로 결심하였다.

1943년 2월 그는 여섯 번째 전단 〈학우들이여!〉을 1만여 장을 인쇄하여 가능한 한 독일 전역에 배포하는 일에 가담하였다. 그러나 2월 18일 뮌헨대학 본관 건물에서 뿌리기로 한 전단 뭉치가 대학 수위에게 발견되었고, 그는 곧바로 게슈타포에 신고하였다. 숄 남매는 체포되어 혹독한 심문을 받았고, 이윽고 후버도 비밀경찰에 잡혀갔다.

> "희뿌연 삼월 어느 날 오후, 나는 그가 구속되었다는 소식을 들었다. 선전 삐라로 학생들에게 시민의 자유와 연구의 자유를 국가로부터 되돌려 받아야 한다고 역설했던 후버. 너무도 값진 생의 정신적인 해방을 위해 그는 자신을 희생시키겠다고 결정했던 것이다.
>
> 독일에서뿐 아니라 전 세계에서도 위대하고 고귀하다고 할 만한 학자. 우리는 너무도 가혹했던 시련의 시대를 은닉시켜 주었던 위대하고 고귀한 한 사람을 잃었다. 그 때문에 이미 수많은 독일인이 세상을 떠나지 않았던가. 물론 나는 그의 커다란 정신적 고통을 이해했고 또 공감했다.
>
> 그것은 자신의 조국과 시민들에게 올바른 길을 증명해 보이기 위해 그 스스로 행했던 그의 첫 번째 책무였던 것이다. 오늘날의 혼란을 위해 희생된 그의 자유와 삶을 나는 훌륭하다고 여겼다.

그는 수많은 업적을 남겼고, 그것들은 정신적으로 그의 조국의 많은 것들과 연결되어 있으며, 그것은 단순히 그의 조국뿐 아니라 전 세계에도 가치 있는 일이 되었다. 그는 조국을 사랑했고, 조국의 산하, 농부와 장인들, 예술가들, 그리고 시인들을 사랑했다. 그는 사람 사이의 어떤 작은 경계도 심중에 품지 않았다.

　인간존재에 대한 넉넉한 그의 포용력과 먼 나라에서 온 사람들에게서조차 친밀한 정신세계를 찾고자 했던 그의 온정은 그를 만날 때마다 나를 기쁨으로 충만하게 했다. 외부세계가 모든 이질적인 것에 대한 증오와 거부감으로 만연해 있었던 최근 몇 년은 더욱 그랬다.

　경악스러운 사건들이 늘어만 갔다. 사람들은 자유로운 의견을 품을 수 없었고, 대학에는 더 이상 자유로운 학문인 게 존재하지 않았다. 세상은 후버와 같은 사람들에게 더욱 위험스러워졌다. 정신을 침몰시키는 홍수가 지나가고 나면 원래의 순수한 흐름이 다시 일상으로 되돌아올 것이니, 나는 그때까지 그가 그저 침묵하고 조용히 기다려 주길 간절히 소원했다. 그것은 그야말로 나의 동양적인 생각에 지나지 않았을 테지만, 결국 쿠르트 후버는 다른 길을 걸어갔다."[102]

고결한 영웅의
죽음은 고독했다

　　　　　　　　　단두대에서 머리가 잘린 후버 교수의 처참한 주검은 뮌헨 공원묘지(Münchener Waldfriedhof, Gra. N. 21-W-22)에 묘비도 없이 묻혔다. 음침하기 이를 데 없는 공원묘지 한 모퉁이에

---

[102]　Mirok Li, Kurt Huber und das Ausland, Kurt Huber zum Gedächtnis, Regensburg 1947. 160-164쪽.

서 젊은 미망인 클라라는 작은 몸을 움츠려 떨고 있는 어린 두 자녀를 끌어안고 소리 없이 흐느끼기만 했다. 후버 교수가 처형당한 뒤 그의 많은 지인은 후버가家의 사람들을 멀리했다. 그의 절친 작곡가 카알 오르프 Carl Orff도 발길을 끊어 버렸고, 주변 이웃은 누구도 클라라와는 눈도 마주치지 않았다. 누구든 행여 말이라도 걸면 경찰에 붙잡혀가기 때문이었다. 클라라가 두 아이와 절망적인 외로움과 혹독한 굶주림에 빠져 있을 때, 말을 걸고 도움의 손길을 내밀었던 유일한 사람이 바로 후버의 한국인 제자 미륵뿐이었다.

"누구보다도 어려운 처지에 있었던 미륵은 자신이 먹을 음식을 아껴 두었다가 종이에 그것을 싸 들고 와 부인을 통해 감옥에 갇힌 후버 교수에게 전해주었고", 후버가 죽은 후 "길에서 마주치는 사람들은 모두 그녀를 피해 걸어갔지만, 미륵은 멀리서도 보란 듯이 그녀에게 아주 큰 소리로 "클라라!"를 외치며 반가운 인사를 건넸다."

미망인 클라라에게 한국인 미륵은 "진정한 친구이자 의리 있는 사람"[103]이었다.

"물질이 넘쳐 나는 황금 사슬일지라도 짧은 인생을 노예의 사슬에 묶여 살기를 원치 않았던"[104] 고결한 순교자 쿠르트 후버 교수는 이미륵의 진정한 스승이자, 친구였다.

---

103   Kurt Huber교수의 딸 Brigitte Weiss의 증언 중에서
104   Kurt Huber zum Gedächtnis, Regensburg 1947, 27쪽.

제7장
순수의 초상 '압록강은 흐른다'

옛 사진

소설 〈압록강은 흐른다〉를 탈고하다

1943년 그는 10년 동안 혼신의 힘으로 집필해오던 소설을 마침내 탈고했다. 그리고 그것을 최종적으로 마무르기 위해 많은 지인과 오랜 토론의 시간을 가졌다. 친구들을 비롯해 자일러 부인 그리고 몇몇 작가들을 초대해 그들에게 원고를 낭독해주며, 조언을 구했다.

> "1943년 당시 "압록강은 흐른다"의 원고가 거의 탈고 되어 폰 론의 집에 모여 이미륵은 친구들 앞에서 글을 낭독하고 조언들도 들었다."[105]

그는 이미 발표되었던 몇 개 단편들에 새로운 내용들을 삽입시키는 방식으로 회상의 장면들을 가능한 한 아주 간결하게 배열했다. 특히 이야기 전반이 한국적인 내용을 다루고 있어서 자칫 문학적 보편성이 축소될 수 있는 가능성을 세심하게 고려해야 했다. 그것을 위해 그는 무엇보다 가장 적절한 독일어 표현으로 '언어'의 객관적 묘사를 끌어내는 데 심혈을 기울였다. 초고를 마무르는 작업에서 미륵의 가장 훌륭한 조언자는 바로 자일러 박사의 부인 알리체였다. 그녀는 이태리어와 프랑스어에도 능통한 매우 지적인 여성이었고, 문학적 감수성도 뛰어났다.[106]

---

105 Dr. Ludwig Döderlein 증언 중에서
106 김재원, 李미륵 氏의 生涯, 藜堂 隨筆集, 탐구당 1973년.

미륵은 수많은 지인과 반복적인 토론과정을 거치면서 회상의 장면들을 더 간결하고 더 명쾌한 독일어 문체로 완성해 나갔다.

1944년 3월 26일, 이미륵은 아직 제목이 확정되지 않은 가칭 '한국에서의 어린 시절 이야기'의 원고에 대한 초안을 피퍼 출판사에 보냈다. 평소 피퍼 출판사의 오랜 전통성을 높이 평가했던 그는 그곳 출판사에서 책이 출판되길 간절히 염원하고 있다는 뜻을 담아 라인하르트 피퍼 Reinhard Piper에게 편지를 보냈다.

"존경하는 피퍼씨,

지난 편지에서 당신의 정감어린 글에 진심으로 감사드립니다. 지난 주 예상치 못했던 사건들 때문에, 당신이 썼던 것처럼, 정신적 안정이 절대적으로 필요한 교정 작업을 제대로 진행할 수 없어서 힘들었습니다. 지금은 잘 진행되고 있으니, 늦어지는 일 없이 정해진 기간 내에 끝낼 수 있게 될 겁니다. (...) 당신도 느끼게 되겠지만, 나의 이야기는 단순히 내가 어릴 적 체험했던 정취를 담고 있는 형상들입니다. 나는 어떤 특정 분위기 속으로 몰아갈 수 있을 모든 기술적인 표현들을 피했고, 동양 사람들의 내면에는 그렇게 잘 맞지 않는 세상 속 사건들에 대해서는 매우 신중하게 접근했습니다. 단지 그것이 내 것이었기에 확신할 수 있었던 동양 사람들의 영혼을 순수한 형상들로 표현하고자 했습니다. 가칭 '수암과 미륵'을 전체 타이틀로 하고 있는 책의 내용은 다음과 같이 나누어지게 됩니다.

책 1. 나는 또래의 사촌 수암과 함께 순수한 한국적 환경 속에서, 중산층 가정에서 근심 없는 어린 시절을 함께 보냅니다. 나는 이른바 옛날 방식의 서당에서 한자를 익힙니다.

책 2. 나는 여기에서 아버지가 이끄는 대로 머뭇대며 신식학교의 문턱 너머로 들어갑니다. 새로운 학문의 수업과 유럽의 너무도 아름다운 그림들에 매료당합니다. 아버지가 돌아가신 후 학교를 그만두게 되는데,

나의 모친이 현대 교육에 가치를 두지 않았기 때문입니다. 나는 일 년 넘게 해안가에 있는 부모님 소유의 소작농 마을에서 지냅니다. 그 후 어머니는 다시 내게 학업을 허락하고, 나는 시험에 합격해 국립대학의 학생이 됩니다. 이야기는 3·1 학생운동과 유럽여행의 시작으로 끝납니다.

 책 3. 중국을 거쳐 작은 중부 독일의 대학도시에 이르는 여행은 정취 가득한 그림으로 펼쳐집니다.

 이 이야기는 한국에서 보냈던 내 어린 시절에 대한 아주 세밀한 초상입니다. 이야기가 시작되는 작은 도시는 한국 중부 서해안에 있습니다. 그 곳은 세기의 전환 1899년 무렵 내가 태어났던 곳으로, 나는 이 부분에 대해서는 객관적인 소견만 묘사합니다.

 독일에 도착한 후 나는 의학을 계속 공부했지만, 중병에 걸려 중간에 그만두고 말았습니다. 병에서 완쾌된 후 나는 동물학을 전공하게 되었고, 1928년 박사학위를 받았습니다. 그 후 나는 개인적으로 여기저기서 언어를 가르치며 살았고, 내 삶에 대한 스케치를 시도하게 되었습니다."[107]

편지를 보낸 지 3개월 만에 출판사로부터 답신이 왔고, 1944년 7월 6일, 그는 마침내 역사와 전통을 자랑하는 독일의 유명한 피퍼 출판사와 정식으로 출판계약을 체결했다.

그의 '생'은 마침내 진정 살만한 이유로 충만해졌다. 비명을 지르고도 환호할 수 있는 생존의 치열한 모순을 획득한 그의 생득 철학이 실천적 행동 속에서 점차 그 빛을 발하기 시작했다.

---

[107] 1944년 3월 26일, 출판사 사장 R. Piper에게 보낸 편지 내용 全文.

무위의 카오스

미륵이 예단했 대로 독일의 상황은 점점 악화되었고, 계속되는 연합군의 융단폭격으로 도시들은 파괴되고 황폐해져 갔다. 그래펠핑은 피해가 크지 않았지만, 근처 가우팅이나 뮌헨의 도심은 무너진 건물들의 잔해더미로 흉물스럽게 변해갔다.

무엇보다 나치의 광기 어린 전쟁 행각과 유대인 대학살 사건! 인간 영혼의 순결성을 박탈하고 자유를 억압했던 제3제국의 멸망은 처음부터 예견되었던 당연한 결말이었다. 처참하게 살육된 주검의 비릿한 냄새, 포연 속에서 휘청대는 상처 입은 영혼들의 절규. 그야말로 독일은 신성神聖이 무너져 버린 무위無爲의 카오스 상황으로 침몰해 가고 있었다.

쏟아지는 폭격의 무시무시한 굉음 사이로 황급히 자전거 페달을 밟고 달려오는 너무도 비현실적인 장면의 중심인물은 바로 한국인 이미륵이었다. 검고 둥근 뿔테 안경 너머로 무척이나 상기되어 보이는 그의 검은 눈동자가 희뿌연 포연 속에서 시뻘건 불길을 뿜어대고 있는 폐허 속을 헤집고 다녔다. 때마침 무너진 건물 밖 저만치 걸어오고 있는 낯익은 얼굴, 그는 미륵의 친구 가브리쳅스키였다. 두 사람은 아무 말 없이 서로를 바라보고 서 있을 뿐이었다.

"이미륵은 내겐 유일하게 각인되었던 '진정한 왕'의 화신化身이었습니다. 어느 날엔가 공습이 끝난 후 화염에 휩싸인 집을 빠져 나오려 할 때 그가 바로 앞에 마치 왕처럼 나타나서 내가 아직 살아 있는지를 확인하였습니다. 그것도 그분 혼자서 나를 찾아왔던 거지요"[108]

불타는 광란의 도시를 빠져나온 두 남자. 전쟁 속에서, 아니 극도로 피폐해진 정신적 고난 속에서 이미륵의 선행이 빛을 발했다. 곤경에 처한 불쌍한 사람을 온몸을 던져서라도 기필코 구해내는 그의 어진 행동은 진정한 우정의 본보기가 되었고, 그의 친구 가브리쳅스키는 그를 평생 존경하였다. 그는 '옳지 않음'엔 늘 날카로운 웅변을 토했고, '선을 행함'엔 늘 소리를 낮추었다.

"가우팅의 니벨룽엔슈트라쎄에 살 때였습니다. 무시무시한 폭격이 끝나자 이미륵 박사가 (모자를 쓰고) 자전거를 타고 찾아 왔습니다. 그는 집이 너무 많이 파괴되었으니 자기 집으로 가자고 하더군요."[109]

1945년 5월 7일, 마침내 독일은 패망했다. 수백 만의 독일인이 전사했고, 수백 만의 유태인이 학살되었으며, 수백 만의 연합군이 목숨을 잃었던 유혈의 전쟁은 끝이 났다. 그러나 살아남은 자들에겐 또다시 생존을 위한 복구의 혹독한 시련이 기다리고 있었다.

독일의 패전이 선포된 지 한 달여 만인 1945년 8월 15일, 일본 천황의 무조건 항복으로 한국은 해방되었다. 차오르는 기쁨과 한없는 감격에도 그는 침묵했고, 홀로 깊은 감회에 젖어야 했다. 얼마나 간절히 기다려왔던 순간이었던가. 당장이라도 귀국을 서둘러야 했지만, 그는 짐을 꾸리지 못했다. 그것은 참혹한 독일의 상황으로 깊은 절망감에 빠져 있는 자일러 가족들과 친구들을 폐허더미 속에 남겨두고 홀연히 고향으

---

108 1972년 11월 24일. Georg Gabritschevsky가 정규화에게 보낸 편지 내용 중에서.
109 Dr. Ludwig Döderlein이 정규화에게 보낸 편지내용 중에서.

로 떠나 버릴 수 없었기 때문이었다. 그들 모두는 한때 가난하고 고독했던 동양의 한 청년에게 따뜻한 인정을 베풀어 주었던 은인들이었다. 한국을 떠나올 때 그의 나이는 스물하나였다. 그리고 마흔 여섯이 된 작금의 그는 그때보다 스물다섯 해라는 더 많은 세월을 그들과 함께 했다.

초로初老의 자일러 교수 부부에게 미륵은 아들과도 같은 정신적 버팀목[110]이었다. 그들에게 미륵의 부재는 상상조차 할 수 없는 허무의 고통이었다. 전쟁 후 독일 사람들이 치러야 했던 시련은 육체적인 것보다는 정신적 몰락과 패배감의 우울이었다. 그들 모두는 정신적 가치를 회복할 수 있는 고귀한 문화생활을 갈망했고, 왜곡된 본질을 바로 잡을 수 있는 새로운 삶의 내용물들을 찾아내려고 고군분투했다. 전쟁이라는 살육의 현장 속에서 사람들은 단지 '살아남아야 하는' 과제를 완수하면 되었지만, 몰락한 현실은 재건을 위해 살아가야 하는 처절한 몸부림을 강요했다. 당시 독일인들에게 가장 절실했던 것은 당연히 몰락한 자아를 부추겨줄 만한 건전한 '인간적 초상'을 세우는 것이었다.

사람들은 카페 혹은 누군가의 집에 모여 정신적인 모든 것에 관해 치열한 토론을 벌였다. 그래펠핑만 해도 여러 개의 토론단체가 있었고, 최소한 세 개의 문인단체가 있었다. 미륵은 작은 서점을 운영하는 볼게무트 부인 집에서 열리는 수요일 저녁 모임에 참여했다. 전쟁 중에 남편을 잃은 미망인 볼게무트 부인은 주워 모은 헌책들을 팔기도 하고, 빌려주기도 하며 생계를 꾸려가야 했다. 딱히 서점이라고는 할 수 없는 그녀의 작은 거실은 문인들이며 의사들과 예술가들이 뜻을 함께

---

110 쿠르트 후버와 이미륵은 매우 친한 사이였다. 후버 박사가 처형당한 이후 공교롭게도 이미륵도 독일 경찰의 감시대상자가 되었다. 롯데 뵘플러 여사의 증언에 의하면 이때 자일러 교수가 이미륵의 안전을 위해 많은 노력을 했고, 이것은 이미륵에게 대한히 중요한 일이었다고 회고했다.

나눌 수 있도록 개방된 토론공간이 되었다. 모임에서 특히 미륵은 모든 문제를 상황에 따른 직관적 통찰과 현학적 판단을 통해 실천적인 해결방식을 제시하여 사람들에게 깊은 감동을 주었고, 점차 모임의 정신적인 지도자 역할을 하게 되었다.

"그는 모임의 정신적 지도자였다. 사람들은 모든 문제에 대해 현명하고, 심오하면서도 자발적으로 행할 수 있는 견해를 기대했고, 수많은 문제에 대한 해답을 얻고자 그에게 의견을 묻곤 했다. 그는 우리 모두에게 오랫동안 깊은 인상을 남겼다."[111]

안궁安窮의 생 철학

미륵이 귀국을 망설였던 데에는 여러 이유가 있었다. 무엇보다 예상치 못했던 고국의 정치 상황과 또 다른 한편으로는 그를 기다려 주는 정인情人들이 고향 땅에 남아 있지 않았던 그의 개인적인 현실이 그를 머뭇거리게 했다. 마땅히 누려야 할 가슴 벅찬 기쁨보다는 오히려 미묘한 두려움의 감정이 교차하는 이율배반적 감회에 그는 혼란스러웠다.

"한번은 이미륵이 실망할 것이라는 두려움 때문에 고향으로 다시 돌아가지 못했다고 말했죠. 그토록 사랑했지만 떠나와야 했던 고국에

---

111 1973년 Hans Dolezalek가 정규화에게 보낸 편지내용 중에서.

서 그는 자신이 기억하고 있던 그 어떤 것도 찾을 수 없으리라는 것을 알고 있었으니까요."[112]

해방된 조국이 상해 임시정부에 의해 이끌어지게 될 것이라는 미륵의 예상은 빗나갔다. 그는 무엇보다 미국 정부를 등에 업고 등장한 이승만이 정권을 잡게 된 것에 매우 실망하였다.[113] 미륵은 독일 나치의 광폭한 독재정치를 겪으면서 이미 정치에 대한 일체의 환상을 비워냈다. 다만 1920년대에 순수한 조국애로 상해 임시 정부에서 함께 의기투합했던 젊은 시절의 순수한 구국의 열정은 지워버릴 수 있는 게 아니었다. 죽음의 광란을 불러왔던 세계대전 현장에 있었던 미륵은 정치적 윤리부재가 얼마나 큰 재앙을 불러왔는지를 직접 목격하였다.

해방 후 독자적인 정치 능력을 미처 갖추지 못한 채 독립을 맞이한 한국 정치사회의 미성숙 상황도 염려하지 않을 수 없었다. 나치의 몰락을 예단했던 그였지만 전쟁의 패배 이후 연합군에 의해 분열되어가는 독일의 정치적 혼돈과 와해의 상황을 지켜보면서 그는 한국 정치의 미래도 어느 정도 예측할 수 있었다. 그러나 그것은 한 개인의 도덕적 판단만으로는 어쩔 수 없는 시류였다.

그의 실제 고민은 오히려 그 자신의 내부사정에 있었다. 누군가 간절히 기다리는 정인이 있을 때 고향은 지친 고독을 내려 놓을 수 있는 영혼의 안식을 위해 반드시 돌아가야 할 마음의 길을 열어준다. 그러나 그의 고향엔 그의 부모도, 그리고 그의 단 하나밖에 없던 아들 명기조

112　Nobert Lattrich의 편지(1999년 5월 1일)에서 Frau Gundert가 진술한 부분 인용
113　1973년 1월 12일, 베른하르트와 정규화와의 인터뷰에서 '이미륵이 이승만의 독재를 좋아하지 않았다'고 진술했다.

차 10여 년 전인 1938년 어느 날, 늑막염에 걸려 폐인이 되어버린 채로 구월산으로 들어가 영원히 자신의 족적을 완전히 지워버려 누구도 그의 생사를 알 수 없었다.[114] 당시 아들 명기의 나이는 겨우 열여덟 살이었다. 짧은 생을 살고 간 아들의 슬픈 운명조차 지켜주지 못했던 미륵은 처절한 회한의 정을 누구도 들여다 볼 수 없도록 가슴 속에 깊이 묻고는 완전히 밀폐시켜 버렸다.

육신의 상처는 그 환부를 도려내는 살 찢기는 고통만 참아내면 종국에는 아물 테지만, 자식 잃은 상실감은 아린 통증을 심포에 퍼트려 건드리면 건드릴수록 팽창되어 부풀어 오르는 생채기가 되는 까닭에 미륵은 그 자신조차 볼 수 없도록 단단히 밀폐시켜 버리는 게 최선이었다.

유품 속에 끼어있던 친필 습자 회문시回文詩(사진: 잡지 〈Stimmen der Völker〉에 실린 친필)는 '무위의 카오스' 한 가운데서도 오롯이 살아남아 반드시 돌아갈 '때'를 기다리며 한 번 더 인내해야 했을 그의 견고한 다짐을 엿볼 수 있게 한다. 그것은 텍스트의 마지막 초자草字 '의疑'가 그 뜻 그대로 의미심장한 의혹을 부추기는 까닭은 시 자체에 내재해 있는 역설적 의미 때문이다.

文回錦織倒妻思, 아내를 생각하며 비단에 회문을 짓네.
斷絶恩情不學痴: 사랑의 정을 단절한다고 치욕될 거며

---

114 1973년 4월 이미륵의 누이 이의정의 증언에 따르면, "이미륵은 삼대독자로 태어났으며, 11살에 결혼했고, 부인의 나이는 17세였다. 결혼 7년 만에 첫 딸을 낳았지만, 첫 딸이 세 살 때 죽었다. 그리고 첫 딸이 죽은 1년 후 아들 명기가 태어났고, 딸 명주는 명기가 태어난 3년 후에 출생했다고 했다."고 한다. 또한 "아들 명기는 18세 때 늑막염이 생겨 폐인이 되었고, 이것을 비관하여 구원산에 입산하여 생사를 모른다."

雲雨塞歡終有別, 운우의 정이 이별한다고 끝날 건가.
分時怒向任猜疑. 이별할 때 성냄은 의혹 때문이었을 테지.

이미륵은 '회문回文'의 역逆 · Inversion[115]을 가슴에 새기며 '고향으로 돌아가는 학鶴'이 마침내 머물게 될 안빈安貧의 누樓를 꿈꾸었을 것이며, '한 번 더' 때를 기다리는 인고의 삶을 선택했다.

疑猜任向怒時分, 의심과 의혹으로 화를 내며 헤어지니
別有終歡賽雨雲: 이별로 운우의 정 끝날 건가.
痴學不情恩絶斷, 치욕이 사랑의 정을 끊지 못할지니
思妻倒織錦回文. 아내를 생각하며 비단에 회문을 짓고 있네.

미륵은 특히 이 시를 수차례 습자했다.
자字의 획을 칠 때마다 붓끝에서 간절했을 그의 고독한 정한情恨!.
그의 심정은 〈회문시〉의 작가 이어李漁(1611년-1680년)의 그것과 다르지 않았다. 이어의 단편 소설집 『십이루十二樓』 가운데 아홉 번째 단편인 「학귀루鶴歸樓」에 삽입된 〈회문〉은 작가 자신의 철학을 반영했던 주제적 모티브였다. 단편 「학귀루」는 송 휘종(1101~25) 때의 정치적 상황을 소설의 배경으로 삼고 있으며, 그것은 명·청 시대의 타락한 정치계를 떠나 스스로 가난과 고통의 삶을 선택했던 작가 이어의 안궁 철학을 반영하고 있다.
미륵은 진정한 영웅의 삶이란 어지러운 시대에 타협하기보다는 올바른 정치 세계가 펼쳐질 때까지 인내하고, 또 스스로 더 큰 고통 속에 온몸을 투신하는 실천적 용기에 있다고 생각했다.

---

115 회문의 역逆은 마지막 '의疑'자를 시작으로 해서 역순으로 문자를 배열한 시문이다.

"정신을 침몰시키는 홍수가 지나가고 나면 원래의 순수한 흐름이 다시 일상으로 되돌아온다." 고 확신하는 그의 동양적 믿음 때문이었다.

단편소설 〈학귀루〉의 결정적인 주제적 단서라고 할 수 있는 '회문시'는 단순히 아내에 대한 '정'이나 '사랑'을 이야기하고자 하는 게 아니다. 그것은 오히려 끝까지 서로를 향한 믿음을 지키고자 인내하는 사람 사이의 '신의'를 역설하는 데 있었다. 소설 〈학귀루〉의 시대적 배경인 송나라 휘종 시대는 이미륵의 소설 〈압록강은 흐른다〉에 비극적 종말의 한 장면으로 회고되고 있어서 미륵의 〈회문시〉는 더욱 특별해 보인다.

"저녁에 나는 송 왕조의 비극적 종말을 곰곰이 생각했다. 무능해진 황실은 이리저리 은신처로 도망 다니다가 종국에는 바다에 이르렀다. 그러나 잔혹한 몽골 장군은 추격을 계속했고, 그는 함선을 타고 황제의 배에 접근했다. 그 배에는 두려움에 떨고 있는 열두 살의 왕세자와 찬란했던 송 왕조 최후의 신하였던 재상만이 남아 있었다. 그는 한참을 미동도 없이 낙양을 바라보더니 송 왕조의 옥새를 가슴에 묶은 뒤 어린아이를 안고 함께 파도 속으로 뛰어들었다."[116]

끝내 살아서는 귀향을 하지 못했던 미륵의 회문回文에 담긴 역설.

마지막 붓끝에 눌려 담긴 공허한 의혹은 단지 아내에게로 향한 '정'이 아닌, 오히려 그 자신이 온몸으로 지켜내고자 했던 구국의 신념과 그 자신의 생에 대한 경건한 신의였다.

그는 언제나 스스로 곤궁한 생을 선택했다.

꿈에 그리던 고향 땅을 밟지 못하고, 한 번 더 인내해야 했을 그의 고독하고 슬픈 절망감을 누군들 가늠조차 해 볼 수 있을까!

---

116 Mirok Li, Der Yalu fließt 197쪽.

미륵의 생 철학 근간은 불행한 시대를 살다간 중국의 문인 이어가 추구했던 '안궁 철학'과 닮아있다.

시대 흐름을 관통했던 두 천재의 날카로운 지성이 오늘날 우리에게 던지는 역설적 가치는 자못 감탄스럽다.

'푸른 압록강'의 기적奇蹟

혹한의 겨울을 이겨낸 대지는 언제나처럼 세상 가득 따스한 온기를 품는다. 그렇게 어김없이 봄은 찾아왔고, 1946년 5월, 그의 소설 〈Der Yalu fließt. 압록강은 흐른다〉가 출판되었다.

수십 번 아니 수백 번의 조탁으로 연신 울려대던 타자기의 둔탁한 탁성도 멈추었고, 밤낮없이 각고의 고통으로 충혈되었던 두 눈도 이젠 잠시 휴식을 취할 수 있게 되었다. 1935년부터 시작된 십 년간의 고된 작업이 마침내 끝이 난 것이었다.

전쟁으로 황폐해진 독일 땅에서 그의 소설은 마치 수국水菊의 고결한 화사함으로 만개했다. 책이 출판된 지 3개월 후 전혀 예상치 못했던 일들이 벌어졌다. 독일에서 이름난 잡지와 지역신문에 연이어 화려한 찬사의 글들이 쏟아지기 시작했던 것이다.

"이 책은 매혹적인 삶으로 충만한 낯선 문화의 먼 나라 신비로운 이야기일 뿐 아니라, 마지막 행에 이르러 깊은 감동으로 독자의 마음을 움직이는 그의 고국 땅에서 나온 큰 울림이다. 그곳에서 모든 것은 격정과 힘을 얻는다. 우리는 작가가 고향이라고 말하는 동양의 신비한 나라, 수천 년 동안 유지해온 심오한 정신과 본성 그대로의 순수성을 강탈했던 일본 군대의 포악성에 밤새도록 생각의 끈을 놓지 못했다. 이미륵의 어린 시절은 아버지의 유산으로 울쳐 있었고, 부유하게 태어난 그의 정신적 기질은 비슷한 성향을 지닌 중국의 문화를 섭취할 수 있었다. 그러나 얼마 후, 그는 그때까지 살아온 자신의 삶과는 전혀 다른 새로운 세계로 뛰어들어가게 된다. (...)

 그는 자신의 이별이 그토록 오랜 세월 계속될 거라는 걸 예상하지 못했다. 그는 독일에서 학업을 계속했다. 그리고 이곳 독일에서 제2의 고향을 찾았다. 그러나 그의 가슴은 늘 연평도와 고요한 송림, 고향의 언덕, 그리고 한국에 두고 떠나온 사랑했던 사람들을 그리워하고 있다. 너무도 섬세하고 순수한 책이다!"[117]

독일의 독자들은 전혀 알지 못했던 '낯선 나라 한국'에서 망명 온 작가 이미륵의 삶에 호기심을 보였고, 점차 글을 읽어나가면서 작가의 간결한 독일어 문체의 예술성에 감동했으며, 마침내는 어린 미륵의 순결한 영혼에 매료되었다. 그것은 전쟁으로 상처 입은 그들의 영혼을 치유해 주었고, 실향의 고독에 빠진 작가의 허무와 외로움에 공감했다.

이미륵의 소설 〈압록강은 흐른다〉는 독일인들에게 한국 사람, 한국 문화, 한국 역사를 고결하고 품위 있는 동경 상으로 각인시켰고, 그들의 끔찍한 살육 판에서도 고결하고 순수한 정신세계를 지키고 있었던 한국인 이미륵을 깊이 흠모하게 되었다. 그리고 무엇보다 일본에 의해 오랜 세월 강제 점령당해야 했던 비극의 역사 속에서도 자유로운 영혼의 순결성을 굳건히 지켜낸 고귀한 문화국, 한국에 존경심을 표했다.

---

117 1946년 7월 21일 Sonntagsbote에 실린 서평.

⟨압록강은 흐른다, 피퍼 1946 : 에오스 출판사, 1996⟩

"독일어로 쓰인 작가의 자전적 어린 시절에 대한 회상은 작위적이지 않은 아주 간단명료한 언어로, 낯선 먼 나라의 꿈의 환희로 충만하고 또 자유를 사랑했던 사람의 실존을 기록하고 있다. 이 책은 다른 많은 책에서 흔히 나타나는 인기를 노리고 지나치게 부풀리는 모험의 환상과는 거리가 멀다. 숨 가쁘게 쫓고 쫓기는 이야기도 없고, 무서운 비밀을 쫓는 무시무시한 내용도 없고, 가느다란 눈매가 매력적인 아름다운 공주도 없고, 마법에 취한 신전지기도 없으며, 잔인한 공개 처형장면이나 비밀스러운 제물의식도 없고, 몸서리치게 잔인한 유혈 폭동도 없고, 지적인 남자와 우아하고 상냥한 여인 사이에 불타오르는 열정이 독자의 피를 격동 치게 하여 마음을 산란하게 만드는 내용도 없으며, 소름 돋는 오싹한 감성적 유혹도 없고, 이상한 세계에 대한 상상에 빠져 비밀스러운 비현실에 침몰당하는 낭만적이고 염세적인 진부한 허식도 없다. 그것은 마치 사람이 태어나, 그냥 그대로 살아가는 모습을 담고 있으며, 이곳저곳 어디서든 체험하고 겪을 수 있는 어린 시절, 청년 시절에 대해 아주 섬세한 유머로 다정한 가슴을 표현하는 진실한 이야기만이 있을 뿐이다. 다만 다른 것이 있다면 어린 시절과 청년 시절의 이야기가 펼쳐지고 있는 곳이 낯설다는 것뿐이다. 한국은 황해와 일본 해협 사이에 있는 산이 많고, 땅이 기름지고, 그리고 품격 있는 문화를 지닌 반도국이다.

 몽골족의 침략으로 수 천 년의 잠에서 깨어나, 16세기 이 후 자유를 지켜왔지만, 러시아-일본 전쟁의 발발로 결국엔 이웃 섬나라의 통치를 받아야 했던 나라! 바로 그 시대에 소년 미륵은 만주 국경 근처 평화로운 고향 땅에서 성장했고, 부친으로부터 지혜와 존경심을 교육받았다. 그 후 유럽으로 건너와 새로운 학문의 세계로 거리낌 없이 걸어 들어갔다. 그러나 순수한 존경심과 경이로움으로 충만한 수 천 년 역사의 나라, 유럽이라는 나라를 "어두운 밤을 밝혀주는 다른 시대를 갖다 준" 위대한 나라로 우러러보게 했지만, 동시에 우리는 수치심을 느낀다. 이 동양인은 단지 서양의 기술적 결과물인 진보만을 믿었던 것이 아니다.

 "걱정하지 말게. 우리의 귀한 손님은 유럽에서는 누구도 바닥 위에 떨어진 남의 물건을 가져가지 않는다네!"라든지 혹은 "유럽에는 미개한 나라에나 있는 주인과 하인 같은 관계는 없다네."라든지 하는 유럽의 고상한 윤리성도 믿었다. 지독한 경멸의 소리가 우리의 귓가에 되 울려오고 있는 것이 들리지 않는가? 그는 우리가 이처럼 타락하리라고 예측이나 했을까?

 이미륵은 일본의 식민에 대해 묘사하면서 이러한 경멸에 찬 소리를 무서운 비난으로 상승시키고 있다. "우리나라엔 평화가 지배한다." "나는 여태껏 사람을 속박하고 사람을 피투성이가 되도록 구타하는 것을 본 적이 없다."라고. 1946년, 현재를 살아가고 있는 우리 유럽인들은 우리가 겪었던 현실 속에서 이 문장들을 상상이나 할 수 있을까?

 이 책을 통해 우리는 위대한 승리를 거둔 수 천 년 오랜 문화를 지닌 먼 낯선 나라의 전통과 생활방식을 아주 자연스럽게 이해할 수 있게 되었고, 깊은 신뢰감을 느낄 수 있었다. 그것은 더 강한 것 혹은 더 영속적인 것보다는 평화로움과 순결함, 그리고 '선'에 대한 강한 믿음을 우리 속에서 불러일으켰다. 이 책의 모든 행간에서 우리는 영원함에 대한 작가의 믿음이 인식이나 경험에서 나온 것이 아닌 그의 심오한 내면에서 흘러나온 것임을 느낄 수 있다. '한국에서의 어린 시절 이야기'로 대륙과 바다를 견고하게 연결하여 두 세계가 결합하도록 다리를 놓아 준 진정한 휴머니스트 이미륵에게 감사한다.

사람에게서 사람에게로 이어지는 그의 가교는 영원함의 중심 기둥이라고 할 수 있는 진실, 자유, 정의, 사랑으로 연결된다."[118]

패전은 곧 패배의식을 부추겼고, 독일 사람들은 모두 패자로서의 절망과 좌절을 경험해야 했다. 그들의 마음은 시간이 지날수록 더욱 황폐해지고 공허해져 갔다. 종전 후 대부분의 독일 작가들은 죽음, 폐허, 잔인성을 폭로하는데 몰두했지만, 이미 제1차 세계대전을 겪었던 독일 시민들에게 또 다시 전쟁의 잔혹상을 다루는 소재들은 진부했다. 그것은 무력증을 심화시킬 뿐이어서 냉소적인 사람들도 생겨났다.

이미륵의 소설은 그들의 맑고 순수했던 때의 평화를 떠올리게 했다. 책을 읽는 순간 사람들은 그의 순수한 동경의 세계에 발을 들여놓게 되었고, 마침내 작가의 고향 푸른 압록강을 건너 그들 자신의 이자르 강 혹은 마인 강 혹은 라인 강 혹은 넥카 강으로 이르는 자긍심으로 회복시켜 나갔다.

"일본인들은 가장 고귀한 문화국, 한국을 세상에서 잊혀지게 만들었다. 그들은 고립과 불통의 벽으로 한국을 둘러쳤다. 그리고 그곳으로 들어가는 입국허가를 불허했다. 그들은 첩자와 비밀경찰로 한국을 감시했다. 30년 동안, 한국 사람들은 작은 목소리로 제대로 속삭이지도 못했다. 일본 경찰에 쫓겨 고국을 떠나야만 했던 한국인, 이미륵은 〈압록강은 흐른다 - 한국에서의 젊은 시절〉이라는 타이틀로 먼

---

[118] 1946년 7월 Welt und Wort에 Ludwig Hartung가 기고한 서평 중에서.

조국에 대한 생각과 회고집을 썼다. 그것은 독일어로 되어있고, 특히 우리가 처한 상황 때문에 더 큰 매력을 주었다. (...) 한국인에 의해 쓰인 이 놀라운 독일어 산문은 아주 간결해 보이는 그 투명함이 마치 켈러를 연상시킨다. 투명함이란 그것을 읽으면서 낯선 세계로 이끌려 들어가는 순수한 즐거움을 말한다.

이미륵은 어린 시절 교육을 통해 〈인간성을 위한 가르침〉을 즐겨 노래하는 것을 익혔고, 그때의 어린 시절에 대한 옛이야기를 밝고 투명하게 묘사하고 있다.

고향 집, 부모와 누이들은 민족 고유의 훌륭한 문학적 지식을 전해 주었고, 일본사람들이 그들의 오랜 문화와 통치 구조를 급속도로 와해시키면서 야만적으로 일본화를 강요하여 나라를 점령하였을 때, 잔혹하게 생명을 유린하는 단락에서 독일 사람들은 모두들 자신의 학창시절을 다시 떠올렸다. (...) 이 아름다운 책은 한 때 모든 문명 세계에 빛을 전달했던 성화주자, 독일에서 새로운 빛을 찾고자 했던 - 그러나 지금 이곳은 망각 속에 빠져버렸지만 - 작가가 독일에서 보냈던 긴 세월은 이야기하고 있지 않다. 사람들은 동양의 먼 나라 이야기에서 오히려 독일을 그리워하게 되었다. 독일의 진부한 미션이 이러한 동경을 향한 목표가 되길 기대해 본다."[119]

이미륵이 독일로 망명길에 올랐던 것은 시대적 흐름에 어쩔 수 없었던 선택이었지만, 그는 동양의 도덕적 실천철학을 실행에 옮기면서 늘 자기균형을 유지했다. 오히려 그의 생은 더욱 견고해졌고, 그의 삶은 완벽한 한국인의 삶 그 자체였다. 독일은 결코 그에게 제2의 고향일 수 없었으며, 언젠가 돌아갈 아버지의 땅만이 그에겐 유일한 고향이었다. 떠나올 때 가슴에 새겨 놓았던 고국을 그는 그대로 마음속에 품고

---

119 1946년 12월 3일. Berliner Zeitung에 실린 서평 중에서.

살았으며, 그가 어디에 있든 고국은 늘 그와 함께였다.

그가 아버지의 단 하나의 아들이었듯 그에겐 오롯이 그 아버지의 땅만이 그의 고향이었다. 그것은 온갖 고난 속에서도 아들로서의 책무를 수행할 수 있게 했던 생의 원천적 힘이었으며, 그의 삶 전체를 떠받치고 있었던 정신적 뿌리였다.

알프스산에 올라서도 그는 늘 고향의 수양산 언저리를 휘감고 흐르는 바람 자락을 느꼈고, 거대한 알프스의 호숫가에 앉아서도 유유히 흐르는 압록강을 떠다니는 일엽편주의 호젓한 외로움을 즐겼다. 독일인들은 이미륵의 작품을 통해 그들 자신의 향수를 끄집어냈다고는 하지만, 이미륵은 이미 그것으로부터도 자유로웠다. 생각이 닿는 그 어디에서든 그는 자신을 초극할 수 있었고, 심정의 속절없는 '착着'에서 벗어나 스스로 자유를 일깨우는 동양의 심오한 철학적 지혜를 터득하고 있었다.

식민의 조국은 그의 숙명이었지만, 그것으로부터의 이탈은 속박의 '생'을 떨치고 나와 원천적 자아를 발견할 수 있게 했던 그의 정해진 운명이었다. 그런 까닭에 그는 정신의 무한한 자유 공간에서 끊임없이 모험을 감행할 수 있었고, 단 한 번의 망설임도 없었다. 그는 항상 자유로웠으며, 구태여 표현하지 않아도 더 많은 것을 볼 수 있는 혜안의 구체적 실현을 그의 독창적인 필법을 통해 구현해냈다. 순수한 인간으로서의 확고한 그의 신념이 때로는 강하게 때로는 부드러운 터치로 우아하고 담백한 수묵화를 그려낼 수 있게 했던 것이다.

"이 책에서 작가의 섬세한 감정과 고결한 품성이 고귀한 지혜 속에서 사랑과 온후함으로 아들과 생을 함께 했던 어머니의 훌륭한 교육을 통해 이루어졌다는 사실을 깨닫게 해 주고 있습니다.

이 책은 모든 독자에게 작가의 고향에 대한 연민을 일깨웁니다. 나는 당신에게, 진심 어린 인사를 보내고 싶습니다. 이 책은 내게 아름다운 휴식시간을 주었으니까요."[120]

한국인 이미륵의 자전적 이야기는 지독한 실향의 상실감에 빠져 있는 독일인에게 온후한 어머니의 품 속을 일깨워주었다. 아름다운 일상의 평화를 갈망하는 그들에게 어린 시절 정감으로 파고 들어오는 온후한 '마음속 선善'이 그들의 마음속으로 잔잔하게 흘러 들어가, 일상의 호흡으로 들고 날 때처럼 적절한 따스함으로 감싸 도는 순수한 온기를 느끼게 했다.

전쟁의 차가운 냉혈의 기운이 사람들의 가슴을 쓸고 지나가 거죽밖에 남지 않아 갈라지고 터져버린 육신의 황폐함, 섬뜩한 광기를 품고 있는 폐허의 잔상들, 그것은 모든 사람의 허탈해진 망아의 자화상이기도 했다. 그의 글은 꿈결처럼 스민 고향의 향기를, 어머니의 체취를 갈구했던 '고독한 자'에게 잊혀져 있었던 연민을 끄집어내어 빈 가슴을 다독여 주는 아름다운 쉼터를 제공했다.

수많은 독일 독자들은 어린 미륵의 순수성에 매료되었고, 무심히 흐르는 압록강의 푸른 투명함을 동경했다. 그의 작품은 그들에게 생의 원천적 아름다움을 회고시켜 새로운 감흥으로 생의 활기를 회복시켜 주었다. 그것은 누구에게든 속 깊은 어딘가에 간직하고 있을 아련한 기억들을 회상시켜 화폭 속 풍경으로, 혹은 스쳐 지나간 고향의 전경으로, 그리고 마침내는 그들의 생으로 스스로 채색하도록 순백의 화지 畵紙를 독자들에게 선사했다.

---

120 1946년 10월 18일, Max Artelt 대위가 이미륵에게 보낸 편지내용 중에서.

〈압록강은 흐른다〉의 작품 분석의 변辯
- 순수의 초상을 세우다

자전적 소설이 그렇듯, 이야기는 시간의 순차적 진행을 통해 전개된다. 이를테면 유년에서 소년으로 그리고 청년으로 성장해 가는 일인칭 '나 - 미륵'과 인물들. 그 사이의 연결과 지속성을 보장해주는 시대적 공간적 모티브들의 배열. 이때 모티브들의 배열은 개별 장면들을 이야기의 극적인 맥락으로 끌어내기 위해 반드시 요구되는 강제적 구속력을 지니지 않는다. 마치 장면들은 '떠오르는 대로' 배열되는 것으로 보인다. 역사적 실제 혹은 사실적 사건들에 대한 허구적 결합을 어떻게 실행할 것인지에 대한 작가의 시대적 갈등은 보이지 않도록 처리되었지만, 확실한 '역사 실제'를 내재적으로 흡수하기 위해 작가 이미륵은 스스로 '생을 스케치'하는 방식을 선택했다.

스케치란 사물을 혹은 전경을 보이는 대로 그릴뿐, 추상적 상징이나 은유를 덧칠하지 않고 내재적인 의미를 유도하기 위한 인위적인 매개 기법을 배제한다. 엄밀하게 말하자면, 아직은 행하지 않은 채로 혹은 결정하지 않은 채로 혹은 미완인 채로 남겨둠으로써 누구든 스스로 그 바탕 위에 자유롭게 채색하는 것을 허용하는 서술적 개방성을 의미한다.

세 부분으로 나누어져 있는 〈압록강은 흐른다〉의 개별 부분들에서 독자들은 '스케치된 바탕'의 형상적 요철로 드러나게 될 '인물'을 관찰하기만 하면 된다. 다만 때로는 '진경 속에' 때로는 '몽환적 꿈 속에' 마침내는 '현세적 운명 속에' 현존하는 인물 자체의 이미지 형상만을 그려내고자 했던 작가의 시대적 웅변에 독자들 스스로 귀 기울여야 한다.

제1부는 진경 속 인물, 즉 '뜰' 가운데서 천진스럽게 뛰노는 '아이의 초상'이다. 1935년 발표되었던 단편 〈수암과 미륵〉에서 작가는 구체적인 시대적 공간을 서술하면서, 그것에 대치되는 아이들의 유희 공간 '뒤뜰'을 소설의 허구로 들어가는 통로로 제시했었다.

"그 시절 두 어린 사내아이 수암과 미륵은 동아시아 무대에서 어릿광대극과 넌센스가 펼쳐지고 있다는 사실도 모른 채, 뒤뜰에서 흙 놀이를 하고 있었다."[121]

장편 〈압록강은 흐른다〉에서 작가는 '뜰'에 대해 좀 더 구체적으로 묘사하면서 공간적 의미를 부여한다.

"우리 집엔 여러 개의 뜰이 있다. 뒤뜰은 집 뒤에 있어서 그렇게 불렀다. 원형으로 지어진 집에는 방이 여섯 개이고 부엌과 마루가 있었으며, 그 한가운데 뜰이 있었는데, 여자들만 사용하는 안뜰이다. (…) 중문이 있는 낮은 담을 사이에 두고 두 개의 뜰이 있다. 오른쪽으로는 부친의 사랑채로 이르는 '샘뜰'이 있었는데, 우물이 있었기 때문에 그렇게 불렀다. 그리고 높은 솟을대문과 행랑채를 둘러싸고 있는 왼쪽 마당은 바깥뜰이라고 불렀다. 우리는 이 바깥뜰에서 놀았다. (…) 우리는 이 조용하고 넓은 뜰에서 아무의 방해도 받지 않고 재미있게 놀 수 있었다."[122]

'뜰'은 유희 공간이고, 그래서 뜰의 주인은 당연히 아이들이다. 작가는 주인공 '나'의 대상적 인물 '수암'을 그 '뜰' 한가운데 세워 놓고

121　Mirok Li, 「Suam und Mirok」, 『Atlantis』, 1935. 6월.
122　이미륵 저, 박균 역, 압록강은 흐른다. 살림 2016, 16-17쪽.

'나'를 통해 아이 수암을 관찰하게 하고, 그의 행동을 묘사하게 한다.

주인공 나와 아이 수암은 아주 달리 생겼음에도 쌍둥이이다. "수암은 뚱뚱하고 건강한 피부를 지닌 조그마한 사내아이였고 꽤나 살이 도톰하게 오른 볼과 유난히도 가느다란 눈꺼풀, 입술은 거의 보이지 않을 정도이고 귀염성 있는 코를 가졌다. 나는 그와는 다르게 바싹 마른 몸과 큼직한 눈과 큰 코를 가지고 있었다. 우리는 서로 떼 놓을 수 없는 단짝이었고, 같이 웃고 같이 울었던" 동체同體 관계의 쌍둥이인 것이다.

작가는 단순히 주인공 '나'의 자화상이 아닌, 아이다운 '초상'을 계획하고 있다. '뜰'은 다양한 유희들을 통해 아이다운 행동을 촉발하게 하는 공간 메커니즘이다. 미륵은 빈 뜰을 배경으로 하여 "내게 아주 재미있는 놀이를 가르쳐 주었던" 수암을 모델로 한 '아이의 초상'을 스케치한다. 그는 아이의 표상을 구체적으로 묘사하기 위해 아이다움을 발현시키는 놀이 장면을 서술 메커니즘으로 삼았다.

> "나는 수암이 언제나 신나는 일을 궁리하고 있다는 것을 잘 알고 있었기 때문에 즐겨 따라 다녔다."[123]

수암은 집안의 '뜰'을 벗어나 마을 밖 수양산 골짜기를 타고 내려온 맑은 '시내'에서 물장구를 치며 놀기도 하고, "성벽으로 나 있는 작은 길을 지나, 수많은 돌계단 위 탑 앞에서 제기차기도 하고, 씨름하기도, 아이들과 다투기도 한다." 이따금 수암의 장난은 매를 벌기도 했지만, 그는 잘 참고 견디는 '용감한 아이다움'을 지닌 '내'가 닮고 싶어 하는 아이의 초상으로 그려진다.

---

[123] 위의 책 17쪽.

'나'는 그와는 다르게 "방에 드러누워 병풍의 그림 보는 것을 좋아한다. 산이며, 바위며, 꽃이며, 시내며, 다리며, 기러기가 날아가고 있는 바닷가의 그림들." 그 가운데서도 특히 '나'는 햇빛 드리운 오솔길을 어슬렁대며 걸어가는 소의 그림을 좋아했고, 피리 소리에 취해 절로 흐뭇해지는 '영원한 평화'를 느끼게 하는 목가적 진경 속 사색하는 인물로 대비된다. 따라서 '나'는 사색하는 인물에 걸맞도록 '글'을 익히면서 성장하도록 배경이 설정된다.

> "그 책은 천자문이라고 표지에 적혀 있었고, (...) 백발서白髮書라는 부제가 첨부되어 있었는데, 아버지는 그 까닭을 책을 다 배우고 난 후에야 가르쳐 주었다. 그 책의 저자는 젊은 사형수였지만 뛰어난 시인이었다. 그의 재주를 아끼던 신하들이 그의 목숨을 살려 줄 것을 천자에게 간청하자, 천자는 천千개의 글자로 하루 만에 시를 지어야 하는 과제를 주었다. 그 젊은 죄수가 마침내 그것을 완성한 후 천자를 찾아갔지만, 천자는 그를 알아보지 못했다. 청년은 하루 사이에 백발 노인으로 변했기 때문이었다."[124]

천자문의 심오한 의미보다는 목숨을 구하기 위해 혼신의 열정으로 시를 지었던 백발 청년의 고독한 투쟁을 슬퍼하는 아이의 감성을 작가는 아주 가벼운 터치로 순수의 모습을 묘사하고 있다. 즉 '순수'의 초상이 더욱 돋보이도록 투명한 빛 뒤로 길게 드리운 그늘을 처리하는 섬세한 배경 터치로 허구의 입체적 형상성을 꾀한다. 이로써 순수의 초상은 관념적 공간을 뛰어넘어, 오히려 이야기의 개별 사건들이 펼쳐지는 생생한 장면 이미지로 그려지게 된다.

---

[124] 위의 책 28-29쪽.

"밤의 고요가 찾아들면서, 운명을 상징하는 스물여덟 번의 종소리가 울리고, 아이들은 서둘러 놀이를 멈추고 집으로 돌아가야 한다."[125]

아이들의 놀이시간이 끝나가고 있음이다. 그리고 점차 구체적이고 심층적인 현세적 생의 구도 속에 삽입되어 변모해 가는 시간적인 진행을 작가는 아주 서서히 그리고 비밀스럽게 변화의 지점에 다다르도록 유도한다.

한편 어느 소설이든 반드시 사건의 극적인 반전이 있기 마련인데, 작가 이미륵의 경우엔 그 방법이 독특하다. 그의 전환 도구는 바로 인물이고, 보다 구체적으로는 그 인물을 칭하는 '이름'의 상징적인 의미이다. 남편을 잃은 아버지의 누이가 상복기를 넘기자 그녀의 아들을 데리고 우리 집으로 왔다. 그 아이의 이름은 '칠성'이었다.

작가는 "아버지를 잃은 상복기"의 '칠성'을 통해 죽음으로부터 예견된 생의 관조를 순환적 회귀의 첫 번째 상징적 카테고리로 선택하고 있다. 그는 처음부터 칠성을 아주 분명하게 다른 인물로 대치시킨다.

"우리가 제기를 차고 있는 동안, 칠성은 대나무 피리를 입에 물고 처음에는 구슬픈 곡조를 길게 빼어 불다가, 나중에는 빠르게 흥취 오르는 곡조를 불러 댔다. 나는 온몸으로 젖어 들어오는 황홀한 신명에 흠뻑 젖었다. 수암은 손발로 장단을 맞추었고, 나는 그 장단에 맞추어 춤을 추었다. 칠성의 곡조는 더욱 신명에 올랐다."[126]

---

125 위의 책 45쪽 참고.
126 위의 책 49-50쪽 참고.

'곡조'를 알고 있는 칠성은 '생의 굴곡', 즉 운명을 관장한다는 토착신 '칠성신'이라는 상징적 모티브를 현화現化시킨 것처럼 보인다. 그것은 '만신의 칠성기도로 점지된 아들' 작가 이미륵의 출생 배경과 미묘한 접점을 이루어 교묘하게 작품 속 이야기의 전환적 모티브를 위한 사건 비약의 도구로 인물 '칠성'이 활용된다.

"무거운 구름 덩어리들이 하늘을 오락가락하고 그 속으로 불꽃이 일며 천둥 번개가 번뜩이던" 어느 날, 놀이하던 수암과 나, 그리고 칠성은 "머리를 부여잡고 싸움질을 하다가" 얌전한 아이 칠성이 "코피를 흘리고 그의 저고리가 찢겨 지면서" 사건은 "우리가 함께했던 '마지막' 순간이 된다. 칠성은 "그해 봄, 우리 집을 떠나고" 며칠 후, "한 늙은 할머니의 아주 흔치 않은 방문"으로 사건 전환이 이루어지게 되면서 '칠성'과 '재석 어머니'라는 두 개의 단상이 일 숨의 호흡으로 곧바로 이야기를 정점에 이르게 된다. "어머니는 그녀는 비록 직접 나를 낳지 않았지만, 어머니를 위해 아들을 낳게 해 달라고 칠성기도를 하여 마침내 '나'를 낳았으니, 내게 그녀를 '어머니'라 부르라고 했다." 그 할머니는 "점쟁이나 소리와 춤으로 귀신을 불러들이는 무당과는 절대 혼동해서는 안 되며, 인생의 저급한 일에는 관여하지 않는 훨씬 더 윗자리에 있는 여자"였다.

작가 미륵은 그녀가 '나'에게 "인간의 운명을 명상하여 행복과 불행을 예언하는" 거북이를 선물하게 함으로써 잠복해 있던 '나'의 운명이 그 본색을 드러내 보이게 한다. "여름 어느 날, 늘 데리고 다니며 함께 놀던 그 '거북'을 딱 한 번 잊고 갔던 그 날에 불행한 일이 벌어지고 말았다. 거북이 죽은 것이다. 수암과 '나'는 "일몰과 더불어 거북을 묻었고, 나는 호박 크기만 한 무덤을 보며 슬퍼했다. 수천 년을 산다는 귀한 동물 '거북'이 죽었다는 것은 좋지 않음"을 뜻했다.

회고를 서술 메커니즘으로 한 전기소설에서 작가는 이미 다다른 길에서 천천히 몸을 돌려 걸어온 걸음걸음의 자국들을 세심하게 관찰하듯, 자신이 겪은 사건들과 그 사건 속의 인물들의 행동을 기억해 내어 생생한 장면 이미지를 재생한 단상들을 총체 생의 이야기로 엮는다.

제1부를 구성하고 있는 7개의 단상 - 수암, 독毒, 첫 번째 체벌, 남문, 칠성, 제석 어머니, 나의 아버지 - 에서 작가는 이야기의 결정적 전환을 위해 첫 단상에서 여섯 번째 단상에 이르기까지 비교적 긴 호흡으로 이야기 내용을 지속시킨다. 이야기의 지속은 아이들이 유희 공간 '뒤 뜰'을 벗어나 마침내 거북이 묻힌 '산'에 이르게 되는 공간이동의 장면들을 이미지화하는 방식으로 이루어진다. 작가는 공간적 정점을 상징하는 '산'을 통해 죽음의 징후를 이미지화하고, 다시금 그 산에서 내려오는 장면을 인간 생의 점진적 하강을 암시하는 시각적 이미지를 그려낸다. 그리고 마침내 제1부의 마지막 이야기 단상 〈나의 아버지〉에 이르러 음영으로 배색 처리된 죽음의 징후와 암시는 주인공 나의 생을 채색하기 위한 밑그림으로 완성된다.

"아버지가 병석에 누웠다. 그는 눈을 감은 채 아무 말도 하지 않았다. 저녁 무렵 그는 회생할 가망이 없어 보였다. 온 집안은 죽은 듯이 고요했다." 그러나 다행스럽게 "아버지는 점차 건강을 회복했지만, 모든 사교적인 의무는 중단되었고, 집안일도 정리해야 했다." 아버지의 중환은 이야기 전환점이 되어 주인공 '나'의 주변 변화를 가져오게 한다. "서당이 폐쇄되고, 아이들은 뿔뿔이 흩어져 다시 만나지 못했다. 특히 집안 어른들은 가족회의에서 수암이 한문을 계속 익히기 위해 다른 동네의 서당에 다녀야 한다는 결정이 내려져 '나'와 수암은 헤어지게 된다."

수암과 '나'의 이별은 곧 '나'의 유년시절과의 결별을 의미하고, 홀로 된 자기와 대면해야 하는 성숙기로의 이동을 의미한다.

"어느 화창한 날 아침, 나는 아무 생각 없이 신광사로 향하는 두 소년을 따라나섰다. 나는 당당하게 걸어갔고 닥쳐올 일에 대해서는 걱정도 하지 않았다. 절에서 나는 스님들이 죽은 혼을 달래는 범성梵聲을 합창하는 장엄한 음률의 감동을 가슴 간직한 채 산에서 내려와 집으로 돌아왔고, 모든 책망과 벌을 아무 저항 없이 받아들였다. 나는 하루 만에 부쩍 자랐다는 느낌이 들었다." 유년시절 나의 우상이었던 수암은 지난날 아름다운 뒤뜰의 추억 속으로 사라지고, 푸른 진경 속 피리 불며 소 몰던 아이도 희미한 사색의 안개 속으로 멀어져 간다. 그리고 "달 밝고 살구 향 짙은 깊은 밤 어느 날, 나는 술상에 마주 앉아 아버지의 벗"이 된다.

유년기 초상이 아웃 컷 되고, 술에 취한 몽환적 동경 상으로 전환되는 교체장면들! 뜰 가운데서 놀던 아이의 초상은 작가의 순수 이미지 형상을 위한 일차 촉매로 이야기 속에 용해되고, 그것은 다시금 시간의 흐름 속에서 자연스럽게 다른 공간 이미지로 전환되는 동력으로 작용하게 된다. 따라서 제2부의 단상들은 시간적 역동성, 즉 시대적 혹은 역사적 가변의 세계로 관통해 들어가는 공간 이야기가 펼쳐지게 된다. 순수의 원상을 그려내기 위해 역사의 보편적 실상을 뛰어넘어야 했던 작가는 단지 가상의 이미지 흐름을 통과할 수 있는 비 고정성 혹은 불확실성, 이를테면 몽환적 꿈 혹은 동경의 상을 선택한다.

제2부는 주인공 '나'의 새로운 세계 경험에 대한 설렘의 감정과 옛 것을 상실하는 것에 대한 두려움의 감정을 대립묘사가 아닌, 변화 속에 자연스럽게 성장해가는 인간 삶의 진면목을 스케치해 나간다.

어느 봄날 '나'는 아버지에게 이끌려 새로운 세계에 발을 들여놓는다. 그 세계는 "빛나는 유리창들이 달린 학교"이고, 그곳에서는 "아주 이상한 것들"을 가르친다. 그것은 "유럽이라는 곳에서 온 신학문"이다. 그러나 신식학교에서는 주인공 '나'의 친숙하고 능통한 한문도 습자도 가르치지 않고, "고등 산술이며 어려운 기술이며 지리학이며 천문학"을 가르친다. 나는 "별로 내키지 않지만" 아버지의 판단을 믿었기 때문에 "한번 해보기로 한다." 아버지는 특히 "하늘에 대해 가르치는 높은 학문, 천문학"을 배울 때는 "항상 영혼을 맑게 해야 한다"고 조언을 한다. 그러나 물리에 대해서도 아는 게 없고, 수학은 더 형편없는 '나'는 실망을 하고, 사서삼경은 물론 통감까지 모두 익힌 '나'의 자부심은 낯선 학문에 대한 '무지'로 풀이 죽고, "숱한 근심"에 젖는다.

역사적 실제를 완전히 배제하고자 했던 작가적 고민이 주인공 '나'의 불확실성에 대한 "근심"으로 반영되고 있는 장면이다. 특히 변화를 수용해야만 했던 시대적 실상을 작가는 "아버지가 집에 들여온 커다란 괘종시계가 조용한 밤에도 계속해서 동음으로 똑딱거리는" 공허하면서도 음산한 울림의 절제된 한 컷 장면으로 처리한다. 다만 작가는 인물 용마의 입을 통해 적나라한 울림 뒤에 여운으로 따라오는 이상향 혹은 희망을 이야기한다.

"나쁜 시대가 아니고, 다만 새로운 시대가 도래한 것이야. 마치 눈 내리는 한겨울이 지나고 나면 봄이 찾아와 진달래 피고 뻐꾸기가 지저귀듯이, 그렇게 온 것이고, 그게 바로 모던이야!"라고.

새로운 시대 "모던"은 "결코 도달할 수 없는 구름 사이로 비치는 아득히 먼 성城에서 울려오는 소리"처럼 거대한 괘종시계를 흔들어 울리게 하지만, 사람으로 북적대는 소리로 가득했던 '아버지의 샘뜰'은 적막해진다. 어린 시절 '종루지기'가 무거운 망치로 울려대던 스물여덟 운명을 관장하는 신의 울림도, 땅을 숭배했던 조용한 나라 – 조선의 울림도, 그렇게 소멸해 간다.

새로운 모던의 시대는 실제로는 상실의 시대였다. 그러나 작가는 역사 실제를 폭로하는 대신, 과거의 평화로운 어느 한나절을 그리워하고 강탈당한 자유 회복을 꿈꾸는 장면으로 대체하고, 피 흘리며 끌려가는 악몽으로 대체한다. 악몽으로 길을 잃고 헤매는 아이의 영혼을 미망의 혼돈에서 건져 올리는 것이 바로 '나의 아버지'이다. 작가에게 아버지는 어린 '나'의 생명줄이고, 수많은 갈래로 나 있는 생의 '길'을 선택하는 방법을 가르쳐주는 유일한 '나'의 메신저를 상징한다.

"아버지는 바둑판 상자의 빈 곳은 수많은 동선으로 연결되어 있다고 일러준다." 그리고 "대방이 돌을 놓거든 그 소리가 울리는 동안 기다려야 한다. 그리고 마침내 네가 돌을 놓게될 때는 신중해야 한다. 아주 천천히 놓거라!"

작가는 강제합병이라는 역사적 큰 사건의 실제를 "임금의 엄숙하면서도 슬픈 오 백 년 왕조의 영원한 작별의 글"로 형상화한다. 그리고 "파괴된 성벽과 성문의 악몽의 장면 속에 갇힌 나의 형용할 수 없는 슬픔과 두려움"으로 실상을 구체화한다. 아버지와 나 혹은 조국과 나의 질긴 '핏줄'의 견고함을 통해 "새로운 왕조가 다시 일어나 통치하게 될 때까지 조용히 기다려야 하는" 암묵의 몽환적 꿈으로 대체한다.

'망국'이라는 역사적 사건이 작가에 의해 의도적으로 불확실하고 막연한 몽환적 미래의 꿈속으로 스며 들어가, 마침내 예견된 아버지의 죽음에 대한 상징적 은유를 작동시켜 완결의 장면을 끌어내는 작가의 형상적 도구로 사용된다. 그리고 죽음을 도출해 내기 위해 작가가 선택한 서술 매체는 '옥계천'이라는 특별한 공간이다. "옥계는 수많은 고목으로 울창한 조용한 계곡 가운데 있는 아름다운 시내이다. 그 나무 그늘에서 '나'는 서당에 다니던 어린 시절을 보내고, 험한 세월 속에서도 변치 않는" 아버지의 표현대로라면 "별천지"이고, "인간들의 소란이 없는" 푸른 그늘 속 고요의 세계이다. 그곳에서 아버지는 "부드러운 남풍"의 노래를 부른다. 취기 오른 아버지의 '권주가'는 옛 노래의 아름다운 곡조에 깃들어 있는 평화의 노래이다.

평화로웠던 과거 어느 한나절은 잠시 찾아들었던 오수의 몽환 장면처럼 떠올랐다가 이내 "붉게 낙조 비친 산 아래" 기억 속으로 침몰해 들어간다. 아버지의 마지막 유언 - "이 작은 시내에선 땅 기운이 쉼 없이 뿜어 나오니 언젠가 다시 이곳에서 멱을 감을 때는 조심해야 한다." - 에는 물속 깊은 바닥으로부터 불시에 솟구쳐오를 수 있는 심연의 기운을 감지할 수 있어야 굴곡진 세상 흐름 어느 지점에든 살아남을 수 있다는 아버지의 최후 진술이다.

"문밖으로 드리운 순결한 흰 베 위를 지려 밟고 떠난 아버지의 혼백"이 그렇게 하늘로 그리고 땅으로 되돌아가고 결국 아들은 홀로 남겨진다. 아버지의 죽음은 나의 현실적 생을 시작하는 첫 기점이 된다. 하얀 천은 인물 '나'의 생을 스스로 채색하도록 허용된 여백을 표상하고, 그것이 문밖으로 드리워진 길은 '내'가 걸어가야 할 행로를 표상한다. 흰 천은 동시에 꿈길처럼 생경하고 비현실적인 파노라마의 환상을 그리게 하는 빈 여백이기도 하다. 아버지의 상복기는 이러한 환상이 드리울 수 있도록 배려된 '나'의 사색의 공간을 상징하고, 이 사색의 공간에서 "옛 시대의 총명했던 아이"를 복구하려는 작가의 의도적 허구공간이기도 하다. 즉 아버지의 상복기는 나라를 빼앗겼던 역사 실제 '조국의 상복기'를 반영한 것이다. 암울하고 절망적인 비탄의 '상복기'에 침잠해 있는 주인공 '나'를 마침내 현실적 '생'으로 선회시키는 매개 인물은 바로 '어머니'이다.

작가는 새로운 '생'을 위한 전환적 모티브 '어머니'를 통해 사건들을 배열한다. '나'의 선망이었던 아버지의 죽음을 통해 이상향 혹은 꿈의 세계가 몰락하고, 어머니를 통해 '생득生得'된 '나'의 현실적 생이 시작된다. 어머니는 '나'의 새로운 첫걸음을 부추기는 역할 인물로서 소설 중반부에 이르러서야 본격적으로 이야기 중심에 등장한다. 그녀의 첫 번째 역할은 '상복기'라는 절망적이고 폐쇄적인 시대에 갇힌 '나'의 탈출을 돕는 일이다.

"너를 고통스럽게 하는 새 학교를 그만두거라. 그리고 송림으로 가거라. 그곳은 작은 땅이지만 우리에겐 가장 좋은 농토란다. 거기서 일꾼들과 그들의 일을 배워라. 이 불안한 도시보다는 한적한 마을에서 지내는 것이 훨씬 나을 게다. 너는 옛 시대의 아이니까."

어머니를 통해 '나'의 정체성은 옛 시대의 아이로 결정되고, 곧 태생적 본성 혹은 익숙한 것, 그래서 "능통한" 옛것을 통해 '나'의 자존감이 회복된다.

"세상이 어지러울 때 산속으로 들어가 은둔했던 옛 시대의 많은 학자를 떠올려 보렴. 그들은 밤마다 다시 붓을 잡기 위해 낮에는 종일 쟁기질을 했단다. 너도 야만인들이 물러가고, 평화로웠던 옛 시절이 되돌아올 때까지 이 조용한 곳에서 지내야 한다."

송림은 "꿈결 같은 고요"가 흐르는 곳이고, 다만 "해안을 스치는 밤 물결 소리"만 울려오는 옛터의 평화로운 전경을 간직하고 있어서 "근심 없었던 유년시절을 회상하게 하는" 곳을 상징한다.

그곳에서 '나'는 "일꾼을 도와 추수하는 일도 거들고, 낚시도 하며, 소박한 사람들의 일상"을 체험한다. "가을이 지나고, 눈 내리는 겨울이 시작되면서, 포구에, 들판에, 길 위에 쉼 없이 눈이 내려" 송림의 세상은 눈부시게 순결한 하얀 설경 속에 깊이 잠겨버린다.

깊은 심연일수록 솟구치는 분출의 강렬함을 꿈을 꿀 수 있듯 작가는 두

껍게 쌓인 흰 눈의 무게만큼 일상을 무겁게 눌러대는 침묵을 깨고 주인공 '나'의 이탈로써 질식의 공포에서 빠져나오도록 도전을 감행하게 한다. 일상의 획일적 반복을 깨뜨리는 주인공의 이탈은 허구에서 늘 시도되는 이야기의 극적 전환을 위한 한 방법이다. 그것은 인물의 고정된 사고를 깨뜨리고, 변화의 경계에서 우연히 발생하는 사이 공간에 잠시 머물게 되는 인물이 때로는 '공상'으로 때로는 '망상'으로 그 공간을 채우게 한다. 이러한 사이 공간에 긍정적인 공상이 작동되면, 흔히 이상향을 향한 동경 상이 세워지게 된다.

"겨울 동안 '나'는 학교 친구들과 새로운 세계 유럽에 관한 이야기를 나누었다. 그곳은 땅의 영역보다는 오히려 하늘의 영역에 속해 있는 듯 보이는 너무도 아름다운 건축물들과 성들이 있는 곳"이었다. '나'에게 유럽은 "현세적 고민도 없고, 생존을 위해 투쟁하지 않아도 되고, 오직 자연과 우주를 연구하면서 학자의 길을 오롯이 걸어갈 수 있는" 환상적인 동경을 품을 수 있는 곳이고, "경이로운 세계에 대한 수많은 아름다운 이야기와 일화들이 '나'를 다시금 활기차게 만들었다. '나'는 어떻게 그곳에 갈 수 있을지를 곰곰이 생각했다." 마침내 "포구의 얼음 덩이가 녹아 완전히 사라지고, 온기가 찾아든 어느 화창한 삼월 오후, '나'는 걸어서 이틀은 족히 걸리는 신막을 향해 길을 나섰다."

사람들 사이를 난폭하게 뚫고 지나다니는 인력거와 자동차의 광폭한 소음, 그리고 신경을 거슬리게 하는 일본 사람들의 게다 소리.

"나는 모든 것이 생소했고, 생전 처음으로 낯선 여관에서 잠을 자야 했다." 그러나 꿈속에 나타난 어머니의 환상. 그녀는 창백한 슬픔에 잠겨 있었다. 몹시 놀란 '나'는 어머니를 향해 "떠나지 않을 것"을 약속한다. 유럽말도 할 줄 모르고, 또 살아가기에 충분한 돈도 없었던 '나'는 "굉음을 울려대는 기차의 기적 소리와 보도 위에서 달그락대는 일본인들의 게다 소리를 뒤로 하고 귀로에 오른다."

실제로 작가는 어린 시절 "원산항을 거쳐 시베리아를 횡단하는 유럽행"을 시도한 적이 있었다. 이후 세월이 흐르고 역사적 사건인 1919년 비밀 항일운동에 연루되어 일경에 쫓기게 되고 그는 실제로 유럽행을 선택하게 된다.

작가는 실제 경험들에 대한 기억의 단상들을 배열시키면서 역사적 사건들을 묵시적인 항변으로 우회하여 이미지로 형상화하는 서술로써 소설의 허구성을 유도한다.

'나'의 귀로를 열어준 어머니의 '환영'은 언제든 고향으로 귀환하길 소망하는 작가 자신의 꿈이 반영된 것이다.

"지금까지의 모든 일이 꿈인지 생시인지 분간할 수 없는" 몽환적 동경에서 깨어나는 순간 '나'는 가뭄의 현실을 마주한다.

"사람들은 가뭄의 원인이 어디에 있는지 따져 보았다. 대부분은 일본 사람들 때문이라고 확신했다. 그것은 그들이 수많은 성벽을 무너뜨렸고, 위엄 넘치는 고귀한 건물들을 파괴했으며, 조상의 무덤들을 파헤쳤기 때문이라는 것이다. 더 끔찍한 것은 무덤에서 죽은 자에게 바친 귀중한 도자기들을 훔쳐내는 짓거리였다. 파헤쳐진 수많은 무덤이 허공을 바라보고 있었고, 옛 조상의 인골들이 볕 잘 든 산 여기저기에 흩어져 있었다. 야만인들은 길을 낸답시고 아주 오래된 무덤을 파헤치고 모욕했다. '나'는 하늘이 이러한 비행을 벌주는 것이라고 확신했다. 가뭄은 그렇게 계속되었다."

가뭄으로 황폐해진 땅은 작가가 처한 현실을 은유한다. 비참한 현실에도 좌절하지 않고 살아남은 작가는 '나'에게 생혼의 의지를 부추겨 새로운 생명의 물줄기를 찾을 때까지 "낮에는 풀을 뽑고, 밤에는 절망 속에서도 하늘을 우러른다." 그리고 타들어 가는 메마른 땅 위에서

"여리고 약한 볏모"를 살리기 위해 새로운 물줄기를 찾기도 하고, 아주 멀리까지 "몇 시간을 걸어가서" 물을 길어 오는 노력으로 마침내 가뭄을 이겨낸 '나'는 새 시대 속으로 들어가 새 학문을 익히는 '현세적 일상'으로 복귀한다. 평화로운 옛터를 상징하는 '송림 촌'을 떠나, 마침내 '나'는 현세적 생으로 진입하기 위한 첫 관문인 '시험'을 거쳐 마침내 '서울'로 향하게 된다.

"어느 따뜻한 봄날, 나는 친구들의 전송을 받으며 서울행 기선이 정박해 있는 용소"로 갔다. 겨울의 차디찬 물속에 갇혀있던 이무기가 따스한 봄기운을 들이켰다 뿜어내는 희뿌연 물안개를 상상하게 하는 신비의 '용소'에 드리운 "달빛에 잠긴" 시점은 새로운 시작을 위해 큰 일보를 내딛는 '나'의 미혹한 미래를 암시한다. 다만 "달빛 속 수평선에서 수평선으로 파도치는 대양"을 바라보면서 '나'는 세계의 광활함 속에서 파동치는 우주의 생명력을 느낀다. 수평선 저편의 세계는 보이지 않지만, '나'는 그 너머에 분명히 세계가 존재함을 안다.

"어린 시절 성벽에서 보았던 봉화 신호"가 아주 먼 저편에 "과거 오백 년 동안 임금이 통치했던 서울"이 있다는 사실을.

마침내 도착한 저편의 세계인 서울에서 '나'는 "동궁의 이끼 낀 기다란 담을 따라 나 있는 한적한 옛길"을 걸으며, 예전에 "옛 왕실의 후예가 수백 명의 시종과 궁녀들을 거느리고 살았을, 그러나 이제는 적막해진 궁궐의 담장 안 길"을 배회한다.

'나'는 "무거운 발걸음"으로 "바이올린, 피아노, 손풍금, 축음기 소리가 들려오는" 휘황찬란한 도심의 야경 속으로 걸어 들어가 옛 궁중의 악사였을 법한 늙은 악사와 함께 대금을 연주하며 "삼각산 위에 걸린 검은 벨벳의 밤하늘 아래에 몰락한 옛 왕조"를 떠올린다. '과거의 옛것'은 현재의 시점에서는 보이지 않지만, 완전히 소멸해 '존재하지 않는 것'은 아닌 '나'의 몽환의 세계에 현존한다. 그래서 언제든 잠시 멈추어 서서 뒤를 '회고'하면, 그것은 과거의 '상'으로 새롭게 재생되고, 바로 재생된 그 시점에서 현재는 아직은 보이지 않는 미망의 세계이다.

작가는 현재의 '나'의 시점에서 과거의 형상들을 몽환의 꿈으로 배열하면서 현재의 대립 형상들로 그려낸다. '구학문과 신학문'의 관계 대립처럼, 낡은 것과 새로운 것 혹은 동양적인 사고와 서양적인 사고를 병렬의 구도로 갈등 양상이 그려진다.

"우리의 선조들은 철학을 통해 인간의 육체를 이해하려고 하는 데 반해, 서양의 학자들은 그것을 열어 내부기관을 직접 눈으로 관찰하려고 애쓰고, 인간 육체에 대해 "골똘히 생각하고 숙고하여, 보지 않고도 정확히 내부기관을 그려내는 동양의학은 해부하지 않고 다만 더듬어 내는 것으로 내부를 알아차리는데" 반하여, 서양의학은 "심장이 어디에 있고, 위가 어디에 있고, 혈관과 신경 선이 어디로 흐르고 있는지를 살피는 대담한 용기를 지녔다." 그러나 "육체를 성스러운 것으로 여기고, 이미 주검이 되어 해부용 실험대에 오른 시체를 바라보는" 나의 슬픈 시선은 옛것 혹은 동양적 세계관에 머물러 있을 뿐이다.

작가는 이야기의 정점에 이르렀을 때조차도 극적인 반전을 위한 첨예한 대립 구도를 만들어내지 않는다. 역사적 실제 사건 - 1919년 3월 1일 항일 의거 - 를 서술하는 장면에서도 그는 자신의 경험 자아를 이야기 속 "우리"에 투사하여 "함께 행진"하면서 사건 현장에서 목격한 장면들을 그대로 독자들에게 전달하는 서술방식으로 독자들의 의식을 극단의 긴장감으로 몰고 가지 않는다. '나'의 눈으로 직접 목격한 장면들조차 어머니에게 "은밀히 보고될 뿐", 역사적 사실은 소리 없이 "나의 깊은 잠 속으로 혹은 극도의 피로 속으로 혹은 무의식 속으로"

묻혀가고, '나'의 실제 공포와 두려움은 '어머니'의 "파랗게 질린 모습"으로 대체된다. 그리고 그녀는 아들인 '나'를 공포와 두려움으로부터 탈출하게 해준다.

그녀는 "양복 몇 벌과 회중시계, 얼마간의 돈이 든 작은 나무상자를 '나'에게 건네며 '떠나기'를 채근한다. '나'는 그녀의 입을 통해 "겁쟁이가 아니고" 또한 그녀에게 "기쁨을 주었던 아들"로 정의된다. 그녀가 '나'를 떠나 보냄으로써 '실제적 사실'에서 소외되어 몽환의 무기력 상태에 머물러있기를 강요받았던 '나'의 운명적 작별이 이루어진다.

제3부는 과거 시점의 혼돈으로부터 빠져나와 홀로된 '나'를 현세적 생으로 진입하게 하는 마지막 운명적 탈출구 '압록강'의 이야기이다. "거대한 만주 벌판과 경계를 이룬 국경의 강, 압록강!" 그것은 이 세계에서 저 세계를 연결해주는 '나'의 유일한 통로이고, 그래서 어쩔 도리 없이 그 운명의 강을 건너는 '나'를 작가 자신의 경험 자아와 연결해주는 유일한 상징의 공간 모티브이다.

"너무도 신비로운 영원으로의 항로"에서 일엽편주의 고독에 직면한 '나'에게 "소리 없이 넓은 강을 노 저어 가도록" 밝은 달빛을 "수면 위"에 드리워주고, "달빛의 찬란한 광휘 속에서 추적자의 눈을 피해 도피할 수 있도록 운명의 길"을 열어주는 압록강! 그 강을 건너와 이편에서 바라본 저편의 고향 혹은 고국 혹은 아버지 혹은 어머니의 형상들이 한밤중의 어둠 속에 묻혀버린다. '나'를 이편으로 혹은 '현세'로 실어다 주고 되돌아가는 빈 배의 흐릿한 실루엣을 "잠시 그대로 서서 바라보는" 나의 묵언으로 압축된 장면이 곧바로 "낯선 만주벌판의 자갈길을 묵묵히 걸어가는" 장면으로 빠르게 대체되면서 극적이고 절박했던 작가의 자아 경험이 자연스럽게 우회되어 "잿빛 음영의 낯선 도시에서

감도는 생소하고 이상한 냄새"를 통해 육화된 표피적 감각으로 되살아나게 한다. 그것은 예전에 아버지에게서 혹은 누이에게서 들은 적이 있던 전설 속에 감추어져 있던 역사의 진실을 두 눈으로 직접 목격하게 되는 '나'의 "전율"로 구체화한다.

차가운 월광 드리운 드넓은 만주 대 평원 위에서 일어나는 폭풍 먼지, 성벽 너머 무참히 처형된 자들의 묘지, 새벽녘 희미한 어둠 속에 푸르게 솟아 있는 산 위로 회백색으로 빛나고 있는 철통의 요새, 진시황의 만리장성을 바라보면서 전율을 느끼는 '나'는 처음으로 "도시를 보고픈 욕망으로 남경 행"을 선택하는 자율적인 행동 의지를 표출하기 시작한다. 그것은 오랫동안 변치 않고 항상 거기에 그대로 존재하는 역사의 항구성에서 진실을 찾고자 했던 작가의 의도적 반영이다.

"북쪽 도시와 비교해 부드럽고 생기에 차 있고, 높이 치솟은 무거운 성벽이 아닌, 섬세한 여인들이 뱃놀이를 즐기는 운하가 흐르는 남경"의 평화로운 전경에 작가는 의도적으로 "지난 옛 시절 조선 오백 년을 일구어낸 역사 인물 이성계의 전설"을 삽입시킨다. 그것은 망국의 현실에서 상처 입고 절망적인 상태에 빠진 작가의 자아 경험을 긍정적 생의 에너지로 부활시키려는 자기치유의 의지이다.

작가는 "두 눈에서 초인적인 광채"가 빛나고 "자신만만하고, 당당하게 지배자임을 자칭했던 태조 이성계"를 회고하여 궁극적으로는 '부드러운 남풍'의 고향을 잊지 않으려는 자존적 의미를 배태시킨다. 그는 더 나아가 인물 '나'에게 "혹한의 겨울이 지나면 어김없이 불어오는 따뜻한 남풍의 기억"을 삽입하여 '현세적 생의 상'을 그려 나가는 사유의 시간을 허용한다. 긴 겨울 한가운데를 관통하면 비로소 도달하게 될 '봄'의 전경을 연상하게 하고, 봄이 오기까지 "참을성 있게 기다려야 하는" 깊은 늪지에 고립된 생의 고독을 회상하게도 한다.

"가랑비 혹은 폭우에 젖어 검게 변한 거리와 젖은 황혼" 속에서 배회하며, '나'는 '남풍' 혹은 '봄'의 찬란한 온후함을 갈망한다.

그리고 마침내 봄이 되어 '나'의 항해가 시작되고, 동시에 '나'의 생로生路가 열린다. 실제로는 귀향을 실현하지 못한 작가의 시선은 여전히 그의 긴 여정 한가운데 머물러 있고, 그것은 '나'에게 참혹한 현실 자체가 아닌, 있을 법한 '현세적 생로'로 완만하게 선회하게 한다. 인물 뒤의 전경보다는 전경 속의 인물 혹은 전경 속을 배회하는 인물 '나'는 희미한 실루엣 정도의 양각으로 드러날 뿐이며, 나는 "함께 짐을 꾸리고, 다른 사람들 무리에 섞여 수없이 많은 통로를 지나 공동 선실이 있는 갑판을 걸어 다니는" 무리배들 속의 '나'로 시각화된다.

다만 작가는 '나'를 사유의 주체로서 회고하고 혹은 사색하여 좀 더 심층적인 마음의 세계로 깊숙이 들어가는 것을 허용한다. 그것은 '나'의 구체적인 진술을 통해 작가 자신의 경험 자아를 은밀히 삽입하는 작가 특유의 서술방식이다.

"적당히 바람도 불고 간간이 보슬비가 내리고 있었다. 배는 나지막이 일렁이며 남쪽으로 항해했다. 저녁에 나는 송 왕조의 비극적 종말을 곰곰이 생각했다. 무능해진 황실은 이리저리 은신처로 도망 다니다가 종국에는 바다에 이르렀다. 그러나 잔혹한 몽골 장군은 추격을 계속하였고, 그는 함선을 타고 황제의 배에 접근했다. 그 배에는 두려움에 떨고 있는 열두 살의 왕세자와 찬란했던 송 왕조 최후의 신하 재상만이 남아 있었다. 그는 한참을 미동도 없이 낙양을 바라보더니 송 왕조의 옥쇄를 가슴에 묶은 뒤 어린아이를 붙잡고 함께 파도 속으로 뛰어들었다."[127]

---

127 위의 책 231쪽.

망국이라는 굴욕의 역사적 사건으로 끝내는 고국을 떠나 망명길에 올라야 했던 작가의 통한이 "천년도 훨씬 전에 일어났던" 그 비극적 사건 현장에서 다시금 핏빛으로 토해져 "거친 파도 너머 황혼"으로 번져 나온다. 송 왕조 마지막 재상처럼 조선의 임금도 신하도 영원히 옥쇄를 가슴에 품어 지켜냈더라면 작가는 고국을 떠나지도, 여전히 망명자인 채로 고통으로 얼룩진 회한의 글을 토해내지 않아도 되었을 테지만, 그는 끝내 귀향하지 못할 것이라는 걸 예감한 듯, 재상과 함께 바다로 뛰어든 '고귀한 아이'의 슬픈 죽음을 붉은 낙조의 전경 속에 묻어버린다.

'길' 위에 놓인 '생'은 살아지기 마련이다.

'나'의 항해는 계속되고, 선상 위에 사람들의 운명이 그렇듯, '나' 또한 작열하는 태양과 동행의 무리와 함께 대양의 물길을 따라 흘러간다. 그러나 이미 '목적지'가 정해진 '배의 운명'은 항구에 정박하는 순간 끝이 나지만, 사람들은 어쩔 도리 없이 각자의 길을 홀로 걸어가야 한다. 어딘가를 향해 지치도록 걸어가야 하는 운명에 처한 '나'에겐 오직 유숙할 수 있는 안식의 공간에 도달하는 것만이 궁극의 '목적'이다.

"아침 햇살에 연초록이 비현실적으로 넘실대는" 들판을 지나고, "강을 건너 작은 샛길을 돌아들어" 마침내 도착한 "어느 집 정원 앞"에서 어느 부인에 이끌려 그녀의 집 '일 층 방'으로 안내되어 잠시 "휴식"을 취할 수 있었던 우연성이야말로 작가의 의도로 형상화된 '나의 목적지'이다.

그러나 일시적 우연으로 찾아든 '안식처'에서 또다시 떠나야 하는 '나'는 내면의 안정을 취하지 못하고, 철학적 사색마저도 스스로 차단한 채, 도무지 알 수 없는 난해한 문장 속의 단어를 찾는 일에 몰두하고, 너무도 피로하여 글자가 보이지 않을 때까지 "푸른 하인리히"를 읽고 또 읽는다.

"낯선 세계에 와 있다는 생경한 느낌"에 빠져 있는 '나'의 유일한 기쁨은 조용히 흐르는 물을 바라보며, 그것이 흘러 연평도에, 송림 만에, 옥계천에 다다르는 장면을 그려보는 것이다. 떠난 자의 목적지는 되돌아가야 할 고국이고, 고향이다. 그러나 눈 내리는 어느 겨울날 "어머니의 죽음"을 알리는 편지를 받은 '나'는 끝내 그리움을 삼킨다.

1944년 출판사에 보낸 초고에서 몇 개의 수정된 소제목들 가운데서 특히 마지막 단상의 제목이 〈마인강에서〉 막연한 〈목적지로〉 바뀐 것은 1945년 참혹한 전쟁과 그리고 더욱 비참했던 독일의 패망을 겪었던 작가 미륵의 커다란 심적 변화가 반영된 것으로 보인다. 그것은 모든 것을 잃어버린 독일인 독자들의 허무를 향한 작가적 배려이다.

"성벽 위로 휘날리는 눈이 고향 마을 송림 만에 휘날리던 그 눈을 닮았듯" 패망으로 가혹하리만치 큰 슬픔에 갇힌 독일 독자들의 허무가 "어머니"를 잃은 아들 '나'의 공허한 비애감에 서로 겹쳐진다.

완전히 파괴되고 황폐해진 '빈터'에서 공존의 삶을 살고 있었던 작가 미륵은 그의 독일인 독자들에게 오직 '생'의 가치를 새롭게 세울 수 있을 '순수한 현세적 생'으로 회귀할 수 있도록 압록강의 푸른 기적을 바라보게 한다.

미륵의 푸른 압록강은 깊은 상실감에 빠진 독일인 독자들의 새로운 생을 살아가기 위해 자연에 순종해야 하는 '섭리의 강'으로 그들의 의식 속으로 잔잔히 흘러 들어갔다.

한국, 한국문화, 한국인을 동경한 독일인들

전쟁이 끝나고 일 년 반의 시간이 지나가고 있었지만, 일상에서 먹을 음식을 구하는 일 외에 다른 뭔가를 할 수 있는 게 없는 무기력한 생활이 계속되었다. 미륵은 무엇보다 인간적인 정신이 병들어가고 있는 독일의 현실을 더 걱정하였다. 그는 근심 걱정 없는 몇 년, 아니 단 한 달 혹은 단 일 주일만이라도 허락되길 간절히 소원했고, 온종일 생각에 잠겨 저녁때까지 목적 없이 이리저리 배회하고 난 뒤, 침대에 누워 온 밤을 아무 생각 없이 잠들 수 있는 진정한 안식을 갈망했다. 그러나 너무도 광폭했던 전쟁에 다친 육체적 정신적 상처는 쉽게 치유될 것 같지 않았다.

" 친애하는 마야에게

(...) 수도가 얼어붙고, 침실은 난로를 피워도 몹시 춥기만 합니다. 땔감도 충분치 않아, 평화 시엔 두 주일도 버티지 못했을 땔감 목재 하나만으로 겨울을 버텨야 하지요. 열차는 아직 난방도 되지 않고, 도로는 얼음과 눈으로 덮여 있어 몹시 미끄럽고요. 바람은 칼로 살을 에듯 쌀쌀하고. 시베리아도 이곳처럼 춥진 않을 것입니다. 그런데도 사람들은 성탄절이 다가오니 뭐든 사려고 시내로 몰려갔지만, 무엇을 살 수 있었을까요?

시내 어디도 살 만한 물건을 파는 데는 없었지요. 폐허 속에 이리저리 놓여 있는 작은 진열대 위엔 고작해야 신문 몇 장, 나무로 된 장난감 몇 개, 마분지로 된 작은 상자들, 깔개로 사용하도록 고무로 만들어진 둥근 판이 전부였고, 값도 너무 비싸기만 하더군요. 눈보라 몰아치는 추운 날씨에도 불구하고 사람들은 닫힌 서점 문 앞에 줄지어

서서 문이 열릴 때까지 기다리고 있었지만, 그나마 겨우 몇 사람만 안으로 들어갈 수 있었답니다. 가게 주인이 더는 책이 없으니 기다릴 필요가 없다고 소리를 질러대도, 사람들은 서점 안에라도 들어가야겠다는 듯 버티고 서 있었소.

그러나 서점 안에는? 정말 책이 한 권도 없었습니다. 낡아빠진 약도, 새로운 세금법령, 뉘른베르크 판결문이 전부였죠. 여기저기서 사람들은 아직 운행되고 있는 철도 노선 시간표를 보겠다고 난리들이었고요. 모두 빈손으로 가게를 나와야 했지요. 그럼에도 불구하고 포기하지 않고 이 가게 저 가게를 찾아다니는 사람도 있었답니다.

이런 형편에도 성탄절을 축하해야겠다고.

촛불도 없는 춥고 배고픈 성탄절!

설탕도 없고, 기름도 없고, 나무도 없고! 그래도 우리는 축제를 열어, 오늘 밤 살아 있음에 감사하며 작은 기쁨이라도 이웃과 함께 누려야지요. 새해에는 더 좋은 일들로 충만하길 빌며 (...)"[128]

에곤 베른하르트 베너와 그의 부인 마야와 함께

제3제국의 몰락 후 독일인들은 악몽의 현실에서 뼛속 깊이 밀려오는 허무의 고통을 느껴야 했다. 게르만 민족의 우월감에 한껏 들떠 있던

---

128 1946년 겨울, 이미륵이 스웨덴에 있는 베른하르트의 부인 마야에게 보낸 편지 내용 중에서

그들의 자신감도 급격히 허물어졌고, 12년 동안 맹목적으로 추종했던 제국의 선동정치는 수백만의 희생자들이 묻힌 폐허더미 속에 함께 매몰되었다. 밑바닥으로 추락해버린 자존감을 회복하기 위한 유일한 방책은 그들은 스스로 역동적인 자기 동기부여를 찾아내야 했다.

　전쟁이 끝나고, 해외로 망명했던 예술가들과 지식인들이 속속 귀국하면서 그들의 경험을 통해 타 종족과 타 민족들에 대한 정보가 독일 사회에 널리 유포되기 시작했다. 미륵의 소설 〈압록강은 흐른다〉는 그들에게 '한국적인 것'에 대한 정보를 제공해 주었고, 그것은 다양한 독자층이 형성될 수 있는 결정적인 계기가 되었다. 그의 독자들에는 학자도 있었고, 문학자도 있었고, 화가도 있었고, 패전으로 전역한 대학생도 있었고, 수많은 아이도 있었다. 그들은 몇 번씩 그의 책을 읽으며 자신들의 평화로웠던 어린 시절 한때를 회고하였다.

　　　　"당신의 책 - '압록강은 흐른다'에 깊은 호감으로 뮌헨의 한 서점에서 책을 주문해 여러 차례 읽었습니다. 너무도 훌륭한 책입니다. 나는 감동으로 읽고 또 읽으면서 곧바로 당신에게 글을 쓰려고 했지만, 글을 잘 쓸 줄 몰라 망설였습니다. 나는 글재주가 없기 때문이죠. 더욱이 서평을 써 본 적도 없으니, 다만 내가 읽고 느낀 것을 표현해보고자 합니다.
　　　　무엇보다 나는 유럽인으로서 부끄럽습니다. 대부분의 독일 사람들은 동양에 대해, 특히 한국에 대해 너무도 피상적인 생각과 견해를 가지고 있기 때문이지요. 오랜 세월 독일에서 살아가고 있는 당신을 그냥 아시아 사람이라고 해야 할지, 아니면 중국 사람이라고 불러야 할지도 잘 알지 모릅니다. 나는 열세 살 때 중국과 일본의 문화에 대해 알게 되었고, 어른이 되어서는 그곳 사람들에 대해 관심을 갖게 되었지요. 그것에 대해 교육을 받은 독일인이라면 더 좋은 표현과 통찰을 지니고 있을 테지만, 러시아 군대와 함께 독일로 왔던 아시아 민족들의 패배에 대해 교육을 받았던 일부 독일인들은 터무니없고 이해할 수 없는 행동을 보이기도 합니다.

 정복자의 야욕이라는 것이 우리에게도 영향을 미쳐서 결국에는 전쟁을 일으키고 말았으니 우리의 처지가 부끄러울 따름입니다. 그런 비양심적인 선전포고는 어떤 처벌이든 달게 받아야 마땅합니다. 그렇다고 당면한 문제해결을 회피할 생각은 없습니다. 당신은 이미 제 생각을 짐작했으리라 봅니다. 문화민족인 한국에 대해 얼마나 무지했던가를 생각하면 부끄럽기만 합니다. 유럽에 있는 소수민족들에 대해서는 낱낱이 구별할 줄 알면서도 정작 아시아의 민족과 종족들에 대해서는 전혀 구분조차 하지 못한다는 사실이 더욱 부끄럽습니다.

 (...) 당신은 가슴의 언어로, 단순하고 결점 많은 독일에서 사람들이 미처 찾지 못한 단어들과 문장들을 아주 순수한 느낌으로 글을 썼고, 그 느낌은 아마 당신 민족의 영혼과 진실의 감정일 거라고 믿습니다."[129]

너무도 긴 시간 원고 교정에 몰두해 있었던 탓에 몹시 지쳐 있었던 미륵은 잠시 쉬기로 하고 킴가우로 여행을 떠났다. 독일 독자들의 예상치 못했던 큰 호응은 그에게 큰 용기를 주었지만, 다른 한편으로는 출판사와 약속한 대로 후편을 써야 하는 부담감을 떨칠 수 없었다. 전쟁이 끝난 지 일 년이 지나고 있었지만, 일상은 더욱 혼란스럽고 궁핍해졌다. 그러나 그보다 더 힘든 것은 마음의 한 모퉁이를 침식시키는 허무와 상실감이었다.

그는 안개 속에 잠긴 울창한 숲과 지는 저녁놀에 찬연한 붉은 빛에 휩싸인 글로크너 산군의 프란츠 요제프의 산정을 바라보며, 새롭게 생을 재건할 수 있는 의지를 내부에서 끌어 올렸다. 산행에서 돌아온 미륵은 그의 독자 마이어에게 진심의 정을 담은 답신을 보냈다.

---

[129] 1946년 9월 22일, Adolf Meyer가 이미륵에게 보낸 편지 내용 중에서.

" 친애하는 마이어씨,

 (...) 책이 출판된 후, 친구들 혹은 지인들로부터 받았던 모든 격려 편지 가운데 가장 훌륭하고 따뜻한 편지였습니다. 당신이 글재주가 없다니요! 너무도 정감 어린 말들에 진심으로 감사드립니다!
 누구든 멀리 있는 낯선 세계에 대해 잘 알지 못하는 것은 당연한 일이고, 또 동양 전부를 알 수는 없으니까요. 오늘날의 동양 청년들도 동양의 관조적 삶의 방식보다는 서양의 문명을 높이 평가하고 있다는 것을 당신도 알고 있을 테니, 당신이 꼭 부끄러워할 필요는 없습니다. 나의 이야기를 통해서도 아셨겠지만, 저 또한 모던의 서양을 높이 우러러보았던 사람이니까요. 다만 차이가 있다면, 저는 서양의 문명 자체가 아니라, 그 뒤에 숨겨진 뭔가 다른 것을 보려 했다는 것이지요.
 오래 시간 당신들의 나라에서 살아오고 있는 지금까지도 저는 문명에 대해서는 어떤 편견도 갖고 있지 않습니다. 다만 평화롭고 꿈결처럼 포근했던 내 어릴 적 시절을 생각할 때면 이따금 커다란 고통이 밀려오곤 합니다. 동양의 이상주의적 성향도, 혹독한 시험에 빠져들었던 독일 시민들에겐 너무도 비현실적인 도덕적 질책도, 이 작은 책에서는 단 한 줄도 쓰지 않았습니다. 저는 다만 잃어버린 것에 대한 고통과 허무를 썼을 뿐입니다. 누구도 지나간 것들을 완벽하게 기억해 내지는 못 합니다. 그래서 내게 많은 사랑을 주었던 독일의 친구들과 함께 나누었던 고통을 내 기억 속에 살아 있는 그림들로 초안을 잡았습니다. 소박하기도 하고, 부분적으로는 너무도 보잘것없는 스케치가 나의 친구들을 통해 이렇듯 다정한 그림으로 되살려낼 수 있어서 기쁠 따름입니다. (...)"[130]

---

[130] 1946년 10월 24일, 이미륵이 A. Meyer에게 보낸 답신의 내용 중에서.

어느 날 언론인을 꿈꾸는 독일 청년 발터 라이퍼는 잡지에서 아주 특별한 내용의 기사를 읽었다. 한국인 작가 이미륵이 뮌헨의 피퍼 출판사에서 자신의 유년시절 이야기를 독일어로 썼다는 내용이었다. 그는 무엇보다 잘 알려지지 않은 동양의 작은 나라 한국의 작가가 독일어로 소설을 썼다는 사실에 몹시 놀랬다. 그는 곧장 서점에서 책을 사서 읽고 또 읽었다. 그는 작가 이미륵의 놀라운 독일어 표현과 신비로운 나라 한국에 심취했다. 그는 불현듯 이 놀라운 동양 작가를 만나야겠다는 생각이 들어 출판사에 연락해 이미륵의 주소를 알아냈다. 그리고는 그의 고향 파더보른을 떠났다. 때 마침내 많은 비가 내렸고, 라이퍼는 일곱 시간 걸려 그래펠핑에 있는 이미륵의 집에 도착했다.

"이미륵 박사를 만났을 때, 처음 눈에 들어온 것은 그의 얼굴 가득한 평온함이었습니다. 동양에서 온 작가를 마침내 만나게 되었던 것이죠. 나의 첫 질문은 그가 독일에 살면서 압록강을, 즉 그의 고향을 그리워하고 있는 것이었지요. 그는 그저 미소만 지었지만, 나는 그의 미소 뒤에 숨겨진 그의 고통과 근심을 짐작할 수 있었습니다. 내가 그를 결코 잊을 수 없게 되었던 것도 바로 그 순간부터였을 겁니다. 그는 항상 향수에 젖어있다고 심중을 털어놓았지요."[131]

그해 가을, 미륵을 다시 찾아온 청년 라이퍼는 한국의 일상과 분단 독일에 관해 여러 이야기를 진지하게 나누었다. 그는 한국민족의 역사와 한국어의 어원에 대해 독일의 청년에게 아주 상세하게 설명해 주었다. 인도게르만어족과 비교했을 때 한국어는 우랄 알타이어에서 기원

---

131 Water Leifer의 증언

한 것이라고.

막 언론 활동을 시작하면서 한국의 정치 문화에 특별한 관심이 있었던 라이퍼는 관련 글을 썼다. 그는 필요한 전문용어들에 대한 표기방식을 물을 때마다 미륵은 아주 친절하게 답변의 글을 보내 주었다.

"친애하는 라이퍼씨,

시간과 기회가 닿으면 당신의 편지에 답변해달라는 정중한 요구에 너무 많은 시간을 보낸 것 같습니다. 학기가 시작되고 출판 작업 때문에 사적인 일들을 뒤로 미뤄둘 수밖에 없었습니다. 부디 저의 답변이 너무 늦지 않았길 바라며, 당신의 동양의 정치적인 문제성에 대한 논문에 도움 되길 바랍니다.

Demokratie	민주주의(Mindsu -dsui)
Diktaktur	독재주의(Dsöndse -dsui)
Demokratie oder Diktaktur?	민주주의 나(na) 독재주의?
"Heil Moskau!"	모스크바 만세!
"Ich glaube an die Demokratie!"	민주주의를(rul) 믿음(midum)!
Kaiserreich Korea	대한제국(Taihan djeguk)

위 단어들은 모두 제게 익숙지 않은 것들을 번역한 것이라 부디 잘 옮겨졌기를 바라는 마음입니다."[132]

동양인 작가와의 만남, 그것은 마침내 독일 청년 라이퍼에겐 운명이 되었고 후일 그는 한국에 파견되어 주한 독일대사관 문정관이 되었다.

---

132 1947년 10월 7일 이미륵이 Walter Leifer 보낸 답신

미륵의 독자들 가운데 훗날 독문학 교수가 된 헤르베르트 괴페르트 박사 Dr. Herbert Göpfert도 있었다. 뒤늦게 전쟁에 참전했던 그는 독일의 패전으로 프랑스군에 체포되어 포로수용소에서 보내게 되었는데, 1946년 말경 수용소에서 독일신문에 실린 특이한 기사 - 이미륵의 〈압록강은 흐른다〉에 관한 서평 - 를 읽었다.

독문학을 전공했던 그는 처음에는 독일인 작가가 아닌, 한국인 작가가 책을 쓴 것에 호기심이 끌렸다. 그는 수용소에서 책을 구해 여러 차례 읽으면서 한국인 작가의 아름다운 독일어 문체에 깊이 감동했다. 포로 수용소에서 석방되어 귀국하게 된 그는 뮌헨 근교의 슈톡도르프에 살게 되었고, 그곳은 작가 이미륵이 살고 있는 그래펠핑에서 그리 멀리 떨어지지 않았다. 그는 미륵이 그래펠핑의 한 "문인회"에 참여하고 있다는 소식을 듣고 그를 직접 만나보기 위해 그 모임에 참석했다.

검은 테 안경의 사려 깊은 신비로운 눈매엔 옅은 미소가 번지고, 날렵한 몸매엔 지적인 자태가 깃들어 있는 미륵의 모습에서 독일의 학자들도 또 예술가들도, 그리고 젊은 독일인 청년도 한국이라는 나라와 한국 사람, 한국 문화를 떠올리게 되었다. 한국은 그렇게 그들의 동경의 대상으로 변해갔다.

제8장
사라진 원고의 비밀

양어머니 엘리체 여사와 커피타임, 엘리체는 이미륵 사후 미발표 원고를 정리하여 아틀란트 지에 발표하였다.

이별, 그리고
의혹의 밑 마음

해가 바뀌었지만, 유난히도 춥고 긴 겨울의 끝자락은 혹독한 냉기를 쉽게 끊어내지 않았다. 1947년 2월 7일, 비보가 날아들었다. 로자 마우러의 언니 올가가 보낸 편지였다. 편지에는 오랫동안 지병인 복합성 경화증을 앓아오던 로자가 폐렴으로 갑자기 세상을 떠났다는 내용이 짧게 적혀 있었다. 지독히도 가난하고 고독했던 슈바빙 시절, 청년 미륵과 순수한 연민의 정을 나누었던 장미의 여인 로자.

어느 날 불현듯 '두 사람 사이로 나 있던 길이 끊기고, 그 후로 15년 동안이나 단절되었던 그 길이 미처 복구되기도 전'에 두 연인은 영원한 이별을 맞았다.

> "(...) 끔찍한 전쟁이 벌어지는 동안 미륵과 로자는 함께 할 수 없었습니다. 미륵은 뮌헨에, 로자는 우리와 함께 뮌헨 근교에 살고 있었는데, 폭격으로 모든 열차 편이 완전히 파괴되었기 때문입니다. 1947년 2월 7일 두 사람은 다시 만나보지도 못한 채, 내 동생 로자는 숨을 거두었습니다."[133]

미륵은 이별의 고통을 가슴 언저리에 또다시 깊숙이 묻어야 했다. 그리고는 언제나처럼 생을 향해 더욱 치열한 도전을 감행하려는 듯 그는 다시 글 쓰는 일에 몰두했다. 소설 〈압록강은 흐른다〉에서 미처 다하

---

[133] 1972년 11월 13일, C. Johanna Maurer-Cundry가 정규화에게 보낸 편지.

지 못했던 이야기들을, 그리고 아직 다 끝내지 못한 이야기들을 마무리 짓기로 한 것이다. 소설 〈압록강은 흐른다〉를 집필하면서 처음부터 그것의 후속작품을 출판사와 이미 선 계약한 상태에 있었다. 그 초안은 3부로 구성되어 진행되고 있었다.

제1부는 "한국에서의 유년 Jugend in Korea", 제2부는 "서구와의 만남 Begegnung mit dem Westen", 제3부는 "서양과 서양 Westen mit Westen" 이다.

소설〈압록강은 흐른다〉의 초고를 출판사에 넘겼던 1944년 만 하더라도 독일은 나치의 전체주의 정치성향에 매몰되어 있었고, 출판물 검열도 엄격했다. 따라서 그는 특정 정치적인 분위기로 몰고 갈 수 있을 모든 기술적인 표현들을 피해야 했고, 세상 속 사건들에 대해서는 아주 조심스럽게 접근해야 했다. 그러나 1945년 나치의 제3제국은 패망했고, 후속작품의 초고가 마무리되었던 검열의 억압된 속박에서 이미 벗어나 자유롭게 글을 쓸 수 있게 되었다. 그럼에도 미륵의 작가적 고민은 점점 더 깊어졌다.

"존경하는 안드레스씨,

(...) 지난번 파일리츠슈트라쎄 어느 카페에 앉아 차를 마시며 중국의 그림과 조형 예술에 관해 이야기를 나누었을 때만 해도, 나는 당신과 한 번 더 함께할 수 있을 거라고는 생각지 못했습니다. 그 당시 나는 고향으로 돌아 갈 준비를 하는 중이었지요. 그것은 서양을 알고자 떠나온 나의 고행길에 많은 도움을 주었던 독일 친구들에게 이야기를 들려주고자 내 어린 시절 몇 가지를 회상하는 이야기를 쓰는 일이었습니다. 운명이 나를 그 길에 머물게 했고, 지난 몇 년간 일어났던 비극을 독일인 친구들과 함께 겪게 했지요. 나는 청소년 잡지에서 당신

이 이미 여러 해 전에 독일을 떠나야 했던 이야기를 읽었습니다. 그리고 지금은 독일 청소년들이 당신이 돌아오길 기다리고 있다는 사실도 알게 되었지요. 무척 기뻤습니다. 한 번 더 당신은 만날 수 있길 바랍니다. 요즘 저는 독일 생활에 대한 두 번째 책을 쓰고 있습니다."[134]

전후 독일은 어디에도 목가적인 상상을 부추길 만한 풍경은 남아 있지 않았고, 패배감과 상실감에 빠진 사람들은 불확실성의 늪에 빠져 있어서 인간적 순수를 꿈꿀 수 있는 감성의 여백조차 없었다.

그들의 절망은 악몽의 확대장면으로 대체되어 갔다. 미륵은 '그대로 푸르게 흐르고 있을 압록강'을 떠올려 사회적 현실과 '거리두기'를 위한 허구 예술의 순수성을 지키려고 온 힘을 기울여 원고를 조탁하고 조탁하였지만, 독자들에게 인간적 순수를 관통하는 이야기를 전달할 수 있을지 미혹한 마음을 떨칠 수 없었다.

과연 후속 작품을 다시 세상에 드러내 놓는 게 과연 옳은지, 또 어느 정도의 진실을 폭로해야 할지 깊이 숙고해야 했다. 독일의 독자들 가운데는 극악무도하고 악의적인 파렴치를 파헤쳐 극도의 잔혹성 그대로 드러내기보다는 오히려 그것에 저항하다가 목숨을 잃은 사상가들의 신념이나 그들의 도덕적 미덕을 이야기하길 바라는 독자도 있었다.

" 존경하는 이미륵 박사에게,

(...) 당신 글에 담긴 침묵의 가르침은 동양의 문화와 사상에 대한 나의 사랑을 더욱 깊게 만들었습니다. 다른 독일 사람들에게 당신의 유년시절 이야기를 들려주기도 하고, 심지어는 열두 살 난 딸 아이에게

---

134 1947년 7월 10일, 이미륵이 S. Andres에게 보낸 답신

이야기해 주었더니 더 깊은 애정을 갖고 책을 읽었고, 몹시 감동적이었다고 좋아하더군요. 당신에게 이 이야기를 들려주면 당신도 몹시 즐거워했을 거라는 생각에 나도 덩달아 즐거웠습니다.

아이들도 어른들도 이 책을 즐거운 마음으로 탐독한다는 것은 이 책의 독자 폭이 얼마나 넓은지를 말해주고 있지요. 문체의 간결성, 분위기를 반영시키는 방식, 영혼을 일깨워 주는 절제된 표현, 신념을 북돋아 주는 인간성(일본인들을 다룰 때조차도!) 등등. 나는 마치 어느 노련한 장인의 비단 두루마리를 펼치듯 이 책을 열었지요. (...)

작가 슈테판 안드레스의 기념동판

나는 당신의 작가적 능력이 아름다운 고향과 흰옷 입은 점잖은 한국인이 아닌, 유럽인 특히 독일 사람들과 관계되는 모든 사건 모티브들을 얼마나 능숙하게 다루게 될지 벌써 긴장됩니다. 독일인들은 지난 10년 동안 당신에게 최악의 모습을 보여 주었으니까요! 나는 당신이 진정 현명한 판단을 할 거라는 걸 잘 알고 있습니다.

그리고 이런 현상들을 초래하게 된 원인을 잘 결부시키리라 믿습니다. 변명하려는 것은 아니지만, 우리가 왜 꼭 그래야만 했는지 당신은 그 원인을 이미 잘 파악하고 있으리라 봅니다. 사람들이 저질렀던 악의와 파렴치, 그리고 나약함과 어리석음의 원인을 따져 보기보다는, 그 악의와 권력에 대항하여 투옥되기도 하고 죽기도 했던 사람들이 사상적 신념과 도덕을 충실히 실천하고자 했던 그들의 미덕을 보고 싶습니다. 당신이 겪은 유럽에 대한 글을 제게 보내달라고 간청을 드려도 될는지요?"[135]

---

135 독일 작가 Stefan Andres(1906년-1970년)가 이미륵에게 보낸 편지(1947.8.25).

독일 작가 안드레스의 말처럼 악의와 권력에 대항하여 투옥되고 죽기도 했던 사람들도 있었지만, 미륵은 수백 만의 유대인 학살과 세계 전쟁을 도발했던 인간의 악의와 파렴치를 은폐할 만한 도덕적 미덕을 어디에서도 찾을 수 없었다. 적게 든 많게 든, 또 어떤 방식으로든 묘사할 수밖에 없었던 전후 독일의 상황 그 자체가 미륵의 작가적 본성과는 거리가 멀었다. 1948년 어느 날, 미륵은 뮌헨대학 동창생이자 오랜 친구인 샬러에게 자신의 고민을 털어놓았다.

"지금은 세상이 온통 제3제국을 비난하고 있으니, 이 두 번째 책은 출판하고 싶지 않네. 원고를 태워버려야겠어."[136]

그가 실제로 원고를 태워버렸는지 단정할 수는 없지만, 예술의 지고한 순수를 추구하고자 했던 그의 작가적 고뇌는 충분히 짐작된다.

'지인무기 至人無己 신인무공 神人無功 성인무명 聖人無名'[137]의 절대 자유를 표방했던 장자의 예술사상을 심중에 품고 있었던 미륵의 작가 정신대로라면, 어떤 이유로든 정신적으로 취약한 편향성을 불러일으킬 수 있는 예술 행위는 그의 '생'에 무의미했다. 오랜 세월 모든 열정을 쏟아부어 마침내는 자신의 육신까지도 산화시켜 그의 분신이 되었던 후속작품은 사라졌고, 그의 사라진 원고에 대한 비밀은 여전히 미봉책의 영원한 미스터리에 묻혔다.

---

136 Anselm Schaller가 정규화에게 보낸 편지의 내용 중에서.
137 장자의 내편 소요유(逍遙遊)에 나오는 문장인데, '지인은 자기가 없고, 신인은 공적이 없으며, 성인은 이름이 없다.'

단편, 아들을 위한 투쟁
– 어느 한국 어머니의 이야기

이미륵의 미발표 유작들 가운데 이야기의 시점이 소설 〈압록강은 흐른다〉 이후로 보이는 세 개의 단편작품이 있다. 그것들은 〈압록강은 흐른다〉에서는 완전히 배제되었던 역사적 실제 사건들이 서술되고 있고, 인물의 서정적 감성 묘사보다는 실제 이야기의 공간적 사실 묘사가 중심을 이루는 특징을 보인다.

첫 번째 단편 '아들을 위한 투쟁 Kampf um den Sohn – 어느 한국 어머니의 이야기' – 는 첫 도입 부분부터 소설 〈압록강은 흐른다〉과는 확연히 다르다.

"1910년 8월 28일. 일본의 군인이며 정치가 데라우치에게 중요 문서가 전달되었다. 이 문서로 일본제국은 22만 평방킬로미터에 1300만의 인구가 늘어났고, 오랫동안 끌고 왔던 중·러·일 삼국 간의 전쟁을 일본에 유리하게 종결시켰다. 마침내 황금 사과를 따게 된 사람은 바로 데라우치였다! 그는 속으로 그것이 해외 정치판에서 어떤 파장을 불러일으킬지를 미리 숙고하고 있었다. 미국은 이미 무슨 일이 벌어질지를 알고 있었고, 영국도 아주 오래전부터 예상했던 일이었다. (...) 데라우치 장군은 침묵했고, 자신이 획책한 계략이 성공한 것에 기뻐 날뛰지도 않았다. 그는 그저 한 번 고개를 끄덕여, 이 의미심장한 문서를 받은 것을 확인했을 뿐이었다. (...) 데라우치의 얼굴은 도대체 무엇을 생각하고 있는지 알 수 없었다. 이마가 툭 튀어나오고, 그 탓에 무서움이라고는 전혀 없어 보이는 표정이었고, 길고 가느다란 두 눈은 더 커질 것도 더 작아질 것도 없었다. 그는 그저 눈꺼풀에 덮인 검은 눈동자를 이리저리 굴릴 뿐이었다. 이 무시무시한 사람이 나타나면 사람들은 모두 극도의 공포심에 몸을 떨었고, 특히 자기 나라를 헐값에 일본 은행에 팔아먹은 한국의 관료들이 그를 가장 두려워했다. 일본에 저항했던 아버지의 왕좌에 강제로 앉게 된 임금은 아직 너무 어렸고, 그 날 밤 자기가 통치하는 나라에 무슨 일이 일어났는지조차 모르고 있었다. 3년 전 이미 통치권을 빼앗기고 궁궐에 감금되어 있었던 그 어린 임금의 부친도 아무것도 알지 못했다. 조정도 없고, 군사도 없는 형편이었으니 어리석은 백성들인들 무엇을 할 수 있었겠는가?"[138]

작품 서두에 '1910년 8월 28일'이라는 특정 시간과 특정 인물 '데라우치'를 배열하여 일본의 강제합병이라는 역사적 실제 사건을 그대로 이야기의 허구 현실로 서술함으로써 이야기 속 인물들은 망국이라는 '역사 부재'의 공간에 존재하게 된다. 작중 인물들은 두 개의 그룹 - 이름이 있는 자와 이름이 없는 - 으로 나누어져 대립이라는 이야기 구도를 만들어낸다. 예를 들면, 인물 '데라우치'에겐 이름 있음을 배열하여 유명有名에 걸맞도록 정확한 수치와 구체적인 인물 행동묘사가 이루어지는 데 반해, '어린 임금과 그의 부친'에겐 이름 없음을 배열하여 무명無名으로 인해 '아무것도 할 수 없고, 또한 아무것도 알지 못하는' 주변 인물로 묘사되어 이야기의 대립 구도를 만들어낸다.

나라를 잃은 임금은 통치자로서의 주권을 상실하였으니 계승 혹은 존속의 단절에 따른 '역사의 부재'를 은유하는 그저 어린 임금으로, 그리고 그 임금의 선왕은 단지 그 어린 임금의 부친으로 서술되는 데 반해, 나라를 강탈해 통치 권력을 획득한 일본 장군 데라우치는 상대적으로 '역사의 실존' 인물로 묘사된다.

---

138 Mirok Li, Der Kampf um den Sohn, 14쪽.

주체적 권력의 유무로 유명의 허구 인물이 되고 유명의 실존 인물이 되는 이야기의 구도는 다분히 작가 의도적이다. 작가는 '부재와 실재 혹은 실존'의 의미를 대상화하여 은유적 대비라는 문학적 메커니즘으로써 자기 비판적인 태도와 깊은 고뇌를 우회적으로 현실화한다.

단편 〈아들을 위한 투쟁〉에서 주목되는 것은 '어느 한국 어머니의 이야기'라는 부제이다. 작품의 중심인물은 한국의 한 어머니이고, 그녀의 이름은 민 부인이다. 그녀는 남편과 사별하고, 그의 부재를 대신해 집안을 이끌어 간다. 여기에서 '부재'는 어머니가 '아들을 향한 투쟁'을 실현하게 하는 동력으로 작용한다. 나라를 잃은 임금의 단절된 고독과 남편을 잃은 어머니의 고독이 이야기의 중심 구도를 이루고 있다. '아무것도 알지 못하고 그래서 아무것도 할 수 없는 망국의 임금'과 '아들의 생존을 위해 투쟁하는 망부의 여인'

> "어머니는 그녀 자신이 늙었을 때 빛이 되어 줄 사랑하는 아들이 잘 성장해 주기만을 간절히 소원했다. 작년 여름에 남편이 세상을 떠난 후, 아들 수심은 그녀의 유일한 희망이었다. (…) 그러니 어찌 이 큰 집안을 몰락하도록 내버려 둘 수 있었겠는가! 그녀는 남편이 물려준 것을 계속 번창시켜 사랑하는 아들에게 넘겨주기 위해 사력을 다했다."[139]

작가는 아들 수심을 어머니의 고독 속으로 투사하여 수심의 시선으로 '망부의 고독'을 바라보게 하고 고뇌하게 한다. 실제 경험을 인물 수심의 고독으로 우회하는 투영 방식은 작가 특유의 서술적 거리두기이다. 절망적인 고독에 빠진 어머니가 빛이 되어 줄 아들 수심을 위해 사력을

---

139 Mirok Li, Der Kampf um den Sohn, 34쪽.

다해 집안의 가업을 지키려는 어머니의 투쟁은 전후 독일의 복구와 회복이라는 사회적 모토와 결을 같이한다. 그가 관철하고자 했던 복구는 '인간적 생의 원천적 복구'에 있고, 그것은 몇 날 며칠을 잠들지 못하고 늘 고민에 깊이 빠져 있는 아들 수심의 곁에서 함께 밤을 지새우며 그녀의 아들이 적막한 고독을 뚫고 나와서 사람 사는 세상으로 복귀할 때까지 온 마음 다해 기다리는 어머니의 고독한 투쟁을 통해 성취된다.

> "자정이 지나 모든 사람이 잠자리에 들었지만, 수심의 방에서 새어 나오는 희미한 불빛은 아직도 적막한 뜰을 비추고 있었다. 단 하나뿐인 이 집안의 아들은 어찌 저토록 오랜 시간 생각에 잠겨 있는 것일까? 어머니는 창가에 앉아 아들 방의 불빛이 꺼지기만을 지켜보고 있었다. 고독한 겨울밤, 그 짙은 어둠이 지붕 위로 무겁게 내려앉아 있었다. (...) 창백한 얼굴의 수심은 어머니와는 다른 세계에서 홀로 말없이 살아가고 있었다."[140]

아들 '수심'의 사색이 깊어질수록 어머니는 홀로 선산을 지키고 서 있는 늙은 소나무처럼 허공의 바람벽에 부딪혀 점점 쇠잔해져 간다. 마침내 아들이 어둠을 떨치고 세상 밖으로 나오는 복귀의 순간에 이르러서야 어머니는 빈 들판에 서서 그녀의 참담한 외로움을 내려놓는다. 선산 밑 조그마한 네 칸 초가에서 그녀는 아들이 돌아오길 희망하며, 망부의 한을 그녀 자신의 운명으로 되돌리게 되는 순간 오열을 토해낼 수 있게 된다. 그렇게 어머니의 무거웠던 과거의 삶이 비워지고 아들의 귀향을 기다리는 그녀의 새로운 희망을 향한 자기 투쟁이 시작된다.

---

140 Mirok Li, Der Kampf um den Sohn, 35쪽.

"남편의 꿈이었다. (...) 민 부인은 남편을 따라 대문까지 걸어 나왔다. 너무 늦지 않게 돌아오세요. 혼자 있는 게 무서워요. (...) 남편은 그녀의 뺨을 어루만져 주고는 이내 문을 열고 눈보라 속으로 걸어갔다. 그녀는 잠에서 깨어 숨을 몰아쉬었다. 그리고는 불을 밝히고 사방을 둘러보았다. 마침내 그녀의 눈에서 눈물이 흘러내렸다."[141]

단편 〈아들을 위한 투쟁〉은 암울한 세상에서 절망의 늪에 빠진 아들을 구해 내어 그가 밝은 미래지로 향할 수 있도록 자신의 몸을 태워 빛을 밝혀주었던 세상 모든 고독한 어머니들의 이야기이다. 그것은 작가 이미륵 자신의 어머니 이야기이고, 동시에 전쟁터에서 아들을 잃은 혹은 남편을 잃은 수많은 독일 어머니들의 이야기이다.

어머니는 아들에게 자신의 순수한 숨의 리듬을 파동치게 했던 생명의 근원지를 상징한다. 오롯이 사랑과 헌신의 마음으로 아들을 위해 투쟁하는 어머니들의 이야기는 어느 시대에든 어느 공간에서든 우리 인간이 반복적으로 겪게 되는 절망의 마음 끝자리에서 숨의 리듬을 되찾아 상처 입은 영혼을 치유하게 하고, 다시 새로운 생을 재건할 수 있게 하는 복구의 원초적 리듬 에너지를 파동치게 한다.

서양으로 향한 길

단편 〈서양으로 향한 길〉은 아들 '수심'의 시점이 '나'의 시점으로 전환되고, 내용은 이전의 단편과 연속성을

---

141 Mirok Li, Der Kampf um den Sohn, 97쪽.

유지한다. 고독을 떨치려고 어머니의 안전한 뜨락을 떠나 세상 밖으로 뛰쳐나갔던 수심이 집으로 돌아와 '나'로 회귀하여 '아들로서의 책무'를 실천하는 또 하나의 이야기가 서술된다.

> "아름다운 경치도, 산도, 양지바른 산 그루터기 위에서의 고독도 그 것을 떨쳐버리게 하지는 못했다. 그것은 나를 잠들게 하지도, 먹지도 못하게 했다. (…) 나는 지치고 무기력해졌다. 내가 원하는 것은 오직 하나였다. 어머니가 다시 한번 내 머리를 쓰다듬어 주길…… 나는 집 으로 돌아왔다."[142]

작가는 아들의 귀향을 새로운 출발의 선회지점이 되도록 이야기의 극적인 반전을 끌어낸다. 그는 '어머니'가 망부의 운명을 스스로 끌어 안고 마지막 회한의 눈물로써 그녀의 불행한 운명의 질곡을 단절시킨 다. 그리고 어머니의 투쟁은 '아들로서의 책무'로 이야기 전환이 이루 어진다.

> "가거라, 가능하다면 아주 멀리 떠나거라! 네가 그토록 가길 원했던 독일로 가거라. 내 걱정은 말고, 너는 내 삶에 참으로 좋은 아들로 남 을 거란다."[143]

작가는 단편 〈아들을 위한 투쟁〉에서 어머니 곁을 떠났던 아들 수심 을 일인칭 화자 '나'로 복귀하게 하여 스스로 길고 고단한 여정 속으로 뛰어들어 가게 한다. '나'의 이야기로 전환한 것은 다분히 작가 의도적 이다. 외부적인 요인 혹은 시대적 요인에 의해 강요된 '길'을 걸어야

---

142 Mirok Li, Der Weg nach Westen, 102쪽.
143 Mirok Li, Der Weg nach Westen, 103쪽.

했던 작가 자신의 경험을 '나'의 자율적인 행동으로 전도하여 역사적 사실성을 폭로하기보다는 내재화를 시도하고 있다.

1919년 3월 1일 항일운동이라든지, 그해 8월 29일 대한청년회에서 주도했던 거국적인 항일 운동계획과 실패, 그리고 망명 생활 등 작가의 실제 경험들은 허구적 이야기 공간에서 '나'의 여정으로 재구성된다. 단편 〈서양으로 향한 길〉에서 '나'의 여행 기점은 여전히 압록강이다. 다만 그것은 장편 소설 〈압록강은 흐른다〉에서 와는 다르게 일인칭 화자 '나'는 이미 강 건너편에 앉아 남쪽 하늘의 붉은 해거름 속으로 사라져가는 맞은 편 고향을 바라보는 장면으로 이야기가 매우 빠르게 비약한다.

> "압록강은 고요히 푸르게 흐르고 있다. 태양이 산 너머로 잠긴다. 먼 남쪽으로 그것은 그렇게 서서히 저물어 가고 있다."[144]

첫 번째 '나'의 여정은 만주행이다. '나'는 기차 속에서 일본인도 만나고, 만주인, 중국인도 만나고 그들의 대화를 엿듣기도 하고, 그들의 행동과 표정을 아주 자세히 관찰하기도 한다. '수심'의 사색하는 모습을 '나'에게서 더는 찾아볼 수 없다. '나'는 고독하지도 않고, 비애감에 젖어 있지도 않고, 오히려 섬뜩한 잿빛 사막에서 점점 더 거세게 몰아쳐 오는 광란의 돌풍조차도 탐닉한다. '나'의 모습 어디에서도 작가 자신이 직면해 있었던 도피의 팽팽한 긴장감과 공포 혹은 불안을 찾아볼 수 없다. 어쩔 도리 없이 갇혀버렸던 정지된 시류를 빠져나온 여행자의 자유로운 일탈이 느껴진다. 그것은 폐쇄적이고 고정된 관습적인 의식으로부터 해방이고, '나'의 운명적 질곡으로부터 해방이다.

---

144 Mirok Li, Der Weg nach Westen, 104쪽.

'나'의 여행 이야기는 자유롭다. 여행의 최종 목적지에 이르는 수많은 '사이 공간'에서 인물과 인물들의 만남이 이루어지고 사건들이 전개된다. 순백의 도화지에 선명한 기억 그림으로 재생되는 미륵의 이야기들 가운데 가장 사실적으로 묘사되는 작품이 단편 〈서양으로 향한 길〉이다. 〈여정〉에서 '나'의 주변 인물들은 실제 인물들이고, 그들과 관련된 사건들도 역사적 실제이다. 그러나 사건에 배열되는 이야기 배경은 시대적 정치적 성향을 암시적으로 묘사되고, 경험의 실제들도 철저히 객관적인 대상성을 유지하게 된다.

작가는 시대적 사회적 편향을 일으킬 아주 사소한 가능성조차도 허용하지 않는다. 그는 자칫 악의적인 폐해와 왜곡을 불러올 수 있는 역사적 실제 사건에 대해서는 부분적으로 르포르타주 로망으로 서술한다. 〈여정〉의 이야기는 사회적 정치적 세계관의 성향에서 벗어나기 위해 작가의 경험 실제들이 객관적 거리두기를 유지하게 된다. '나'의 여정과 작가의 실제 경험이 겹쳐지는 삽화 '중국 상해에서'는 르포르타주 성향이 두드러지게 표출되기도 한다.

"그 무렵 나는 한 여인을 알게 되었다. 그녀는 젊은 나이에 영웅적인 행동으로 삶을 마감함으로써 세상에 알려졌던 위대한 애국 투사 안중근의 미망인이었다. 당시 한국인들의 원흉이었던 일본 정치가 이토 히로부미는 바로 그의 총격에 사살되었다. 안중근 의사는 일본 법정에서 사형선고를 받았고, 그의 가족에겐 불행이 닥쳐왔다. 부인은 일곱 살 된 딸과 세 살 된 아들을 데리고 북쪽으로 피신해야 했다. 그 후 10년 동안을 그녀는 시베리아 이곳저곳을 헤매야 했다. (...) 부인은 내게 나이며 직업이며 가족관계를 물었다. "아직 이렇게나 어린데!" 그녀가 말했다. 그녀의 부드러운 목소리가 슬프게 울려왔다."[145]

---

145 Mirok Li, Der Weg nach Westen, 126쪽.

역사적 실존 인물 안중근 의사의 미망인 이야기가 '나'의 입을 통해 구체적으로 서술되는 데 반해, '나'의 이야기는 오히려 그녀의 입을 통해 '아직 이렇게나 어린 나'의 슬픈 운명을 압축하여 서술된다. 이러한 서술기법은 무엇보다 자전적 소설에서 작가 자신의 경험세계가 이야기를 지나치게 주관적인 성향으로 몰고 가는 것을 차단하는 효과가 있다.

"작별인사를 하러 갔더니, 부인은 창가에 앉아 있었다. 나는 이따금 그녀가 말없이 그곳에 앉아 먼 곳을 응시하고 있던 것을 본 적이 있었다. (...) 그것은 가슴 속에 함묵하며 견뎌왔던 그녀의 생에 대한, 너무도 비정한 고통에 대한 그녀만의 언어였다. "이제 떠나는 건가요?"라고 물으면서, 그녀는 내게 손을 내밀었다. 나는 모든 사람과 작별했다. 모두 말없이 내 손을 잡았다. (...) 나는 정든 방을 한 번 더 둘러보았다."[146]

마침내 '나'의 최종 목적지인 서양으로 향한 긴 여정이 시작된다. 떠나는 '나'도 침묵하고, 그곳에 남겨진 그녀도 침묵하고, 또 다른 모두가 침묵한다. 실제로 망명길에 올라야 했던 작가 이미륵의 '너무도 비정한 고통'의 경험이 '남편 잃은 미망인, 나라 잃고 황량한 시베리아 벌판을 헤매야만 했던 그 부인의 가슴 속으로 스며 들어가 함께 침묵으로 토해진다. 그렇게 짙푸른 바다의 거대한 일파 한가운데서 쉼 없는 노도에 몸을 의지한 채 '나'는 아무런 저항 없이 낯선 세계로 끝없이 떠밀려 들어간다.

긴 항해를 마친 여객선 르 뽈 르까 Le Paul Letcat가 마르세유항에 정박하고, 드디어 '나'는 유년시절에 꿈꾸었던 선망의 유럽 땅에 첫발을

---

146 위의 내용에서.

딛는다. 그러나 꿈은 이내 차가운 현실로 바뀌어 '나'의 절망은 아찔한 현기증으로 전율을 일으키며 낯선 땅으로 파동쳐 들어간다.

> "땅이 발밑에서 요동쳤고, 나는 제대로 서 있는 느낌이 들지 않았다. (...) 여름과 가을이 빠르게 지나갔고, 눈 내리는 겨울날이 되어서야 나는 비로소 여행이 끝났다는 것을 느꼈다. 나는 냇가 옆 긴 벤치에 홀로 앉아 어머니의 죽음을 알리는 편지를 읽고 있었다. 나는 어머니와 너무도 멀리 떨어져 있다는 것을 실감했다. 지금 내 눈앞엔 높은 파도와 성난 바람으로 날뛰는 검은 바다가 어른거린다. (...)"[147]

'나'의 여행이 끝나고, 실제로 작가의 여행도 끝이 났다. 어머니의 죽음은 곧 돌아가 쉴 안식처를 잃었음을 의미했다. 작가 이미륵은 실제로 다시는 고향으로 돌아가지 못했고, 그를 세상 밖으로 건네주었던 고요하고 푸른 압록강은 되돌아갈 평화로운 푸른 뱃길을 더는 열어주지 않았다.

무제無題...
그래도 압록강은 흐른다

세 번째 미발표 단편은 무제이다. 이야기 시점으로 보면 이 작품은 소설 〈압록강은 흐른다〉의 후일담으로 두 개의 이야기 단상으로 구성되어 있다. 이미륵의 제자 애파 크라프트의 증언

---

147 Mirok Li, Der Weg nach Westen, 160-161쪽.

에 따르면, 실제로 이 작품은 〈압록강은 흐른다〉의 후편에 속해 있었던 삽화이다.

첫 번째 단상은 작가의 뮌헨대학 시절 중병重病에 걸려 잠시 학업을 중단하고 휴식의 시간을 보내던 때의 이야기다. 그것은 인간의 질병을 육체 분석 혹은 육체 해부로 관찰하고 진단하는 서양 의학의 분석적 합리론에 회의적이었던 작가 미륵의 동양적 세계관이 이야기 속 이야기, 즉 하늘과 땅의 조화로운 화합을 통한 본원적 '생'을 중요시했던 동양 의학의 체질론을 아주 짧게 압축 서술하고 있다.

"날씨가 쌀쌀해질 때면, 나는 종종 극심한 피로를 느꼈다. 한번은 몹시 열이 나고 피로해져서 아직 이른 저녁 시간임에도 불구하고 나는 자리에 누워 쉬어야 했다. 나는 그것이 중병의 시초였다는 것을 전혀 예감하지 못했다. (...) 의사는 늑막에 염증이 생긴 것으로 의심된다고 했다. "늑막염을 동양 의사들은 뭐라고 하나요?" 한동안 말없이 앉아 있던 의사가 물었다. (...) 나는 수많은 염증 질환에 대해 어떤 의사들은 '상한傷寒'이라고 하기도 하고, 어떤 의사들은 '통풍痛風'이라 부르기도 하는 것으로 알고 있다고 말했다.
그러자 그는 동양의 의사들은 그 염증 질환을 어떻게 치료하는지 물었다. 나는 대부분의 질환은 여러 가지 약초를 혼합하여 축출해 낸 것을 환자들에게 마시게 하거나 폐 깊숙이까지 흡입하게 하는 방식으로 치료한다고 말했다. (...) 옛 의학에 따르면 인간은 여러 유형, 이를테면 태양·소양·태음·소음으로 나뉘는데 〈양〉이란 태양과 같은 것이고, 〈음〉은 그림자와 같은 것이라고 설명해 주었다. 예를 들어 태양 체질의 환자를 치료했던 방식이 소양 체질의 환자에겐 치명적일 수도 있다고 말했다. 그는 신기해하며 옛 의학에서 이런저런 논제나 학설들을 끄집어내어 줄 수 있는지를 물었다. (...)
　동양 의학은 전혀 다른 우주관으로 모든 것을 바라본다고 그에게 설명했다. 음양이론은 땅은 하늘의 등가적 상대이며, 그림자는 빛의 등가 상대라는 세계관에서 추론된다고. 생은 하늘과 땅이 함께 작용하기 때문에 인간은 하늘과 땅 사이의 중간 존재로 간주할 수 있고, 질병이란 바로 이러한 작용이 방해받게 된 징후라고 그에게 설명해 주었다. 독일인 의사는 아무런 대꾸도 없이 생각에 깊이 잠긴 듯했다. (...)"[148]

　동양적 사고로는 병이란 인간 몸에 원천으로 깃들어 있는 우주적 조화와 균형이 깨지는 것을 의미한다. 따라서 질병에 대한 진단은 육체뿐 아니라 정신에서 발생하는 다양한 부조화와 불균형의 징후들을 맥의 미세한 진동을 관찰하는 방식으로 이루어진다. 특히 정신적 부조화의 증후들, 예를 들어 막막한 절망감이라든지, 높은 암벽 앞에서 단 한 걸음도 내딛지 못하는 무력감이라든지, 어두운 바다 협곡에 갇힌 채로 어스름 불빛을 통해 암초에 부서져 떠다니는 수많은 얼음 파편을 그저 바라보아야 하는 차디찬 현실의 암담함 등등을 세심하게 살펴야 한다.
　미륵은 질병의 증후들에서 벗어나 병적 회복을 위해 악몽의 어둠에서 스스로 빠져나와 볕 잘 드는 곳에서 조화로운 생명력을 스스로 끌어올리는 모멘텀 찾기를 제안한다.

　"밤이 되면 다시 정신이 혼미해졌고 악몽에 시달렸다. 한번은 끝이 보이지 않는 낯선 길을 달려갔는데 높은 절벽 바위가 앞에 나타나 넘

148　Mirok Li, 〈Immer noch fließt Yalu〉, 163-167쪽.

어가지 못해 그대로 우두커니 서 있는 꿈을 꾸기도 했고, 또 한 번은 아주 좁은 해협으로 휩쓸려 들어가 헤어 나오지 못하는 꿈을 꾸기도 했다. 거기에는 배도 없고 도움을 청할 사람도 없었다. 나는 그 좁은 곳에 홀로 갇혀, 어스레한 빛 속에서 협곡 양쪽으로 높이 치솟아 있는 암초들과 수많은 얼음 조각들이 둥둥 떠내려오고 검은 밀물이 좁은 협곡을 가로질러 흘러가는 것을 보았다.

나는 절망적인 절대 고독을 느끼며 슬픔 속으로 빠져들어 갔다. 또 한 번은 어떤 작은 배에 올라앉아 그 배가 어디로 가는지도 내가 어떻게 그 배에 와 있는지 알지 못해 괴로워하는 꿈을 꾸기도 했다. 꿈에서 깰 때마다 나는 번번이 가슴이 죄는 압박감과 심한 호흡곤란을 느끼곤 했다. 나는 숨을 쉬기 위해서라도 나는 잠 속을 빠져나와야 했다. 나는 어느 볕 잘 드는 방에서 누워 쉬고 싶고, 바닷가 근처 어디로든 달려가고 싶었다."[149]

두 번째 단상은 재생의 이야기이다. 미륵은 과학적 실증경험에서 얻은 '재생' 이론을 생의 영속성을 이루게 하는 기본 원리로 인식했다. 기본 원리는 완전한 재생과 불완전한 재생의 결합 관계로써 조화와 갈등에 따른 사회적 공존의 논리에 기인한다. 두 번째 이야기 단상에는 완전한 재생의 생명체가 조화로운 관계를 통해 '건강한 생'을 지속하는 데 반해, 불완전한 재생의 생명체는 갈등 속에서 상호 배타적인 고립 속에서 '기형의 생'을 유전시킨다는 사실을 독일 독자들에게 각성시키려는 작가적 의도가 내사되어 있다.

"나는 사물을 파악하는 것 혹은 진실을 인식하는 것 속에서 인간 영혼이 내적인 존재 혹은 우주의 정신적 토대와 연결되어 있다는 것을

---

149 Mirok Li, 〈Immer noch fließt Yalu〉, 190쪽.

볼 수 있다고 여전히 믿고 있다. 가능하기만 하다면 그것이 내겐 근원으로 돌아가게 하는 유일한 길로 보인다. 그러나 언젠가 내가 올바른 길에 있을지 없을지는 정확하게 알지 못한다.

 어느 날 저녁 우리는 식물 모양을 하고 있는데도 불구하고, 그것이 동물의 방식으로 섭생한다는 것 때문에 동물에 포함되는 오이덴드린을 함께 관찰했다. 나는 온갖 노력을 기울여 그 단세포 동물을 들여다 보았고, 지금은 그 자체에 동물적인 요소가 그리 많지 않은 이른바 강장동물을 관찰하고 있다. 나무처럼 생긴 작은 형상을 관찰하면서 나는 조교 학생이 내게 태양충을 보여주었을 때처럼 그것에 매료되었다. 그는 이어서 산호충이며 나비며 여러 심해동물처럼 아름다운 동물 모양에 대해 여러 이야기를 해 주었다. 그의 이야기와 다양한 견해와 테제의 설명에서 나는 그가 살아 있는 모든 생물을 단지 비 생명의 기계적인 힘으로 소급하려고 했던 사람들에 속하지 않는다는 걸 알게 되었다. 그는 생명 그 자체를 사람들이 실제로는 설명할 수 없는 하나의 기적으로 보았다. (…)

 당신은 이 동물에서 '재생'의 과정을 잘 관찰할 수 있게 될 겁니다. 플라나리아 한 마리를 두 쪽 내어, 그것이 어떻게 변하는지를 지켜보기만 하면 되지요. 나는 그가 시키는 대로 했다. (…) 사흘날 아침, 앞부분에는 새로운 꼬리가 나 있었고, 뒷부분엔 새로운 머리가 자라나 있었으며, 두 부분은 정상적인 플라나리아와 똑같이 움직이고 먹이도 먹는 것을 발견했다. 사흘 전까지만 해도 그것들은 모두 한 마리 플라나리아였었다. (…)

 그런데 오늘은 전혀 다른 두 마리로 여기는지 서로 다른 장소에서 먹이로 던져준 고기 조각을 핥고 있었고, 어쩌다 우연히 서로 부딪치면 서로 몸을 움츠렸다.(…) 그렇게 한 뒤 며칠 후 두 개의 부분은 다시 하나의 플라나리아가 되었고, 아무 일도 없었던 듯 이 전처럼 살아갔다. 잠깐이나마 두 개의 개체로 살았던 것을 완전히 잊어버린 것 같았다. (…)

그러나 몸의 한 부분이 완전히 떨어져 나가지 않으면, 반대편 부분의 재생을 통해 배가倍加되어져 두 개의 꼬리 혹은 두 개의 머리를 가진 플라나리아가 생겨났다. 두 개의 머리들은 서로를 마치 별개의 개체로 여기면서 종종 서로 다른 방향으로 기어가려고 갈등을 일으켰다. 더욱이 결코 하나가 될 수 없는 세 개의 머리를 갖은 한 마리의 플라나리아는 더욱 움직일 수 없게 되었다."[150]

위의 내용은 단순히 실험실에서 있었던 플라나리아의 관찰 기록이 아니고, 재생이라는 영속성 혹은 항구성을 가능하게 하는 생의 기본 논리와 그 이면을 이야기하고자 함이다. 그것은 완벽한 재생과 불완전한 재생이 공존하는 사회적 환경 속에서 발생하는 갈등과 화해라는 생의 시스템이다. 완벽한 재생체는 조화로운 관계를 통해 '건강한 생'으로 현존하고, 동시에 불완전한 재생체는 갈등이라는 배타적 고립 속에서 '기형의 생'을 현존한다.

이런 두 가지 재생 형태는 때로는 독립적으로 또 때로는 하나로 통합되어 모든 생명체의 생生을 이룬다. 중요한 것은 하나의 몸에 현존하는 두 개의 머리가 서로 다른 방향으로 기어가려고 할 때 나타나는 갈등, 더 나아가 하나의 몸으로 현존하지 못하는 세 개의 머리는 어느 방향으로도 나가지 못하고 결국엔 제자리에서 자멸하고 마는 관계성의 이야기이다.

그리고 이러한 관계성의 이야기는 광대한 영역에서 살아가고 있는 종족 간의 관계로 확장된다. 그것은 작가 미륵의 인식 확장, 정확하게는 민족이니 종족으로 나누는 경계 시스템에서 공존 혹은 공생을 가능하게 하는 유사성, 긴밀성, 고유성의 사고 프레임으로 확장되는 인류학적 사고 전환의 반영이다.

---

150 Mirok Li, Immer noch fließt Yalu, 192-195쪽.

"나는 우리 고유의 민족성이 헝가리인들과 다른 몽골인들 사이에 정신적 혹은 육체적으로 얼마만큼이나 존속해 왔는지를 알지 못했다. (…) 거대한 도나우 도시에서 뮌헨 이자르 도심으로 돌아오는 여행에서 나는 내 고향, 압록강이 생각났다. 나는 투란과 우랄 알타이 사람들과 이야기를 나누면서 얼마나 자주 압록강이라는 단어를 사용했던가. 나는 '여전히 압록강이 흐르고 있다'는 사실에 자부심을 느꼈다."[151]

미륵은 고향의 푸른 압록강을 광활한 동방을 가로지르는 근원적 모태의 강으로 확장하여 다시금 그의 생 한가운데로 복구시켜 '또다시 흐르게' 하는 생의 영원한 항구성을 갈망했다. 그에게 '물'은 변화를 이야기하기 위한 서술 메커니즘이다. 흐르는 '물'은 땅을 침식시키기도 하고 융기시키기도 하면서 본바탕인 땅의 형세를 바꾸어 놓는 진동 에너지를 은유한다.

그의 의식 속에 '여전히 흐르는 압록강 Immer noch fließt der Yalu'의 항구성은 언제나 그의 의식 밑바닥에 아주 고요히 숨죽이고 흐르는 진정한 생으로의 복구 의지를 끊임없이 발현하게 하는 원초적 생명력의 역동성을 표상한다. 그것은 미륵이 실제로 죽음과도 같은 무기력에 빠져 모든 일을 포기하고, 요양소의 침상에 몸을 누인 채로 그의 몸속에서 끓어오르고 있는 열기 혹은 울분을 완전히 소멸시키고 새롭게 생을 부활시키는 완전한 재생을 가능하게 했던 원천의 힘을 상징한다.

---

151 Mirok Li, Immer noch fließt Yalu, 204-205쪽

"마지막 진찰이 있던 날 의사는 유감스럽게도 병이 너무 깊어져 있으니 가능하면 즉시 요양소에서 치료를 받아야만 한다고 했다. 이미 오래전부터 이런 진단이 내려질까 걱정했었다. 병의 재발은 곧 죽음을 의미한다는 것을 나는 알고 있었다."[152]

바위 언덕 밑 푸른 빛 호수를 바라보면서 '나'는 언제가 그랬듯이 내면 깊숙이 또다시 흐르는 압록강을 회고해 낸다. 작가 미륵에게 '흐르는 물'은 차단된 혹은 왜곡된 영육靈肉의 재생을 위한 본원적 에너지의 역동성을 의미하는 은유적 메커니즘이고, '아직도 여전히 흐르는 압록강'은 끊임없이 흐르고 흘러서 그 자신의 본원에 닿고자 하는 의지를 투영하고 있는 내적 암시이다.

152　Mirok Li, Immer noch fließt Yalu, 207쪽.

제9장
동양 철학 교수로서의 마지막 생

이미륵의 나비 손, 니르바나의 세계를 설파하다

새로운 만남,
- 인연은 숙명의 바람결 진동으로 온다!

1947년 7월 어느 날, 짙은 갈색 머리의 아름다운 독일 여성이 이미륵을 찾아 왔다. 애파 수잔네 크라프트 (1923년 - 2007년)였다. 베를린 태생인 그녀는 마르부르크대학에서 일본어를 공부하다가 당시 중국학과 몽골 언어학의 권위자였던 에리히 해니쉬 Erich Hänisch 교수가 뮌헨대학에서 동양학 강의를 한다는 소식을 전해 듣고 곧바로 뮌헨행을 결정했다. 마르부르크 대학 시절에 이미 이미륵 박사의 명성에 대해 알고 있었던 애파는 해니쉬 교수의 아들 볼프 Wolf로부터 이미륵 박사가 뮌헨 근교에 살고 있다는 소식을 듣게 되었다. 그녀는 곧바로 그래펠핑에 살고 있는 동양인 학자 이미륵을 찾아갔다.

"뮌헨대학에 들어가서 일본어 공부를 하려고 할 때 이미륵 박사를 찾아가라는 권고를 받았어요. 그 당시 뮌헨대학엔 몽골어와 중국어 권위자였던 에리히 해니쉬 교수가 있었는데, 그분 아들에게서 처음으로 이미륵 박사의 이름을 들었어요. 이 박사 집으로 찾아갔지요. 흰 종이에 한자를 써보라고 했어요. 그러고 나서 서투른 내 글씨를 보더니, 영 서툴다며 좀 더 배워야겠다고 말했고, 그렇게 개인 지도가 시작되었답니다."[153]

이미륵과 애파의 만남은 우연이었다. 그러나 그것은 마치 새벽녘 미명 속에 또 다른 '생'으로의 선회를 알리는 울림과도 같았다. 아름다운

---

153 한옥희, 「애파는 마지막 생명의 파도였다」, 『여성동아』, 1984년 9월호.

여인 애파는 바람결 같은 잔 떨림으로 젖어 들어와 그의 또 다른 생을 깨웠다.

독일의 젊고 아름다운 동양학도 애파愛波.

애파와 함께

미륵은 애파에게 한학을 가르치면서 동양철학을 향한 열정을 다시 그의 내부에서 솟구쳐오르는 것을 느낄 수 있었다. 그는 거침없이 터져 나오는 모국어의 편안함을 탐닉하듯, 가르침을 핑계 삼아 거의 매일 그녀를 만나 그 자신의 모태 학문인 한학의 심오한 본질에 다시 심취할 수 있었다.

전후 독일은 서독과 동독으로 분단되었다. 전승국들(미국, 영국, 소련)은 지난 10년 동안 나치 선동정치의 전체주의적 사고에 깊이 빠져 있었던 독일 시민들의 관심이 새로운 국제적인 관계를 지향하도록 강력한 제도 개선에 직접 관여하였고, 특히 청년들의 사고를 근본적으로 변화시킬 수 있는 강력한 교육정책개선을 펼치기 위해 머리를 맞댔다. 대학들을 중심으로 한 새로운 교육 정책이 세워지면서 다른 세계와의 학문적 교류가 장려되었다. 베를린 출신에 중국어와 몽골어에 정통한 해니쉬 교수가 서독의 뮌헨대학 동양학 교수로 임용된 것도 이러한 시류와 무관하지 않았다.

해니쉬 교수 Erich Hänisch(1880, 8. 27 - 1966, 12, 21)는 1903년 베를린 대학 외부교수 빌헬름 그루베 Wilhelm Grube(1855-1908) 곁에서 〈동부 몽고의 역사, 몽고어 원전과의 비교〉로 박사학위를 받았다. 당시 독일에는 동양 언어에 대한 베를린 학회에 소속된 순수 언어학 교수를 제외하고는 중국학 전임교수가 없었다. 함부르크에서 중국학이 학문적인 전공강좌로 처음 개설되었던 1909년 전까지만 해도 독일의 어느 대학에서도 동양학은 정규 과목으로 개설되지 않은 상태에 있었다. 당시 독일학자가 동양학을 전공으로 한다는 것은 불확실한 미래에 스스로 내던져 버리는 것과도 같았다. 그래도 독일은 동아시아와의 교역이 상당히 활발했고, 대국과의 정치적 관계를 긴밀히 유지해 오고는 있었기 때문에 동양학에 관심 있는 독일인 젊은 학자들이 꽤 있었다. 해니쉬도 그런 독일 젊은 학자들 가운데 한 사람이었다. 그는 1904년 태수 장치동으로부터 부름을 받고 무창 중등학교(1902년 설립) 독일어 교사가 되었다.

신해혁명이 일어났던 1911년까지 그는 중국에 체류하면서 여러 지역을 여행하면서 고대 중국, 유교주의적 황제 봉건국가인 중국을 탐구했다. 그는 독일로 돌아온 후 베를린 민속 박물관 소속 '독일 중앙아시아 연구소' 설립자인 뮐러 F.W. Müller 밑에서 학술 조교로 일했고, 1913년 베를린에서 교수 자격증을 취득했다. 그러나 1차 세계대전 복무 중에 포로가 되면서 그의 학문적인 이력은 일시 중단되었다.

고향으로 돌아온 해니쉬는 1920년 베를린 대학에서 중국의 식민지 언어, 만주어와 몽골어를 가르치는 부교수로 임명되었다. 이후 괴팅엔 대학에서 짧은 기간 동안 강의를 했고, 1925년 라이프치히대학에서 아우구스트 콘라디 August Conrady의 후임자로 재직하다가, 1932년 오토 프랑케 Otto Franke가 정년 퇴임한 후, 그의 베를린대학 교수직을 물려받았다. 그는 열정을 바쳐 베를린에 동양학 연구소를 설립하였지만, 1945년 전쟁으로 연구소가 파괴되었고, 그는 깊은 상심에 빠져 있었다. 그러나 이듬해 1946년 그는 운 좋게 뮌헨대학에 동아시아 문화 및 언어학을 위해 신설된 정교수직에 임명되었다. 그는 서양의 학문적 이론 방식에 기초하여 동양학을 하나의 전공으로 연구할 수 있는 기틀을 마련했고, 무엇보다 동양학이 실제로 서양 학문의 발전에 중요한 보조 역할을 하게 될 학문 영역이 될 것이라는 걸 확신했다. 특히 그의 만주어 번역은 한문 텍스트를 통사론적이고 음운론적으로 통찰하는 언어학적 접근을 시도할 수 있게 했다는 점에서 큰 의미가 있었다. 당시에 거의 필수과목이었던 제2언어로서의 일본어는 아직 동양학의 영역으로까지 발전하지 못했고, 마찬가지로 중국어나 일본어로 쓰인 서적들도 제2문헌이라고 할만한 처지에 있지 않았다.

독일의 동양학자들은 텍스트 강독에 얽매이지 않고, 독자적인 방식과 경험이나 숙련도로 텍스트를 번역하는 일에만 집중하였다. 그러나 해니쉬는 원전에 내포해 있는 역사성 연구보다는 치밀하게 번역된 텍스트를 학문적 근간으로 삼았다. 해니쉬보다 원전텍스트를 많이 번역한 독일의 동양학자는 거의 없다고 해도 과언이 아니었다. 그는 서정시 혹은 철학적 혹은 신화적 텍스트들에 대한 논문지도와 강의를 의식적으로 제외하였고, 시저 Caesar와 리비우스 Livius에 대한 중국어의 유사성 연구를 중요시하였다.

그는 기본적으로 중국의 문자언어를 잘 이해했고, "식민지 언어"인 만주어와 몽골어, 그리고 티베트어에도 기초 지식을 갖추고 있고, 동아시아 트루크 언어도 연구했다. 그는 꾸준히 중앙 몽골어 연구에 몰입하였고, 특히 중국어 원전 텍스트 〈몽골 비사〉를 처음으로 몽골어로 옮겨 그것의 사전적 문법적 혁신을 일구어냈다. 그는 몽골의 광대한 고대 문헌적 유물들을 번역하여 거대한 독일어 오리엔탈 목록에 그의 학자적 입지를 최고의 자리에 있게 했다.

해니쉬는 '비사'를 하나의 완벽한 문헌으로 완성하여 역사 언어학을 학문적 입지로 구축하는 데 초석을 마련해 주었다. 그는 독자적인 방식으로 17, 18세기 중국에 정복된 국가의 역사서 원전을 번역하는 데 통달하였고, 그의 수많은 텍스트 선행 작업 덕분에 중국의 팽창 역사가 세계 역사의 중요한 시대사로 이야기될 수 있었다. 이러한 역사적인 현상을 설명할 수 있는 역사서의 가치 기반을 만들어낸 동양학자로서의 그의 업적은 타의 추종을 불허했다. 그는 이른바 순수 동양학 연구를 통해 중국이라는 나라와 그 나라의 역사에 대한 근본적 문제들을 이해할 수 있게 했고, 유교적 윤리와 현실주의 정치의 모순을 끊임없이 탐구할 수 있게 했다. 그는 문헌 속 지식보다는 오히려 온갖 위험 속에서도 침묵으로 도덕적 책무를 지켜온 인간의 고결함과 기품을 자각하게 하는 인간 친화적 본성에 감화되었다. 그는 뜻(志)을 위해 늘 바름을 실천하는 의로움(義)을 추구했던 독일의 위대한 동양 학자였다.

동양인 동양학자 이미륵과
서양인 동양학자 해니쉬의 만남

1928년 5월 1일과 2일, 2회에 걸쳐 별건곤 지誌에는 특별한 내용의 기사가 연재되었다. 그것은 독일인 교수 해니쉬의 조선 방문 기사였다.

"동양문화를 실지로 시찰할 사명을 지니고 오게 된 바, 조선 문화도 지나나 일본의 서적 같은 것으로 연구하는 것보다는 직접으로 조선의 것을 통하여 연구해야만 조선의 진정한 역사를 알 수 있고, 조선의 고유한 문화를 직접으로 알 수 있다고 논의되어 이번 시찰의 순서에 조선을 한 자리로 잡아넣어 길을 떠났다."[154]

그리고 그의 방문은 독일 라이프치히 대학에서 박사학위 논문〈귀곡자〉를 지도해 주었던 그의 한국인 제자 김중세(1882~1946)를 만나기 위해서였다는 내용이었다. 해니쉬의 방한 기간은 길지 않았지만, "직접 조선 것을 수입하여 조선 고유의 문화를 연구하고 또는 대학(당시 라이프치히 대학)에도 조선의 역사와 언문을 한 과로 따로 두어 교수하겠다는 계획"[155]을 세우게 되었다.

그의 계획은 1947년 뮌헨대학 동양학과에 한국어 강좌를 개설해 이미륵을 정식으로 초빙함으로써 마침내 실현되기에 이른다. 당시 이미륵은 전후 독일의 작가로 명성을 떨치고 있었으니 그의 탁월한 독일어 표현능력은 충분히 입증된 셈이었고, 또 어린 시절부터 체화된 한학은 그 자신 정신적 본원이나 다름없었으므로 독일의 대학생들에게 동양학의 사상적 근저를 가장 적절한 독일어 표현으로 번역하여 전달해 주기에 가장 적합한 인물이었다. 그래서 이미륵을 만나게 된 것은 오히려 해니쉬 교수에게 더 큰 행운이었다.

새로운 만남은 늘 우연을 가장해 필연적 숙명으로 다가온다. 그것은 사람 사이를 연결하는 '고리'이고, 외부로부터 역할 동기가 작동될 때

154 별건곤 제 12-13호, 1928년 5월 1일.
155 위의 내용.

비로소 제 기능을 발휘하게 된다. 중요한 것은 '왜 그때인가'이다. 그리고 바로 이러한 물음에서 '시간의 의미'가 생성된다. 숙명이 운명으로 바뀌는 것은 바로 그때 스스로 어느 한 공간영역에 발을 들여놓고 누군가와 함께 '생'을 영위할 때이다. 미륵은 언제나 확신에 찬 신념으로 숙명에 드리운 '생'을 살고자 운명을 직시했다.

동양의 중도中道 사상
- 무성향·비 당파성

전승국들에 의해 분단된 두 개의 독일은 자의든 타의든 정치·경제·교육 등 문화 전반에 걸친 혁신적인 변화를 꾀하지 않으면 안 되었다. 새롭게 바뀐 세상에서 혁신의 선두를 차지하겠다고 발 빠르게 움직이는 정치인들과 지성인들 그룹들은 단순히 무너진 것 혹은 파괴된 것을 예전의 모습대로 재건하는, 이른바 과거 회귀적인 소극적 '복구'를 주장하였지만, 점령군들 - 미국, 영국, 소련 - 의 생각은 전혀 달랐다. 독일 전체를 통치하는 권한을 갖게 된 점령군들은 독일인들의 정신적 원천에 새로운 세계관을 주입하는 적극적인 복구를 강하게 요구하였다. 패전국 독일은 어쩔 도리 없이 자국의 행정, 사법, 교육 등등 문화 전반에 걸친 자율적 권한을 점령군 세력들에게 넘겨주어야 했다. 그들의 간섭으로 자칫 독일재건의 주체성을 잃어버릴 수 있다는 사실을 각성했던 것은 특히 문학인 그룹들이었다.

나치의 문화정책에서 주요 탄압의 대상이 되었던 〈독일작가 보호 연맹 Der Schutzverband Deutscher Schriftsteller〉은 1947년 조직을 재정비하여 적극적인 활동 재개를 서둘렀다. 그들은 독일 문학의 당면문제와 그것의 해결방법을 모색하기 위해 우선 20세기 중반에 이르러 지난 반세기 독일 문학의 성과를 검토하고, 시대적 정치적 대 변동의 과정에서 어느 쪽으로든 치우칠 수밖에 없었던 성향을 회고해 보는 자기성찰을 시도해보기로 하였다. 토마스 만 Thomas Mann이 회장이었던 독일 작가 보호 연맹은 대략 서른 명의 회원들에게 세 개의 질의로 압축된 공고문이 작성되었고, 그것은 이미륵에게도 전달되었다. 작가 이미륵은 다음과 같이 답변했다.

첫 번째 질의 | 지난 반세기 동안 독일문학의 특성과 성향에서 무가치하다고 느낀 것 혹은 부족하다고 느낀 것은 무엇이며, 특별히 가치 있다고 생각하는 것은 무엇인가? 독일 문학 고유의 가능성을 보편적인 요구를 충족하기 위해 독일의 시와 산문은 어떤 방향으로 발전해야 할지에 등에 대한 당신의 견해?

(답변) | 지난 반세기 동안 독일문학에서 바람직하지 않은 성향과 특징이 나타나긴 했지만, 그것은 다른 문화권에서도 어느 정도는 비슷한 문제점이 있었던 것이니만큼, 독일만의 문제라고는 할 수 없다. 단지 독일문학뿐 아니라, 전 세계의 문학 전반에 있어서 우리 작가들은 순수예술의 입장에서 '치우침이 없도록 하는 것 Tendenzlosigkeit'에 노력을 기울여야 한다는 것을 강조하고 싶다. 종교적, 철학적 혹은 정치적 목적에 치우친 내용의 글들과 시들은 순수한 예술작품으로서의 가치를 상실하고 만다. 물론 그것이 어떤 특정 시민층에게는 안내자로서 계몽자로서 시간과 공간에 제한된 가치를 지니게 되겠지만, 우리 인간의 독자적인 발전 가능성과 보편적인 요구에는 결코 닿지 못

한다.

비 당파성 Unparteilichkeit과 무 성향성 Tendenzlosigkeit 속에서 우리는 작가들의 순수한 의무여야 할 '현세적인 형식' 속에서 리듬과 울림을 만들어내는 모든 정령의 호흡을 느껴야 한다.

두 번째 질의 | 예술과 문화에 영향력을 미치는 직업의 대표자, 특히 유명 작가들이 정치에 직접 커다란 영향을 미칠 수 있다고 생각하는가, 그렇다면 그것이 과연 필요하다고 생각하는가? 가령 문화위원회에서 당신은 지금 바이에른에 설립된 두 개의 의회가 그것의 구조와 구성 그리고 권한에 정치적으로 영향을 받는 게 마땅하다고 생각하는가?

(답변) | 나는 우리 작가들을 대표하는 사람들이 정치적 무대에서 활동하는 것을 멈추기 위해 모든 시도를 해야 한다는 결론을 내리지 않을 수 없다. 정치는 이미 예술가의 조종으로는 감당할 수 없을 만큼 커져 버린 권력을 휘두르고 있다. 그러나 소위 문화위원은, 비록 그것이 영향 있는 정치가들의 소유가 된다고 치더라고, 우리 작가들은 모든 비정신적인 정치를 차단하기 위해 현재의 문학에서부터 시대의 정신적 흐름을 이끌어가는 게 바람직할 것이다. 그러한 위원에 구태여 대표자들을 보낼 필요는 없다고 본다.

세 번째 질의 | 점령국들이 우리 문화를 조정하고 이끌어 나가는 방식에 대해 어떻게 평가하는가? 당신은 그들의 영향이 필요하고 유용하다고 생각하는지? 아니면 그것이 편파적이고, 강제적이며, 방해된다고 생각하는가?

(답변) | 진정 예술을 창작하는 것은 자유로운 행동이어야 한다. 그것은 예술가들이 '현세적 자유'를 만끽할 수 있을 때 비로소 완성될 수 있다. '현세적 자유'는 바로 '치우침이 없음'을 전제로 한다. 따라서 나는 문화적 연구에 대한 모든 조처 - 특히 점령군 측으로부터 작가의 작업이 제약받는 것에 대해서는 원칙적으로 반대한다.

이미륵의 작가적 견해를 피력하는 글은 다른 회원의 글과 함께 1948년 문인잡지 '슈리프트슈텔러 Der Schriftsteller 6/7호'에 게재되었다. 위의 글에서 우리는 '순수예술 가치', '비 당파성' 혹은 '무성향성'은 순수예술을 지향해온 이미륵 사상의 중심 모토였음을 재차 분명하게 확인할 수 있게 된다. 그의 이러한 '무성향성'은 동시대 문학이론가 게오르크 루카치의 '성향 Tendenz' 혹은 '당파성 Parteilichkeit'과는 분명하게 대립하는 용어이다. 1932년 게오르크 루카치는 당시 사회문화 전반적인 현상으로 나타났던 '성향'에 특별한 관심을 보였고, 그와 관련해 상당히 구체적인 텍스트들을 발표하였다. 대표적인 마르크스주의 신봉자라고 할 수 있는 루카치는 1931년부터 베를린에 체류하면서 독일 공산당의 문학 활동에 적극적으로 가담하였고, 자신의 문학적 중심이론을 리얼리즘에 두었다. 그리고 그것의 핵심개념으로 '성향' 혹은 '당파성'을 내세웠다.

"성향의 개념은 19세기 중반에 정부, 경찰용어에서 확대 발전된 것으로, 이를테면 검열지시, 출판금지 등은 모두 선동적인 성향이라고 할 수 있다. 그 때문에 '성향'은 매우 주관적인 의미로 받아들여지기도 한다. (...) 이러한 정부, 경찰용어가 어떻게 미학적인 용어가 되었는지에 대해서는 정확한 역사를 제시할 수는 없다. 다만 19세기 초중반 "drames a these"인 프랑스의 성향드라마 Tendenzdrama 라고 지칭했던 것을 독일에서 부분적으로 발전시킨 것으로 알고 있을 뿐이다. 엥겔스는 1841년 '신생 독일'의 영향 아래에 있었던 시대를 의미 지울 때 '성향'이라는 말을 언급한 바 있고, 하이네는 그의 〈Zeitgedichten〉에 'Tendenz'라는 제목 붙여 그 의미를 상징적으로 묘사하기도 했다. (...) 특히 하이네는 주관적인 것, 성향적인 것, 그리고 바로 그것을 위한 성향 문학의 추상적인 표피성을 맹비난하였다.

다른 한편으로 문학사적으로 매우 중요한 헤르벡-프라이리그라 Herwegh-Freiligrath의 담론에서 작가의 당파성 혹은 초당파성이 언급되기도 하였다. (...) 헤르벡에 따르면 당파성 혹은 초당파성이 무엇인지에 대한 의문은 성향예술 혹은 순수예술이라는 용어를 주관적으로 결정한 데 따른 것으로, 그것은 모든 문학을 계급투쟁을 위한 생산과 무기로 삼기 위해 불가피한 방법이라는 것이다. 그는 모든 당파성을 - 물론 상대적일지라도 - 발전을 위한 진보로 인정했고, 당파성에 대한 의문을 하나의 형식으로 파악했다.

(...) 그것이 중요하게 대두된 이유는 프롤레타리아 문학운동에 있어서 핵심적이고 다중적인 의문들을 형식화했다는 것이며 - 프란츠 메링의 경우엔 시민계급의 성향예술에 매우 강력하게 영향력을 미쳤는데, 이러한 메링의 노력에도 불구하고 - 시민계급을 위한 문제 제기를 고무시키지 못하고 오히려 스스로 모순에 빠져 버리고 말았다. 결국 초기 프롤레타리아 문학은 진보적인 시민계급 가운데 소수의 몇몇만 성향 문학과 관련하여 '성향'의 이론과 실제를 받아들였다.

(...) 성향은 상대적인 것이다. 말하자면, 오늘날에는 공공연한 것으로 인식되는 시민 문학 이론에 지배적으로 나타나는 계급기반과 계급지향에 적대적인 모든 작품의 성향 척도로 여겨졌다. '독자적인 성향'은 성향이 아니며, 단지 적대적인 것일 뿐이다. (...) 프롤레타리아든 혹은 부르주아든 사회를 설명한다는 것은 단지 그것이 프롤레타리아

계급으로부터 혹은 그것과 유사한 그 무엇으로부터 나타났다고 할지라도 모두 '성향적인 것'으로 인식되었고, 그것을 비예술적인 것, 그리고 성향예술에 대한 적대적인 것으로 여기는 전혀 상반된 논쟁을 벌이게 되었다. 이러한 상황에서, 시민계급의 순수예술은 한편으로는 내용이 너무 빈약하고 현실과는 거리가 멀다고 여기게 되었고, - 바로 그 때문에 훨씬 더 성향적이라고 생각되었다 - 그것이 프롤레타리아의 성향예술을 비판한다는 것은 더 허무맹랑한 일이라고 판단된다고 보았다. (...) 우리는 - 오랜 시간 논쟁을 통한 자부심으로 - 우리의 문학을 '성향예술'이라고 일컬어 왔다. (...)"[156]

그러나 성향은 결국 개별적인 선호에 치우친 당파성을 불러올 뿐이었다. 1930년대 이후 선동적 정치성향은 양극화되고 첨예화된 사회적 갈등을 불러왔고, 종국에는 이편이든 저편이든 선택해야 하는 강박적인 의식 흐름을 싹틔웠다. 개개인들은 그것의 강한 흐름에 어느 곳으로든 휩쓸려 들어갔고, 그로 인한 사회적 편향성은 마침내는 나치의 광폭한 횡포를 허용했고, 그것은 종국에는 시대적 대 재앙을 일으킨 기폭장치 역할을 하게 되었다.

나치의 난폭했던 당파성과 그것의 몰락을 직접 목격했던 이미륵은 그것의 근본적인 단절을 위한 '무성향'을 강조했고, 당파성에 대한 루카치의 소극적인 초당파성 보다 훨씬 더 적극적인 비 당파성을 강조했다. 그리고 그 각각의 개념들을 현실적 혹은 실제적 영역보다는 철학적 정신영역에서 모든 정신적인 것과 그 정신적인 것을 자율적으로 조절하여 독자적인 세계를 구축해 내는 원동력인 원초적 순수 리듬을 스스로

---

[156] Georg Lukács, Tendenz oder Parteilichkeit, In: Zur Tradition der deutschen sozialistischen Literatur, Band 1., Aufbau Verlag Berlin und Weimar 1979, S. 479~497.

재생하고 그것의 지속성을 가능하게 하는 '울림'의 진동을 내재화시키고자 했다. 말하자면 이미륵은 '현세'에서 인간 스스로 '살아있음의 숨'을 느끼게 하는 지극한 예술 본원의 세계로 복귀할 것을 강조하였다.

현세적 자유를 통한 순수한 예술의 지향은 동양사상 가운데, 특히 장자 철학의 중심을 이루고 있는 예藝의 절대 순수와 본질의 경계에 이르는 방법론적 술術의 길Weg·道을 관통해 있다. 이미륵의 순수예술 사상은 서양의 순수예술 탐미자의 관점과는 분명한 차이를 보인다.

그의 순수예술은 조화로운 실천 행동의 지향에 있으며, 그것의 구체적인 실현을 위해 시공의 유연한 의미 확장을 시도하는 데 있었다.

따라서 무궁無窮이라는 절대공간 개념 속에서 무위라는 인간 행동의 절대가치를 세워놓은 장자의 예술사상이야말로 이미륵의 '무성향성'이 닿고자하는 궁극의 지점이다. 그는 정치 혹은 시대적 편향성을 추구하게 만드는 의도적인 작위성을 배제한 절대 순수한 행위, 즉 '무위無爲(사진)의 자율'을 강조하였다. 그는 이러한 무위(사진)의 자율에 근거한 작가의 독창성이 독자들에게 결코 치우치지 않는 무궁의 상상 공간을 열어주어 그들 스스로 느끼고 자유롭게 형상을 만들어내는 '현세적 형태'를 제시하는 것이야말로 작가의 순수한 책무라고 생각했다. 현세적 형태란 그가 언급했듯이, 절대공간 무궁이 열리어 모든 정령精靈·Allgeist이 인간 내면으로 스며 들어가 비로소 '울림의 호흡'을 감지하게 하는 지속적인 패턴의 '리듬'이다.

그의 자전적 소설 〈압록강은 흐른다〉에서 그는 실제로 '그 자신의 것'이기에 그대로 진실 되게 표현할 수 있었다는 '동양 사람들의 영혼'을 일련의 '순수한 형상'들로 스케치하여 독자 개개인의 내면에 깃들어 있는 어린 시절의 꿈으로 그려낼 수 있도록 순백의 상상 공간을 열어주었다. 평화롭고 목가적인 풍경 속에 드리운 몽환적 상상과 바람 자락에 실려 오는 가느다란 떨림을 감지하는 직감의 순수예술을 강조했던 그의 작가 정신을 우리는 충분히 엿볼 수 있게 한다. 그러나 과연 전혀 치우침이 없는 절대적인 순수의 경계에 작가는 얼마나 다다를 수 있을까?

"후속작품을 계획하고, 그것의 초고를 완성해 '스무 번 넘게 교정을 보았던' 이미륵은 이미 후속작품에 대해 선약관계에 있었던 피퍼 출판사에 더는 자신의 글이 Ich-Roman(1인칭 소설)의 입장에서 독일의 이야기들로 재생되는 것을 원치 않음을 피력했다"[157]는 사실에서 그의 작가적 고민이 미루어 짐작된다. 1920년대를 시대적 분기점으로 하여 이미륵의 자전적 이야기가 완전히 단절된 것은 무성향의 순수예술을 지향하고자 했던 확고한 자기신념 때문이었고, 독일에서의 경험담은 그의 작가적 신념으로 불살라졌다.

한국어 강의 –
소리 언어의 자유로운 확장성을 알리다

1948년 여름학기부터 미륵은 뮌헨대학에서 동양학 강의를 시작했다. 첫 개설 과목은 한국의 언어와 역사, 맹자, 동아시아 문학사였다. 1928년 한국을 방문했을 때부터 동양학과 강좌

---

157 1973년 4월 29일, 정규화의 애파와의 인터뷰 내용 중에서

에 한국어를 개설하고자 했던 해니쉬 교수의 계획이 20년 만에야 미륵을 통해 실현되었다. 해니수 교수 자신도 기쁜 마음으로 미륵의 한국어 강의를 정식으로 청강하였다. 해니쉬 교수가 한국어를 처음 접하게 된 것은 그가 베를린 대학에서 근무할 때 한국인 유학생 이극로와의 만남을 통해서였다.

"1923년 10월 베를린 대학에 조선어과가 창설되어 3년 동안 강사로 있게 되었는데, 그 동기는 당시 한문학자이며 만주어와 몽골학자인 해니쉬 교수에게 내가 몽골어를 배운데 있다. 함께 공부하던 독일 학생들은 틈틈이 나에게 조선어를 배우다가 하루는 청하기를 이럴 것이 아니라 정식으로 조선어과를 설치하는 것이 어떠냐고 하여 물론 좋다고 하였다. (...) 조선어 연구생은 독일인 외에도 러시아인과 네덜란드인이 있었다. (...) 첫 시험으로 동양 어학부 연감에 허생전 몇 장을 인쇄하였다. 서양에서 한글 활자를 마련하여 그 분야에서 효시가 된 것이다."[158]

역사와 전통으로 내려온 한국의 문화가 본격적으로 왜곡되고 훼손되어 사라져 버릴 위기에 처해 있었던 1920년 무렵에 한국의 지성인들은 민족 본연의 조선심을 지켜내기 위한 '전통문화부흥 운동'을 전개하기 시작했다. 조선심이 조선말을 통해 오랫동안 이어져 왔음을 각성한 지성인들은 조선말 연구에 몰입했다. 조선을 되찾기 위해 투쟁했던 독립운동가들의 철학적 사고의 중심에 조선어가 있었고, 그것은 해외에서 활동했던 독립운동가 그룹도 예외는 아니었다. 한국어 문법을 학술적으로 정리하여 독일어로 된 〈koreanische Grammatik 한국어 문

---

158 이극로, 「고투 40년」, 범우사. 2008년.

법〉 초안 작업을 시도했던 것도 조선심을 향한 미륵의 순수한 애국심의 발로였다. 백 페이지 넘는 분량의 타자 본 〈한국어 문법〉 초안에 기록되어 있는 친필 메모들에는 그때그때 가장 적합한 독일어를 찾아내기 위해 고군분투했던 그의 열정이 담겨있다.

이미륵은 한국어 문법 Koreanische Grammatik을 독일의 그것과 비교하여 소리체계와 변화, 문장구조와 종류에 대한 구체적인 진술을 시도했지만, 미처 다 설명하지 못하는 언어학적 한계에 직면해야 했다. 그는 단순히 말의 비교가 아닌, 말로써 다양한 표현행위를 구현했던 인간의 원초적인 예술 행위로서의 이야기 행위와 노래 행위에 담긴 말의 근원적 '다름'을 설명하고자 했다.

"한국어가 인도 게르만 어군과 어느 정도 관계가 있을 것이라는 추측에서 몇몇 어원적 요소들이 있을 수 있을 테지만, 한국어의 문법적 구조에서 나타나는 현저한 차이를 결코 다 메울 수는 없을 것이다. 중국어와 관련하여 대략 2000년 전에 들어온 외래어라는 사실을 제외하고는 한국어와는 아무런 연관성이 없다. 다른 우랄 알타이어와 매우 폭넓은 관계가 있음을 증명해 주는 만주어와 몽골어는 아직 만족스러울 만큼 연구가 되지 않아서, 그것들이 한국어와 일본어와 관련이 있음을 인지하면서도 그것과의 관계를 분명하게 밝힐 수는 없다. 무엇보다 그것의 초기 발전 단계에 대해 우리에게 설명해 줄 만한 역사적인 연구가 충분치 않다는 것이다.

역사적인 부분과 관련하여 한국어와 일본어에 대해서조차 아주 빈약한 연구만 있을 뿐인데, 그것도 한국인이나 일본인이나 겨우 반세기 전부터 각자 독자적인 문자를 가지고 있었다는 사실이 전부이다. 초기에 두 언어는 단지 중국에서 들어온 차자 借字로 기록되었는데, 그것은 소리글자가 아닌 뜻 문자여서 음성학적인 사적 연구를 어렵게 하고 있다고 할 수 있다. 그 외에도 한국어 혹은 일본어 문장은 각자의 고유한 어순대로 쓰지 않고, 온전히 중국어 문장구조에 맞게 썼다. 달리 말하자면, 사람들은 단지 중국 문자로 써서 토착어를 기록했을 뿐이었다. 따라서 한국 문학과 일본 문학이 중국어의 영향을 받았음에도, 그것이 온전히 중국 문학이 될 수 없었던 것은 바로 그런 연유에서 비롯된 것이다. 특히 한국어와 관련하여, 지난 세기말까지 모든 문학 작품들은 중국어로 씌어졌다. 역사, 수많은 전설과 이야기들, 그리고 무엇보다 시가 그랬다. 다만 소설(국문소설)과 몇 개의 오페레테(판소리)들은 한국말과 문자로 전승되었다. 우리는 한글로 작품을 썼던 짧은 시기에서 언어의 사적 연구를 위한 몇몇 근거를 찾을 수 있을 것이다."[159]

사실상 한글의 역사는 1927년 2월, 월간 〈한글〉이 창간되면서 세종 때의 훈민정음 이후 조선말을 칭하는 "한글"이라는 공식적인 명칭을 갖게 되면서부터이다.

"「한글」이 나왔다. 「한글」이 나왔다. 訓民正音의 아들로 나왔으며 二千三百萬民衆의 동무로 나왔다. (…) 갓난 아이인 「한글」은 힘이 적으나 그 할일인즉 크도다."[160]

1931년 〈조선어 연구회〉가 설립되고, 이후 최현배, 정렬모, 신명균, 이병기, 권덕규, 이극로 등에 의해 한글에 대한 본격적인 학문적 연구가 전개되었다. 조선총독부 지휘 하에 조선어학회 중심으로 1933년 1월에 '한글 마춤법 통일회'가 창립되고, 그해 한글 기념일인 10월 29일

159　Mirok Li, Koreaniche Grammatik, 'Einleitung' 인용.
160　한글 창간호, 1927년 2월. "첨내는 말" 인용.

에 '한글 마츰법 통일안'이 제정되기에 이른다. 최현배는 1929년 한글에 대한 음성학적 이론 강의를 정리한 〈소리갈(성음학)〉에 품사론(씨갈)과 문장론(월갈)을 첨가한 〈우리 말본〉이 1937년에 출간되었는데, 이미륵의 학문적 어려움은 실제로는 한글의 이러한 음성학적 이론을 서양의 언어학적 체계를 전제로 설명하는 게 당시로는 불가능했다는 데 있었다. 아직 학문적으로 미숙한 상태에 있었던 조선어 연구자료에 기초해 독일어의 그것과 비교하여 체계적인 이론을 정립한다는 것은 순수 언어학자에게조차 쉬운 일이 아니었다.

한국어와 독일어라는 전혀 다른 두 언어체계는 가장 기초적인 문장 서술배열의 문법적 법칙성에서부터 그 차이가 확연했고, 그것에 대한 인식의 간격을 좁힐 수 있는 적절한 이론적 체계를 제시한다는 것이 쉽지 않았다. 그럼에도 이미륵은 한글의 문법론적인 특징을 독일의 그것과 비교하는 무모하기 짝이 없는 시도를 감행했다.

"한국어가 고대 우랄 알타이 어군으로 간주할 수 있는 몇 가지 중요한 특성들을 언급하자면, 첫째, 한국어의 명사는 성과 수를 알 수 없다. 서로 다른 격을 구분하기 위해 명사에 첨가하는 일종의 접미사인 격을 나타내는 형용사를 갖고 있을 뿐이다. 둘째, 명사와 형용사가 원형 동사의 도움 없이도 술부를 이룰 수 있는데, 다만 동사 술부를 위해 반드시 문장 어미가 필요하다. 셋째, 술부는 항상 문장의 마지막을 이룬다. 결합문장에서 부문장은 항상 주문장 앞에 위치한다. 넷째, 인칭은 동사를 변화시키는 역할을 하지 않는다. 말하자면 '너는' 혹은 '그는'은 모두 동일하게 '잔다'(독일어의 경우 인칭에 따라 동사의 어미가 변한다 : du schläfst 혹은 er schläft)라고 말하면 된다. 오히려 여기에서는 '너' 혹은 '당신'과 같은 존칭의 요소가 구속력을 지니게 된다. 다섯째, 하나의 문장이 질문하는 것인지 답변하는 것인지는 문장에서 단어들의 위치가 아닌 문장 말미에서 구분된다. 예를 들어 질문 어미는 주로 '가'이고, 대답 어미는 '다'이다."[161]

한글의 문법적 특이성을 독일어로 기술하는데 특히 고민이 많았던 부분은 글자가 교착되는 '어미 Suffix'의 다양한 문법적 기능과 더불어 소리 변화를 함께 이행해야 하는 소리 말 특징을 언어학적 용어로 설정하는 일이었다. 예를 들어 목적격의 기능을 이행하는 접미사 '을'과 '를'의 관계라든지, 혹은 추측기능 어미의 '~면'과 '~이면'의 관계라든지, 혹은 주격 어미 '이' 혹은 '가' 혹은 '이가'의 관계라든지, 독일어 "Wenn auch"에 해당하는 '~도'가 동사 어근에 따라 '~아도(예: 살아도)'로 발음되기도 하고 '~어도(예: 죽어도)'도 발음되기도 하는 등등의 관계에서 무엇보다 어간 말음에 따라 변하는 어미의 소리 변화규칙을 비교 설명할 만한 독일어 문법적 용어를 찾을 수가 없었던 이미륵은 그것의 해당 용어(Wohlklangsgesetz이라는 가칭의 용어에 여러 개의 물음표를 제시하였음)를 결정하는 데 특히 고심하였다. 사실상 그의 기술은 두 언어를 언어학적인 비교이기보다는 한국어의 특징을 독일어로 설명하는데 초점을 맞추고 있어서 오히려 한국어의 언어적 특징을 더욱 분명하게 드러내 준다. 그것은 한국어의 모든 문법적인 변별 요인들이 모두 '소리'에 근거하고 있다는 사실과 더불어 그 소리의 다양한 발화양상에 따른 문법적 규칙들이 조직적이고 체계적인 발전적 형태임을 확인시켜주고 있다.

유고로 남겨진 미발표 원고 〈한국어 문법〉은 한국 언어학적 연구에 큰 의미를 지닌다. 그것은 1948년 뮌헨대학에 개설된 한국어 강의에

161　Mirok Li, Koreanische Gramatik, Einleitung 3쪽 인용.

활용되었을 것으로 보이며, 건강 악화로 최종 마무리를 짓지 못한 미완성 원고에 적힌 그의 육필 메모들에서 그의 언어를 향한 일 편의 파토스가 읽힌다.

한국 '이야기' –
평화와 자유의 사회적 공감을 코드화하다

1949년 겨울학기에 이미륵은 '한국어'(2시간)와 '동양 문학 및 한국의 민속'(2시간), 그리고 '중국철학 입문'(4시간) 강의를 맡게 되었다. 특히 '한국 민족사' 강의를 위해 그는 한국의 민족성을 독일의 학생들에게 소개할 만한 한국적인 이야기를 기억해 내어 독일어로 재생하는 작업을 본격적으로 시작하였다. 동양학 강의를 위해 그는 우선 독일어로 번역된 논어와 맹자의 강의록을 제작하였고, 한국어 문법, 츠레츠루쿠사의 서문, 중국 문학 등을 제외하고, 그의 유고들 가운데 특히 눈에 띄는 것은 40여 편 되는 독일어로 번역된 한국의 '옛이야기'들이다.

그것들은 사람에서 사람으로 직접 전달되고 수용되는 과정에서 거듭하여 수많은 버전으로 재생되어 시대적 공간적 경계를 뛰어넘어 마침내 그에게로 전달되어 온 그의 옛이야기, 〈朝鮮物話 조선물화〉였다. 1920년에 고국을 떠났으니 이미륵의 기억 속에 저장되어 있던 옛이야기는 어린 시절에 그의 정신세계에 단단한 기둥을 세워주었던 아버지 혹은 누이에게서 전달된, 이른바 조선조 구술문화의 전통성이 그대로 배태된 전형적인 물화들이었다.

구전으로 전승되어 온 한국의 옛이야기는 특정 공간 - 가문, 가정, 마을 공동체, 이야기판 혹은 소리판 - 에서 낭독자의 구술행위와 개인 혹은 다수의 청취자 간의 특별한 '정서적 교감'으로 독특한 커뮤니케이션 공간을 창조할 수 있게 했던 일종의 문화적 메커니즘이었다. 조선조 후기에 이르러 전문 직업 낭독자인 전기수傳奇叟 혹은 책비冊婢의 출현으로 한국의 옛이야기는 독특한 구술 퍼포먼스 문화를 만들어 내는 동인이 되었고, 특히 19세기에는 전문 소리꾼 판소리의 등장으로 이야기는 단순한 말 행위를 벗어나 다양한 음악적인 선율과 리듬을 직조한 음악 예술적 '창唱' 행위로 이야기의 극적인 전개와 역동성을 극대화하는 방식으로 발전해 온 '구술 퍼포먼스문화'의 동인이 조선의 물화이고, 이미륵의 문학 작품은 바로 '조선 물화'의 역동성을 근간으로 하여 독일어 단편 혹은 장편으로 재생되는 특징을 보인다. 이미륵은 이러한 전통적인 한국이야기 문화 총체에 대한 경험을 토대로 독일에서의 독자적인 문학적 활동을 전개해 나갔다.

1930년대부터 글 작업을 시작했던 그는 이러한 한국의 옛이야기들을 독일 단편(Deutsche Erzählung)이라는 문학적 형식에 맞추어 새롭게 재현해 내는 작업을 시작하였다. 그의 초기 독일어 단편들은 당시 한국을 전혀 알지 못했던 대부분의 독일인 독자들에게 한국문화를 소개하였을 뿐 아니라, 한국 옛이야기의 구조를 이루고 있는 사건들과 인물들 간의 행위 양태에 대한 묘사에 한국적 위트 혹은 유머를 내재화하여 독일의 독자들에게 전달하였다. 그 대표적인 작품이 1931년 독일 저널에 발표된 그의 첫 단편 〈한국 골목길에서의 어느 날 밤〉이고, 그의 한국이야기에 대한 기억은 1946년 그의 첫 장편 소설 〈압록강은 흐른다〉에서 몇 개의 삽화들로 재생되기도 하였다.

"그녀는 남다른 데가 있었다. 저녁 무렵이 되면 다른 두 누이와 사촌 누이들은 뒤뜰에 모여 놀았지만, 셋째 누이는 그것을 좋아하지 않았다. 그 대신 나를 찾아와 별 이야기며, 해와 달 이야기며, 제비와 토끼와 호랑이 이야기며, 가난한 농부와 나무꾼 이야기를 해주었다.

그녀는 정말 셀 수도 없이 많은 이야기를 알고 있었다.

나무꾼 이야기는 이랬다.

한 가난한 나무꾼이 나무를 하러 산속에 갔을 때, 갑자기 도토리 하나가 산비탈 아래로 굴러떨어져 왔다.

'이 도토리 어머니께 갖다 드려야지!'

나무꾼은 이렇게 말하며 그것을 호주머니에 집어넣었어.

그러자 계속해서 도토리가 굴러 내려왔단다. 그때마다 그는 어머니를 생각하면서 호주머니에 도토리를 집어넣었어.

그런데 나무꾼이 집으로 돌아와 보니, 호주머니 속에 들어 있던 도토리들이 모두 황금으로 변해 있었단다."[162]

옛이야기는 크게 든 적게 든 집단을 이루고 살아온 사람들 사이에서 소통과 친밀감, 때로는 갈등을 형성하게 했던 가장 중요한 사회적 매개의 기능을 하였다. 사람과 사람 사이의 관계와 그 관계의 건강한 질서와 결속을 가능하게 하는 이야기는 그 자체에 역동적인 힘이 내재해 있어서 강력한 전파의 동력을 지니게 된다. 그 전파력은 사람들을 끌어당겨 특정한 하나의 공간에 모이게 하고 그때그때 교감의 정서를 끌어내게 한다.

집단 공동체의 정서적 공감은 계속하여 하나의 이야기에 대한 또 하

---

162 이미륵 저, 박균 역, 압록강은 흐른다, 살림출판사, 2016, 34쪽.

나의 이야기를 만들어 내게 되고, 겹쳐지고 확대된 변이 이야기들이 축적되어 집단의 역사적 이야기가 생산되고, 그것은 때때로 사회 도덕적 진리가 되고 종교적 신념이 되고 보편적인 풍속이 된다. 효孝 이야기는 인간의 자기 근본인 모친母親을 향해 언제나 한결같은 순정을 품고 행동하는 도덕적 윤리관을 이야기의 골격으로 한다. 순정이란 어떤 상황에서도 밝고 투명한 심적 무결을 유지하게 하고, 생의 시작과 끝의 경계를 잇는 세상 어느 곳의 가장 조용하고 잔잔한 기적의 화평을 그려내게 하는 인간의 원초적 순결한 사고이다.

이미륵은 이러한 순정을 쫓는 실천적 행동인 효로써 '도토리가 황금으로 변하는' 기적의 이야기를 그의 자전적 소설에 삽입하여 자기 근본을 회상하고 있다. 그의 옛이야기들은 단순한 이야기 텍스트가 아닌, 그의 아버지 혹은 누이 혹은 어느 섬마을 농부들의 목소리가 포개어져 있는 생생한 육성의 이야기이다. 그것에는 고향 아버지 혹은 누이 혹은 어느 섬마을 농부들의 목소리들이 깃들어 다양한 감정들이 배태되어 있고, 그 감정들이 파동쳐 하나의 울림으로 조화를 이루어 내고 마침내는 공동체로서의 정서적 공감共感을 만들어 가는 이야기 본래의 역동성이 그대로 간직되어 있다.

이미륵은 그의 자전적 소설 〈압록강은 흐른다〉에서 이러한 이야기의 역동성을 하나의 장면으로 생생하게 그려내어 과거 어느 시점의 그곳에서 있었던 사람과 사람 사이에서 오고 가는 감성적 흐름 자체를 하나의 삽화로 활용하기도 한다.

"저녁때면, 때때로 이웃 농부들이 소일거리를 가지고 모였다. 그들은 잡담을 나누기도 하고 서로 번갈아 가며 읽어주는 소설을 함께 경청하기도 했다. 대부분은 고전 소설이었는데, 그 속에서 주인공은 죄도 없이 박해를 받았다. 소설은 모함을 받아 쫓겨난 주인공이 고향을 떠나 이곳저곳을 방황하면서 추위와 굶주림으로 고통받다가 불현듯 현명한 은둔자를 만나 구원을 받게 되고, 나중에는 주인공 자신도 현자가 되어 왕의 부름을 받아 권력자가 되어 지혜롭고 아름다운 여자와 결혼해서 고향으로 돌아와 모든 사람의 부러움을 받으며 행복하게 잘 살았다는 내용이었다. 모든 소설은 그렇게 시작해서 그렇게 끝났다. 그래도 사람들은 읽고 또 읽었다. 새로운 사람이 이야기를 읽어줄 때마다 꾹 참으며 듣고 있던 사람들은 착하고 죄 없는 주인공에게 닥친 불행한 운명에 대해서는 매번 흥분했다. 사람들은 엄숙하게, 또 노래를 부르는 방식으로 한번은 높은 소리로 또 한번은 나지막한 소리로 한번은 명랑하게 또 한번은 아주 슬픈 어조로 이야기를 낭독했다.

흰 눈이 점점 더 수북이 쌓여가고 밤이 점점 더 고요해지면서 낭독은 점점 더 큰 감동으로 넘치고 주인공에게 얼마나 큰 불행한 일이 일어났는지를 멀리서도 충분히 알아맞힐 수 있었다. 나는 종종 이야기가 들려오는 어떤 집 앞에 우두커니 서서 이야기를 엿듣곤 했다. 그것은 단지 그 이야기가 어떻게 전개되는지를 알기 위해서가 아니라, 우리 땅에 평화가 깃들어 있던 근심 없는 내 어릴 적 시절을 떠올리게 하는 그 목소리를 듣기 위해서였다."[163]

이미륵의 이야기 속 한국의 옛이야기는 누구의 어린 시절에서든 어느 공간과 시간의 지점에 깃들어 있을 평화롭고 자유로웠던 개개인의 감정상에서 따스하게 번져 나오는 내면의 자기 미소를 떠올리게 하여 아주 짧은 순간의 정신적 평화를 관통하는 순수의 감정을 경험할 수 있도록 의도된, 하나의 미학적 기억장치이다. 그의 독일어 친필로 기록한 이야기 책의 첫 단편을 소개한다.

---

163 이미륵 저, 박균 역, 압록강은 흐른다, 151-152쪽.

〈쪽빛 솥기〉

"옛날에 학식은 매우 뛰어났지만, 몹시 가난한 한 선비가 살고 있었습니다. 그의 아내는 그에게 돈을 벌 줄도 모르고 살림에 아무런 보탬도 되지 않는다고 심하게 잔소리를 해대곤 했죠. 그는 방에 틀어박혀 앉아 어려운 고전 서적을 공부하는 것 말고는 실제로 아무것도 할 줄 몰랐으니 그 비난을 감수해야 했습니다.
　어느 날 저녁이었습니다.

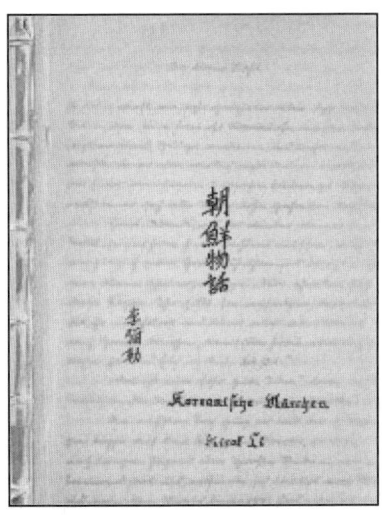

조선물화(이야기) 독일어 친필

　그날도 그는 아내의 잔소리를 듣고 있었는데, 갑자기 작은 집 도깨비 둘이 나타나서 작고 까만 요술 모자를 그에게 건네 주었습니다.
　'당신에게 이 모자를 선물로 드리겠어요. 이걸 쓰기만 하면 당신은 보이지 않게 될 거예요. 그러면 당신은 시장에서 뭐든 집으로 가져올 수 있을 거예요. 당신의 아내는 그것으로 요리를 하게 될 테고, 그러면 당신을 가만히 내버려 두겠지요.'
　'그거 정말 묘수로구나' 선비가 작은 도깨비들에게 고맙다고 말해주려는데, 둘은 이미 홀연히 사라지고 없었습니다.

 다음 날 아침 그는 그 요술 모자를 머리에 쓰고 시장으로 갔습니다. 한참을 망설이다가 그는 커다란 무 하나를 삼베 자루에 집어넣고 조심조심 시장을 빠져 나왔습니다. 그런데 그것을 알아채는 사람이 아무도 없었습니다.

 '이거 꽤 괜찮데'라고 생각하며 선비는 훔친 무를 들고 집으로 돌아왔습니다.

 다음 날 아침 그는 이번에는 쌀가게로 가서 또 아주 조용히 삼베 자루에 쌀을 하나 가득 담아다가 아내에게 가져다주었습니다. 그러자 그녀는 아주 만족스러워했습니다.

 그렇게 그는 매일 아침, 생선이며 고기며 채소며 과일들을 집으로 가져왔습니다.

 그는 아내가 원하는 것은 뭐든 가져다주었고, 그러면 아무런 방해를 받지 않고 한나절 내내 서책에만 매달려 있어도 되었습니다.

 이 얼마나 멋진 일인가!

 그러나 이 신기한 모자가 점점 닳아서, 마침내는 아주 작은 한 조각 땀이 터져버리고 말았습니다.

선비는 아내에게 요술 모자의 터진 그 한 땀을 꿰매달라고 했습니다. 그녀는 쪽빛 실로 터져버린 한 조각 땀을 꿰매었습니다.

 그러자 모든 게 원래대로 되었습니다.

그는 계속해서 시장엘 갔고, 그의 아내를 위해 물건들을 가져와 집안 가득 넉넉하게 쌓아두었습니다.

선비는 가끔 질 좋은 민어 한 마리를 가져오곤 했습니다.

얼마 지나지 않아서 생선가게 주인은 최고로 질 좋은 생선이 갑자기 없어지고 있다는 사실을 알아채게 되었습니다.

 그는 이 생선 저 생선이 저절로 공중에 튀어 올랐다가 금방 사라져 보이지 않는 아주 이상한 장면을 여러 차례 목격하게 되었습니다.

 그러던 어느 날 아침, 상인은 사라져버리는 생선 아주 가까이에서 아주 작은 한 땀 정도의 쪽빛 실이 공중에 둥둥 떠다니다가 천천히 시내를 가로질러 움직이는 것을 발견했습니다. 그것이 거리와 골목길을 가로질러 둥실둥실 떠돌아다니다가 선비가 그의 집 앞에서 모자를 벗어 생선을 들고 집으로 들어가려고 할 때야 상인은 모든 진실을 분명하게 알게 되었습니다.

상인이 선비의 팔을 꽉 움켜잡았습니다.

'내 생선 이리 내놓으시오!'

선비는 당황해서 그대로 서 있었습니다.

그리고는 놀라서 '자네 혹시 내가 생선 훔치는 것을 보았는가?'라고 물었습니다.

'제가 본 건 쪽빛 솔기요.'라고 상인이 말했습니다.

선비가 모자를 자세히 살펴보더니 그에게 고개를 끄덕여 보였습니다.

'자, 자네 생선을 가져가게나.'라고 말하고는 선비는 잠시 생각에 잠겼습니다. 그러더니

'이 요술 모자도 가져가게나. 그리고 내가 더는 먹여 살릴 수 없는 한 여인이 살고 있는 이 집도 자네에게 주겠네. 이따금 그녀가 굶어 죽지는 않았는지만 살펴봐 주게나.'

선비는 집으로 돌아가지 않고, 그곳을 떠나 세상을 떠돌아다녔습니다.[164]

이미륵이 독일어로 재생한 도깨비 이야기 버전은 가난한 선비와 아내 사이의 갈등, 그리고 그것을 해결하기 위한 집 도깨비의 등장, 문제 해결을 위한 매개로 요술 모자의 제시, 모자의 비밀스러운 힘으로 아내와의 갈등을 제거하려는 소극적인 선비의 반복적인 부도덕 행위, 그

---

164 이미륵 친필 한국물화의 첫 글로 게재.

리고 선비의 몰락이라는 서사적 화소 배열은 겉으로는 일반적인 도깨비 이야기로 보인다. 그러나 이미륵의 독일어 버전의 도깨비 이야기는 도깨비 요술 모자의 신기한 힘을 확대 과장하거나 강조하지 않고, 오히려 이야기 반전을 가져오는 닳아서 해진 아주 작은 한 조각 솔기를 꿰맨 쪽빛 실을 매개로 두 인물 - 선비와 상인- 의 재치있는 행동에 초점화가 이루어져 있다. 은밀한 도둑질이 발각되었음에도 흔쾌히 자신의 잘못을 인정하는 선비의 행동과 그것에 대해 '쪽빛 솔기'를 보았을 뿐이라는 상인의 행동은 이야기를 극단적인 갈등 구도를 만들어내지 않고, 오히려 서로에게 호의적이고 평화로운 '합의'를 끌어내어 마침내는 선비가 자신의 삶을 구속하는 아내 곁을 떠나 방랑자의 순수한 자유를 획득하게 되는 결말을 만들어낸다. 이미륵의 철학적 유머가 한국의 도깨비 이야기를 새롭게 재현해 내어 독일어 〈쪽빛 솔기〉 이야기로 재생산되었다.

맹자의 위대한
실천 교육의 철학을 펼치다

이미륵은 동양학 강의로 '맹자'를 선택했다. 물론 동양학에서 가장 중심에 있었던 공맹 사상을 동양학 강의에 선택한 것은 특별하다고 볼 수는 없지만, '맹자'에 대한 이미륵의 각별한 애정은 거론할 만하다. 당시 그는 단순히 독일에 망명한 한국인 신분의 이방인이 아니었다. 1930년대 초부터 시작된 그의 작가 생활은 1946년 독문 소설 〈압록강은 흐른다〉를 발표한 후 당당히 독일의 작가 반열에 오르게 되었으며, 1948년 〈슈리프트슈텔러〉에 작가적 견해를 피력한 글을 발표하면서 그의 작가적 입지는 더욱 견고해졌다.

1945년 고국이 해방된 후에도 그가 귀국을 뒤로 미루고 독일에 남기로 한 것은 어려운 시절에 자신을 도와주었던 독일 사람들에 대한 '우정'과 '신의'를 중시했던 그의 생 철학 때문이었을 것이다. 당시 독일의 기성세대들은 단절된 전통성을 총체적으로 복구해야 하는 책무와 더불어 젊은 청년 세대들에게 상처 입은 자존감을 회복해주고 동시에 새로운 세계를 향한 가치관을 세워주는 교육의 문제를 해결해야 하는 과제가 주어져 있었다. 인간의 순수한 영혼을 가장 높은 가치로 여겼던 미륵은 이러한 독일교육의 당면현실에서 '맹자' 강의에 특별한 의미를 두었다. 그의 강의 노트 〈맹자〉의 '서序'는 옛 순수의 경구들에 내재해 있는 은유와 상징에 대한 시대적 의미해석을 통해 학생들 스스로 실천적 행동을 일깨우고자 했던 그의 교육관을 보여준다.

"맹자는 나라를 단지 권력을 도구로 통치하려는 제후는 '진정한 왕'이 될 수 없으며 아무리 작은 나라의 제후일지라도 자신의 백성을 '선 Güte'으로 다스리는 통치세계를 이끌어야 한다고 말했다. 제후 자신이 '선'하면 그를 따르는 신하도 '선'해질 것이고, 따르는 신하들이 '선'해지면, 결국 전 백성들이 '선'해지고 이웃 나라 백성들도 선한 제후 밑에서 신하로 살아가고자 스스로 물밀듯 들어 올 것이다. 그는 백성들은 물이 항시 아래로 흐르듯 서둘러 '선'을 따르게 된다고 했다. 마치 물이 위로 흐르도록 강요할 수 없듯이, 선한 제후국으로 사람들이 흘러드는 것 또한 누구도 막을 수 없다. 하늘에서 부여된 인간의 본질은 본디 선한데, 다만 어리석은 생활 태도가 인간을 나쁘게 만든다. 인간 교육의 참 목적이 근원적 본질로 되돌아가기 위해 마음을 밝히고 탐구하는 데 있음은 바로 이런 까닭에 있는 것이다.

선의 근본을 깨우친 사람은 하늘의 뜻을 깨우치게 되고, 그는 결코 하늘에 반대되는 어떠한 행동도 하지 않게 된다. 선으로 백성을 다스리는 왕은 결국 하늘의 뜻에 따라 사람들을 다스리려 그들의 근원적 본성으로 되돌아가게 한다. 그곳에는 투쟁도 없고, 범죄도 없으며, 처벌도 없다. 어떤 무리도 무력도 이러한 나라에는 위험이 되지 않는다. 맹자는 여러 제후에게 충고를 위한 논쟁을 벌이지만, 그의 충고를 따르는 제후들은 그렇게 많지 않았다. 대부분은 권력을 통치 수단으로 삼았고, 그로 인해 세상의 혼란은 더 가속화되었다. 맹자는 위대한 옛 성인들이 그랬듯이, 자신의 심오한 지혜가 번성하는 것을 보지 못하고 생을 마쳤다. 그러나 그의 사상과 그의 어록은 그대로 사람들 마음속에 살아남아 오늘날까지 모든 동양 사람들의 말과 마음속에 간직되어 있다. 그의 모든 사상은 공자의 세계관에 뿌리를 두고 있다.

(...) 그가 세상을 떠나고 1세기 반 후에, 위대한 해석자와 현인들에 의해 구체적이고 상징적인 표현들이 쏟아져 나왔다. 맹자는 공자의 세계관적 지혜를 통찰했을 뿐 아니라, 최고의 연설가였다. 제후들과 많은 사람이 칭송했던 연설가 맹자와 그의 제자들과의 대화들은 이른바 사서(논어 : 공자와 그의 제자들과의 대화, 중용 : 중심적인 하모니에 대한 교훈, 대학 : 큰 가르침, 공자에 대해 구두로 남겼던 가르침, 그리고 맹자)에 속하게 되었을 뿐 아니라, 고대 동양에서 가장 문학적 가치가 뛰어난 예술작품이 되기도 하였다.

이 책 속에 담겨있는 수많은 은유와 상징의 표현들은 학자들은 물론 일반 사람들과 농부와 상인, 심지어는 정치가들까지 경건함을 각성시키는 격언이 되었다. 맹자에게서 우리는 결코 적대감이라는 것을 느낄 수 없으며 도덕적인 법칙이 보호받지 못했던 시대에서도 스스로 그 전통의 모범 됨을 보이며 살았다. (...) 하나의 연마다 다양한 사고를 입히기 위해 반드시 자주 반복해 읽어야만 한다. (...)"[165]

---

165 Mirok Li, Menzius, 'Zum Geleit'의 내용 중에서

미륵은 맹자 강의 노트를 편집하면서 가능한 한 내용이 잘 전달될 수 있도록 구체적인 해석을 첨부한 새로운 맹자의 독일어 역譯을 만들어냈다. 그 가운데 가장 두드러진 예문으로, 맹자의 제1편 양혜왕장구 梁惠王章句, "孟子見梁惠王. 王曰, 叟不遠千里而來, 亦將有以利吾國乎, 孟子對曰, 王何必曰利, 亦有仁義而已矣"[166]에 대한 해석을 들 수 있다. 특히 텍스트에서 '利 이'에 대한 오늘날의 통념적 해석과는 달랐다. 즉 "이로움 혹은 이득"이란 해석을 벗어나 맹자 당대는 물론 독일의 정치적 역사적 상황에 부합되는 등가적 해석으로 "힘 혹은 권력 Macht"을 제시하면서, 그것을 '인의仁義'에 대한 대립적인 개념으로 서술하고 있는 게 돋보인다.

미륵은 동양 사상 가운데 특히 맹자의 '선善 사상'을 중시했고, 인을 추상적 혹은 관념적으로 개념을 설명하기보다는 좀 더 심층적인 '베풂 Gabe'의 행위양상 혹은 '베풀다 geben'라는 실천적 행동의 결과로서 좋고 gut, 나쁜 schlecht 것을 판가름하는 도덕적 인식의 기준으로 텍스트 의미를 해석하였다.

그는 "누군가에게 무엇을 주고 싶은 마음을 품는 것은 물론 좋은 일이지만, 마음속에 존재하는 순수성, 즉 그냥 우러나온 본성일 때 진정한 선행"이 실천될 수 있음을 강조했다. 그에게 있어서 '선'은 그야말로 '자연스럽게 흐르는 사람다운 심정'이었다. 부모에게서 자식에게로 혹은 통치자에게서 백성에게로 이르는 인의 본질을 역설하는 이미륵

---

166 Mirok Li, Menzius, 본문 내용 중에서.
"Menzius besuchte der König Huei des Staates Liang. Der König fragte ihn: 'Der grossen Entfernung von tausend Meilen ungeachtet, seid Ihr zu mir gekommen und ehrt mich mit eurem Besuch. Würdet Ihr mir helfen, die Macht unseres Staates zu vergrössern?' 'Wie könnt Ihr von der Macht sprechen!', entgegnete ihm Menzius." '利'를 '권력權力'으로 바꾸어 해석하면 다른 의미의 글이 된다.

의 철학적 사상은 마치 압록강에서 이자르 강으로 혹은 이자르 강에서 압록강으로, 물이 '항시 흐르는 것'을 허용하는 듯 순리의 항로를 따라 항구적으로 흐르는 것에 있다.

그는 이러한 인仁을 완성하는 실천 강령이 '의義'에서 출발한다고 보았고, 그에 따른 인간의 도덕적 모형을 교육기재로 삼고자 했다. 무엇보다 고정된 집착이 아닌, 끊임없이 흐르고 변화하여 어떤 형상으로든 일상으로 새롭게 재생하는 '사색'의 순수한 실천적 자율을 끌어내는 동양철학의 교육적 가치를 독일 청년들에게 알려주고 싶어 했다. 그의 교육철학은 전후 독일의 젊은이들이 정신적 본원으로 향하는 심안을 열고 자기 본성을 회복하여 개성을 발휘할 수 있도록 인도하는 데 있었다.

"이미륵은 절대 자유의 신봉자였다. 그는 오늘날의 교육이 개성을 억압하고 획일화시킨다고 인식했다. 그는 부모가 원하는 것들을 아이들에게 주입하고 있고, 아이들은 스스로 지식을 깨우치기보다는 부모가 숟가락으로 떠넘겨주는 것을 떠받아 먹고 있다고 보았다. 그는 아이들에겐 자유가 필요하고, 그 자유를 통해 스스로 성장해 나갈 수 있다고 생각했다. (...) 그는 사람들이 자신을 스스로 발견할 수 있도록 충분히 쉬게 해야 한다고 강조했고, 이론과 정치적 주제 포스터가 생을 구원하고 치유할 수 있는 게 아니며, 오직 인간 영혼의 가장 내면적인 가치를 울리게 했을 때 삶을 구할 수 있게 되고, 치유 받을 수 있게 된다고 역설했다. '인간을 새롭게 하기 위해서는 가장 내적인 것으로부터 일어나야 하고, 의사는 피딱지와 오물딱지를 씻겨줄 뿐, 진정한 치유는 자기 속으로부터 새 살이 돋아나 아물 때까지 내버려 두는 것'이라고 말했다."[167]

167　Rudolf Adolph, Gedenkblatt für einen koreanischen Freund, Neuen Wüttembergischen Zeitung, 1951년 3월 13일.

미륵은 특히 독일의 유명한 직업교육학자이자 교육개혁가인 케르쉔 슈타이너(1854~1932)를 존경했다. 그는 "사람들에게 있어서 가장 깊은 통찰, 또 가장 쓸모 있고, 가치 있고, 무엇보다 지속적인 지식은 이론 교육과 저술연구에서 기인하는 것이 아니라, 실천적 삶과 자율적이고 생산적인 노동에서 비롯된다."[168]고 주장한 독일 직업교육의 창시자였다.

식민지 시대에 자국민의 독자적인 참여 없이 진행되었던 한국의 근대화과정에서 특히 교육 분야는 현실적인 방법을 구축하는 데 있어서 실질적인 경험기반이 부족했다. 해방을 맞이한 후 한국인들에게 가장 시급한 것은 바로 인간 개성에 따른 역할분배로 사회적 발전을 촉진할 수 있는 체계적인 직업교육 시스템이었고, 미륵은 귀국하여 자신의 교육철학을 펼치겠다는 꿈을 꾸었었다.

"거대한 권력정치가 수많은 순수한 문화교류를 깨뜨리지만 않았더라면, 이미륵은 한국으로 돌아가 문화원을 설립할 생각을 하고 있었다."[169]

미륵의 교육철학은 오늘날의 관점에서 비추어 보면, 그 의미하는 바가 오히려 더 새롭다. 독일의 한 지인에게 친필로 적어준 맹자의 격언에서 성급한 지식인들의 오만한 판단과 그 폐단을 날카로운 일침으로 지적하는 이미륵의 교육관이 읽힌다.

---

168 G, Kerschensteiner, Berufsbildung und Berufsschule 1966. Ausgewählte Pädagogische Schrifften, Band Ⅰ. 6쪽.
169 Dr, Kurt Trampler, Zum Tod von Mirok Li, Würmtal Bote, 1950년 3월 25일.

"우리는 마지막으로 이미륵 박사에게 (...) 그의 고향에서 쓰는 격언 한 마디를 부탁했다. 그는 중국의 위대한 철학자 맹자의 가르침 한 구를 쓰고는 그 위에 독일어로 덧붙인 서예작품을 우리에게 선물하였다.

"人之患在好爲人師 : Das Unheil der Menschheit ist, daß jeder des anderen Lehrer sein will.

사람들의 근심은 모두 다른 사람의 스승이 되려고 하는 데 있다.″[170]

동양적 '시상詩想'의 경험미학

독일을 비롯한 여러 유럽 국가들은 일찍부터 베일에 가려진 동양의 신비로운 나라들과 그들의 역사와 학문, 그리고 예술에 대해 큰 관심을 보였다.

"교육을 받은 모든 유럽인은 중국이 오랜 역사와 문화를 가진 나라임을 잘 알고 있었으며, 많은 학자는 중국의 모든 왕조에 정통해 있었다. (...) 고대의 수많은 고전 작품들이 서양의 언어로 번역되어 읽혔다. 노자의 심오한 철학적 견해라든지, 공자의 도덕적 윤리, 그리고 장자의 은유적인 비유 등등 (...)″[171]

미륵은 독일인 동양학자들이 동양적인 것에 함의된 본질적인 의미를 완전히 파악하지 못하고 있다는 것을 간파했다. 특히 그는 시적인 은

---

170   Dr. Kurt Trampler, Zum Tod von Mirok Li, Würmtal Bote, 1950년 3월 25일.
171   Mirok Li, Chinesiche Dichtung, Welt und Wort 1948년, Heft 3.

유와 상징이 의미하는 것을 인지하여 해석하고 그들 자신의 내적인 것으로 소화하여 예술적인 경험으로 숙성시키는 데까지 이르지 못하고 있다고 인식했다.

"시의 매력은 어디에 있는 걸까? 꽃이나 형형색색의 나뭇잎이나 구름이나 안개 등을 마치 보고 있는 것처럼 독자들이 믿도록 아름답게 비유하는게 시의 진정한 매력일까? 혹은 시에 사용되는 문자, 즉 아름다운 형상 기호에 그 매력이 있는 걸까? 개개의 기호들은 하나의 단어로 동시대의 운각이 되었던 하나의 완성된 개념들이었다.
바람에 대한 기호에서 사람들은 그것이 재잘거리는 소리를 듣게 되고, 달에 대한 기호에서 사람들은 '몽상적인 광휘'를 눈으로 본다고 여겼다."[172]

동양학을 전공한 독일의 학자들이나 지식인들은 이태백이니 두보니 도연명이니 하는 유명한 시인들의 시를 알고는 있었지만, 시에 내재해 있는 심오한 의미를 충분히 이해하지는 못했다.

시상을 품은 시인의 본성을 관통하지 못한 독일인들의 번역 시는 시정詩情의 공감을 불러일으키기에는 취약했다. 이미륵은 특히 '시상'을 품은 시인의 본성을 통해 시의 본질을 관통할 수 있는 안목을 강조했다.

"동양인들은 겸손하고, 공손하며, 불평하지 않는다. 그들은 무례한 말을 삼가고, 큰 고통 속에서도 그것을 단지 자신들의 운명 탓으로 돌린다. 사람들은 심지어 죽음의 두려움에 직면해서도 미소 짓는 모

172　Mirok Li, Chinesiche Dichtung, Welt und Wort 1948년, Heft 3.

습을 일그러뜨리지 않는다. 이처럼 평화로운 그들의 본성이 운명의 섭리를 믿고 있음을 의미한다. 이 땅 위에서 일어나는 모든 것은 이미 하늘에서 결정된 것이어서, 그것들이 다가오는 대로 받아들여야 하고, 그것을 받아들일 때는 반드시 미소를 지으며 실행해야 한다는 것이다. 운명의 길에 직접 뛰어들려는 의지는 동양 사람들에게는 실제로 현저하게 드러나지 않는다. (...)

 다만 그들은 봄 한가운데에 있는 꽃들, 가을 속 바람, 위엄 있는 산들과 아름다운 강물, 그곳을 스쳐 지나가는 구름 혹은 저녁 안개, 이 모든 것들에서 이런저런 시상을 떠올린다. 고요한 정적의 순간에도, 친구와 이별할 때도, 고향이 그리울 때도 시인들은 그렇게 시를 짓는다."[173]

어릴 적부터 당시唐詩의 다양한 시정을 경험했던 이미륵은 한 편의 시 속에서 생생히 날아다니는 화사한 나비의 몸짓을 보고, 잿빛 안개 드리운 신산한 바람 소리를 듣고, 흐르는 강물의 초탈한 허무의 더 큰 침묵 소리가 너울대는 것을 바라보는 상상 속에서 시적인 자아를 성장시켜왔다.

자연은 그의 인간적 허무에 참 위안이었다. 그는 그것을 통해 현세적 삶의 고통을 잊었고, 세상 속 모든 피사체에 깃든 이런저런 굴곡진 음영을 바라볼 수 있었다.

그는 동양의 옛 시인들이 그들의 자유로운 '시상' 속 존재를 쫓아 광야를 떠돌기도 하고, 깊은 산 속에서 혹은 그 사이로 난 골谷의 낙수落水 아래서 웅장한 자연의 소리에 귀 기울이며, 그것을 이 세상 가장 아름다운 것으로 표현하는 그들의 고결한 영혼을 추앙했다.

아름다운 '영혼의 시'들은 시인이 죽고 난 몇백 년 후에도 존속하는

---

173 위의 책.

위대한 힘이 있음을 미륵은 직설의 진술이 아닌 그 자신의 시적 은유로 혹은 상징으로 이야기한다.

"훌륭한 시인들의 옛 시들은 누렇게 빛바랜 서책 속에 묻히지 않고 살아남아 민족유산이 되었다. 특히 어린 나이에 그것을 배웠다면, 그것은 절대 잊히지 않고, 살아있는 내내 기쁨으로 혹은 슬픔으로 가슴 속에서 울려 퍼진다."[174]

松　下　問　童　子
Kieferbaum unten fragen Knabe Kinder
言　師　採　藥　去
sagen Lehrer pflücken Heilkraut gehen
只　在　此　山　中
nur sein dies Berg Mitte
雲　沈　不　知　處
Wolken tief nicht Wissen Ort

소나무 아래에서 아이에게 물으니
말하길, 스승님은 약초를 캐러 갔나이다.
산중에 계실 테지만,
구름이 깊어 어딘지 알 수 없군요."[175]

미륵은 자신의 독일어 번역본 한시가 깊은 산 속 어느 은둔자의 평화로운 오두막을 찾아가는 길을 인도해 주는 이정표처럼 동양의 시문학

174　위의 책.
175　위의 책.

이 암묵의 미로와도 같은 불확실한 시대의 사람들에게 특히 독일 청년들에게 영혼을 숙성시키는 사색의 길잡이 역할을 할 수 있길 기대하였다. 그는 소박한 한 편의 시 속에서도 '현자' 혹은 '성인'의 고결한 지순의 형상과 그를 둘러싸고 선경仙境을 경험할 수 있도록 독일어의 약속된 문법을 해체하여 한자 밑에 그대로 독일어를 병기하는 자유로운 번역 방식을 선택했다.

그는 '시'에서 가장 중요한 가치를 소리, 즉 운율에 두었다. 따라서 그는 번역에서 글자마다 음을 소리 내는 서로 다른 네 개의 음 방식으로 이루어진 운율체계에 더 세심한 관심을 기울였다. 중국어의 제1음 방식이 일정하게 평면적으로 진행되고, 제2음 방식은 약간 깊숙이 눌렀다가 다시 조금 높이 올라가고, 제3음 방식은 처음엔 뚝 떨어졌다가 마지막엔 다시금 높이 올라간다. 그리고 마지막 제4음 방식은 완전히 아래로 떨어지게 된다는 사실을 숙지시켰다.

왕지환(688~742)의 유명한 시 〈곽작루에 오르다 登郭雀樓〉를 독일어로 번역한 이미륵의 시는 무엇보다 그 리듬의 아름다움이 그대로 드러나는 운율의 한 전형이라고 할 만하다.

白　日　依　山　盡
weiß　Sonne　anlehnen　Berg　sich erschöpfen
黃　河　入　海　流
gelb　Fluß　hinein　Meer　fließen
欲　窮　千　里　目
wollen　erschöpfen　tausend　Meile　Auge
便　上　一　層　樓
wieder　steigen　ein　Stockwerk　Turm

해는 산에 기대어 저물려하고,
황하는 바다로 흘러드네.
천리를 다 보려,
누각 위로 한층 더 오르네."¹⁷⁶

시의 운율에서 고요히 울려 퍼지는 감미로운 음과 그대로 흐르는 리듬 에너지에서 허무와 무상을 경험했던 이미륵은 시 문학이야말로 동양적인 정신의 원천으로 여겼다. 그는 자신의 인생에 특별히 강한 인상을 남겼던 한 편의 시로 세종 때의 학자였던 성삼문成三問이 처형을 당하기 직전 읊었던 한시를 꼽았다. 그것은 성삼문의 생과 죽음에서 발산되는 허무에 이미륵의 허무가 닿아 있었기 때문이었다. 그는 몽골어의 소리를 연구하기 위해 힘든 여행을 감행했던 모험가이자 언어학자였던 성삼문의 학자적 이데아를 동경했고, 정치적인 음모에 휩싸여 형장의 이슬로 사라져간 성삼문의 절대 고독에서 마음 깊숙이 파고 들어오는 연민을 느꼈다. 바로 눈앞에 닥친 죽음에 이르러 마지막 일성으로 안식에 이르는 초극超克의 생을 묘사하는 성삼문의 한시에 내재해 있는 한국적 비애미, 즉 한국적 한恨을 독일어로 옮기기 위해 이미륵은 가능한 한 절제된 감성으로 은유의 시어를 배열하는 데 역점을 두었고, 그 자체로 아름다운 번역 시를 남겼다.

Man trommelt und fordert mein Leben.
사람들은 북을 두들겨 대며, 내 목숨을 채근하고(擊 鼓 催 人 命),
Ich blicke nach Westen, die Sonne ist schon gesunken.
고개 돌려 바라보니, 이미 해 저물고 있네(回 首 日 欲 斜),

---

176 Mirok Li, Chinesiche Dichtung, Welt und Wort 1948년, Heft 3.

Es soll keine Gaststätte im Jenseits geben
저승엔 머물 곳조차 없으니(黃泉無一店),
In wessen Haus leg ich mein müdes Haupt nun nieder
그 어느 곳에 내 지친 머리를 누일꼬(今夜宿誰家)."[177]

이미륵의 독일어 번역 한시들을 다시금 한국어로 번역해보면, 그 시정이 더 사실적으로 다가오는 것을 경험하게 된다. 그것은 그의 번역 시가 독일인들의 서정과 그들의 현학적 관조적 사상을 내포하고 있는 철학적 의미 단어들을 조화롭게 재배열한 새로운 한시 버전을 만들어 내고 있기 때문이다.

그의 번역 시는 시상을 응축해 놓은 리듬 에너지가 독자의 정신세계를 진동할 수 있는 시어들의 울림으로 전달되도록 단어들을 선택적으로 배열하고 있다. 그의 자유로운 해석과 또 그 해석은 더 자유로운 정신으로 진입할 수 있게 한다. 이미륵의 독특한 필력은 자유로운 울림과 흐르는 듯 움직이는 '소리' 리듬이 인간 정신을 막힘없이 흐르게 하고, 끝닿는 지점에서 다시금 본래 소리가 울려 나온 사람에게로 되돌아가 정신을 일깨우는 방식으로 인간 본래의 강인한 영혼 복원력을 일깨우게 한다. 그의 독일어 번역 성삼문의 한시는 그의 필력을 여실히 드러내 주는 작품이다. 그것은 짐작조차 할 수 없는 죽음의 고독을 이미 해 저문 어둠 속 차가운 달빛 저편에서 무숙無宿의 고단한 여정으로 형상화하고, 그럼에도 '지친 머리를 누일' 안빈安貧의 처處를 찾는 '생'의 복구로 죽음조차 관조하는 한국인의 정신이 이 한 편의 번역 시에 고스란히 담겨있기 때문이다.

---

[177] Mirok Li, Chinesiche Dichtung, Welt und Wort 1948년, Heft 3.

독일어 단어를 직선으로 배열하고 있는 그의 번역 시는 한국적 시상이 독일 시문학에 새로운 미적 착상으로 재생될 수 있다는 가능성을 보여주고 있다는 점에서, 오늘날 한국의 시문학 영역에 시사되는 바가 크다.

위대한 동양사상의 초석,
논어로 대화하다

이미륵의 유고집 가운데는 두 권의 철학 강의 노트가 있다. 그중 하나가 맹자이고, 또 다른 하나가 논어이다. 맹자와 장자 강의에 이어, 1948년 겨울 학기부터 동양철학을 강의하면서 교재로 사용된 강의록 '논어'는 단지 몇 부분의 탈루가 있었을 뿐, 거의 전편이 독일어로 번역되어 있다. 그는 공자어록에 담긴 동양적인 의미들이 잘 전달될 수 있도록 가장 적절한 표현을 선택하기 위해 세부적으로 상호 두 언어를 비교하여 원전의 양식에 부합하도록 가능한 한 짧고 간결한 표현들을 선호했다. 텍스트들을 발췌하여 번역으로 옮길 때, 유교 사상에 깃든 지혜의 본질이 독일어 번역이라는 표현의 틀 속에서도 독자들에게 큰 감동으로 전달될 수 있게 했다.

공자의 덕목을 받치고 있는 인간 본연의 온후함과 사람 사이의 질서를 유지하기 위한 공손함, 그리고 하나의 인격으로 성숙하기 위한 겸손함을 자신의 도덕적 실천규범으로 삼았던 이미륵은 10여년 동안 나치의 선동정치에 세뇌 교육된 채로 대학에 발을 들여놓은 독일 청년들이 동양철학의 기본적인 도덕 규범을 통해 그들 스스로 편향적인 정신을 제어하고 조절할 수 있는 강력한 정신적 강령으로 삼기를 기대하는 마음으로 논어 텍스트를 번역하였다.

이미륵의 동양학 강의는 독일의 패전으로 잠시 폐쇄되었던 대학이 개방되었던 1946년에야 비로소 새로운 교육행정에 따른 교육을 받을 수 있게 된 독일 대학생들이 좌초당한 그들의 자존을 다시금 일으켜 세워 건강한 생으로 진입할 수 있도록 돕기 위한 하나의 설교의 장이었다.

그는 논어 강의에서 대학생들에게 배우는 자로서의 순결한 마음을 유지해야 함을 강조했고, '푸성귀로 혹은 단 한 모금의 물로 허기를 메울지라도, 팔을 베개 삼아 초막에 빈 몸을 누일지라도, 학문하는 자 마땅히 그 가난 속에서 삶의 즐거움을 찾아야 한다'는 가르침에 순응했던 동양 선비들의 고결한 정신을 독일 청년 교육의 표상으로 삼았음이 다음의 독일어 번역 논어 서문에서 그대로 읽힌다.

> "작은 노나라(지금의 산동지역)에서 귀족 출신의 몹시 나이가 많은 부친과 너무도 어린 모친 사이에서 공구라는 사내아이가 태어났다. 소년이 되자, 그는 다양한 그릇으로 고대 제물의식을 흉내 내며 노는 것을 즐겼다. 그는 살아 있는 동안 이러한 옛 의식에 대한 사랑을 버리지 않았다. 그 후 그는 요와 순, 문왕과 주공이 백성을 통치했던 고대사 연구에 몰입했다. 옛 시대의 사람들은 후대의 사람들 보다 훨씬 더 현명하고 행복했다. 그는 주위에 점점 더 많이 모여드는 젊은 제자들에게 고대의 생활방식을 가르쳤다. 그는 온후함과 공손함, 부모에 대한 경외심, 이웃들에 대한 사랑, 군주에 대한 충성을 가르쳤다. 그는 제자들에게 간소하게 생활하고, 조화로운 음악을 익히고, 옛 노래를 사랑하고, 예법을 따르도록 가르쳤다. 그의 제자들 가운데는 여러 나라의 관직에 있는 사람들이 많았고, 수많은 제후가 현명한 공자

로부터 조언을 얻고자 했다. 공자는 그들에게 고대의 현군들이 행했던 대로 사랑과 믿음으로 백성을 통치할 것을 강조했다.

 그는 아주 짧은 기간 동안 공직에 있었다. 그의 나라 제후가 자신의 현명한 권고를 따를 준비가 전혀 되어있지 않음을 알고 그는 공직을 버렸다. 그 후 그는 끊임없이 몰려드는 제자들 가르치는 데 전념하다가, 마침내 수년 동안의 방랑 생활을 마치고 귀향했다. 그리고 그의 나이 72세(기원전 479)에 위대한 현자로서의 생을 마쳤다. 이 위대한 현자의 가르침은 동양문화 전반에 교육의 핵심을 세워주었다. (...) 그가 세상을 떠난 지 오랜 세월이 흐른 후, 어쩌면 수백 년 후, 그의 제자의 제자들이 그와 제자들 사이에 있었던 대화들에 대한 모든 기록을 옮겨 적어, 오늘날 공자 사상의 가장 기초적인 작품으로써 동양의 모든 학파에 가르침을 준 '논어論語 - 대화 Das Gespräch' - 를 만들어냈다."[178]

 운명이 허용하는 만큼만의 충만을 구하고, 자연이 부여한 삶의 질서 속에서 조화로운 상승을 추구했던 동양의 사상은 공자의 어록 - 논어 - 에서 태동했고, 그것은 한국인 동양학자 이미륵에 의해 마침내 유럽 철학의 메카, 독일의 명문 뮌헨대학에서 공자의 가르침으로 독일의 대학생들에게 전달되었다. 그는 진정한 학자로서, 또 참 교육자로서 생을 경건한 마음으로 받아들였고, 그의 남은 모든 의지를 불태웠다. 화려한 명예보다는 작고 소박한 '생'의 진실을 추구했던 그의 생 철학이 오랫동안 독일인들에게 깊은 인상을 남겼던 것은 오직 교육자로서의 그의 순정 때문이었다.

---

178   Mirok Li, Lunyü 'Nachwort'의 내용 중에서

무상無常의 단면,
마지막 생의 스케치

산정山頂에 오르면, 비로소 일점一點의 자아를 세상 중심에 두고 서서 사방을 단번에 휘둘러 볼 수 있게 된다. 그리고 아찔한 현기증에 잠시 깊은 숨을 들이켰다가 다시금 아주 느리게 팽팽히 차오른 숨을 모두 토해내면, 비로소 침묵의 소리가 들린다. 소리 없는 소리, 그것은 바로 진정한 '생'의 발현으로 울려 나와 마침내 그 소리 끝자락에 이르러 더는 부딪치지 않고도 소리 내는 허공의 울림! 바로 죽음의 침묵 소리가 이미륵의 치열했던 생의 끝자락에 미세한 진동으로 울리고 있었다.

> "그때가 1948년이었다. 이미륵의 눈빛엔 이미 극심한 고통으로 가득 찬 죽음이 어려 있었다. 그는 조용히 자신을 들여다보고 있는 듯했다. 누렇게 빛바랜 종이 같은 그의 얼굴은 아주 짙은 갈색으로 변해 있었다. (...) 많은 것을 폭로하기 위해 더 많이 침묵해야 하는 것을 알고 있었던 듯 마치 서체 닮은 모습으로 그는 미소만 짓고 있었다."[179]

뮌헨대학에서 한국어와 맹자, 장자를 비롯한 동양 문학사를 강의하면서, 이미륵은 '태생적인 것' 혹은 '한국적인 것' 혹은 '동양적인 것'에 더욱 집중했다. 그는 한국어의 언어학적 연구 성과를 체계적으로 정리하고 중국어 문법을 비롯한 논어와 맹자, 장자 등 동양사상과 문학사 강의를 위한 원전 텍스트를 세밀하게 분석하고 그것을 일일이 독일어로 번역하는 작업을 쉼 없이 진행하였다. 그리고 잠시 틈새 시간

---

179 Georg Schneider, Koreanisches Vorspiel의 내용 중에서

을 내어 소설 〈압록강은 흐른다〉의 후속작품의 원고 고르는 작업을 계속하였다.

과연 인간의 정신적 육체적 한계는 어디쯤인지!

그의 놀라운 정신력은 천부적인 것이었지만, 그로 인해 과도하게 발화된 원력의 에너지는 결국 그의 육체를 급격하게 무너뜨렸다. 한국어를 비롯해 장자와 동양 문학을 강의했던 1948년 겨울 학기에는 일본 문학으로까지 과목이 늘어났다. 당시 뮌헨대학의 동양학부 강의는 주로 동양학을 전공한 독일학자들에 의해 주도되었다. 이미륵이 한국학을 비롯한 동양철학과 문학을 가르쳤다는 사실은 매우 이례적인 일이었지만, 한국인 이미륵이 일본 문학을 강의하게 된 것은 그 자신에겐 더욱 특별한 의미가 있었다. 독일인 아들러 교수는 일본어 기초회화를 강의했을 뿐, 일본 문학 강의를 이미륵이 맡게 되었고, 이로써 뮌헨대학 동양학부에 일본 문학은 학과의 정식 과목으로 채택되었다. 1948년 이미륵은 일본의 대표적인 중세 문학작품 요시다 겐코오의 작품을 번역한 오스카 베늘의 독일어 번역본 츠레츠레쿠사를 직접 편집하고 서문을 쓰기도 하였다. 그리고 1949년에는 독일어 번역본 일본시집을 편집 발간하였다. 이미륵에 의해 편집된 이 두 권의 책으로 독일의 세계문학전집 '일본' 편에 수록되는 학문적 업적을 얻게 되었다.

이미륵의 생의 한 단면으로서 마치 운명으로 엮인 마지막 고리가 된 일본 문학 츠레츠레쿠사 강의는 - 독일 사람들이 '완전한 한 인간'으로서 평가했던 바대로 - 자신의 슬픈 운명마저 극복했던 마지막 빈 심중 心中의 〈한가로운 시간 속 스케치〉를 떠올리게 한다.

"요시다 겐코오는 14세기(1283 - 1350)에 살았다. 그는 청년 시절 여러 황제 밑에서 일했다. (...) 그러나 그는 은둔자 승려로 살다가 1350년 2

월 세상을 떠났다. 그의 사후에야 그가 살았던 초막에서 츠레츠레쿠사가 발견되었는데, 그 책자의 뒷면 종이에 부처의 경전이 기록된 채로 벽에 붙여져 있었다. 그것은 일본의 고전 작가 마쿠라노 쇼시의 수필집과 함께 오늘날에도 여전히 가장 많이 읽히는 작품이다. 일본인들은 학창시절에 그들의 책가방에 이 소책자를 꼭 넣고 다녔을 정도이다.

〈한가로운 시간 속 스케치〉라는 츠레츠레쿠사라는 책명에서처럼 이 책은 말하자면, 개별 단편 간의 어떤 연관성도 없이 그때그때 떠오르는 생각을 붓 가는 대로 써 내려간 작품이다. (...) 단편들은 서로 연결되어 있지 않을 뿐 아니라, 종종 서로 모순되어 보인다. (...) 속세의 모든 인연을 끊고 부처의 길을 따를 것을 충고하는 것으로 보이다가도, 문명화된 삶의 양식을 탐닉하는 것으로 보이기도 한다. (...) 심오한 영혼 속에 〈영원한 고향〉을 간직한 채로 끊임없이 덧없는 세상의 허무를 의식하고 있으면서도, 그 허무에 매달려 그냥 붓 가는 대로 그것을 즐겨 찬양한다. 요시다 겐코오는 철저히 동양 사람이었다. 죽음이 다가옴을 예측하고 또 당연히 그것을 대비해야 심오한 생의 즐거움이 솟구치지 않겠는가? 염세주의자에게 이별은 그리 어렵지 않다. 겐코오는 본원적 즐거움 뒤에 매복해 있는 무상함을 깨닫게 하는 그런 생을 사랑했다. 여기에 바로 그의 글의 정점이 있다. (...)"[180]

마치 다가온 죽음을 예견한 듯 이미륵은 어떤 이유로든 치우쳐 있던 일체의 상념을 고쳐 세웠다. 그리고 그의 심안은 이미 완전한 순수의 자유, 즉 절대 무상의 허공계를 향해 있었다. 그는 지인과 함께 오랜 시간 빛을 따라 흘러가는 영혼의 길을 이야기하기도 하고, 그것의 충만을 이루는 니르바나의 세계를 동경하며 '도처에 있음에도 또 어디에도 없는 무명無名'의 신을 찾았다.

---

180 Nachwort in Yoshida Kenko. Tsurezuregusa, herausgegeben von Mirok Li. Bergen 1948, 94-95쪽.

"우리는 밤새도록 함께 이야기를 나누곤 했는데, 어느 날 밤 나는 그에게 신神에 대해 (...) 영혼에 대해 어떻게 생각하는지 이야기해 달라고 채근했다. (...) 그는 신은 우리에게 명령하기도 하고, 그 명령을 거두어들이기도 하면서 우리를 잡아당기는 그 무엇이라고 말했다. 그것은 마치 태양이 호수 면으로부터 물안개를 빨아 치워 버리듯 갈증의 인생으로 다가왔다가 이내 우리들의 운명으로부터 떨어져 나가버리기 때문에, 그것이 완전히 흘러넘칠 때까지는 결코 그것이 무엇인지 말할 수 없는 운명으로 가득 찬, 알 수 없는 무엇이라고 했다.

"신은 너무도 많은 수수께끼와 비밀을 지니고 있어서, 우리는 그것을 하나의 이름으로 명명하는 것을 꺼리지요. 당신 유럽인들은 너무 성급하게 그리하였지요. 당신들은 우상을 쫓고 있어요. 당신들의 은유와 체계적 사고는 너무도 광범위합니다. 당신들은 그 모든 것을 영혼이라고 부르고 있습니다. 우리는 단지 존재하는 것에 대해 이름을 붙여 애써 분별하려고 하지 않습니다.(...)

하나의 얼굴, 하나의 손, 날갯짓, 인간의 길, 한 마리 동물의 눈 속에 있는 빛 등등 그것들은 이미 완전한 영혼이 아니던가요? (..) 보세요, 내가 꽃을 어루만지면, 꽃은 내게로 몸을 굽히지요. 그 영혼의 시선이 다가와 내 손끝에 존재하게 되지요. 또 아름답고 매혹적인 여인이 곁을 스쳐 지나가면, 내 영혼은 나의 시선 속 그 여인을 머물게 합니다. 바라봄이 없다면 곧 그녀도 없는 겁니다. 그래서 우리 인간의 영혼은 하나이면서 둘이랍니다. (...) '모든 것은 죽게 된다'고 외쳐 대는 울림 속엔 또 하나의 메아리 '모든 것은 살아 있다'고 울려대니까요. 그렇게 둘이 영혼의 호흡(들숨과 날숨)인 것입니다. (...) 신은 서양의 형상들 속에서럼 동양의 형상들 속에도 그렇게 존재하고 있습니다. 당신들은 조각가들이 있어 돌과 나무로 신을 만들고, 말과 울려 퍼지는 심포니 속에, 수천의 그림 속에 신을 존재하게 하지요. 그러나 우리는 단지 향기만을 잡으려 합니다. 부처상 속의 신의 침묵, 노자의 격언 속에 깃든 그것의 가장 부드러운 향기를 말입니다.

　당신들은 신을 위해 투쟁하겠다고 손에 무기를 들었고, 지금도 여전히 그를 위해 전쟁을 일으키고 있지만, 우리는 우리 자신을 위해 신에게 기도합니다. 그래서 '무기를 내려 놓으라!'는 노자를 따르지요. 마치 흐르는 빛처럼 신은 우리를 위해 모든 것에 그렇게 존재하고 있으니, 구태여 영혼을 추구하지 않아도 되는 겁니다. 우리는 당신들처럼 신을 추구하는 것이 아니라, '신을 찾는 사람'들입니다. 신은 공간 속에, 시간 속에, 우리가 모르는 이름들 가운데 하나로 늘 존재하고 있으니까요. 우리가 생각하고 느끼는 것은 단지 서곡일 뿐입니다. 위대한 푸가는 니르바나에서 비로소 시작하지요. 우리가 어루만지는 사물들이 우리의 영혼으로 채워질 때, 비로소 우리는 니르바나에 존재하게 됩니다. 그러면 우리는 신으로 충만해지게 되고, 그때 비로소 신이 우리를 어루만집니다. (...) 신은 무명無名이오, 도처에 있음이오, 또 어디에도 없음입니다.

　" 대화를 나눈 후 우리는 침묵했고, 다만 이미륵의 미혹의 미소가 그 깊은 침묵 속에 드리워있을 뿐이었다."[181]

1949년 여름학기가 시작된 어느 날, 뮌헨대학 의과 대학생 볼프강 바우어는 우연히 동양학 강의실 옆을 지나다 열린 문틈 사이로 이십여 명의 학생들 앞에 서서 유창한 독일어로 강의하는 검은 뿔 안경테를 낀 동양인 교수를 발견했다. 바우어는 알 수 없는 호기심에 이끌려 강의실로 들어가 빈자리에 앉아 그의 강의를 들었다. 의학도 바우어는 처음에는 낯선 동양 문학에 대한 강의 내용보다는 그 동양학자의 우아한 자태에서 배어 나오는 견고한 자기 확신에 찬 세련된 말솜씨에 매료되었다. 시간

181　Georg Schneider, Koreanisches Vorspiel의 내용 중에서

이 지나면서부터는 그는 이미륵이 펼쳐내는 동양 문학의 절대 자유의 정신적 파노라마 세계로 빠져들었다. 그리고 그해 겨울 학기, 바우어는 의학을 포기하고 동양학으로 전공을 바꾸었다. 이미륵 자신이 그랬던 것처럼.

독일 청년 바우어는 훗날 뮌헨대학 동양학부 교수가 되었다. 원칙적으로 같은 대학 출신은 교수가 될 수 없다는 규정을 깨고 바우어 교수가 대학전임 교수로 채용된 것을 미루어 짐작하건대, 그의 중국학에 대한 업적과 학문적 깊이가 남다르기에 예외 적용을 한 것으로 보인다. 이미륵의 제자들 가운데는 볼프강 바우어 말고도 하이델베르크 동양학 교수가 된 귄터 데본이 있었고, 이미륵이 특별히 아꼈던 그라프트 애파도 있었다. 그들은 모두 이미륵의 곁에서 동양학의 신비에 빠졌던 독일의 젊은이들이었다. 그들은 학교 수업이 끝난 후에 자전거를 타고 먼 그래펠핑 그의 집에까지 찾아와 서예를 배우기도 했고, 그 속 담긴 글자의 자유로운 형상들을 다양하게 해석할 수 있는 사고의 여백 미를 추구하는 서예의 진정한 예술적 가치를 배우기도 하였다. 그의 애제자 애파 크라프트가 이미륵의 사후 오랫동안 - 죽을 때까지 - 그를 잊지 못했던 것은 이미륵의 정신적 인격을 지배했던 순수예술의 세계관 때문이었다.

"이미륵 박사는 (...) 스승이나 아버지와 같은 모습이었지요. 나이로나 학식으로나 인격으로나 훨씬 월등한 위치에 있었습니다. (...) 제자로서 이미륵 박사를 만난 것은 짧았지만, 한 인간으로서 그와의 만남은 길었습니다."[182]

---

182 한옥희, 애파는 마지막 생명의 파도였다, 여성동아 1984년 9월호.

마지막 여행지, 그루타우의 클레멘테 박사의 별장

제10장
찬란히 아름다운 죽음

마지막 산행

죽음은 늘 생의 경계 밖을 배회하다가, 언제든 틈만 보이면 슬며시 그 경계 안으로 넘어온다. 이미륵에게 1949년 여름날 며칠간이 그랬다. 양어머니인 자일러 부인이 갑작스럽게 쓰러졌고, 그녀의 병세가 너무도 깊어 가족들은 그녀의 죽음을 준비해야 했다. 이미륵은 그녀의 병상을 지키며, 그녀가 회복되길 간절히 기도했다. 고향을 떠나올 때 이미륵의 나이 겨우 스무 살이었고, 그는 끝내 고향 어머니의 임종을 지키지 못 했었다.

고향의 어머니와 함께했던 세월만큼 20년 동안 그를 아들처럼 뒷바라지를 해주었던 자일러 부인의 병환은 그에겐 말로는 다 표현할 수 없는 슬픈 고통으로 다가왔다. 복받쳐 올라서 더는 감당할 수 없을 정도로 차오른 슬픔이 그를 무감정 무감동의 망아 상태에 빠뜨린다. 어쩌면 20년 전 겨울 어느 날 뮌스터슈바르차하 수도원에서 고향 어머니의 임종 소식을 들었던 청년 미륵이 그랬을 것이다.

찰나의 빈 허공 속으로 광속의 빛이 쏟아져 들어오는 순간 일시적으로 아무것도 보이지 않는 맹목의 일상에 빠져 버린 아담함의 심정으로 몇 날 며칠 밤을 보내야 했던 때를 떠올리며 미륵은 헌신적으로 자일러 부인을 간호했다. 다행히도 며칠 후 그녀는 회복되었지만, 극도의 긴장감을 내려놓았던 탓이었는지 미륵은 곧바로 탈진상태에 빠져들었다. 그는 잠시 휴식의 시간을 갖기로 했다.

책상 위에 어지럽게 널려 있는 지인들의 편지, 출판을 위해 교정 중인 원고 뭉치들, 동양학 강의 노트들, 밀린 편지에 답장을 쓰는 일도,

출판사에서 독촉하고 있는 원고를 마무르는 일도, 모두 뒤로 하고 배낭에 버터 빵 몇 조각을 챙겨 넣고 무작정 기차를 탔다. 애파가 그의 산행에 동행했다. 둥글고 검은 뿔테 안경 너머로 검은 눈동자가 조금은 확대되어 보인 탓에 무척 진지해 보이는 동양인 학자에게 매 순간 매료되었던 애파는 그에게로 향한 존경심이 그녀의 삶을 지배하리라는 걸 그때는 미처 알지 못했다.

뮌헨의 도심을 벗어나자마자 곧바로 눈에 들어오는 거대한 산군. 그것은 끝없이 이어져 오스트리아 국경도시 잘츠부르크에까지 이른다. 차창 밖으로 스쳐 지나가는 다양한 형상의 산들이 멀리서 혹은 가까이에서 짙은 잿빛 실루엣을 하늘 아래 여린 띠로 그려낸다. 루폴딩역에서 걸어서 족히 한 시간 거리에 있는 그루타우 5번지의 통나무 별장은 뮌헨대학시절 친구였던 요셉 클레멘테 박사의 소유로 이미륵은 십 년 전부터 글을 쓰거나 휴가를 보내기 위해 이곳을 자주 방문했었다. 선명한 연초록의 알프스.

그루타우의 별장에서 클레멘테와 함께

별장 뒤로 부드럽게 휘어진 연녹색의 능선을 따라 걷다 보면, 눈부시게 찬란한 태양 너머 한가롭게 서성대는 산 그림자를 만나게 된다.

이 산자락에 드리운 저 산 그림자가 몸을 포개어 희롱하면, 저 산자락의 농염한 자태가 드러나고, 또 저 산자락의 바람은 이 산자락의 골을 타고 논다. 여름의 알프스는 특히 매혹적이다. 산이 산을 키워내는 거대한 산군은 그래서 그 기운이 참 웅대하다. 만년설이 햇빛에 반사되어 먼 산발치 아래로 빛을 쏟아 내리면, 그 오묘한 빛의 이동이 그야말로 장관이다.

우리 인간의 작고 가벼운 일상도 알프스 산군처럼 거대한 무상을 끊임없이 키워낸 것이 아니던가. 산만큼 거대해진 무상 속으로 거침없이 뛰어든 용감한 은둔자에게 해진 녘 들판은 찬란한 하늘 구름의 더딘 움직임을 쫓아 넉넉한 마음으로 여백 채우기를 허용한다. 습한 산바람의 향내를 탐닉하는 은둔자의 여유로움이 그의 번역 시 내용을 닮았다.

〈황산에서의 하룻밤을 회상하며〉

봉황새 날아가고,
나뭇잎 지고,
강물은 절로 흐르니,
무상에 스치는 게 한숨일세.[183]

계곡을 타고 곧게 흘러 내려오는 물줄기들이 모여 작은 시내를 이루고, 빼곡하게 들어선 전나무 숲으로 울 처진 산언덕 마을 그루타우는 다섯 채 정도의 작은 집들이 그림처럼 아름다운 전경을 만들어내고 있었다.

---

183 1940년 7월 25일, 이미륵이 Bernhard Wehner에게 보낸 편지 내용 중에서.

언덕 맨 위에 있는 별장 뒤로는 작은 산길이 나 있어서 힘들이지 않고도 산행을 즐길 수 있었다. 산행 이틀째 되는 날, 그는 갑자기 온몸을 관통하는 날카로운 통증을 느꼈다. 몇 달 전부터 건강이 좋지 않다는 것을 예감했지만, 늘 병치레를 해왔으니 으레 겪는 일상 정도로 생각했었다. 그러나 이번엔 뭔가 달랐다.

"여행에서 돌아온 지 얼마 되지 않아 나는 뭔가 이상하고, 고통스럽고, 놀랍고, 위협적인 뭔가를 느꼈다네. 심장 경련이 일어났었지. 이처럼 찢기는 고통과 공포감은 예전엔 경험하지 못했던 것이었네."[184]

운명이란 마치 태양이 호수 면으로부터 물안개를 일으켜 치솟는 물알갱이들을 낱낱이 빨아올려, 마침내 그 다함에 이르고야 그것을 깨닫게 한다. 모든 기운이 빠져나간 그의 내부는 급격한 허탈감이 아주 위협적인 기운으로 그 빈자리를 쓸고 지나갔다. 두 사람은 서둘러 산에서 내려와야 했다. 그의 마지막 산행은 그렇게 끝이 났다.

죽음의
푸른 강 저 너머로

작은 파편들로 쌓아 올려진 생. 아주 작고 사소한 것조차도 이미륵에겐 살얼음판 위 미묘한 전율로 오랜 시간 파장을 남겼다. 산행에서 돌아온 그는 볕 잘 드는 앞마당 테이블에 앉

---

[184] 1949년 10월 31일, 이미륵이 Bernhard Wehner에게 보낸 편지 내용 중에서

아 한동안 미루어 왔던 지인들의 편지에 답장을 쓰기도 하고, 원고를 마무리하기도 하고, 강의록을 독일어, 영어, 프랑스어로 정리하는 일도 서둘렀다. 겨울 학기가 시작되면서 강의 시간이 더 늘어났고, 바쁜 일정에 쫓겨 쉬는 시간조차 제대로 가질 수 없었던 그의 건강은 점점 더 나빠졌다.

일주일 동안 발작 증세가 계속되었고, 병이 재발하는 것을 막기 위해서라도 나는 침대에서 충분히 안정을 취해야만 했다.

에벤하우젠 요양소에서 5일간을 치료를 받았지만 극심한 통증을 더는 견딜 수 없었던 이미륵은 1950년 1월 30일 그래펠핑에서 조금 떨어진 바트퇼츠 지역의 볼프라츠하우젠 병원으로 옮겼다. 병세가 심상치 않음을 간파한 담당 의사는 다음 날 곧바로 수술하기로 했다. 집도의 페라리 박사 Dr. Ferrari는 수술 중에 뜻밖에도 이미륵의 위에서 종양을 발견했다. 그는 한때 의학도였던 이미륵이 정신적으로 잘 이겨낼 것이라 판단하고 그에게 직접 암을 선고하였다.

예상치 못했던 암 선고에 미륵의 놀라움과 비애감이 얼마나 컸을지. 그러나 생이 그러했듯, 죽음 또한 정해진 그의 운명이었으리.

수술 후 그는 병원 근교에 있는 에벤하우젠의 요양소로 옮겨졌다. 자일러 부인은 요양소에서 가장 전망이 좋은 특실을 정해 이미륵이 편히 쉴 수 있도록 배려해 주었다.

야트막한 언덕 위에 지어진 요양소 앞으로 확 트인 초록 능선 저 멀리 도이치 알펜 가르미쉬의 만년설이 비현시적으로 눈부시게 빛나고 있었다.

이국땅에서 죽음을 맞이하게 된 비운의 한국인 미륵을 위해 그의 독일인 친구들과 지인들은 그에게서 배운 애국가를 함께 부르며 그를 위로해 주었다. 그의 사랑하는 자일러 부인과 제자 애파는 한시도 그의 병상을 떠나지 않았다. 전후 독일 곳곳은 복구사업으로 분주했지만, 아직 냉혹한 기세는 꺾이지 않고 있었다.

1950년 3월 1일, 이미륵의 병상을 지키고 있던 자일러 부인에게 참담한 비보가 날아들었다. 평소보다 일찍 서둘러 시내에 볼일을 보겠다고 집을 나섰던 그녀의 남편 알프레드가 오전 10시경 뮌헨 시내에서 뇌졸중으로 길에 쓰러져 그대로 객사客死하고 만 것이다. 쾌활하고 낙천적 성격이었던 자일러 교수가 그런 갑작스러운 죽음을 맞이하리라고는 누구도 상상조차 하지 못했다.

자일러 부인은 그 시각 그래펠핑 집을 떠나와 에벤하우젠 요양소에서 이미륵의 병상을 지키고 있었다. 모두 망연자실했고, 이미륵 또한 비통한 슬픔에 빠졌다. 황망히 장례식을 끝내고 돌아온 자일러 부인에게 이미륵은 집으로 돌아가 죽음을 맞이하겠다는 뜻을 밝혔다. 집으로 돌아와서도 자일러 부인과 애파는 서로 번갈아 가며 온종일 산소 호흡기를 들고 서 있었고, 그의 토혈을 받아내며 병상을 지켰다. 남편의 죽음을 애도할 겨를도 없이 자일러 부인은 지극한 정성으로 미륵을 간호했다. 그러나 며칠 되지 않아, 미륵은 또다시 혼수상태에 빠져들었다.

허공 잽이 살판 죽을 판을 뒤집듯 몇 번의 혼절을 거듭하더니, 겨우 숨을 고른 듯 깊게 파인 그의 눈 그늘이 창틈으로 비집고 들어오는 삼월의 따스한 햇볕에 반사적으로 가늘게 떨고 있었다.

"미륵 선생님, 정신 드세요?"
"오, 애파!"

그녀는 땀에 젖은 미륵의 옷을 서둘러 갈아입히려, 그의 몸을 일으켜 세웠다. 애파는 바람처럼 가벼워진 그의 마지막 생의 무게를 감지했다. 그녀는 다정하고 섬세하며 유머 감각까지 풍부했던 동양인 학자이자 작가인 그를 스승으로서, 학자로서, 한 인간으로서 존경하고 사랑했었다. 그때까지만 해도 그녀는 이미륵의 죽음이 자신의 인생에 어떤 영향을 미칠지 알지 못했다.

옷을 갈아입고 창밖을 응시한 채로 미동도 없이 앉아 있는 미륵.

통증이 멈춘 아주 짧은 순간의 평온함.

그의 그늘진 시선이 사방을 둘러 보았다. 뜰에는 초록이 돌고, 따사로운 온기를 품은 삼월의 태양이 흰 울타리 밖 세상을 환하게 비추고 있는 화창한 봄날이었다.

해마다 겨울이면 감기처럼 찾아드는 늑막염으로 고생해야 했던 미륵에게 독일의 겨울은 무진장 길고, 춥고, 또 지루했다. 초저녁 해거름이 넘어가기가 무섭게 어둠이 짙게 깔리고, 칠흑처럼 캄캄해진 사방엔 죽음 같은 정적만 찾아들곤 했던 혹독한 겨울의 밤들.

행인이 끊긴 길가에 드문드문 서 있는 가스등의 희뿌연 빛이 쏟아내는 음산한 겨울 전경.

두껍게 쌓인 흰 눈이 지붕을 무겁게 짓눌러 금방이라도 무너져 버릴 듯 위태롭게 지탱하고 있고, 고독한 침묵의 흰 늪지대에 절망처럼 냉혹한 그 겨울 한가운데서 그는 늘 3월을 기다려야 했다.

살아남기 위해.

그러나 1950년 3월 20일, 죽음은 이미 그의 침상 밑으로 깊게 드리워있었다.

"리나, 물 좀 주시오……."

그는 리나에게서 건네받은 차가운 물을 그대로 얼굴에다 뿌렸다. 깜짝 놀란 리나가 소리쳤다.

"이러다 옷이 다 젖겠어요, 미륵씨!"

"괜찮소."

힘없이 쓰러지듯 다시 침대에 몸을 누이며, 긴 숨을 토해내듯 그가 허공에 대고 속삭인다.

"아, 정말 아름답구나……."

그는 길고 어두운 암흑을 빠져나와 눈부시게 푸른 '강'에 이르렀던 것일까? 아니면 너무도 멀리 떠나와, 오랜 세월 피명으로 검붉어진 가슴 속 고독을 끄집어내어 마지막 가는 길모퉁이 너머 고국의 푸른 강물 속으로 던져 버린 것이었을까?

참을 수 없는 고통의 마지막 신음이 그의 강인한 의지와는 상관없이 메마른 입술을 헤집고 쏟아져 나왔다. 자일러 부인과 애파는 서둘러 베크만 박사를 찾았다. 주치의 베크만 박사가 황급히 달려와 그에게 몰핀을 주사하자, 가쁜 숨이 잦아들더니 그는 이내 깊은 잠 속으로 빠져들었다. 1950년 3월 20일, 짙은 어둠이 무겁게 드리운 저녁 여덟 시 이십 분 경 이미륵은 홀연히 세상을 떠났다. 자일러 부인과 오토, 제자 애파는 눈물 젖은 목소리를 가다듬어 그의 〈애국가〉를 부르며 그의 죽음을 애도했다.

아름다운 생이여!
찬란히 더 아름다운 죽음이여!

하늘빛 푸른 아름다운 봄날, 고요한 그래펠핑 공원묘지엔 어느덧 봄 향기에 흠뻑 젖은 꽃들로 무덤 주변을 장식한 화환들이 눈에 띄었다.

1950년 3월 24일 금요일 예사롭지 않은 장례식 광경이 행인들의 눈길을 끌었다. 삼백여 명의 조문객들이 긴 행렬을 이루며 조용히 관을 따르고 있었기 때문이었다. 유명한 독일 문인들과 예술가들, 학자들, 그의 절친한 친구들과 지인들, 그리고 그래펠핑의 많은 이웃 사람들. 이미륵은 누군가의 무덤 옆 작은 빈터에 묻혔다.

통곡하는 상주도, 상여소리도 없었다. 조문객들은 모두 독일 사람들뿐이었고, 서양식의 추모제가 무겁게 가라앉은 엄숙한 분위기 속에서 거행되었다.

베크만 박사가 추모사를 낭송하려고 할 때였다. 불현듯 바람이 불자, 그의 추모사 원고가 이미륵의 관 위로 떨어졌다. 순간 제자 애파가 무릎을 꿇더니 한참을 그의 관을 부여잡고 울음을 삼켰다.

되돌아온 생의 끝점에 오롯이 서서 이미륵은 찬란히 푸른 압록강을 바라보게 되었을까.......

그의 생이 그토록 아름다웠을 진데, 그의 죽음은 차라리 눈물 속에 반사되어 눈부시도록 아름다운 빛으로 찬란했다. 세상 고통을 가슴 속 깊이 품고도 늘 그윽한 미소로 온후한 인정을 베풀었던 최고의 인간 이미륵을 떠나보냈다. 조문객 중 누군가 생전에 그가 즐겨 불렀던 슈만의 '트로이메라이'를 불렀다.

"찬란히 푸른 하늘, 따뜻한 태양, 아름다운 봄날. 작고 조용한 공원묘지, 한 무덤가엔 꽃들로 풍성하게 화환이 둘러져 있고, 만개한 꽃들이 향기를 뿜어내고 그 주위로 벌들이 윙윙 소리를 내며 날아다니고 있고....... 그것은 마치 이 마지막 안식처 너머 소리 없는 청명과 시정詩情같은 것이었다. 그의 생에서 태양은....... 그렇질 못했다.

그는 조용히 겸손하게 우리 가운데 머물다가 너무도 빨리 세상을 떠났다. 이미륵은 오래전에 그의 고향을 떠나왔고, 그와 함께 하는 친척이 하나도 없다. 그러나 모든 이의 마음을 얻었던 사랑스러운 인간이었고, 내적 자신의 충만을 함께 나누고자 했던 친구이자 스승이었고, 우리에게 자신의 어릴 적 해맑은 본성과 아름답고 소박한 인간성을 투영한 작품을 선사했던 작가였던 이미륵의 죽음을 애도했다. - "눈물을 흘리지 마세요." 친구들 가운데 누군가 엄숙하게 말했다. "그는 마침내 그토록 열망했던 고향을 찾았을 테니까요, 영원한 땅, 신성함 속의 고향을 말입니다." - 친구들이 그에게 마지막 축원을 올리고, 꽃을 바치며 작별을 고했다. 무덤 너머로 바이올린 선율이 울려 퍼졌다."[185]

" 존경하는 조문객 여러분!

우리는 지금 우리 모두 사랑했고 너무도 소중히 여겼던 한 한국인의 묘소 앞에 서 있습니다. 고인이 견뎌야만 했던 삶은 참으로 슬펐습니다. 우리 모두 그가 불굴의 용기와 부처에 대한 깊은 믿음으로 생을 지탱해 왔다는 것을 잘 알고 있습니다. 그는 니르바나를 믿고 의지했습니다. 그리고 그가 내게 자주 말했듯이, 기독교적인 의미로, 그는 영원한 천국을 믿었습니다. 그의 이름 '미륵'은 그의 고국에서는 수많은 탑을 세워 기리고 있는 약사여래 부처 미륵보살과 깊은 관련이 있습니다. 망자는 그의 기독교 친구들과의 교유를 통해 같은 방식으로 기독교와도 친밀했고, 가톨릭식 미사도 올렸습니다.

이미륵 - 이李는 근원 법칙, 의식을 의미하고 한국의 고대 왕가의 성씨이기도 합니다. 우리가 사랑했던 고인은 한국의 관례를 충실하게 이행했고, 일본에 항거해 일어났던 1919년 3·1 운동에서 그의 고국을 위해 헌신해 희생을 감수했으며, 마침내 한국을 떠나 상해를 거쳐

---

[185] Elisabeth Schalk, 「Abschied von Mirok Li」의 내용 중에서. 샬크는 미륵의 초기 작가시절 알프스 자락 아르츠바하 민박집에서 만나 친구가 되었다. 60년 대 작가 전혜린과도 가깝게 지냈다.

우리나라로 망명해 왔습니다. 이미륵은 우리와 같은 국민이 되었고, 독일어 능력을 높이 쌓았죠. 그리고 독일의 관습을 받아들였고, 대학에서도 학생들을 가르쳤습니다. 그는 저작 활동을 하면서 한국을 알리려고 애썼습니다. 여기에 참석한 조문객들 가운데 많은 분이 저와 마찬가지로 그의 겸손함과 도덕성에 감탄했었죠. 그는 이 낯선 곳에서, 좀 더 정확하게 그의 제2 고향에서 아주 근면하게 일했고, 노이하우제너 슈트라쎄에 있는 연구실에서 열심히 공부했습니다. 제2차 세계대전 후 한동안 그는 뮌헨대학에서 한국어를 강의했습니다.

중병이 그의 고단한 삶을 종말에 이르게 했습니다. 그의 저서 〈압록강은 흐른다〉가 우리의 기억 속에 남아 있듯이 비록 그가 죽었다고 해도 그에 대한 기억은 사라지지 않고 계속 흐를 것입니다. 헌신적으로 돌보아 준 이미륵의 모든 친구에게, 나는 특별히 이 자리 빌어 감사드립니다. 우리는 사랑하는 한 친구를 잃었습니다. 고이 잠드시길!"[186]

누구든 반드시 살아남아야 할 절실한 '이유' 하나가 있다면, 지독한 고독 속에서도 아득한 절망 속에서도 생존을 위해 투쟁할 수 있다. 그에게 생존의 단 하나 이유는 바로 아버지에게로 혹은 어머니에게로 혹은 고국으로 향한 '아들로서의 책무'였다. 그는 살아남았고, 그리고는 '순결한 한국인'으로서, 마침내는 '고결한 한 인간'으로서 찬란히 아름다운 죽음을 맞이했다. 그의 생은 오직 그 '하나'를 향한 신념으로 충만했고, 끊임없이 자신을 극복하면서 '아들로서의 책무 Der Pflicht des Sohnes'를 성공적으로 완수했다. 그리고 가벼운 한걸음만으로 홀연히 생을 떠나갔다.

---

[186] Prof. Dr. Andre Eckardt, 「Ansprache am Grabe Mirok Lis」 추도사. 에카르트는 한국에서 신부로서 목회 활동을 했고 한국 관련 서적들을 저술했다.

구묘소(1950)　　　　　　　새롭게 확장 이장된묘소(1997)

　사람 사는 세상에서 마땅히 '해야 할 일'에 대한 '조화로운 균형'을 맞추기 위해 이미륵은 항상 '중심'의 사고를 고수했다. 그것은 바로 '선함'이었다. 그는 어느 쪽으로도 기울지 않는 동등한 가치의 연속들로 세상 보기를 강조했고, 누구에게든 가치 있는 일 혹은 의미 있는 일들을 저울질할 수 있는 척도란 없으며, 오직 사람 속 '선함'에서 일어나는 모든 업적만 찬양할 가치가 있다고 확신했다.
　오직 하나의 진실, 피 흘리며 아우성치는 무리 속에서 아들에게 손을 뻗어 세상에서 가장 안전한 피난처를 마련해 주고 싶어 했던 어머니의 마지막 구원의 손길이 바로 그의 '선'을 받치고 있었던 정신적 근간이었다.
　아들을 향해 손짓하던 어머니.
　"가거라, 멀리, 갈 수 있다면 아주 멀리! 내 걱정일랑 말고. 너는 착한 아들로 내 생에 남을 것이다!"
　무상의 운명 속으로 그는 천천히 발길을 옮겨 놓았다.
　청명한 밤하늘 구름 뒤로 살며시 가리어진 달그림자를 품고 있는 밝은 뜨락이 시선 가득 채워져 그대로 그의 기억회로에 깊숙이 각인된, 언젠가 반드시 돌아올 생의 마지막 안식처, 토야土野!

그는 떠나왔던 그 토야에 이르기 위해 다시 한번 더 압록강을 건너야 했을 것이다. 그의 내면 밑바닥에서 늘 조용히 푸르게 흘렀던 태고의 강!

거대한 흐름 속 찰나에 마주치게 되는 순간적 선회 점에서 곧바로 몸을 돌려, 그는 영원히 흐르는 강물로 향했으리라!

그가 떠나올 때 그러했듯이.......

그 후로도 오랫동안.......
그를 기리며

"그는 결코 우리 곁을 떠난 것이 아니었다. 모든 것이 그 자리에 그대로 있는 것 같다. 한국인 이미륵의 내면 깊숙이 깃들어 있었던 그의 사상과 그의 유산들. 그것은 지혜의 단편이고, 동양의 질서이고, 조화이며, 신의 장소이다. 꽃잎의 그림자는 꽃잎 아래 드리우고, 강줄기는 강바닥 속에서 결코 넘치는 일이 없으며, 밤을 배회하는 사람의 길 위에 뜬 달과 저 멀리 떠난 친구를 기다리며 잠들지 못하는 책상 위의 갓등도 그대로이다."[187]

독일인 친구들은 오랫동안 미륵을 잊지 못했다. 그가 세상을 떠나고 3개월 후인 1950년 6월 25일 그의 고향 한국에서 전쟁이 발발했다는

187　Georg Schneider, Koreanisches Vorspiel의 내용 중에서

소식이 전해졌다. 36년간의 망국의 치욕보다도 더 참혹했던 동족상잔의 비극이 벌어진 것이었다. 한국은 세계인들의 주목을 받기 시작했고, 독일인들은 먼 동양의 나라 '한국'에서 벌어지고 있는 참상을 지켜보며, 지난 30년 동안 그들의 땅 독일에서 망명자의 고단한 생을 살다 간 작가 이미륵의 비극적인 삶을 다시 떠올렸다.

독일의 여러 저널에서는 유명한 작가이자 철학자이자 교육자였던 이미륵의 고향 '압록강'에서 벌어지고 있는 한국전쟁 이야기에 비운의 삶을 살다간 이미륵의 인생을 포개어 더 극적인 이야기들 만들어내어 심층 보도하였다. 이미륵의 죽음과 더불어 찾아온 한국전쟁 소식이 그의 대표작 〈압록강은 흐른다〉에 대한 독일인들의 관심을 다시 불러일으키자, 피퍼 출판사에서는 그해 가을 이미륵의 〈압록강은 흐른다〉의 재판본을 출간하면서 그의 죽음을 애도하는 후기를 남겼다.

"이미륵은 어머니를 생각하면서 자신의 어린 시절에 대한 회상의 글을 헌정했다. 일본인들로부터 도피하여 온 이후………그는 다시는 어머니를 보지 못했다. 그리고 자신도 중병에서 회복되지 못한 채 1950년 3월 20일 영원히 눈을 감았다. 그로부터 몇 달 후 그의 먼 고향 땅이 전 세계가 운명적으로 느꼈던 정치적 소요의 충격적인 현장이 되리라고는 누구도 짐작하지 못했다.

'압록강은 흐른다'의 초판은 종전 후인 1946년 5월에 우리 출판사에서 나온 첫 번째 출판물이었다. 이번에 나오는 재판은 우리가 만난 가장 순수하고 온화한 성품의 작가 이미륵을 회상하며 바치는 책이다. (…) '압록강은 흐른다'를 새로 출판하면서 우리는 세상의 소란에 빠져들지 않으면서 자기를 본보기로 삶의 가장 고귀한 가치를 입증한 한 인간이자 작가였던 그를 존경한다. 그의 정직과 선함은 민족은 물론 종족 간의 다름조차 뛰어넘을 수 있게 한다. 이방인이었던 그는 가장 먼 것을 이해한다는 것은 그 자신의 독자성을 포기하는 것이 아니라, 오히려 그 독자성을 보다 심오하게 하고 상승시키는 것이라는 걸 우리에게 가르쳐 주었다."[188]

한국 전쟁에 대한 삽화와 기사

소설 〈압록강은 흐른다〉가 발표되었던 1946년 독일의 독자들은 붕괴위기에 처한 절망감을 미륵의 아름다운 고향 〈한국〉의 평화로운 목가적 전경과 아이 미륵의 순수를 통해 그들의 정신적 허기를 메워주고 그들의 생 가치를 새롭게 복원시켜 '한 폭의 순수한 수묵화'를 그려낼 수 있었다.

1950년 이미륵은 세상을 떠났고, 순백의 동경을 그리게 했던 그의 고향, 푸른 압록강은 피로 얼룩진 비극의 현장으로 바뀐 것에 독일의 많은 독자는 안타까워했다. 독일의 언론도 이미륵의 생애와 그의 작품에 다시 관심을 기울이게 되었고, 생전의 이미륵을 회고하는 독일인 친구들과 지인들의 글들이 여러 신문(위의 전쟁 삽화)에서 발표되었다.

―

188 1950년 가을, 뮌헨 피퍼 출판사에서 재판을 발간했을 때의 후기 내용 중에서

"한국전쟁 발발 몇 주 전, 한국 출신의 작가이자 학자인 이미륵이 뮌헨에서 세상을 떠났다. (...) 그의 아름다운 소설 '압록강은 흐른다'는 그가 결코 유럽인이 될 수 없었음을 증명해 주고 있다. 그는 유럽 문명의 물질적인 성공에 타협하지 않고, 이념과 조화를 이루는 너무도 심오한 삶의 가치를 지니고 있었다. (...)

잃어버린 것에 대한 추억, 올곧은 행동의식과 조국의 진실한 아들로 살아갈 수 있게 했던 추억만이 남아 있었고, 그것만이 그를 위로해 주었을 뿐이었다. 그는 고향의 모습을 식민의 잔혹한 얼룩으로부터 지켜내기 위해 고향을 떠나왔다. 그러나 표면적으로는 유럽을 따랐지만, 또 그 유럽 때문에 더 깊은 상처를 받아야만 했던 그의 삶은 수많은 슬픔과 비애를 문학적으로 승화된 회고록 '압록강....'속으로 흘러 들어갔다. 그것은 동경을 삶의 가치로 묘사한 한 폭의 수묵화였다. (...)

그러나 그것은 단순히 한국만이 아니라, 친숙함과 의미를 상실해 버린 우리 모두의 삶을 표현하고 있는 듯했다. 사람들은 그의 소설에서 인물 미륵이 태어난 나라의 주변 배경, 가부장의 관습, 수 천년 역사의 문화자취를 느꼈다. 잔잔하게 흘러 들어가는 삶의 형상 앞에서 우리는 그것이 한국이라는 나라의 이야기라는 사실마저 잊었다. 한국 사람들에겐 자연과 정신은 단순히 명상을 위한 조용한 품성을 의미하는 것 이상의 정신적 행위도 깃들어 있어 보였다.

그들은 자신의 능력과 한계를 알고, 모조품 같은 오만한 문명의 불손함에 직면하여서도 그들 스스로 평정심을 유지했다. 사람과 사람이 조화롭게 하나가 되는 이상향을 쫓고, 또 그 이상향을 지키려고 진정한 문명과 유럽식 생활 지식에 대한 많은 징후가 미륵의 서정적인 장면 속에서 새롭게 복구되었다는 사실에 놀라지 않을 수 없다. 우리는 작품 속의 몇몇 형상들 속에서 세상의 아주 오래된 학문과 지식이 너무도 새로운 학문과 지식에 맞닿아 있다는 것을 느낄 수 있다.

(...) 극도로 어렵고 위급한 상황에 대해조차도 예의 바르고 또한 지극히 긍정적으로 서술하고, 공정한 찬사니 정당한 고발이니 하는 따위의 과격함도 없이 극도로 가볍게 묘사하는 그의 품위 있는 태도는 바로 지혜로움이었고, 공간과 시간에 몰입하는 심상에서 솟구쳐 오르는 그의 참 능력이었다. (...) 오늘날 한국에서 벌어지고 있는 사건은 그의 책에서 그토록 감동적이고 진심 어린 연민이 일어나도록 묘사된 것과는 정반대 입지에 처하게 되었다.

뭔가 더 좋은 것을 얻겠다는 망상 속에서 - 비록 사람들이 자신의 의지와 운명을 존중하고 자유를 사랑했음에도 어느 쪽으로부터도 자유를 보장받지 못했던 국민의 오랜 고통에 대해서는 경외심을 갖고는 있지만 - 세상의 더 큰 영역을, 가능하다면 세상 모든 땅을 차지하려 한다. 모멸스럽기 짝이 없는 권력 쟁탈이란 결국엔 공포를 일으키는 자족감을 획득하는 데 그치게 될 뿐이다. (...)

압록강은 한국에서, 혹독한 겨울에도, 무더운 여름에도, 모든 계절 끝의 강물처럼 흐르고 있다. 세상 어디에서든 강은 통로를 허용하듯, 도망자도 귀향자도 그 강을 건너게 될 것이다. 강물은 자유이다. 그 강물은 모든 현 존재를 위험에서 건널 수 있게 해준다.

강물은 온갖 더러움과 불화를 정화하고, 왜곡된 욕망과 그 속에서 이행된 헛된 약속을 씻겨준다. 강물은 흐른다. 강물은 거대한 쉼을 횡하니 가로질러 달려가 대륙에 어떤 결과를 미치게 되는 것이 그 탓이라고 해도 아랑곳하지 않는다. (...)

숙성된 자유는 우리 속에 신적인 것을 현존케 하고, 그것으로의 의지와 소망을 쫓을 뿐, 그것을 즐기려는 욕망을 상상하지는 않는다."[189]

---

189 Emil Belzner, Rhein-Neckar-Zeitung, 1950년 12월 2일.

오만한 자들의 비뚤어진 망상 속에서 비대해진 권력은 결국에는 피의 투쟁을 부르고, 조화로운 합일의 세계를 파괴시킨다. 정복자 나폴레옹이 그랬고, 독재자 히틀러가 그랬다. 사실상 유럽에서 시작된 세계전쟁은 해방을 맞이한 한국에까지 파멸과 분열의 파장을 몰고 왔고, 한국 사람들은 민주주의자와 공산주의자로 다시 갈라졌다. 그리고 그 배후엔 서양 열강의 새로운 권력 쟁탈의 야욕이 은밀히 포진되어 있었다.

제2차 세계대전 이후 패전국이 된 독일의 입장도 한국의 상황과 다르지 않았다. 연합군의 정치적 압력으로 독일은 사회 경제 정치 전반에 걸친 자율적 주권을 상실했고, 이와 똑같은 상황이 한국 땅에서도 재현되었다. 독일 사람들은 곧 비극적 운명에 놓이게 될 '한국'을 동정했고, 그들은 오랫동안 그들의 땅에서 작가로서 교육자로서 살다가 그들의 땅에 묻힌 순수한 영혼의 한국인 이미륵을 떠올렸다.

작가 루돌프 아돌프는 다정했던 한국인 친구 이미륵의 서거 1주년을 맞이해 그를 회고하는 글을 1951년 3월 31일자 노이엔 뷔르템베르기쉐 차이퉁에 발표했다.

"전쟁기사가 압록강에 대해 언급할 때마다, 나는 한국인 친구 이미륵을 생각한다. 그는 작가였고, 세상의 말을 빌리자면, 그는 최고의 인간이었다. 그의 첫 번째 저서 〈압록강은 흐른다〉가 뮌헨의 피퍼 출판사에서 출간되었을 때, 각 신문에서는 찬사가 쏟아졌다. 그는 조용하면서도 비범했고 또한 겸손한 사람이었다. 주요 잡지의 여론조사에서 "올해에 독일어로 쓰인 가장 훌륭한 책은 외국인에 의해 발표되었는데, 그가 이미륵이다"로 밝혀졌다. (...)

'한번은 이미륵에게 서양의 정신이 정말 동양에 필요한지 아닌지에 대해 물었다. 그러자 그가 대답했다. (...) 코페르니쿠스 혹은 갈릴레이에게서 밝혀진 서양의 자유로운 정신은 고대의 창조적인 동양의 르네상스를 체험하고자 할 때나 필요하더군요. 그러나 창조적인 동양은 옛 전통을 계속 따르고, 그것을 통해 인간적 정신 태도를 유지해 오고 있죠. 동양은 우주를 대항해야 할 주체가 아니라, 객체로 볼 뿐이죠. 그것은 단지 지난 시대에 일어났던 사건에서처럼 이제 동양은 우주와의 관계를 더 잘 알고 받아들이게 될 것입니다.'

그는 우리의 르네상스에 대해 확신했다. 그는 서양이 몰락할 거라고 우려하지 않았다. 그는 오히려 서양이 추구했던 통합을 찾아내어 발전시켜 새롭게 변하게 될 것이라고 확신했었다.

'서양 사람들은 총체적 인간성에 대한 중요성을 인지하기 위해 다른 민족 속에 스스로를 투영해 보아야 합니다. 서양은 오늘날 그들의 가장 위대한 역사적 의미와 그것에 대한 책임을 져야 하지요. 서양 사람은 결코 그것을 잊지 말아야 합니다.' 뮌헨 근처 그의 공부방에서 차를 마시며 나눈 대화에서 그는 그렇게 말했다.

그의 방에 걸려 있는 지지地誌는 동양의 심오함과 서양 정신 간의 통합을 위한 그의 시도를 알 수 있게 했다. 벽에는 아름다운 그림 - 문자로 된 고국의 격언이 빛을 발하고 있었고, 책장에는 서양 탐구의 학술서적들이 보였다. (...) 이미륵은 나의 비망록에 훌륭한 중국의 종교적 스승인 공자의 말씀 한 구절을 적으면서, 그것을 독일어로 번역해 놓았다.

'다른 사람이 알아주지 않아도 성내지 아니하면 이 얼마나 지혜로운가.'

(...) 1950년 3월 20일 그는 세상을 떠났다. 이후 폭격과 불, 궁핍, 피의 무시무시한 돌풍이 그의 고향 땅을 휩쓸고 지나갔다. 그래도 압록강은 계속 흐를 것이다."[190]

---

190   Rudolf Adolf, Gedenkblatt für einen koreanischen Freund, Neue Wüttembergische Zeitung, 1951년 3월 31일.

독일인들은 이미륵을 서양세계의 진리를 쫓는 순수한 탐구자로, 그리고 훌륭한 지식인으로 추앙하였고, 그들에게 동양의 심오한 본질을 깨우쳐 주었던 위대한 한국인으로 오랫동안 기억하였다.

이미륵은 독일에서 작가로 활동하면서 동양과 서양, 두 세계를 연결한 한국인으로 평가되고 있다.

> Dr. Mirok Li(1899-1950). Als Mensch und Schriftsteller gleichermaßen geschätzt, war es ihm dank seiner außerordentlichen Talente gegeben, zwischen seiner östlichen und seiner neuen westlichen Heimat Brücke der Verständigung zu schlagen.
>
> 이미륵 박사는 인간으로서 그리고 작가로서 똑같이 존경을 받았고, 그의 비상한 재능으로 동양과 새로운 고향인 서양 간의 이해를 위한 가교를 세웠다.
>
> — 묘비에 적힌 글 —

〈무던이〉의 슬픈 사랑 이야기

이미륵이 세상을 떠나고 1년 후인 1951년 6월, 미륵의 독일 어머니, 알리체 자일러는 15년 동안 살아온 그래펠핑의 집을 떠나 그녀의 딸 베르타가 사는 슈투트가르트로 이사했다. 자일러 부인이 떠나고 그래펠핑의 집엔 하녀인 리나 자이처만 남게 되었지만, 그해 9월 리나 마저 떠나버림으로써 그래펠핑의 저택엔 아무도 남지 않게 되었다.

자일러 부인은 슈투트가르트로 떠나기 직전, 이미륵의 유고들 가운데 단편 〈무던이〉와 〈이야기〉 몇 편을 아틀란티스 잡지사에 보냈다. 〈무던이〉는 1952년 아틀란티스지 8월과 9월호에, 〈이야기〉는 다음해 1953년 7월 호에 실렸다. 〈무던이〉의 정확한 창작시기를 알 수 없지만, 한 여인의 비극적인 운명을 소재로 한 이야기라는 점에서 주목된다.

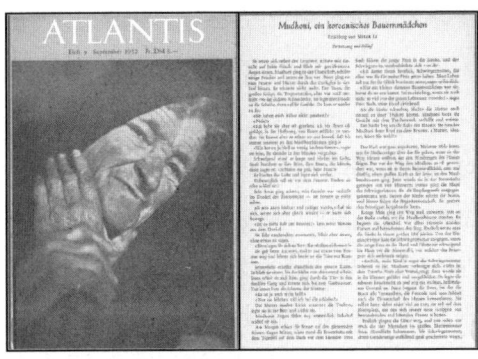

무던이: 잡지 〈아틀란티스〉, 1952년 9월호의 표지

지주의 아들 '우물'과 그 소년을 사랑하는 소작농의 딸 '무던이'.

사회적 신분 차이를 매개로 하여 이야기의 갈등과 긴장 구도를 만들어내고 있는 〈무던이〉는 이미륵 생전에 발표된 작품들과 전혀 다른 분위기를 그려내고 있지만, 갈등 구도를 해소하려고 지나치게 과장된 허구장치를 작동시키지 않는다. 오히려 〈무던이〉는 오랜 세월 '회상'에 침잠해 있었던 작가 자신의 자기 이탈을 시도하려는 듯, '어린 미륵'에 대한 해묵은 기억의 파편들을 '우물'로 대체하여 자연스럽게 이야기 뒤로 사라진다.

작품의 중반에 삽입된 한국적 결혼 풍속도와 여인의 삶은 일견 한국적인 소재에 매달려왔던 기존의 작품세계와 크게 달라 보이지 않지만, 인물 무던이의 '자살'이라는 극단적 파국은 분명 파격적인 설정이 아닐 수 없다.

'쏟아지는 빗속'을 걸어가고 있는 여인이 점차 암흑 속 '하얀 형상'이 되어 육중한 빗물의 무게에 침수되는 절망과 고독으로 반사되고 있어서 독자들은 자연스럽게 작가 이미륵의 고독한 죽음이 이야기 분위기에 중첩되는 것을 경험하게 된다.

> "비가 내리기 시작했다. 그러나 그녀는 서두르지 않았고, 이따금 길에 앉아 쉬기도 했다. 비가 길 위로, 강물 위로, 무기력하게 걸어가고 있는 고독한 형상 위로 쏟아졌다. 아랫마을 사람들은 모두 잠들어 있었다. 다만 늦은 밤 시내에서 돌아오고 있었던 어느 농부의 아낙이 수암댁 집 앞 댓돌 위에 앉아 있는 한 여인의 모습을 보았을 뿐이었다. 그녀는 빗속에, 그리고 어둠 속에서 오래도록 그렇게 앉아 있었다. 다음 날 사람들은 어떤 여인의 시신이 떠내려왔다는 이야기를 들었다."[191]

작가는 여인을 '떠내려온 익명의 죽은 자'로 완곡하게 우회시키고, 그녀의 죽음을 장면 컷으로 여백 처리하여 독자들이 지나친 비애감으로 함몰되는 것을 차단한다. 이미륵의 이러한 작가적 의도는 소설 〈압록강은 흐른다〉의 파국에서도 유사하다.

---

[191] Mirok Li, Mudhoni, Ein koreanisches Bauernmädchen, Atlantis 1952년 9월, 406쪽..

"어느 날 아침 잠자리에서 일어나 성벽에 흰 눈이 휘날리는 것을 보았다. 나는 눈에 익은 흰 눈을 보고 무척 행복했다. 그날 아침 나는 멀리 고향에서 온 첫 편지를 받았다. 큰 누님의 편지였다. 작년 가을, 어머니가 며칠 동안 병을 앓으시다가 갑자기 돌아가셨다는 사연이었다."[192]

작가는 갑작스러운 '죽음'의 통보에 독자들이 비탄에 잠겨 암울한 사색에 잠길 겨를도 없이 막을 내려 버린다. 그래서 오히려 인물 '미륵'의 슬픔을 독자들이 상상하게 되고, 그저 멍하니 밀려오는 아련한 연민의 정情도 그들 자신의 것으로 느끼게 한다.

그러나 작품 〈무던이〉의 비극적인 죽음은 '환청'으로 소생되어 생生과 사死의 경계에 머물러 있다.

"봄이 지나고 여름이 왔다. 보드라운 초록의 뽕잎이 아침 햇살 속에 살랑대고 있었다. 아랫마을 사람들은 김을 매고, 가을걷이도 했다. 조수가 들락날락하고 있었지만, 늙은 과부에겐 그 모든 것이 무의미했다. 그녀는 더는 바라는 것도 잃을 것도 없었다. 그녀의 사랑스러운 아이는 이 세상에 없었다. 곤하게 잠에 빠져드는 밤이 되면, 부드러운 손길이 그녀에게로 다가와서 작은 목소리로 속삭였다. "어머니, 화내지 마세요, 내일 고기 사 올게요!"[193]

---

[192] Mirok Li, Der Yalu fließt, 219쪽.

[193] Mirok Li, Mudhoni, Ein koreanisches Bauernmädchen, Atlantis 1952년 9월, 406쪽.

작가는 〈무던이〉의 '죽음'이 끝이 아닌, 내일로 이어지는 생의 연속성을 허구적 환상으로 그려내고 있다. 그런 의미에서 이미륵의 사후에 발표된 〈무던이〉는 남겨진 사람들에게, 특히 자일러 부인과 애파에게 마치 그의 생의 영원한 지속과 회귀를 알리는 메시지가 담겨있는 듯 보인다.

무던이의 죽음이 그녀 어머니의 그리움 속으로 회귀하듯, 이미륵의 죽음도 그의 마지막 생을 지켰던 두 여인, 자일러 부인과 애파의 그리움 속에서 끊임없이 회귀한다. 자일러 부인은 이미륵이 세상을 떠나고 8년 후인 1958년 6월 슈투트가르트에 있는 그녀의 딸 베르타 곁에서 쓸쓸한 죽음을 맞이했다. 그리고 이미륵을 존경하고 사랑했던 그의 제자 애파 또한 긴 여생을 독신으로 살다가 지난 2007년 5월 9일 타계해 베를린 볼트프리트호프 가족묘소 모퉁이에 비석도 없이 쓸쓸히 묻혔다.

여인의 비극적인 죽음을 이야기하고 있는 〈무던이〉는 우연히도 작가 이미륵에게서 생을 지배할 만큼의 정신적인 영향을 받았던 자일러 부인과 애파의 고독했던 최후의 죽음을 떠올리게 한다.

제11장
영혼의 귀환, 저편과 이편을 잇는 가교를 세우다

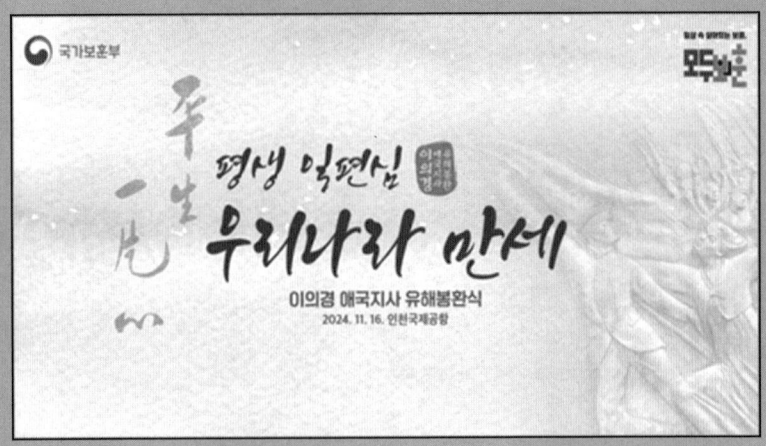

이미륵의 친필 '平生一片心'으로 제작한 보훈부의 플랜카드

오랜 이별,
그리고 슬픈 해후의 이야기

　　　　　　　　　1957년 독일 펜클럽 부회장이었던 리하르트 프리덴탈은 이미륵의 나라, 한국을 방문하였다. 그는 바쁜 일정을 쪼개서라도 이미륵의 혈육을 꼭 한번 만나기로 계획하였고, 마침내 서울 반도호텔에서 이미륵의 누나 이의정과 그녀의 손자를 만날 수 있게 되었다.

　"한국의 망명 작가들은 그들이 체류했던 나라의 언어로 그 낯선 나라들의 정신에 경이로운 감정을 이입하는 글을 썼다. 망명 작가들 가운데 한 사람인 이미륵은 죽기 얼마 전 그의 자전소설 〈압록강은 흐른다〉를 발표하였고, 그것은 라인하르트 피퍼 출판사에서 전후 처음으로 출간했던 책들 가운데 하나였다. 서울에서는 이 실종된 사람의 아름답고 간결한 독일어로 쓰인 이 책에 대해 알지 못했다. 출판인 클라우스 피퍼가 항공우편으로 절판되어 버린 책의 문서 기록실 용도의 견본을 서울에 있는 내게로 보내주었고, 나는 그것을 적시에 적절한 사람 손에, 거의 미동도 없이 가슴을 꽉 누르고 있는 늙고 주름진 손에 들려줄 수 있게 되었다. 늦은 저녁 그녀가 서울에 있는 내 호텔 방 문을 두들겼고, 나는 문을 열어주었다.
　눈처럼 흰 머리 한가운데에 가르마를 타고, 왼쪽 옆에 길고 흰 고름이 달린 흰 한복차림의 나이든 여인이 열 서너 살쯤 되어 보이는 건강한 소년을 데리고 그곳에 서 있었다. 두 사람은 몸을 깊이 숙여 내게 인사를 했다. 그 부인은 검은 눈으로 당황스러워하는 나를 긴장한 듯 바라보았다. 그녀는 다급하고 간절한 눈으로만 뭔가를 말하고 싶어 했지만, 그녀는 입술을 떼지 못했다. 다행히 소년이 몇 마디 영어를 할 줄 아는 듯했다. 아이는 몹시 수줍어했다. 그가 노부인을 가리키며 조심스럽게 말했다.

"누나!" 나는 처음엔 그의 말에 이해하지 못했다. 늙은 부인이 그 아이의 누나일 수는 없었기 때문이었다. "할머니!" 그 아이가 다시 말을 꺼냈다. 그리고 "나의 할머니! 그녀는 - 이미륵의 누나!" 나는 이내 그 말을 이해할 수 있었고, 어서 들어와 앉으라고 자리를 권했다. 노인은 매우 품위 있으면서도 조심스럽게 의자 모퉁이에 앉았다. 어린 소년은 그녀의 옆에 그대로 서 있었다. 그녀가 소매 끝에서 눈처럼 하얀 손수건을 꺼냈다.

커다란 눈물방울이 그녀의 아름답고 야윈 뺨 위 주름살을 타고 하염없이 흘러내렸다. 그녀는 조용히 그녀의 작은 손수건으로 눈물을 닦았다. 전혀 그럴 필요가 없는데도 그녀는 뭔가를 사죄하려는 듯 머리를 숙였다. 알 수 없는 언어로 말하고 있는 이 두 사람과 무슨 말부터 시작해야 할까? 어린 소년이 뚝뚝 끊어지는 단어들로, 그의 할머니가 30년 동안 - 아이는 손으로 힘주어 숫자를 가리켰다 - 실종된 남동생의 소식을 듣지 못했다는 사실을 전해주었다. 그녀도 북쪽 압록강에 있는 그녀의 고향을 떠나 서울에서 실향민으로 살고 있다고 했다. 단지 그가 죽었다는 소식을 어디선가 누군가에게서 들었노라고 했다.

그림이다! 아이가 테이블 위에 놓여 있었던 안내서를 가리켰다. 그림, 징표! 동생은 어떻게 생겼는지? 그녀는 어느 날 밤에 중국 국경을 넘어 상하이로 그리고 그곳에서 뮌헨으로 갔던 기억 속 아이로 동생을 품고 있었다. 그런데 소년이 이 단어들을 알고 있었다. 그는 그것을 뮌-첸으로 발음하면서 이미륵이 독일에서 결혼했었는지, 가족은 있는지, 또 자식은 있는지 등등을 물었다. 나는 고개를 낮게 저었다. 부인도 없고, 아이도 없다고.

두 사람은 놀라움과 두려움으로 그의 소식을 듣고는 절망스러워했다. 가족도 없고, 아들도 없고, 후손도 없다는 것은 그들에게는 아무것도 없음이오, 빛이 꺼짐이오, 완전한 몰락을 의미했기 때문이었다. 불현듯 나는 책 한 권을 가방에 넣어 둔 게 떠올랐다. 나는 그것을 한국의 작가 친구에게 주려고 했었는데, 그녀에게 건네주기로 했다. 그녀는 마치 한 조각의 빵처럼 그것을 건네받고는 눈처럼 흰 저고리 품에 꼭 껴안더니, 왼쪽 품에 단정하게 묶여 있던 긴 고름으로 단단히 조여 매었다.

'당신이 갖도록 하세요!'라고 말하면서 나는 손짓으로 나의 뜻을 전했다. 그것은 당신 것이라고!

그녀는 윤기 나도록 단단히 빗질 한 하얀 가르마의 단정한 머리를 숙이더니, 이내 작별인사를 하려고 몸을 일으켰다. 우리는 서로 여러 차례 몸을 숙였고, 나는 그처럼 확신에 찬 격식을 제대로 따를 수는 없었다. 부인은 더이상 울지 않았다. 그녀의 눈이 빛났다. 그녀는 천천히, 매우 품위 있게 문 쪽으로 나가 긴 복도를 따라 걸어갔다. 동양의 슬픔을 나타내는 빛깔인 눈처럼 하얗게 흐르는 그녀의 복색엔 일차 세계대전 때의 종이로 인쇄된 누렇게 바랜 책이 그녀의 가슴에 단단히 밀착되어 있었다.

나는 두 사람을 엘리베이터 아래까지 동행했다. 때마침 홀에서 우리는 한국의 작가 한 사람을 만나게 되었고, 그의 도움으로 나는 어린아이에 대해 몇 가지 질문을 할 수 있었다. 그가 몇 살인지? "열세 살"이라고 했다. 그러면 무엇이 되고 싶은지? "전기-엔지니어!"라고 아이는 힘주어 말했다. 혹시 뮌헨에 있는 기계공학 학교에서 공부하겠는지? 라고 묻고 싶었지만, 노인이 저만치 떨어져 서 있다가 아이에게 갈 것을 재촉했고, 나는 더는 그 아이를 붙잡지 못했다. 마치 줄무늬 종이처럼 형상들이 잘리듯, 그들은 유리로 된 회전문을 통과해 서울의 삭막하고 짙은 회색빛 거리로 걸어 나갔다."[194]

---

194 Friedenthal, Richard: Notizen aus Korea. 1956년

하얀 실루엣으로 멀어져 가는 노파의 느린 걸음걸이는 이미륵의 어머니가 자식을 떠나보내고 돌아갔을 그 쓸쓸한 뒷모습을 닮았다. 스산한 한 줄기 바람처럼 덧없고 가벼워, 금방이라도 소멸해 버릴 듯 무기력한 생의 비애. 그러나 기다림은 얼마나 순결하던가.

죽음조차 그 질긴 연줄을 끊어내지 못하게 하는 진한 혈육의 정.

늙어버린 옛 누이는 국경 너머 낯선 땅에서 외롭게 죽어간 동생의 기억을 흰 고름 풀어헤쳐 황량한 그녀 가슴 속 깊숙이 묻었다. 이제는 기다릴 누구도 없게 되었고, 그를 향한 그리움의 붉은 눈물도 멈추었다.

1959년 4월 29일과 5월 2일, 독일 바이에리쉬 방송국에서는 이미륵 추모방송을 방영했고, 이 원고를 낭송했다.[195]

짧은 흑백 영상 필름(8mm, 1분 20초 필름[196])에 담긴 이미륵의 생전 모습도!

그가 자전거를 타며 해맑은 미소를 지어 보인다.

그게 전부다.

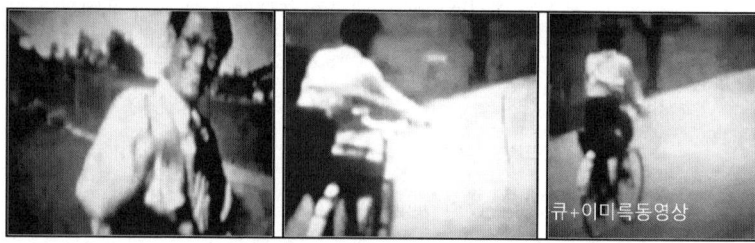

이미륵의 영상 필름(자전거 타는 모습)

---

195 In: Bayerischer Rundfunk, 29. 4. 1959 und 2. 5. 1959.
196 이 동영상 필름은 친구 클래멘트 박사가 찍었다.

<압록강은 흐른다>
한국의 이야기로 귀향하다!

　　　　　　1953년 7월, 세상의 이목을 끌었던 한국전쟁이 휴전 상태에 이르고, 조용한 아침의 나라 '한국'은 소리 없이 거대한 변화 속으로 빨려 들어갔다. 그리고 한국 사람 자신들의 의지와는 전혀 상관없이 남북으로 갈리는 지난한 분단역사의 질곡이 시작되었다. 밖으로 분출되어 나온 갈등은 서로 충돌해 유혈의 난투극으로 종결지을 수 있지만, 안으로 스며드는 갈등은 스스로 잠재워 더욱 깊숙이 은폐시켜버려 미결인 상태로 곪아간다.

　그러나 부패하여 팽창된 갈등은 표피를 뚫고 나오려는 열상의 치유 본능으로 마치 시한폭탄처럼 때를 기다려 그 폭발력을 과시하려 든다. 너무도 치명적인 갈등 양상을 몇몇 정치인들은 서둘러 밀폐된 시공 속으로 매장해 버렸다. 정신적 허기를 메우려는 지식인들 혹은 젊은이들은 앞다투어 유학길에 올랐다. 그들 가운데 서울대학교 법학도 3년생이었던 스물한 살의 어린 전혜린이 있었다. 1955년 10월 전혜린은 독일행을 선택했고, "아무도 없는 낯선 땅" 뮌헨에 발을 내딛었다.

　　　"비행기가 뮌헨에 닿았을 때, 그 암담함은 또 한 번 내 마음을 덮었다. 아무도 아는 사람이라곤 없었고, 그때만 해도 독일에 유학 가는 한국인이 거의 없을 때였다. 더구나 여자로 ......"[197]

　날카로운 지성보다 더욱 강렬하게 타오르는 열정을 지녔던 전혜린은

197　정공채, 불꽃처럼 살다간 여인, 전혜린, 도서출판 꿈과 희망, 2002년.

전후 독일의 음산한 우울에 젖어 있는 슈바빙, 바로 이미륵이 보헤미안의 예술을 꿈꾸었던 - 그곳을 배회하며 사색했고, 청년 이미륵이 거닐었던 혹은 독서를 즐겼던 잉글리쉬 가르텐을 산책하기도 했다. 그녀의 거의 광적인 지적 욕구는 '고통의 무풍지대'에서 자기를 뛰어넘는 끊임없는 시도를 감행하였고, 1956년부터 시작된 그녀의 고된 번역일은 10년 동안 무려 10편의 독일 작품들을 한국 독자들에게 선사했다.

1959년 뮌헨대학교에서 독문학을 졸업한 전혜린이 이미륵 장례식 때 추모사를 낭독하고 이미륵의 한국학 강의를 이어받았던 엑카르트 교수의 조교가 되었다는 사실은 묘한 '운명의 작희'라고 할만하다. 그래펠핑 작은 공원묘지 한 모퉁이 담쟁이덩굴이 질긴 생명력을 뿌리내려 작은 돌비석을 울 친 이미륵의 묘소 앞에 서 있는 전혜린의 검은 실루엣.

그녀의 짙은 감성이 배인 1959년 〈압록강은 흐른다〉 첫 한국어 번역본이 여원 출판사에서 출간되었다.

"이미 이 책은 영역되었으나 아직 국역되지 못한 것은 슬픈 사실이기에 감히 번역의 붓을 들었다. 유창하고 활달한 문체며 그 아름다운 음률이며 그 깊은 영혼을 재현하기는 무척 어려운 일인 줄 알았으나, 우선 한국 국민들에게 읽히고 싶은 욕망으로 감히 시도해 본다.

1965년, 서른한 살의 짧은 생을 마감했던 신비의 검은 스카프 여인 전혜린은 '회색 우수와 레몬 빛 동경'을 불러일으켰으며, 그녀의 번역작 〈압록강은 흐른다〉는 '고향과 어머니' 그리고 평화로웠던 '어린 시절 꿈'을 꾸게 했다. 그녀를 통해 고국 땅 한국에서 이미륵의 또 다른 사후의 '생'이 시작되었다.

애국지사 이의경의 105년 만의 귀환, 떠난자의 운명을 완성하다!

1963년, 한국정부는 이의경(미륵)에게 독립운동의 공로를 인정하는 대통령 표창을 수여했고, 1990년 12월 26일 건국 훈장 애족장을 추서했다. 하지만 이의경의 독립유공자 훈장은 유족의 부재로 창고에 보관되어 있었다.

정규화 박사는 독일에서 이미륵 박사의 자료를 수집한 후, 뮌헨대학교에서 독문학 박사학위를 받고 귀국했다. 1976년 그는 주변 친구들과 함께 이미륵박사기념사업회를 창립하여 이미륵 박사를 고국에 알리는 작업을 시작했고, 그 과정에서 이미륵의 첫째 누이의 손자인 이영래와 연결되었다. 이후 이영래는 사업회에 동참하였고, 이미륵박사기념사업회는 인천시의 사단법인으로 승인을 받게 되었다. 이 법인의 초대 회장은 정규화 교수였다. 이의경 애국지사의 독립유공자 훈장은 2007년 4월 27일 국가보훈처로부터 가족대표로 인정된 이영래에게 전달되었다.

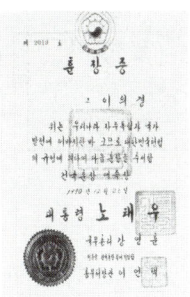

이의경의 훈장증

이의경의 훈장 메달

1999년 '이미륵의 탄생 100주년' 기념행사를 주독 한국 대사관과 독한협회가 주최하였고, 그리고 한국 문화관광부와 한독협회, 바이에른 주정부와 괴테문화원의 후원으로 독일(1999년 3월 12일- 3월 16일)과 한국(同年 3월 20일 - 3월 25일)에서 포럼과 전시회가 개최되었으며, 특히 독일 괴테 포럼에서는 독한협회와 한독협회가 공동 주관하여 '이미륵 상'을 제정하였고, 이 상은 한국과 독일 양국의 문화 교류 증진에 기여한 인사에게 수여하는 취지이다.

　그 첫 수상자는 한국의 정규화 박사와 독일인 루돌프 구스만 Rudolf Goosmann이었다. 이후 한국과 독일에서 격년제로 수상자를 선정하여 이미륵상을 수여하고 있다.

　첫 수상자인 정규화 박사는 뮌헨대학교에서 독문학 박사 학위를 받았으며, 우연한 기회에 이미륵 박사의 이야기를 접하게 되었다. 이후 1965년부터 이미륵 박사의 자료를 수집하기 시작하였다. 그리고 정규화 박사는 그 동안 수집한 자료 총 319건을 1993년 국립중앙도서관에 기증하였다.

국립중앙도서관의 자료 기증자들의 리스트

　1997년 그래펠핑 소재 이미륵 박사의 묘소가 협소하여 한국 문화체육부의 지원으로 이전 및 확장하여 새롭게 조성하였고, 이미륵박사 47주기 기일을 맞이하여 이장 및 묘비제막식을 거행했다.

독일 교민의 이미륵 박사 47주기 추모제

1989년 4월 28일, KBS TV 고전백서에서 '압록강은 흐른다'의 작가 이미륵의 생애를 추적한 다큐멘터리를 방영하였고, 1999년 3월 24일, KBS TV 수요기획에서는 '이미륵의 흔적을 찾아서'가 방영되었다.

이미륵의 생을 새롭게 회고한 SBS TV 창사특집 3부작 드라마(연출: 이종환) 〈압록강은 흐른다〉가 SBS와 독일 BR(Bayerische Rundfunk)방송사의 공동 기획으로 2008년 11월 14일에 방영되었다.

시민의 모금으로 조성된 성금으로 2009년 그래펠핑 시는 이미륵 묘소의 영구사용을 승인하였다.

2018년 3월 (사)이미륵박사기념사업회는 국가유산청(문화재청) 산하 국외소재문화재재단의 국외소재 문화인물의 유적지발굴 및 답사 프로그램 사업에 선정되었고, 그해 독일 현지를 답사하여 유적지 사업 타당성 조사를 마쳤다.

우리 사업회는 2019년 국외소재 문화인물 유적지 발굴의 연계사업으로 선정되어 '3·1운동 100주년' 기념행사를 독일 현지에서 개최하였고, 이 과정에서 한국 국외소재문화재재단은 독일 그래펠핑 시와

MOU를 체결하였고, 이미륵 박사의 기념동판(아래 사진)이 쿠루트 후버 거리에 세워졌다.

  2020년 국외소재문화재재단의 연계사업 지원으로 이미륵박사의 업적을 담은 '이미륵박사 독일 도착 100주년 기념도록(사진)'이 발간되었다. 이러한 국외소재문화재재단의 3년 지원이 큰 발자취를 남기게 되었다.

작가 신미경, 크기: 60×60(청동)

글: 박균, 이로 출판문화공간

  2024년 7월 이미륵박사는 '국가보훈부의 이달의 독립유공자'로 선정되었고, 가족 대표 이영래와 부인 차순자여사가 광복회관 기념식에 참석하여 기념 상패를 수여받았다.

2024.07.10 李儀景(미륵)
이달의 독립운동가 헌정패

"이미륵 박사는 경성의전 시절 고국의 독립을 위해 독립운동을 하다가 일경에 발각되어 쫓기듯 도망쳐 독일까지 와서 숨죽이며 살았던 30년 세월! 해방이 되어서도 귀국하지 못하고 1950년 위암이란 운명적 사건에 의해 생을 마감하고 그래펠핑 묘지에 묻혔다."

이의경 애국지사의 유해는 2024년 11월 15일 독일 뮌헨을 떠나 11월 16일 인천공항 14번 게이트에 마련된 공간에서 유해 봉환식을 마치고, 다음날 17일 '순국선열의 날'에 대전 현충원 국립묘지에 그의 옛 애국 동지 곁에 묻혔다.

대전 국립현충원 이의경 지사 묘지석

제12장
정규화 자료 수집 40년, 증언자들을 회고하며

들어가기

故 정구화 교수(2014년 작고)의 40년 노력으로 수집한 이미륵박사의 자료들

"인간 이미륵을 잊을 수 없는 인격자"로 회상하는 수많은 독일인 친구들의 증언 자료와 편지, 기사들을 섭렵하면서 매 순간 무한한 감동에 젖었던 세월이 어느덧 40년이다.

이미륵이 독일 땅에 남긴 "인간미"와 "따스함"은 반세기가 지났어도 구석구석에 변치 않은 채 절절히 배여 있었다. 그런 작가의 발자취를 뒤쫓아 흔적 하나하나를 정리하며 보내온 너무도 긴 시간.

그것은 내 삶 전부를 채웠고, 이제는 그 전부를 내려놓을 수 있게 되었다.

잡초가 무성하고 초라했던 이미륵의 무덤을 오랜 시간 참배하면서, 그의 업적을 세상 밖으로 알릴 수 있는 실질적인 방법을 찾기 위해 나는 무엇보다 그의 생의 흔적을 찾는 작업을 서둘러야 했다. 그렇게 가벼운 마음으로 시작된 일이 40년 세월의 무게만큼 아주 방대한 자료들로 축적되었고, 현시점에 이르러서야 비로소 그 결실을 보게 된 감동을 술회할 수 있게 되었다.

"1956년 독일어 강의시간에 정처묵 교수께서 흑판에 "Der Yalu fließt"라고 써놓고, 독일말로 쓰인 한국작가의 작품이라고 설명했다. 작가 이름은 이미륵이라고 했다. 그리고 며칠 후 우연히 서울대학교 〈大學新聞, 1956년 6월 13일자, 20일자〉을 읽을 기회가 있었다." 어떤 이방인 – 독일 사람들의 추억 속에 살아있는 한국인 – 이라는 제목으로 고병익 교수가 기고한 글이었다. 고병익이 뮌헨에 공부하러 가서 며칠 후 슈바빙의 어느 맥주 호프에서 이미륵의 친구들을 만나 대화를 나눈 이야기로 매우 흥미로운 글이었다. 그 후 고병익은 〈新太洋, 1958년 2월호〉에 "독문 소설 〈압록강은 흐른다〉와 그 저자"라는 글을 게재했다.

1959년 어느 서점에서 우연히 잡지 〈여원, 1959년 5월호〉에서 전혜린이 쓴 "이미륵의 무덤을 찾아서"를 읽게 되었고, 같은 해 동일 잡지 6월호에 실린 "이 미륵씨와 함께 보낸 가을"이라는 엘리자베트 샬크의 추억담을 전혜린이 번역한 글을 읽게 되었다. 같은 해 6월 1일부터 초대국립박물관 관장이었던 김재원이 조선일보(1959년 6월 1,2,3,4일)에 연재한 "이미륵씨의 생애"를 읽게 되면서 이미 그는 아주 가까이 다가와 있었던 것이다. 마침내 1965년 유학길에 올랐고, 우연으로 휘어들어온 숙명적 만남이 시작되었다. 이미륵을 기억하고 있는 독일의 수많은 지인과의 만남, 그리고 그들의 증언은 사람 사이의 진정 소중한 가치를 일깨워주었다.

Lotte Wölfle - Otto Seyler

1965년 독일 땅을 밟으면서, 고단한 유학 생활이 시작되었다. 2년간의 슈프라하 디플롬 과정을 마치고, 1967년 박사과정에 들어가, 지도교수를 정하고 전공과 부전공을 정해야 하는 힘든 시기를 보내고 있을 무렵, 문헌수집 차 대학 뒤의 서점들을 돌아다니다가 우연히 아말리엔 슈트라쎄 65번지에 있는 "뵐플레 Wölfle"라는 고서점에 들르게 되었다. 한참 책들을 뒤적거리는데 주인으로 보이는 - 약 50세 되었을까 - 여성이 필자에게 "혹시 한국분이 아니십니까?"라고 물었다. "그렇다"고 했더니, 매우 반가운 표정으로 "그래요? 여러 해 전에 한자와 서예를 가르쳐 준 선생님이 계셨는데, 그 사람이 바로 한국 사람이라고 했다. 그래서 "그게 도대체 누군지?" 물었더니 "이미륵 박사라는 훌륭한 분"이라고 했다. 롯테 뵐플레 박사 Dr. Lotte Wölfle는 뮌헨대학에서 역사학을 전공한 여성이었고, 1930년대 경부터 부친이 경영하던 고서점에 이미륵이 자주 찾아와서 그때부터 알고 지내던 사이였다고 했다.

1931년경부터 국립 도서관장이었던 라이스 뮐러의 주선으로 8,9명이 이미륵으로부터 한자와 서예를 배웠으며, 그중에는 중국학 교수가 된 뢰어 Löhr, 피아노 교사였던 마르고트 슈미트 등이 있었다고 했다. 그 후 이미륵이 별세한 1950년경까지 약 20년간 그를 서점과 뮌헨대학 주변에서 자주 만나 얘기도 나누는 사이였다고 했다. 우연을 가장한 필연적 만남이었을까! "이미륵"이라는 이름을 듣는 순간, 할 말을 잃은 채 멍하니 서서 그 서점 주인만 바라보았던 기억이 새롭다. "이미륵 박사가 뮌헨인가 아니면 근교에 사시다가 작고하셨다지요? 혹시라도 그분이 사시던 댁의 후손들을 찾는 방법이 없을지" 묻자, 뵐플레는 책상 위에 놓여 있던 전화번호부에서 자일러 Seyler가家의 주소와 전화번호를 직접 찾아서 메모지에 적어주었다. "오토 자일러, 뮌헨, 베얼레슈트라쎄 30번지, Otto Seyler, Wehrlestrasse 30, München"였다. 1967년 가을의 일이었다. 자일러씨댁에 몇 차례 전화했지만, 통화가 되지 않았다.

자일러 가족과 커피 타임(오토 자일러, 좌측 첫 번째)

바쁜 일정으로 잠시 잊고 있다가 그 해 10월경 결국 편지를 보내 이미륵 인터뷰를 제안하였다. 당시 가난한 유학생 처지로는 전화를 놓을 형편도 아니어서 편지를 쓰는 것 외에는 달리 방법이 없었다. 몇 달 후에 그로부터 회신이 왔다. 그는 보내준 편지를 휴양지에서 잘 받았고 이미륵이 별세한 후 한국인과는 별로 접촉이 없었는데 참으로 반갑다는 인사말과 더불어 그 다음 주말에 뮌헨의 그의 집으로 초대했다. 그리하여 마침내 1968년 4월 초 어느 날 오토 자일러 댁을 방문하게 되었다.

소박한 독지가의 아들 오토 내외는 아주 친절히 그리고 따뜻하게 반겨주었다. 오토와의 대화에서 이미륵과 같은 집에서 살기는 했지만 대학 생활과 직장생활을 하는 동안 그는 대부분 집을 떠나 있었기 때문에 이미륵에 대한 상세한 정보를 얻기에는 한계가 있었다. 그는 사진 40여 매, "이야기(한국민담)"의 초고 몇 부, "아틀란티스 Atlantis"라는 문예지를 몇 권 보여주었다.(나머지 기고문들이 실린 "아틀란티스" 지들을 고서점 주인의 도움으로 구입할 수 있었다.) 그 가운데 "무던이 Mudhoni"라는 중편소설도 포함되어 있었는데, 그것은 자일러 교수의 부인이 잡지사에 허가서를 써주고 "아틀란트"지 1952년 8월호와 9월호에 연재된 작품이었다.

그리고 "압록강은 흐른다"의 서평 몇 편과 관련 글이 실린 신문 몇 매, 그리고 그의 기억 속에 남아있는 이미륵의 지인 몇 사람의 이름 등을 그로부터 전해 받을 수 있었다. 더욱이 "압록강은 흐른다"의 원본 한 권을 선물로 주면서 기증문까지 써주었다. 매우 감동적인 순간이었다. 그 후 오토 자일러와는 30년 이상 서신 왕래를 하는 친근한 사이가 되었다.

그가 기억해 낸 사람은 마르고트 슈미트, 스웨덴으로 이민 간 에곤 베른하르트 베너, 주치의 페터 벡크만 박사, 엘제 지그문트, 애파 크라프트 등이었다. 그리고 그로부터 "Hamburger Fremdenblatt, "Atlantis", "Die Dame", 이미륵이 발행인으로 되어 있었던 "Stimmen der Völker", 중고등학교 국어 교과서에 "압록강은 흐른다"의 발췌문이 실렸다는 이야기를 들을 수 있었고, 본격적인 자료 수집을 할 수 있는 기본적인 맥락을 잡아나갈 수 있었다. 그러나 1969년 잠시 귀국해야 했던 개인적인 사정과 당시 알고이 지방으로 이사를 했던 오토 자일러와도 연락이 2년 이상 두절되면서 작업은 잠시 중단되었다.

그 후 1972년 알게 된 오토의 주소 포르더힌델랑으로 편지를 보내게 되었고 회신이 오고가는데 상당한 시간이 걸렸다. 여름휴가동안 지인이 살고 있는 보덴호수 Bodensee 근교에 들렸다가 돌아오는 길에 오토 자일러가 사는 포르더힌델랑을 직접 방문했지만 그를 만날 수 없었고, 결국 메모를 남겨놓고 뮌헨으로 돌아왔다.

해가 바뀌어 1973년 4월 10일 오토로부터 갑자기 전화가 걸려왔다. 그는 지금 뮌헨의 아들 집에 와 있는데, 다른 약속이 없으면 오후 3시경에 만날 수 있는지 물어왔다. 오랜만에 만난 그는 골방에서 찾아낸 자료 상자를 내밀었다.

얼마나 기다려왔던 자료들이던가! 그의 자료는 "압록강은 흐른다"의 초고(교정본), "박씨"라는 소설의 초고(내용의 순서가 바뀌어 있었고, 또한 미완작), 편지 10 통, 신문이나 잡지에 실렸던 "압록강은 흐른다"의 서평들, "논어, 맹자론", 사진 약 100 여매, 영문으로 된 글(미완), "한국어문법초안"(흐려서 잘 보이지 않는) 등이었다. 너무도 소중하고 귀중한 자료들! 불편한 몸으로 무거운 자료 뭉치를 들고 먼 길을 달려와 준 오토에게 정말 감사했다.

오토는 이미륵 묘소에 대해 "1975년 3월 24일까지는 이미 관리비가 지불되어 있고, 앞으로 한 번 더 낼 용의가 있으며, (…) 세 번째 연장기한부터는 한국인이 맡아주면 고맙겠다."는 내용의 편지를 보내왔다. 그 이유는 자신은 현재 너무나 먼 거리에 떨어져 살고 있어서 묘소관리에 문제가 있으며, 그리고 지금까지 관리해 주었던 리나 자이처 할머니는 너무 연로한 상태이고, 여동생 베르타도 슈투트가르트에 살고 있어 여러 면으로 어려움이 있다는 내용이었다.

그리고 오토 자신도 몇 년 전부터 기억력이 급격히 감퇴되는 증세로 사무적인 일들을 처리하기 어렵게 되었다고 했다. 결국 오토와의 협의 끝에 묘소관리를 맡기로 하고, 1974년 12월 10일 소정의 양식에 서명하여 그래펠핑 시청 담당관에게 제출했다.

1975년 3월 24일부터 2005년 3월 24일까지 30년간의 관리비를 지불하였고, 그 후 비용은 신윤숙 박사가 2009년까지 지불하였다.

〈진 술 서〉

본인은 1950년에 매장되어 있는 이미륵 박사(이의경) 묘소(K 1 30) 이용권자로서 1975년(82)에 종료되는 이용권을 포기하여 정규화에게 양도하며, 이에 그 명의변경을 신청합니다.

포르더힌델랑, 1974년 12월 10일

오토 자일러 (서명)
Dipl. Ing. Otto Seyler
8973 Vorderhindelang
Schwandenweg 15

자일러 교수의 딸 베르타는 1972년 10월 31일 소설같이 긴 편지를 필자에게 보내주었지만, 자료나 사람을 찾는 데는 큰 도움은 되지 못하였다. 자기도 오빠처럼 대학생활과 직장 때문에 집에 있는 기간이 별로 없었으며 "이미륵과는 한집 식구처럼 지내는 사이였으므로 무슨 자료를 별도로 보관할 필요를 느끼지 못하면서 평생을 살았고, 소장 자료는 "압록강은 흐른다"와 "무던이"라는 잡지, 그리고 사진 몇 장 뿐이라고 했다. 항상 이미륵 박사 옆에 계시면서 도와드린 분은 1958년에 별세한 그녀의 어머니였는데, 그녀가 살아 계셨더라면 필자가 계획하는 일에 도움이 될 텐데 미안하다는 말만 되풀이했다.

베르타가 기억하는 사람들은 김재원, 리나 자이처, 애파 크라프트, 옛날 하숙집 할머니 라우멘 Laumen 여사, 화가 들이었던 구텐존 형제, 브루노, 에두와트, 작가로는 Waldemar Bonsels(1880-1952), Ernst

Wiechert(1887-1950) 등과 교분이 있었다고 했다. 그리고 그 이외의 친분이 있었던 사람들은 대부분 타계했다는 말도 전해주었다. 언젠가 슈투트가르트에 오는 일이 있으면 꼭 한번 만나서 직접 이런 저런 얘기를 나누고 싶다고 하였으나, 그 만남이 끝내 성사되지 못해 마음에 걸린다. 1999년 이미륵박사 탄생 100주년 기념행사 때에 뮌헨으로 초청하였으나 건강이 좋지 않아 입원중이라는 말을 헬레네 군데르트 Helene Gundert 할머니 편에 들었을 뿐 그 후의 소식은 알지 못한다.

Gutensohn - Schneidewin - Bartscht - Schalk

이미륵이 1930년대 초에 자주 다녔다는 휴양지는 아르츠바하 Arzbach, 렝그리이스 Lenggries 등지였다. 오토 자일러의 도움으로 어렴풋이 아르츠바하의 코올아우프 Kohlauf라는 사람 이름을 기억하기에 시청에 문의 했더니 1972년 10월 31일자로 공문회신이 왔다. 그 통나무집 - Längentalstrasse 21번지 - 남편 알로이스 Alois와 부인 마리아 Maria는 이미 세상을 떠났고, 양녀로 양육한 마리아 파이흐트 Maria Feicht가 현재 그 집에 살고 있다는 내용이었다. 그래서 마리아 파이흐트 여사에게 편지를 냈더니 1972년 12월 11일자로 회신이 왔다. 이미륵과 그의 친구들이 1935년경까지는 가끔 와서 쉬다가 갔는데, 그 이후로는 자주 오지는 않았으며, 그곳에 왔던 사람들 중 기억에 남는 사람은 구텐존의 형제인 브루노와 에두와트였다고 한다. 당시에 자기 나이는 겨우 아홉 살이었기 때문에 낯선 사람들을 보면 수줍어했고, 때로는 약간 무서운 생각도 들었던 것으로 기억하고 있었다.

파이흐트 여사를 통해 오버아우도르프 Oberaudorf에 사는 로제 크놀 Rose Knoll 여사의 연락처를 받아 서신 연락을 하면서 구텐존의 여동생 마리 슈나이데빈 Marie Schneidewin 여사의 연락처를 받게 된 것이 큰 도움이 되었다. 슈나이데빈의 큰 오빠 브루노는 1930년대 초부터 뮌헨에서는 이미륵과 가장 가까운 친구였다고 들었으나 필자가 추적 작업을 시작했던 다음 해 1969년 한번 만나 보지도 못하고 불행히도 별세하였다. 그 대신 부르노의 동생 에드와트(Eduard)와 여동생 마리와는 몇 차례 만나서 당시의 얘기도 들었고, 또한 서신왕래도 있었다. 그리고 에드와트가 1945년 뮌헨에서 결혼을 할 때 혼인증인은 이미륵이었으며, 함께 찍은 사진도 자료수집 도중 입수하였다. 브루노나 에두와트 두 사람 모두 화가였고, 에두와트는 1974년 독일 EOS 출판사에서 〈압록강은 흐른다〉의 3판과 〈이야기〉 초판이 출간될 때, 표지그림과 이야기의 삽화까지 그려주었다.

화가 부르노 구텐존과 함께

그리고 이미륵과 빼놓을 수 없는 친구는 스웨덴으로 이민 간 에곤 베른하르트 베너 Egon-Bernhard Wehner로서 그는 이미륵 생전에 편지왕래(andere Dialekt 참조)가 있었고, 필자와는 1972년부터 연락이 시작되어 1993년까지 필자에게 보내준 편지만 무려 53통이나 된다. 추적 과정에서 알았지만 이 세 사람은 1929년 말경 우연히 베너가 경영하던 뮌헨의 어느 도자기 공장에서 알게 되어 오랫동안 우정을 지속하였다고 전한다.

마리 슈나이데빈은 구텐존 형제의 여동생이다. 오버아우도르프에서 만났던 로제 크놀이 알려준 주소로 1972년 10월 11일 편지를 보내면서 이미륵과 관계되는 문의를 하였다. 바로 다음날 10월 12일 자로 회신이 왔다. 이미륵과 같은 훌륭한 '고향사람'의 업적을 수집하고 있다니 뜻있고 고마운 일이라고 좋아하는 글이었다. "왜냐하면 사람이 살아가면서 그렇게 가치있는 인간을 만나기가 쉽지 않기 때문입니다." 자신이 소지하고 있는 것은 편지 한 통, "압록강은 흐른다", "이야기"들이 실린 조그마한 책자가 있었는데 찾아봐야겠다는 것이었다.

두 오빠와 함께 찍은 사진도 한 장 있어서 나중에 복사할 수 있었다. 큰 오빠 브루노는 불행히도 3년 전 1969에 별세하였으며, 그 오빠가 살아계셨으면 이야깃거리가 많았을 텐데 아쉽다는 것이었다. 그리고 영국에 사는 리하르트 프리덴탈 Richard Friedenthal이 한국을 다녀와서 한국에 관해 글도 썼다는 이야기를 정확하지 않지만 어느 정도 알고 있었던 모양이다. 그녀의 둘째 오빠 에두와트가 이미륵이 한자로 쓴 공자의 "四海之內皆同胞"라는 박애주의 내용을 담은 서예 문구를 선물로 주었다고 했다. 그는 이미륵과 나누었던 편지 두 통을 전해주었고, 자기 형 부루노, 이미륵 셋이서 아르츠바하 근교를 다니면서 놀던 이야기, 이자르 강에서 고기를 잡아 구워 먹었던 이야기들을 들려주었고, 강가에서 찍은 사진도 한 장 건네주었다.

부루노의 여동생 슈나이데빈 여사를 통해서 미국으로 이민 간 발트라우트 바르취트 Waltraud Bartscht 여사를 찾을 수 있던 것도 행운이었다. 발트라우트 바르취트(1924년생)는 1951년 17세의 젊은 소녀로서 미국으로 건너가 그곳에서 독문학을 전공, 1967년에 "괴테의 동화"로 석사(숙모인 Elisabeth Gutensohn의 전언)를 마친 후 텍사스주에 있는 달라스 대학교 University of Dallas 독어독문학과 조교수로 재직 중이었다.

친구 부르노의 딸 바르취트

발트라우트 바르취트는 1973년 2월 2일 회신을 보내왔고, 자신이 재직하는 대학 도서관에도 "압록강은 흐른다"의 미국판(Michigan State University Press)이 있고, 영국판(Harvill), 캐나다판(Collins)이 있으며, 대학 도서관의 도서목록에는 "Mirok Li"가 "Miryok Yi"로 잘못 기록되어 있다는 내용까지 전해주었다.

이 편지에 "이미륵이 저에게 무척 친절했기 때문에 아직도 기억이 생생합니다. 그분은 우리 아버지와 자주 함께 계셨으며, 그가 왜경을 피해 도망쳤다는 말을 듣고 가슴이 아팠습니다. 그분의 정치적인 입장은 우리 아버지와 동일하여 독일이 전쟁에서 승전할 전망은 없다고 하기에 나는 그 말을 잘 이해하지 못하면서도 무서워 울기 시작했더니 (…) 두 사람이 화제를 돌려서 다른 이야기를 했던 기억"을 떠올렸다. "그것이 1941년이었으며, 이미륵을 마지막으로 보았다"고 했다.

1986년 미국의 Hollym 출판사와 국내의 범우사에서 〈압록강은 흐른다 The Yalu flows〉를 공동으로 출간했을 때에도 필자의 부탁으로 바르취트 교수는 미국의 "Translation Review(Nr. 26, 1988)"에 이 책을 절찬하는 서평까지 써주었다.

최근 이미륵의 유족들이 미국에 가는 길에 바르퀴트 교수를 찾으려 했으나, 대학에서 이미 퇴임했는지, 아니면 다른 곳으로 이사했는지 연락이 끊어져 알 수 없었다.

이미륵은 1928년 박사학위를 취득하고 간간이 서예 지도, 한문 지도, 번역 등으로 용돈을 벌면서 살아가고 있었으나, 욕망을 항상 간직하고 있었던 것으로 보인다. 그래서 그는 뮌헨 근교의 조용한 곳을 찾아 가벼운 여행도 하고, 또 그런 곳에서 조용히 앉아 글도 썼던 것 같다. 그가 찾았던 곳은 뮌헨에서 별로 멀지 않은 렝그리이스 Lenggries, 아르츠바하 Arzbach라는 곳이었다. 1959년에 발간된 "여원"(6월호)에 "이미륵과 함께 보낸 가을"이라는 글이 전혜린 번역으로 기고되어 있었다. 이 글을 쓴 필자는 뮌헨에서 전혜린 딸의 대모였던 엘리자베트 샬크 Elisabeth Schalk(아래 사진)인데 Elisabeth Schelk로 오기되어 번역도 "셸크"로 되어 있었다.

이미륵이 1931년 가을 어느 날 렝그리이스 "비히라" 여사의 통나무 집에 혼자 가서 쉬면서 글을 쓰고 있을 때 엘리자베트는 언니 마틸데 Mathilde와 친구 프란치스카 Franziska 셋이 함께 동행하여 우연히 같은 여사 旅舍에 숙소를 정하게 되었다. 이때부터 엘리자베트는 약 20여 년간 이미륵과 친분을 쌓았으며, 공교롭게도 두 사람이 살았던 곳이 슈바빙의 가까운 곳이었다. 세 여성 중 프란치스카는 1975년 1월 28일 자 필자에게 보낸 편지에 그녀들이 이미륵을 처음 만났던 곳은 "이자르빙켈"이라고 기억하고 있다고 하였고, 아침 식사를 하면서 찍은 사진을 보내면서 좌측으로부터 세 번째 여성이 자신이라는 설명서도 첨부해 보냈다. 자신도 이미륵을 평소에 매우 숭배했을 뿐만 아니라 그가 세상을 떠난 이후에도 묘소를 자주 참배하였다고 했다.

"여원"에 실린 글의 내용을 보아도 그들이 처음 만났던 곳은 렝그리이스이지만 그 지역으로 자주 다녔던 이미륵의 안내로 바로 근방에 있는 아르츠바하에서 시간을 많이 보낸 것처럼 보인다.

"첫 걸음은 아르츠바하로 하였다. 보기엔 아주 얕아 보이는 시냇가, 어떤 때는 세차게 파도치며 자갈을 끌고 가는 그 노도와 흐름이 집에까지 들린다."고 했다(엘지자베트 샬크, 여원, 1959년 6월호, 343쪽). 이미륵이 이곳에서 글을 썼다는 사실도 이 글을 보면 쉽게 짐작할 수 있다. "그는 단편을 쓰고 있으며, 이 소설의 주인공, 즉 열정적인 소녀에 알맞은 이름에 관해서 우리들에게 의견을 요구하였다."(여원, 344쪽). 엘지자베트와 다른 두 여성은 이미륵과의 대화를 통해 동양문화와 유럽문화의 차이점도 많이 비교할 수 있었다고 전하고 있다.

샬크 여사는 1972년 12월 18일 자 편지에서 "이미륵과 관계되는 자료들을 찾았으나 허사였지만, 이미륵의 초상화를 그린 화가의 이름이 갑자기 생각났다"고 전해왔다. 화가 이름은 에른스트 하이더 Ernst Haider였다. 약 20년 전에 그 화가의 나이가 60에 가까울 정도였으니 지금은 아마도 80을 바라볼 것이라고 했다. 또 기억나는 것은 전혜린이 1959년도에 귀국하여 이미륵의 둘째 누님댁에 들려서 독일 소식을 전하고 엘지자베트의 주소를 적어 주었더니 손자가 편지를 보낸 일이 있으며, 그 편지 속에 반도호텔에서 리하르트 프리덴탈을 만났던 얘기도 있었다고 했다. 전혜린과 관계되는 자료를 물었지만, 별로 큰 도움을 받을 수 없었다.

그녀는 1973년 1월 23일자 편지에 "이미륵이 언어를 멋있게 구사할 수 있었던 것은 그의 피나는 노력 때문이었고, 그는 특히 발데마르 본젤스 Waldemar Bonsels의 작품에 감탄하며 높이 평가했다"고 했다. 본젤스의 문학이 사물의 객관적인 묘사에서 떠나 주관적인 인상을 있는 그대로 표현하고, 신비적이고 상징적인 경향을 보인 점에도 이미륵은 매력을 느꼈던 것으로 보인다 말도 덧붙였다.

Prof. Dr. Herbert Göpfert

1967년 여름학기부터 뮌헨대학교 독문학부에 등록하여 강의를 들어오던 중 1968년 여름학기에 헤르베르트 기페르트 교수의 "문학비평의 시초"라는 강좌가 개설되어 여기에 수강신청을 하였다. 독일에서는 세미나에 참가하려면 시작 전에 우선 담당교수와 면담을 해야 했으므로 어느 날 괴페르트 교수와 면담을 시작하는데, "어느 나라에서 왔느냐?"고 묻기에 "한국에서 왔다."고 대답했더니 바로 이미륵과 친했던 이야기를 시작하였다. 그는 2차 대전 때 프랑스군에게 잡혀 포로수용소에서 석방되기 직전 1946년 말경 〈압록강은 흐른다〉를 읽을 기회가 있었다고 하였다. 전후 독일에 읽을 만한 책이 별로 없었기도 했지만 신문에 실린 서평 내용이 너무나 이색적이어서 그 책을 구입하여 매우 감명 깊게 읽었다고 하셨다.

포로수용소에서 석방되어 뮌헨 근교의 슈톡도르프 Stockdorf라는 곳에 살았는데, 당시 작가 이미륵도 그곳에서 별로 멀지 않은 그래펠핑에 살고 있다는 말을 들었고, 또 그곳에 일주일에 한 번씩 모이는 "월요문인회"라는 것이 있다는 말을 듣고 찾아갔다가 거기서 이미륵을 만나게 되었으며 여러 예술가, 문인들과 정규적으로 만나는 기회가 생겼다고 했다. 1972년 12월 22일자 편지에는 최근에 하이델베르크에 갔다가 동양미술사 교수인 디이트리히 젝켈 교수 Dietrich Seckel와 이미륵의 제자이며 한학과 교수인 귄터 데본 교수 Günther Debon를 만나 이미륵에 관한 이야기를 나누었다고 하였다. 그후 1973년 3월 23일 편지 한 통과 인쇄물이 집으로 우송되어 왔다. "정규화군! 동봉하는 자료를 아십니까? 우리가 어제 잠시 이야기를 나누고 나서 국립도서관에서 우연히 발견한 것입니다. 당시에 잡지사에서 여러 작가들에게 제기한 질문서에 대한 대답입니다. 만약 이 질문서가 없으면 질문지도 구해서 전해 주겠습니다." 동봉된 잡지명은 바로 〈Der Schriftsteller - Zeitschrift des Schutzverbandes Deutscher Schriftsteller〉(Hrsg. von Ernst Penzoldt. Jg. 1, Heft 4/5, Jan. 1948, pp. 1-14.)였다. 제2차 세계대전이 끝나고 3년 후인 1948년 독일의 〈슈리프트슈텔러〉라는 잡지는 명성이 있는 작가들에게 당시의 당면한 시대적인 문제에 대해 질문을 주고 의견들을 수렴하였던 것이다(재외한인작가연구. 고려대학교 한국학연구소, 2001년판, 392-394쪽에 질문과 답변이 실려 있음.). 대단히 중요한 자료를 괴페르트 교수의 도움으로 찾을 수 있었던 것이다.

 자료들을 받고 고맙다고 연구실에 인사차 찾아갔더니 옛날에 이미륵의 초대를 받고 그의 서재에 들렸던 일을 이야기 해주었다. 이미륵의 방에는 책상 위에서 창문까지 사방에 담쟁이가 뒤덮여 있어서 놀란 듯 유심히 쳐다보자, 이미륵이 싱긋이 웃으며 "저 담쟁이가 아주 유명한 것입니다." 하기에 "왜요?"하고 묻자. "언젠가 바이마르에 있는 괴테

집에 갔을 때 집주위에 담쟁이들이 많아서 슬쩍 몇 개 꺾어 가지고 와 심었는데 저렇게 잘 자랐다"고 했다는 것이다. 이미륵이 별세한 후 그 담쟁이가 첫 번째 묘소 주위에는 무성하게 잘 자라고 있었으나, 1997년에 이장하면서 그 역사도 사라져 버렸다. 귀국 후에도 연말마다 안부 편지를 주고받았는데 언제부터인가 소식이 두절되고 말았다.

Prof. Dr. Wolfgang Bauer

1930년생인 볼프강 바우어(사진)는 이미륵의 뮌헨대학교 한학과 제자 중 학문적인 업적을 가장 많이 남긴 학자이다. 목사의 아들인 그는 1949년도에 뮌헨대학 의과대학에 입학하여 의사가 되려는 꿈을 품고 공부에 열중하였다. 이미륵은 1949년 여름학기에 "한국어", "동양문학", "츠레츠레구사" 세 강좌를 개설하여 강의하였다.

어느 무더운 여름 어느 날 동양문학을 열강하는 강의실 문이 조금 열려있었은 데 그곳을 지나가던 바우어 학생이 우연히 그곳에 웬 동양 사람이 강의하는 것을 보고 호기심이 생겨 강의실에 들어가 빈자리에 앉아서 강의를 들었다고 한다. 바우어는 너무나 흥미로운 그 강의에 매료되어 그 다음 학기에 전공을 "의학"에서 "한학"으로 바꾸었다.

당시에 함께 공부한 사람으로는 하이델베르크대학 교수가 된 귄터 데본, 이미륵의 만년에 옆을 지켜주었던 애파 크라프트 등이 있다. 해니쉬 교수가 주임교수였고, 베어링어 박사와 프랑케 박사는 조교자리 때문에 사이가 좋지않게 지냈으며, 이미륵은 외국인이지만 상당한 실력으로 명 강의를 하였다고 했다. 특히 한문과 동양문화 이외에도 서예까지 지도하였기 때문에 - 때로는 학생들이 함께 자전거를 타고 그래펠핑까지 가서 - 학생들에게 상당한 인기가 있었다고 한다.

바우어 교수가 기억하는 이미륵은 한학자일 뿐만 아니라, 의학도, 철학자요, 작가로서 여러 분야에 대해 해박한 지식을 갖고 있었던 분이었다. 훗날 나와 친분을 갖게 되었으며, 1994년 여름에는 뮌헨대학 동양학부에서 특강을 주선하여 "이미륵의 문학"이라는 제목으로 강연하도록 주선해 주었다.

바우어 교수의 저서 중 〈China und die Hoffnung auf Glück. Paradiese, Utopien, Idealvorstellungen in der Geistesgeschichte Chinas, München 1974〉는 잘 알려진 걸작이다. 대학시절 학문적으로 이미륵의 지도를 제대로 받은 결실로 보인다.

Prof. Dr. Günther Debon

위에서도 언급한 헤르베르트 괴페르트 교수는 독일에서 동양문화 분야의 학자들과 교분이 많았던 것으로 보인다. 1972년 10월 24일 면담시간에 알려준 사람 중에는 하이델베르크대학 한학과에 재직 중인 귄터 데본 교수도 있었다. 데본 교수도 1949년 경 뮌헨에서 볼프강 바우어, 애파 크라프트 등과 함께 공부한 사람이었다. 연락처 주소를 받고 1972년 12월 28일 하이델베르크대학으로 편지를 보냈다. 그러자 1973년 1월 17일 회신이 왔다. 이미륵 박사를 회상할 기회가 생겨서 기쁘다는 내용, 자신이 중국문학과 친근해질 수 있는 기회를 주신 분이 바로 이미륵이었고, 그리고 서예의 대가였던 이미륵으로부터 - 주로 그래펠핑에서 - 서예지도를 받았던 기억이 생생하게 난다고 하였다.

데본 교수가 이미륵에게 학생시절 왜 의학공부를 중단하고 동물학으로 전과하였는지 물었더니 "의대 재학시절 수술실에서 환자가 사망한 일이 있었어요. 그때 의료진이 환자의 죽음에 대해 별로 슬퍼하는 기색도 없이 냉정하게 돌아서는 것을 보고, 의학이라는 학문의 냉혹성에 회의를 느낀 적이 있어요."라고 말한 적이 있다고 기억했다. 아마도 이런 면 때문에 의학공부를 중단한 것이 아닌가 추측한다고 하였다.

호수에 비친 가을 빛(역서)

데본교수 1958년 피퍼출판사에서 발간한 "당시 역서 〈Herbstlich helles Leuchten überm See〉는 Gewidmet an Mirok Li(삼가 이미륵에게 바치노라)"로 되어 있다.

이미륵으로부터 당시唐詩를 철저히 배울 수 있었던 학생시절을 회상하면서 고마운 뜻을 전하는 저술로 보인다. 자신은 사진 한 장과 서예지 몇 장밖에 없다고 하였고, 이것들은 큰 의미가 없다면서 보내주지 않았다. 그후 편지연락과 전화통화도 가끔 있었으며, 1999년 이미륵탄생 100주년기념 기사 취재 때에도 우리 방송진에 많은 도움을 주어 매우 고맙게 생각하고 있다.

Dr. Hans Dolezalek

그래펠핑의 서점주인 힐데 볼게무트 Hilde Wohlgemuth 여사로부터 그래펠핑 "월요문인회" 회원이었으며 이미륵과 친했던 재미 과학자 한스 돌레찰렉(사진)의 주소를 받고 1972년 12월 17일자로 편지를 보냈다.

그는 편지를 받고 곧 12월 27일에 회신을 보내왔다. 자기는 그래펠핑에서 이미륵의 집 바로 옆에 살았고 거리에서나 뮌헨으로 오가는 기차 안에서 가끔 만났기 때문에 주고 받은 편지는 없다고 하였다. 그의 집에도 초대받아 간 일이 있으며 그분으로부터 많은 영향을 받았으나 그 얘기는 다음 편지에 쓰겠다고 하였다. 그리고 나서 1973년 1월 6일자로 자세한 편지가 왔다. 자기 연구소의 도서관에서 영문판 "The Yalu flows"를 빌려 다시 읽고 미륵이 미국에 잘 알려지지 않은 이유를 알게 되었다고 하였다. 그것은 당시에 펄벅이 동양을 소재로 쓴 작품들의 강도가 너무나 컸기 때문에 미륵이 빛을 볼 수 없었던 모양이라고 추측하였다. 1972년도에 한국으로 출장 갈 기회가 있었는데 그 프로젝트가 연기되어 못갔다고 하면서 아직도 이미륵의 누님들과 조카들이 생존해 있는지, 그의 생가는 어디에 있는지, 그가 독일에서 사망했다는 것을 친척들은 알고 있는지 나에게 물었다.

자기도 1946-50년도 그래펠핑 문인협회 회원이어서 일주일에 한

번 씩 볼게무트 여사댁에 모여 중요한 주제를 놓고 토론을 했던 기억이 난다고 하였다. 그때는 전후 독일이 정신적으로 활발해지기 시작하는 시기였지만 문화적인 면에서는 부족한 면이 많았다고 하였다. 이런 시기에 이미륵의 동양사상이 독일 지성인들에게 안정감을 주었고, 새로운 목적을 향해 매진하도록 하였다고 했다. 문인협회 모임의 좌장은 쿠르트 브렘 박사 Kurt Brem였으며, 정신적인 지도자는 이미륵으로서 "우리 모두에게 오래도록 잊지 못할 인상을 주었다(Er hat uns allen einen sehr tiefen und bleibenden Eindruck gemacht.)"고 하였다.

한저 Hanser 출판사의 비평가였던 괴페르트 박사, 영화감독 하랄트 브라운 Harald Brown, 애파 크라프트 등이 생각난다고 하였다. 1950년 3월 20일 이미륵이 별세하고 24일 장례식이 진행될 때 "생명을 선사하는 샘물이 이미륵으로부터 나왔었는데……" 하면서 고인의 명복을 빌었다고 하였다. 1973년 1월 31일에는 "The Yalu flows"라는 영문판을 구입하여 보내줘서 고마웠다. 그해 5월 어느 날 독일에 방문차 왔다가 필자의 집에 찾아와 차를 마시며 많은 얘기를 나눈 일이 마지막이었다.

Georg Gabritschevsky

이미륵의 친구 Dr. Henning von Roon이라는 작가를 통해 미국으로 이민간 게오르크 가브리쳅스키의 주소를 알고 1972년 11월 초에 편지를 보냈다. 그러자 11월 24일에 회신이 왔다. "이미륵의 친구로부터 편지를 받게 되어 기쁩니다. (나를 친구로 생각) 그를 잊을 수가 없습니다. 나는 미륵을 폰 론을 통해 알고 지냈습니다. 그런데 당신이 계획하고 있는 일에 별로 도움을 줄 수가 없어서 유감입니다.

나는 받은 편지도 없고, 사진도 다른 자료도 없습니다. 나와 이미륵과의 관계는 오로지 개인적인 만남과 뜻있는 대화일 뿐입니다. 내가 그를 감탄하고 존경하는 것은 우리를 묶어 준 깊은 우정에 바탕을 두고 있습니다. 그는 대화를 통해서 당시까지만 해도 내가 모르고 있었던 오랜 역사를 가진 동양문화를 내게 알려주었습니다. 고향 얘기며, 역사에 얽힌 과거얘기를 많이 해주었습니다. 생각해 보니 편지도 몇 통 받은 것 같으나 모두 잃어버린 것 같습니다.

"이미륵은 나에게 '오직 진정한 군자'의 화신化身이었습니다. 어느 날엔가 공습이 끝난 후 화염에 쌓인 집을 내가 막 떠나려 할 때, 그가 바로 앞에 나타나서 내가 아직도 살아있는지를 확인했습니다. 그것도 그분 혼자서 나를 찾아왔던 것입니다."

이렇게 이미륵은 가까이 지내던 친구들을 끝까지 오랫동안 사랑하였고, 더욱이 무서운 폭격과 전화 속에서 생사의 기로에 서있는 친구에게도 우정과 신의를 보여준 신사였다. 1973년 여름 어느 날 독일에 왔다가 필자의 집까지 찾아와 많은 대화를 나누었으며, 그때 보기에도 이미륵보다도 연상으로 보였다.

Dr. Ludwig Döderlein

작가인 되델라인은 뮌헨에 살고 있었기 때문에 나는 1973년 1월 20일 그의 집으로 찾아가서 인터뷰하였다. 그는 1943년 헨닝 폰 론 Henning von Roon이라는 친구(작가)를 통해 이미륵을 알게 되었다고 하였다. 어디에선가 "작가들의 서간문수집"이라는 제목으로 개최된 강연회 자리에서도 이미륵을 만났다고 하였다. 또한 집안에 동물학자가 있어서 더욱 친근해졌으며, 한번은 그의 조카가 미륵을 초대하여 그때에도 또 만났던 일이 있었다. 그해 여름에 이미륵이 되델라인(사진)을 그래펠핑의 자일러 교수댁으로 초대하였으며, 그 이후로도 자주 만날 기회가 생겼다. 주로 "자연"과 "철학"에 대해 많은 얘기를 나누었다. 1943년 당시 "압록강은 흐르다"의 원고가 거의 탈고 되어 폰 론의 집에 모여 친구들 앞에서 원고를 낭독하고 조언도 들었다고 했다.

1944년 어느 날 또 자일러 교수댁을 방문했을 때 갑자기 폭격이 시작되어 그치지 않자, 이미륵이 자기를 붙잡으며 "너무 위험하니 지금 가지 말고 그냥 우리 집에서 자고 가요" 라고 하여 결국 그날 밤 그 집에서 잤던 일도 있었다고 하였다. 얼마 후 자기는 바로 근교에 있는 가우팅 Gauting으로 이사하였으며, 그 해 가을 어느 날에는 잘 알고 지내던 리자 호호르스트 Lisa Hohorst라는 영화배우가 뉘른베르크에서 뮌헨으로 오던 도중 부상당해 입원했다는 말을 듣고 이미륵과 함께 그녀

가 입원해 있는 병원으로 병문안 간 일도 기억난다고 하였다.

정치적으로는 물론 반일, 반 히틀러였지만 장개석은 싫어하지 않는 것 같았다. 1944년 가우팅의 니벨룽엔슈트라쎄에 살 때 무서운 폭격이 끝나자 이미륵이 (모자를 쓰고) 자전거를 타고 찾아와서 집이 많이 파손되었으면 자기 집 방에 와서 자라고까지 하였다는 것이다. 1945년 1월 17일 이미륵이 되덜라인에게 보낸 편지를 보면 두 사람이 치아 때문에 같은 의사에게 다녔던 것으로 보인다. "1월 29일, 월요일에 내가 다니는 치과의사에게 갈 수 있습니까? 오후 4시로 예약해 놓았습니다. (...)" (Der andere Dialekt, 136쪽).

1949년 말 미륵을 찾아갔더니 건강이 많이 나빠져 있으며, 그것이 마지막 방문이었다고 전했다. 평소 그의 인간성에 깊은 감동을 받았으며, 그의 공손한 인품과 모든 사람에게 베푸는 사랑을 도저히 잊을 수 없다고 하였다.

Dr. Edmund Gans

작가인 루드비히 되덜라인 박사 Ludwig Döderlein를 통해 출판인 간스의 이름과 주소를 알고 1972년 1월 21일 편지를 보냈다. 그랬더니 2월 13일에 바로 회신이 왔다. 내용을 요약하면 대략 다음과 같다. 편지 회답을 쓰려고 타자기 앞에 앉기 전에 "압록강은 흐른다"를 다시 읽다가 답장 쓰는 것을 깜빡 잊고 말았다고 하였다. 자기 부인도 그 책을 다시 읽고 난 후 부부는 그 내용에 대해 얘기를 많이 나누었다.

그는 1937년에서부터 1949년까지 12년간 그래펠핑의 자일러 교수댁으로부터 멀지 않은 바로 가까운 이웃에 살았다고 하였다. 그래서 그들은 행길에서도 수없이 자주 만났으며, 또 정거장으로 오가면서도 만나 당시에는 멀리서 보고도 서로 금방 알아보고 인사하면서 지냈다. 상상만 해도 어제 만나고 헤어진 것 같은 느낌이 든다.

간스 사장 부부

직접 가깝게 만난 것은 볼게무트 여사댁에서 모이는 "문인회"에 함께 갔을 때였다고 하였다. 당시에 이 모임을 주관했던 사람은 이미 별세한 하랄트 브라운이라는 영화감독이었으며, 그날에는 아마도 종교문제, 즉 신교와 구교의 문제점에 관심 있는 사람들이 토론을 하였던 기억이 난다. 토론 도중에 이미륵은 별로 발언을 하지 않았지만 그의 낮으막하고, 조용하며 신중했던 목소리는 아직도 귀에 들리는 것 같다고 하였다. 토론에 참가했던 분들은 두 분의 성직자를 제외하고 가우팅에 살던 작가 Karl August Meißinger, 그리고 또 다른 작가 Alois Johannes Lippl이었다. 리플은 자기와 대학 친구였으며, 그도 이미륵의 집 옆에 살았다.

"압록강은 흐른다"를 뒤적거리면서 이미륵 서거를 알리는 신문부고 두 매를 찾았으니 나중에 복사하여 보내주겠다고 하였다. 그 이외에는 별로 기억나는 일도 없고 자료도 없다.

1973년 2월 19일에는 뮌헨의 필자의 집에 부인과 함께 와서 하루 오후를 즐겁게 보내고, 새 방명록에 첫 번째 손님으로 기재하면서 몇 마디 적어 놓았다.

"이미륵이 그를 존경하는 우리를 정규화씨 가정으로 인도하였습니다. 이 방명록을 이미륵이라는 이름으로 시작하는 것은 좋은 일이 있으리라는 징후일 것입니다."

1973년 2월 19일 헬레네와 에드문트 간스 (서명)

당시 간스 사장은 뮌스터슈바르차흐 수도원에서 별로 멀지 않은 아스트하임 Astheim에 살고 있어서 조용히 논문을 쓰려고 수도원에 갔을 때 그 집에 들른 일도 있었다. 그리고 1974년 EOS출판사에서 〈압록강은 흐른다〉와 〈이야기〉를 출판하기 직전 체결준비를 위한 계약서의 초안에도 많은 조언을 주었다.

Walter Leifer

발터 라이퍼는 1946년 독일의 어느 잡지에서 한국인 작가 이미륵이 뮌헨에 있는 피퍼출판사에서 자신의 유년시절에 대한 걸작을 발간했다는 기사를 읽게 되었다. 얼마 후 그는 그 책을 구입하여 읽고 또 읽었다. 그토록 멀리 떨어져 있는 한국이라는 나라가 갑자기 가까워진 느낌이었다. 그래서 마음속으로 이 동양에서 온 작가를 한번 만나야 되겠다고 결심하고 출판사를 통해 연락처를 받고 길을 떠났다. 1947년 3월 어느 날 파더보른 Paderborn을 떠나 비오는 날 아침에 그래펠핑에 있는 이미륵의 집을 찾아갔다.

"제가 이미륵의 옆에 섰을 때 풍부한 표정의 그의 얼굴이 눈에 띄었습니다. 저는 그때 동양에서 온 작가를 처음 만났습니다. 저의 첫 질문은 그가 독일에 살면서 혹시 압록강에 대한, 즉 고향에 대한 향수를 느끼고 있는지 하는 것이었습니다. 그는 그저 미소만 지었습니다. 그 웃음 뒤에 숨겨져 있는 지식, 그리고 고통과 근심을 짐작할 수 있었습니다. 그 순간부터 저는 그를 절대로 잊을 수 없었습니다. 나중에 그는 항상 향수에 젖어있다고 했습니다." 한국에 대한 일반적인 이야기와 분단된 독일에 대해 이야기할 때 이미륵은 "한국은 동아시아의 독일이고, 독일은 유럽의 한국"이라고 말했다고 한다. 다음으로 한민족의 유래와 그들이 사용하는 언어의 어원에 대한 이야기, 즉 인도게르만어족설에 대해서 얘기를 주고 받았으며, 이미륵은 우랄알타이어의 근원을 믿고 있다고 하였다.

그의 방은 식물원처럼 담쟁이로 가득 차 있어서 매우 놀랐다. 그 무렵부터 라이퍼는 독일에서 언론인으로 활동했다고 하였다. 라이퍼는 1947년 가을 이미륵에게 편지를 보내면서 몇가지 독일어 단어와 표현을 한글로 어떻게 표기하느냐고 물었다. "민족주의, 전제주의, 민족주의 나 전제주의? 모스크바 만세, 민주주의를 믿음, 대한제국, 고려민주국, 연합통치, (…) 자유, 공산당, 민주주의자, 군주주의자" 등등을 묻자 독일어로 친절히 표기하여 라이퍼에게 보내준 일이 있다.(Der andere Dialekt, 153-154쪽 참조). 1984년 한독수교 100주년기념으로 〈Der andere Dialekt〉가 발간될 때 자신이 소장하고 있던 이미륵에게 바치는 원고들, "Es waren zwei Sternenkinder"(1955), "Mirok Li"(1948), "Nach Mirok Lis Tode"라는 시(1955), "Mirok Li - eine Meditation"(1950)을 주어 유고집에 수록하였다.

그리고 1950년에는 〈모험 유럽 Das Wagnis Europa〉이라는 저술을 발표하였다. 이 책의 186-189쪽에는 한국에 대한 이야기, 특히 187쪽부터는 이미륵을 소개하는 글이 실려 있다. 즉 이 미륵이 대학시절 삼일운동에 가담했다가 망명, 의학공부를 하다가 자연과학으로 전과하여 박사학위를 취득한 학자이자 철학자요 작가라고 소개하고 "압록강은 흐른다"가 멋있는 독일어로 씌어져 독자들이 감탄하고 있다는 내용 등이 실려 있다.

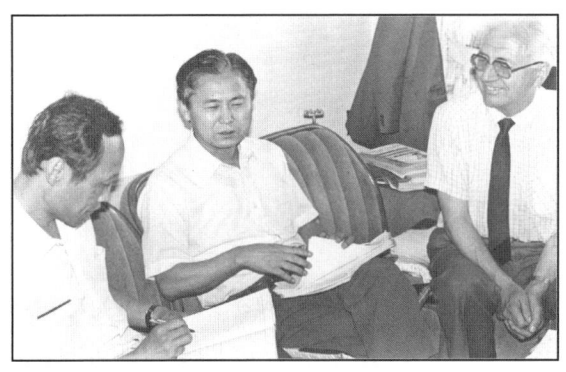

발터 라이퍼(사진 우측)는 독일 외무성에 외교관으로 임명받고 여러 나라 대사관에 근무하다가 1979년 주한독일대사관 문정관으로 발령받아 1983년까지 4년간 한국에 근무하였다. 1979년 겨울 주한독일문화원에서 행한 공식모임 중 휴식시간에 이런저런 이야기를 나누다가 라이퍼가 갑자기 "이미륵" 얘기를 꺼냈다. 그때부터 우리는 매우 친해졌고, 필자가 소장하고 있던 자료들을 본 그는 감동하여 필자 집에도 찾아왔고, 필자도 라이퍼의 공관으로 몇 번 가서 자료들을 보여주면서 얘기를 나누었다. 유고집 두 권 〈Vom Yalu bis zur Isar와 Der andere Dialekt〉을 발간할 때 한번은 독일외무성에 출판비지원 신청을 하여 도움을 받았고, 또 한번은 그가 잡다한 자료들을 정리하고 편집하는 일에 많은 도움을 주었을 뿐만 아니라 "후문 Nachwort"까지 써 주었다. 한국에 4년 근무하고 1983년 귀국하여 본부에 근무하였으며,

정년퇴임하고 고향인 파더보른의 자택에서 여생을 보내다가 별세하였다. 별세하기 몇 해 전에 그는 독일에 "이미륵협회"를 결성하여 1985년 회장직을 맡았으며, 부회장은 제1회 이미륵 상을 필자와 공동으로 수상한 Rudolf Goosmann(1999년 작고)과 본대학 한국학 교수인 알브레히트 후베 교수가 맡고 있었다.

Margott Dias

"1908년생인 마르고트 슈미트(결혼 후 이름은 디아스)는 독일에서 음악 공부를 마치고 1930년대 초 뮌헨에서 학생들에세 피어노 교습을 하였다. 그녀의 친구 중에는 훗날 장학사가 된 엘제 지그문트 Else Sigmundt 여사도 있었고, 피아노를 배우는 학생 중에는 자일러 교수의 딸 베르타 자일러 양도 있었다. 슈미트 선생과 제자인 베르타를 통해 자일러 교수댁과 인연을 맺은 이미륵은 1932년부터 근 20년간 이 집의 아들처럼 지낸 사이가 되었다. 몇 차례 만난 바 있는 지그문트 여사를 통해 포르투갈로 이민 간 디아스 여사의 주소를 알고 1972년 11월 7일 편지를 보냈더니 12월 1일에 회신이 왔다.

"당신이 보내준 편지를 받고 한편 매우 기쁩니다. 왜냐하면 이미륵이 오래 전의 시간으로 다시 환원시키고, 그의 비범하고 사랑스러운 인격이 완전히 사라지지 않았음을 보여주는 증거이기 때문이죠. 또 다른 한편으로는 저를 매우 슬프게 만들고 있습니다. 그 이유는 유감스럽게도 당신이 계획하고 있는 일에 제가 거의 기여할 수 없을 것 같아서 입니다." 그녀는 전쟁 중인 1944년 마지막 비행기를 타고 포르투갈로 이주하였고, 후에 부모님 집 등을 정리하고는 새로운 세계에서 여생을 보내고 있었다. 그 사이 대부분의 소지품들이 없어지고 말았다. 그 때에 없어지지 않은 사진들과 편지 등이 들어있는 상자들이 있기는 하나 시간관계로 그것을 찾아볼 겨를이 없다고 하였다. 혹시 정년퇴임 후에나 시간을 내어 정리할 수 있을지 모르겠다고 하였다. 편지를 보낼 당시 디아스 여사는 포르투갈 "문화인류박물관"에 근무하고 있었다. "당신의 간청이 너무나 감동적이어서 성탄절 때에나 시간을 내어 상자들을 뒤적거릴 계획이지만 약속은 할 수가 없습니다."라고 하였다.

그리고 이미륵에 대한 기억을 써 달라는 필자의 요청에 자기는 그에 대한 옛 기억을 되살려서 서술하기 쉽지 않다고 하였다. 이미륵의 인격적인 면을 서술하는 것은 자기의 도움 없이도 다른 사람들을 통해 들을 수 있을 것이라면서 사양하였다. 자르토리우스 박사의 숙모인 가브리엘레 벡커 Gabriele Wecker 할머니가 아직도 생존해 계시다니 기쁜 소식이라며 다음 편지에 그녀의 주소를 알려주면 고맙겠다고 하여 전해주었다. 1973년 3월 18일자 편지에는 짐을 조금 정리하다가 이미륵의 사진 몇 장을 찾았다면서 사진 5매를 보내왔다. 그 무렵 지그문트 여사를 통해 디아스 여사의 남편이 몇 달 전에 별세하였다기에 서면으로나마 조의를 전하며 위로하였다(1973년 4월 4일자).

Lina Seizer

리나 자이처는 자일러 교수댁에 가장 오랫동안 함께 살았던 가정부로서 한 집 식구처럼 지낸 할머니다. 필자는 1972년 9월 14일 가우팅에 사는 리나 할머니의 초대를 받고 방문하자 그녀는 이미륵이 자일러 교수댁에 오게 된 이야기부터 시작하였다. 1944년 포르투갈로 이민 간 당시의 마르고트 슈미트(나중에 디아스 여사가 됨)양을 통해서 이미륵이 자일러 교수댁에 왔다고 하였다. 즉 1931년경부터 슈미트양은 자일러 교수의 딸 베르타 Berta의 피아노 교사였으며, 베르타에게 이미륵 박사 얘기를 했더니, 베르타가 다시 자기의 부모님께 말을 전해, 어느 날 슈미트양, 엘제 지그문트, 이미륵이 자일러 교수의 초대를 받았다. 그때가 아마도 1932년 초였을 것이라고 생각하였다. 그때는 자일러 교수가家가 님펜부르크성 근교의 뇌르틀리헤 아우프파르츠알레에 살고 있었다.

당시에 리나 자이처(사진)는 25세 정도의 처녀로서 자일러댁의 살림을 맡아보던 하녀였다. 교수 초대를 받은 세 사람이 다녀간 후 식구들이 모두 이미륵의 유창한 독일어에 감탄하며, 자신들의 독일어가 이박사보다 못한 것 같다고 하였다. 생활이 어려웠던 이미륵에게 자기 집에 와서 함께 살 것을 제안하여 결국 1932년부터 별세한 1950년까지 이 집 식구가 된 것이다. 처음 얼마간은 약간 서먹서먹하였으나 이박사의 성품이 워낙 원만하여 금방 한집 식구처럼 적응되었다. 그 후 자일러가가 그래펠핑에 집을 신축하여 1937년 그곳으로 입주하였다.

넓은 공간, 시원한 마당, 뒷산 등 이상적인 주택이었다. 일은 많아졌지만 가족적인 분위기가 좋았다. 어려운 때라 땔감이 없으면 이미륵과 함께 뒷산에 가서 나무도 해오고, 또 마당의 넓은 텃밭에 야채도 심어 먹었고, 미륵은 때때로 부엌에 들어가 한국음식도 만들어서 함께 먹기도 하였다.

이미륵은 늘 책을 보고 또 뭘 쓰고 있었으며, 취미는 여행다니는 것과, 사진을 찍는 일이어서 집에다 암실을 만들어 직접 현상하여 사진을 뽑기도 하였다. 집으로 찾아오는 친구들과 제자들이 많았으며, 서예공부를 하는 일도 많았다. 그때에 엘제 지그문트, 애파 크라프트도 자주 찾아왔었다.

시간이 있을 때면 리나에게 자일러 교수댁에 오기 전 슈바빙의 웅가러슈트라쎄에서 고생하며 살던 때의 얘기, 라우멘 Laumen 여사댁에 방을 구해 네 청년이 함께 살던 얘기도 들려 주었다. 그 중에는 영국인 하랄드 투비 Harald Tooby, 의대생이었던 헬무트 바하만 Helmut Bachmann의 이름도 있었다. 매일 교대로 1명이 점심식사 준비를 해야 했으며, 돈은 기름값, 버터값까지 합쳐서 한끼에 1마르크 50페니히 이상을 쓰면 안되었다. 어느 날 이미륵이 괴취 교수와 여자친구 로자 마우러에게 편지를 써서 실수로 봉투를 바꿔 넣어 부쳐 교수로부터 놀림을 받은 일도 있었다.

이미륵이 여러 계층의 사람들로부터 존경과 사랑을 받은 것을 자신이 직접 목격했는데 그것은 그들이 이미륵의 인간미와 품격에 감동을 받았기 때문일 것이라고 하였다. 그는 서재에서 계속 글을 썼고, 그것이 아마도 "압록강은 흐른다"였던 것으로 보였으며, 저녁 때가 되면 자일러 여사와 이미륵이 함께 앉아서 식구들 앞에서 써놓은 원고를 읽어 주기도 하였다. 어느 해 파쉥(매년 11월 1일부터 시작되는 축제) 때에는 이미륵이 주동이 되어 자일러 교수댁으로 친구들을 불러서 밤늦게까지 먹고 마시며 즐긴 일도 있었다.

1949년 어느 날에는 건강이 극도로 악화되어 주치의 페터 벡크만 박사 Peter Beckmann의 왕진을 받고 급히 볼프라츠하우젠병원으로 실려가 그곳에서 수술을 받고 1등실에 입원해 있다가 퇴원하여 에벤하우젠 요양소에 입원하였으며 임종 전에 집으로 나왔다.

1974년 2월 20일에는 필자가 보내준 책을 잘 받았다고 편지를 보내면서 봄이 되면 자기 집으로 꼭 오라고 초대하여 다녀온 기억이 난다. 리나는 이미륵 박사가 타계한 후 묘소를 가장 자주 찾은 사람으로서, 3월이 되면 묘소에 가서 벌초를 하고, 화초에 물을 주고 오는 대표적인 할머니이다. 1999년 이미륵탄생 100주년 기념 촬영 때에도 많은 도움을 주었는데 최근에 별세하였다고 들었다.

Else Sigmundt

엘제 지그문트의 연락처를 리나 자이처를 통해 알고 엘제와 편지로 서로 연락을 주고받다가 1972년 11월 6일 처음으로 그녀를 집접 만났다. 엘제 지그문트가 이미륵을 처음 만난 것은 그녀가 마르고트 슈미트와 제에슈트라쎄에서 함께 방을 얻어 살 때였다. 마르고트가 이미륵을 먼저 알고 있었으며, 두 사람이 언제부터 어떻게 알게 되었는지는 들었는데 잊었다고 하였다.

엘제 지그문트는 뮌헨에서 장학사로 근무하다가 정년퇴임한 사람이다. 당시에 이미륵은 웅가러슈트라쎄에 살고 있었으며, 매우 궁핍한 생활을 하고 있었지만 사람은 매우 진지하게 보였다. 1932년 초 자일러 교수의 딸 베르타에게 피아노 렛슨을 하던 마르고트가 베르타에게 이미륵 박사 얘기를 하고 나서 자일러 교수가 마르곳, 엘제, 이미륵 세 사람을 초청한 사실은 이미 언급한바 있다.

엘제(사진), 마르고트, 이미륵은 1939-42년 경에 아르츠바하에 있는 코올아우프 Kohlauf댁의 통나무집으로 성령강림절 때마다 여행을 갔으며, 그 집에서 저녁을 먹으면서 항상 재미있는 대화를 나누곤 하였다.

지그문트는 이미륵이 수술을 받은 후 에벤하우젠 요양소에 입원해 있을 때 문병을 갔더니 자일러 여사와 애파가 교대로 산소마스크를 붙들고 있었다고 했다.

어느 날엔가 베르크에 있는 별장에 찾아 갔을 때 이미륵이 기르던 수암이라는 고양이를 옆집 주인이 총으로 쏘아 죽이자, "왜 고양이를 총으로 쏘아 죽였느냐"고 고함을 질렀다. 그러자 그 주인은 "고양이가 자기네 집 닭을 물어 죽여서"라고 했다. 그러자 이미륵이 "당신은 겨우 그 정도 밖에 안 되는 사람이요!"라고 하며 크게 화를 냈다. 엘제는 이미륵이 화를 내는 것을 그때 처음 보았다.

그리고 한번은 이미륵과 영화관에서 영화를 함께 관람하던 중 스크린에 일본 군인들이 총 쏘는 장면이 나타나자 이 박사가 갑자기 자리에서 일어나 뭐라고 소리를 버럭 질렀다고 했다. 그리고 그 이후로 미륵은 아마도 영화관에 다시는 가지 않았을 것이라고 했다. 그녀는 그 이유(삼일운동 가담, 상해로 망명 등)를 나중에야 알았다고 하였다.

엘제는 1972년 9월 4일에 보낸 편지에 대한 회신을 10월 18일에야 보내왔는데, 자료를 찾아보았지만 아틀란티스에 실렸던 "무던이"와

"츠레츠레쿠사(Müller & Kiepenheuer Verlag, 1948)" 밖에 없다고 전했다. 그 후 그녀와는 지속적으로 서로 편지왕래를 했고, 1974년 11월 22일에는 "Iyagi"를 받아 보고 매우 기뻤다는 내용의 글을 보내왔다. 그러나 이듬해 1975년 어느 날 갑자기 그녀의 사망 소식을 받았다.

Clara Huber

클라라 후버(사진)는 반 나치운동을 하다 체포당해 1943년 7월 13일 처형당한 뮌헨대학교 쿠르트 후버 교수 Kurt Huber의 부인이다. 후버 여사를 처음 만난 것은 1972년 9월 25일이다. 1938년 후버가족이 베를린에 살다가 그래펠핑으로 이사와 이미륵을 우연히 그래펠핑역에서 처음 만났다고 한다. 그 후 이미륵은 후버교수댁과 가까워져 가끔 와서 차도 마시고, 때로는 음식도 만들어 같이 먹는 가까운 사이가 되었다고 했다.

그녀의 딸 브리기테 바이스 Brigitte Weiss의 증언에 의하면 그녀의 아버지와 이미륵은 무모한 전쟁을 일으킨 독일과 일본을 신랄하게 비판하는 대화를 나누었다고 회고했다. "백장미 사건" 이후 주위의 많은 지인들이 후버 가족들을 피하고 있을 때였다. 가깝게 지내던 유명한 작곡가 카알 오르프 Carl Orff조차도 발길을 끊어 버린 절망적인 시기에, 누구보다도 어려운 처지에 있었던 이미륵이 자신이 먹을 음식을 아껴 두었다가 종이에 싸 들고 와 부인을 통해 감옥에 갇힌 후버 교수에게 전해준 일도 있었다고 했다.

그리고 길에서 사람들과 마주치면 모두 그녀를 피해 걸어갔는데, 이미륵만은 멀리서도 큰 소리로 "클라라!"를 외치며 반가운 인사를 건네 왔다고 했다. 클라라는 이미륵을 "진정한 친구였고 의리 있는 사람으로 보았고, 그로인해 한국 사람들을 새롭게 보게 되었다"고 했다.

언젠가 후버 여사가 자기에게 이미륵의 박사학위 논문이 있을 것이라고 하기에 편지로(1974년 11월 18일) 빌려달라고 한 일이 있었다. 깜빡 잊고 있었던 여사는 어느 날 짐을 정리하면서 버릴 것들을 정리하는 도중 무심코 작은 책자를 찢다가 그것이 이미륵의 논문이라는 것을 알고 바로 그 길로 차를 몰고 와 그 원고를 건네주었다. 복사 후 돌려준다고 하자 그냥 가지라고 하여, 살짝 찢긴 그 학위논문의 원본은 국립중앙도서관에 진열될 수 있었다. 논문 제목은 〈변칙조건 하에서 플라나리아 재생시 규제적 현상 Regulative Erscheinungen bei der Planarienregeneration unter anormalen Bedingungen, 1928〉이었다.

1947년 클라라 후버는 남편의 공적을 기리는 추모집을 발간하여, 주로 생전에 친분이 두터웠던 지인들의 글을 모아 실었고, 이미륵도 "쿠르트 후버와 외국 Kurt Huber und das Ausland"라는 글을 투고하였다. 후버 교수는 부인이 마지막으로 싸들고 갔던 그 음식과 포도주를 모두 마시고 태연한 모습으로 형장으로 들어갔다고 했다.

Egon-Bernhard Wehner

이미륵이 1930년대 초반에 뮌헨에서 가장 친하게 지내던 독일친구들은 구텐존 형제와 에곤 베른하르트 베너였다는 말을 듣고 에두와르트에게 스웨덴에 산다는 베너의 주소를 물었더니 "Egon-Bernhard Wehner, S-59300 Västervik 48 B, Sweden" 이라고 적어주기에 즉시 1972년 12월 1일자로 베너에게 이미륵 자료를 수집하는데 도움을 줄 수 있느냐고 편지를 보냈다.

3일 후(12월 4일자) 놀라운 회신을 받았는데 회답 서두에 필자의 편지를 매우 흥미 있게 읽었다면서 "이미륵박사는 나의 가장 친한 친구들 중 한 명이며, 갖고 있는 자료는 '압록강은 흐른다', 'Atlantis'라는 잡지들, 'Stimmen der Völker', 사진들과 많은 서간문들이 있습니다."라고 적었다. 그간 스웨덴에 이민 와서 몇 차례 이사하고, 또 부인이 몸이 아픈 관계로 지금은 좀 어수선한 생활을 하고 있으며 현재 자기가 집을 떠날 수 있는 형편이 되지 못하니 필자를 스웨덴으로 오라는 제안을 했다. 물론 여비는 자신이 지불 할테니 아무 걱정 말고 그리로 오는 것이 좋겠고, 일체 경비는 독일에 사는 친구를 통해서 즉시 송금하겠다고 하였다.

필자는 약간 당혹스러웠다. 도대체 이미륵과 얼마나 친했던 사이였으면 일면식도 없는 사람의 첫 편지를 읽어 보고 그렇게 먼 곳으로 초대한다는 말인가! 전혀 생각치도 않았던 일이 갑자기 생긴 것이었다. Alpen-Express를 타고 코펜하겐, Helsingborg-Linköping까지 와서, 그곳에서 자기가 사는 Västervik행(뮌헨으로부터 1500km) 기차로 환승하라는 설명까지 하였다.

그리고 나서 서로 연락을 주고받으며 여행일자를 조정하여 1월 중이면 좋다고 하기에 1월에 가기로 합의를 보았다. 그러자 1월 2일에 독일 호프하임 Hofheim에 산다는 베너의 친구 Artur Rozsa가 300 마르크짜리 수표를 보내왔다. 마음이 조금 불편하였으나 우선 자료들을 급히 보고 싶은 생각도 있고, 또 베너의 진심도 이해하면서 초대에 응하기로 하였다. 지난 몇 년간 여러 사람들을 찾아다니면서 꽃값으로 얼마 안되는 금액이지만 소비하면서 다녔는데, 이것은 도리어 노자를 받아 가면서 이미륵의 친구를 만나러, 그것도 머나먼 스웨덴으로 가게된 것이었다.

결국 1973년 1월 10일 밤 10시 40분 기차를 타고 떠나 다음날 밤 10시 10분에 패스테르빅에 도착, 역 앞에 이미 예약되어 있었던 파크호텔 Park-Hotel로 갔다. 베너의 말대로 주인인 로딘 Rodin 사장은 독일말도 잘하고 아주 친절하였다. 다음 날(금) 호텔에서 아침식사를 마치고 자리에서 일어서는데 베너가 마침 필자를 데리러 왔다. 극적인 상봉이었다. 거의 70을 바라보는 노인인데 아주 건장하게 보였다. 우리는 택시를 타고 베너의 집으로 갔다. 우리는 1973년 1월 12일 단 둘이 매우 뜻있는 하루를 함께 보낼 수 있었다. 그런데 부인(Maya : 1891-1982)은 병으로 입원 중이라고 하여 마음이 아팠다.

여러 가지 얘기를 주고받다가, 곧 이미륵과의 우정관계, 자료 등과 연관되는 얘기를 시작하였다. 자기는 친구 브루노를 통해서 1930년대 초반에 자기 집에서 경영하던 뮌헨의 도자기 공장에서 이미륵을 알게 되어 자주 만나면서 친하게 지내다가 1949년 스웨덴으로 이민왔다는 것이었다. 뮌헨에 살 때엔 회계사 자격증도 갖고 있었지만 주로 도자기 제작 일을 하면서 시간이 나면 브루노, 이미륵과 함께 산행도 같이 하고, 여행도 함께 다녔다고 했다. 베너는 매사에 치밀하고 정확한 사람이었다. 나중에 알았지만 베너처럼 자료들을 잘 정돈해 놓은 사람은 별로 없었다. 잡지들(몇 개는 나중에 더 찾아서 준다고)과 서평들도 중요하지만 이미륵으로부터 받은 편지 원본들이 대부분 그대로 남아 있었다.

　1984년까지 찾은 이미륵의 편지 원본을 모두 합치면 59통이다. "Der andere Dialekt"에도 이 편지들이 수록되어 있지만, 베너와 부인 마야가 1939년부터 1949년까지 받은 편지가 모두 34통이다. 그중에 스웨덴으로 먼저 떠난 마야가 받은 것이 11통이나 된다. 베너가 수신인으로 되어있는 편지 대부분은 독일에 있으면서 주고받은 편지들이고, 몇 장은 스웨덴에서 받은 것도 있었다. 베너가 즉석에서 필자에게 그 편지들을 기꺼이 넘겨주었으며, 그것을 받는 순간의 감동은 이루 말로 표현할 수가 없었다. 그리고 베너에게도 "압록강은 흐른다"의 속편 얘기를 묻고 싶어서 말을 꺼냈더니 1947년경에 속편 원고가 거의 끝난 것으로만 안다고 하였다. 1947년 성령강림절 때 마야에게 보낸 편지에도 "몇 주만 더 집중해서 쓰면 속편의 작업이 거의 끝나겠고, 그러면 스웨덴으로 가보고 싶은데 (...)" 하는 내용이 있다. 자기는 그것이 그후에 어떻게 되었는지 모른다는 것이었다.

　뮌헨에 있을 때 그는 이미륵으로부터 서예도 배우고(사진첩 참고), 중국어도 오랫동안 배웠다고 한다. 본인은 표현하지 않았지만 이미륵의 생활이 너무 어려워서 수강료를 주는 명분으로 중국어 공부를 계속하였던 것으로 보인다. 베너가 군대에 입대하고 난 후에도 가끔 면회도 가고 또 자주 서신거래가 있었던 자료들이 남아 있다. 1930년말 경부터 영어, 독어, 중국어 사전을 편찬하는 작업도 오랫동안 함께 하였던 편지내용이 여러 곳에 나오고 있다.

이미륵은 취미가 다양하였다고 한다. 등산(Kaiserwendel 등지로), 여행, 사진촬영 등등...... 베너는 간간이 에두와트에게서 들었다는 에피소드도 얘기해 주었다. 1930년대 말 나치가 나라를 어지럽게 흔들고 있을 때 어느 날에는 이미륵이 사진기를 들고 뮌헨 시내에 나가 다니다가 군인들이 행진하는 것을 보고 무심코 사진기로 찍자, 즉석에서 경찰에게 잡혔다고 한다. 경찰서에 잡혀가 몇 시간 동안 심문을 받을 때 이미륵은 독일어를 전혀 이해하지 못하는 것처럼 앉아서 아무 댓구도 하지 않자, 경찰관들이 "저 녀석 바보인가봐, 저런 멍청이, 내보내 줘!"하면서 석방시켰다는 것이다. 미륵은 그 길로 브루노와 에두아드를 찾아가 배꼽을 쥐고 웃으면서 "저 바보같은 경찰들, 내가 무슨 말인지 알아듣지 못했다고? ......" 하였다는 얘기였다.

베너는 이미륵과 함께 집필에 열중하였던 영,독,중 사전의 원고들은 찾을 수 없다고 했다. 1940년 12월 12일자 편지에도 이미륵은 중국인들까지 만나면서 문법책과 사전편찬 준비를 하였었다. "중국인들과의 대화는 참 좋았어. 자네가 자리에 같이 있을 수 없어 유감이네." 그리고 원고 정리도 베너에게 맡긴다고 하였다. 이미륵은 사전작업이 너무나 어려워서 차라리 그 원고로 "교과서"를 만드는 것이 좋겠다는 의견도 제시했었다며 혹시 그때 출판예정이었던 출판사 Kiepenheuer에 교정본이 보관되어 있다가 전쟁 중에 소실된 것이 아닌지 모르겠다고 하였다. 이 출판사에 대한 언급은 Der andere Dialekt의 164쪽

(1949년 10월 31일자 편지 참조)에도 실려 있다.

 1940년 6월경 마야는 남편보다 먼저 스웨덴으로 떠난 것으로 보인다 (1940년 6월 26일자 편지 참조!). 이미륵은 스웨덴말도 조금 배웠는지 1941년 11월 6일 마야에게 보내는 편지 서두에 스웨덴어로 인사를 전했다.

  "친애하는 마야, 안녕! 어떻게 잘 지내고 있는지? 이곳은 눈이 내리고 있어 안개도 심하고 날씨도 몹시 추워져서 나는 방에 앉아서 마야를 생각을 하면서 스웨덴어로 몇 자 써 보내고 있어.. (...) 안녕!"

 베너는 북유럽에서 손꼽히는 우표수집가로서 엄청난 거부로 보였다. 그의 집에 정리되어 있는 우표 캐비넷이 두 개나 되고, 나머지 전시용 고가의 우표들은 모두 보험회사인가 어디에 보관되어 있다는 것이었다. 필자는 세상에서 우표를 이렇게 많이 소장하고 있는 사람은 처음 보았다. 필자도 취미로 우표를 수집한다고 했더니 편지를 보낼 때마다 몇 장씩 넣어 보내 그간 스웨덴 우표만 - 중복되는 것도 있지만 - 약 570 여 매 수집했다.

 베너는 독일에 살 때에도 이미륵에게 경제적으로 도움을 주었던 증거들이 있다. 이미륵이 보낸 1941년 1월 12일자 편지에도 "편지 두 통과 돈도 보내줘서 고맙네!"(Der andere Dialekt, 113쪽)라는 말과, 1941년 9월29일자 편지에는 "이번에는 돈이 어떻게 뮌헨에서 왔지?"(Der andere Dialekt, 122쪽)라는 내용도 있다. 뿐만 아니라 1940년 11월 22일에는 "돈이 없으니 좀 보내주게!"(Schicke mir doch etwas Geld, da ich nichts bei mir habe!)라는 부탁까지 한 일도 있었다. 베너 자신도 그날 필자와의 대화 도중에 옛날에 조금씩 도와주었다는 말을 조심스럽게 하였고, 1937년 이후에는 자기가 유태인들도 도와주었다고 하였다.

자료들을 넘겨받고 흥분된 상태에서 근방에 있는 식당에서 점심을 같이 먹고 함께 해변가로 산책도 하고 시내 관광도 조금 하였다. 자료를 더 찾게 되면 나중에 우편으로 보내 줄 테니 아무 걱정 말라는 따뜻한 말도 했다. 베너는 다음날 또 다른 사람과의 약속이 있다고 하여 필자는 호텔에서 하루 더 자고 슈톡홀름으로 떠날 준비를 하였다. 그곳에 동창이 있어서 별로 멀지 않으니 (325km) 들르라는 약속이 사전에 있었기 때문이었다.

다음날(토) 새벽 7시 기차로 스톡홀름으로 가서 도시 구경을 하고 하룻밤을 묵고 뮌헨으로 내려가는 기차를 탔다. 피곤한 여행이었지만, 그래도 베너에게서 받은 편지를 기차 안에서 흥미롭게 읽었다. 1974년 초에 베너는 나중에 찾은 잡지 "Atlantis"와 "중국문학"이 실린 잡지 "Welt und Wort"를 보내줘서 많은 도움이 되었다.

베너는 의리가 있고 정겨운 신사였다. 그 분과 1972년 12월부터 귀국 후 1993년까지 근 20년간 서로 주고받은 편지가 무려 60통 이나 된다.

김 재원 박사

오토 자일러, 그의 여동생 베르타, 뮌스터에 있는 김재원의 동창 엔네 보르네만 Enne Bornemann 등 여러 사람으로부터 김재원 박사의 얘기를 들은 바 있다. 김재원은 1929년 베를린을 거쳐 뮌헨으로 왔다. 이곳에서 이미륵을 만났을 때 한국 사람은 단 둘이었다고 한다. 11월에 대학에서 입학허가서를 받을 때까지 "말은 이의경에게서 열심히 배웠지만 혼이 났지요."(신동아, 1970년 4월호, 191쪽). 공부는 본래 철학을 하다가 "교육학을 했는데 죽을 고생을 했어요."(신동아, 191쪽). 김재원의 글에 의하면 1929년 당시 이미륵은 "이자르강에서 멀지 않은 '베스터뮐슈트라쎄 Westermühl-Strasse'에 살고 있었다. 방세는 20마르크 정도의 빈대가 많은 조그만 방이었다. 그의 유일한 수입은 신문 같은 데에 가끔 한국의 이야기를 써서 받는 고료가 전부였다. 그러나 그것은 생활비의 몇 분의 일도 되지 않았다."(김재원: 여당수필집, 1973년, 탐구당, 127쪽). 그 때 두 사람은 매일 열두시에 만나서 점심을 함께 먹으면서 김재원에게 여러 가지 독일생활에 대한 조언을 했을 것이다.

"독일어에 불통한 나는 처음 적어도 2,3개월 동안은 이씨가 나의 유일한 말동무였고 지도자였다. 그는 독일어에 대한 정확한 지식의 소유자로 그 덕택에 나 자신도 오늘까지 독일어에는 자신을 가지게 되었다."(여당수필집, 127쪽). 이미륵은 1928년에 박사학위를 끝냈고, 김재원은 1929년에 공부를 시작하면서 두 사람은 뮌헨에서 한때는 잠시 자취도 함께 하였으며, 대학식당에서 점심시간에 거의 매일 만났다고 하였다. 그러니 필자가 이 추적 작업을 할 때 김재원은 뮌헨에서 지냈던 이미륵의 생활과 형편을 증언할 수 있는 유일의 한국인이었다.

1930년 초에 김재원에게 정규적으로 오던 학비가 잘 오지 않아 이미륵에게 얼마씩 주던 돈이 떨어지게 되었다. 그러던 어느 날 대학 기숙사에서 만난 일본 대학생이 일본어로 된 의학논문을 독일어로 번역할 사람을 구한다기에 이미륵에게 소개하여 그 번역료로 얼마간 생활하였을 것이라고 김재원은 기록하였다.(여당수필집, 128쪽).

그때를 전후하여 이미륵은 슈바빙의 "웅가러슈트라쎄 Ungarerstrasse"의 어느 노부인의 아파트에서 다른 독일 청년 몇 명과 같이 자취생활을 하였다. 바하만, 영국인 하랄드 투비 등도 함께 자취를 하였을 것으로 보인다. 아마도 라우멘 Laumen 할머니댁인 것으로 추측된다. 그 청년들도 대부분 아직 일정한 직업이나 수입이 없는 시인, 화가들이었다고 한다.

1932년이면 이미륵이 자일러 교수댁에 갔던 해이고, 김재원은 학위가 끝나기 2년 전이다. 1973년 1월 24일 김재원이 필자에게 독일어로 편지를 보내면서 사진 2장도 동봉하였다.

> "친애하는 정규화씨, 오늘은 간단히 몇자 적습니다. 1932년 12월에 뭇소리니는 정치적인 목적으로 유럽에서 공부하고 있는 4000명 이상의 동양에서 온 대학생들을 로마로 초청하였습니다. 그래서 우리들은 로마행 왕복 승차표를 무료로 받았습니다. 동봉하는 사진은 우리가 바티칸 앞에서 찍은 것이고, 다른 사진은 1938년경에 찍은 것으로 알고 있으나, 자세히는 알 수 없습니다. 충심으로 인사를 전하면서, 김재원".

뭇소리니가 그때 어떤 목적으로 동양 학생들을 초청하여, 로마에서 무슨 모임이 있었는지에 대한 설명은 없었으며, 또 물을 기회도 없었다. 이미륵이 자일러 교수댁에 입주한 후 김재원도 뮌헨 집은 물론, 그래펠핑에 신축한 집, 그리고 슈타른베르크호 옆에 있는 베르크 Berg의 별장으로도 놀러가서 자일러 교수 내외도 잘 알고 있었다.

1976년 귀국 한 후에 박물관 관장직을 맡고 있던 김재원씨를 찾아뵙고 지난 날의 얘기도 듣고, 또 많은 조언을 받았다. 그리고 1979년 9월에는 이미륵과 생전에 친분이 있었던 발터 라이퍼(Walter Leifer)가 주한독일대사관 문정관으로 부임하여(1979-1983) 우리는 가끔 만나서 흥미 있는 얘기들을 나누었다.

라이퍼는 독일대사관에 근무하면서 1982년 유고집 "그래도 압록강은 흐른다 Vom Yalu bis zur Isar"를 출간할 때 독일 외무성으로부터 출판지원금을 받을 수 있도록 도와주었고,"후기"까지 써주었다. "이미륵의 친구였던 김재원 박사가 청년기에 가깝게 지냈던 이미륵과 독일에서 함께 보낸 시절에 대해 한국어로 상세히 보도한 바 있다는 소식을 듣고 나는 매우 기뻤습니다. 김재원 박사와 나는 얼마나 자주 만나서 이미륵에 대한 이야기로 대화를 시작하여 한국과 독일에서의 공동세계에 대해 이야기를 나누었던가!" (발터 라이퍼: 이미륵에 대한 회상, 범우사, '압록강은 흐른다', 정규화 역, 2000년, 431쪽).

김재원은 1934년 뮌헨대학교에서 박사학위를 끝내고 벨기에로 건너가 모 고고학 교수의 조교로 근무하다가 1940년에 귀국하여, 해방 후 초대 국립박물관 관장으로 발령받아 25년간 봉직하였다. 1972년 10월 4일 뮌스터에 살고 있던 엔네 보르네만 박사 Enne Bornemann가 필자에게 흥미로운 편지를 보냈다. 이미륵과 김재원은 형제 사이같이 매우 가까웠으며. 자신은 김재원과 대학에서 사귄 친구(Studienfreundin) 사이라고 소개하였다. 김재원이 귀국하여 곧 모 여의사와 결혼하고 나서 지금의 자기 남편인 에른스트 보르네만에게 편지를 하여 엔네를 잘 보살펴 달라고 부탁하였다고 한다.

"우리는 결혼하기 전에 이미륵을 찾아가 에른스트와 결혼하려고 하는데 어떻게 생각하느냐고 물었습니다."

아마도 이미륵이 긍정적인 반응을 보였으니까 결혼을 하지 않았나 하는 생각이 든다.

1972년 여름 객원교수로 뮌헨에 온 고병익 교수를 어느 날 집에 모시게 되었다. 이런 저런 이야기 중 김재원과 이미륵이 주제가 되었다. 고병익 교수도 1950년대 국내의 신문과 잡지에 이미륵에 관해 기고한 바가 있어서 관심이 많아 보였다. 김재원 박사의 서울 주소를 물어 보았더니 쉽게 가르쳐 주었다. 그래서 1972년 9월 29일자로 김재원 박사에게 인사와 문의 편지를 올렸다. 1972년 12월 4일에 기다리던 회신이 왔다. "대단히 깊이 조사하신 모양인데 장차 그 모든 자료로 무엇을 하실는지 궁금합니다라고 하며," "아르츠바하", "Ungarerstrasse" 등등 기억도 새롭다고 하였다.

흥미로운 것은 로자와의 관계에 대한 대답으로 "이미륵이 Rosa Maurer와 약혼하였다는 것은 믿어도 좋다고 생각합니다. 그러나 그 관계는 1940년 전에 벌써 상당히 멀어진 것 같습니다. 로자는 영문학이 전공인데 아마 학교 선생을 하였지요?" 로자의 언니 요한나는 독일에 있을 때 유치원 보모로 있다가 미국에 건너가 성악가가 되었다는 사실까지 김재원은 알고 있었다.

"내가 뮌헨을 떠나기는 1934년 6월이므로 그 후의 이씨에 대하여는 아는 바가 많지 않습니다." 김재원이 1948년 록펠로우 재단 연구원으로 미국에 가 있었을 때 이미륵과 몇 차례 서신왕래가 있었다고 한다.

"그는 자기도 한국에 돌아오고 싶은 희망을 말하여 왔으나 나는 근 30년을 외국에서 생활하다가 갑자기 귀국한다는 것은 그야말로 물심양면의 준비가 없이는 어려운 일이라 생각하여 그 뜻을 전하였고, 다행히 내가 살던 관사가 넓직하니 귀국하면 한 동안 내 집에 있으라는 말까지 하였다. (...) 1949년 1월 미국에서 돌아온 후 얼마 안되어 자일러 부인이 나에게 서신을 보내 이의경씨가 병중이라는 말을 하여 왔고, 될 수 있으면 나의 미국친구들의 손을 거쳐서라도 어떻게 '쌀'을 보내줄 수 없는가라는 부탁이 있었다. 이것을 실현 못하고 우물쭈물하는 동안 이의경씨의 부고를 받았다."(여당수필집, 134-135 쪽).

김재원은 이미륵의 제자이면서 친구 사이였던 것으로 보인다. 그렇게 가깝게 지내던 두 사람 모두 세상을 떠나고 말았으니 안타까운 일이다.

Pro. Dr. Andre Eckert - Prof. Dr. Hermann Lautensach -Dr. Anselm Schaller - Dr. Irmgard Sartorius

이미륵이 1950년 3월 20일에 별세한 후, 그의 뒤를 이어 1955년부터 1974년까지 뮌헨대학에서 한국어 강의를 담당한 사람이 안드레 엑카르트 교수 Andre Eckardt였다.

엑카르트(사진)는 1909년부터 약 20년간 분도회 신부로 한국에 체류했었고, 한국언어, 문법, 미술, 동화, 문학사, 교육제도, 음악, 요업, 한독사전 등에 관한 50 여 편의 글과 저술을 남김으로써 독일인으로 한국에 관한 저서가 가장 많은 대표적인 학자였다. 그는 생전에 이미륵과도 뮌헨에서 교분이 있었으며, 이미륵 장례식 때에도 조사를 읽은 세 사람 중의 한 명이다. 엑카르트 교수에게 이미륵과 친분이 있었던 사람을 소개해 달라고 했더니 1972년 9월 25일자로 슈투트가르트(Stuttgart)대학 지리학과에 봉직하던 헤르만 라우텐자하 교수 Hermann Lautensach의 주소를 가르쳐 주었다.

라우텐자하 교수는 이미륵과 매우 친한 사이였다고 했다. 그의 저술 〈Korea. Land, Volk, Schicksal, Koehler 출판사, 1950년〉에 "삼가 이미륵을 회고하는" 글을 헌정했다. 출판사에 책을 주문했더니 이미 절판되어 결국 고서점을 통해 구입할 수 있었다.

1972년 9월 22일 슈투트가르트로 편지를 보냈더니 10월 20일에 그의 부인으로부터 회신이 왔다. 자기 남편은 1년 전에 이미 별세하였고, 그 동안 두 번이나 이사하면서 많은 자료들이 없어졌다고 했다. 자신도 뮌헨에서 공부할 때 이미륵을 잘 알고 있었으며, 남편과도 물론 친한 사이였다고 했다. 그리고 집에서 자료를 뒤적이다가 "부고장", 남독신문과 뮌흐너 메르쿠어에 실렸던 '신문부고'와 Rhein-Neckar-Zeitung에 실렸던 "압록강은 흐른다"의 서평들을 10월 24일에 보내면서 이미륵의 뮌헨대학교 동물학과 동창 두 명의 주소도 적어 보냈다.

한 명은 안젤름 샬러 박사 Anselm Schaller, 또 한 사람은 잉에보르크 자르토리우스 박사 Ingeborg Sartorius였고, 잉에보르크의 숙모인 가브리엘레 벡커 Gabriele Wecker 할머니의 주소도 알려주었다. 1982년 국내의 분도출판사에서 발간된 〈그래도 압록강은 흐른다 Vom Yalu bis zur Isar〉"의 원고(속편) 일부분은 이 할머니가 사망한 후 집 속에서 나온 것으로 - 잉에보르크의 제부인 Dr. Ernst Roesle가 집을 정리하다가 발견하여 - 1975년 5월 27일 샬러 박사를 통해 필자에게 전달되었다. 왜 그 원고가 그 할머니 댁에 있었는지는 아직도 풀리지 않은 의문으로 남아 있다.

샬러 박사에게 편지를 보내 만나고 싶다고 했더니 1972년 10월 28일 그의 집 뮌헨의 Viktoriastrasse 26번지로 초대하였다. 70세쯤 되어 보이는 노부부가 한국인을 만난 지 20년이 넘는다면서 반갑게 맞이하였다. 하이델베르크대학에서 공부하던 자르토리우스가 1925년 뮌헨으로 전학 간다고 하자 이미륵도 그때에 함께 전학하였다는 말을 들었다고 하였다. 자르토리우스 할머니에게 그때 왜 함께 전학하였는지를 물었으나 대답이 없었다. 하도 오래된 일이라 기억이 나지 않았던 모양이다.

샬러(사진) 자신도 1925년도에 뮌헨대학교 동물학과에서 이미륵을 처음 만나 다정한 친구가 되었다고 했다. 어느 날 아침 일찍이 학교로 가는 길에 영국공원(뮌헨 시내에 있는 공원명)을 지나가다가 아침식사도 안하고 책을 읽고 있는 미륵을 만난 일이 있었다고 하였다. 그때 이미륵이 아직 지도교수도 정하지 못했다고 하기에 자신이 괴취Goetsch 교수를 소개한 것으로 기억하고 있었다.

1927년 이미륵은 박사학위 논문 준비, 실험 등으로 바빴음에도 불구하고 브뤼셀에서 개최되었던 세계피압박민족 반제국주의대회에 한국 대표단의 일원으로 참가하였다. 자주독립을 외치는 "한국의 문제 The Korean Problem"라는 인쇄물도 만들어서(표지에는 영어, 불어, 독일어) 각국 대표들에게 배포하였다. 이 인쇄물을 이미륵이 뮌헨의 친구들에게도 보냈으며, 샬러는 그것을 소중히 보관하고 있다가 1972년 10월 28일 필자에게 전해줬다. 귀국 후 필자는 이 자료 원본을 1984년 7월 13일 "독립기념관"에 기증하였다. 이 인쇄물의 표지 하단에 이미륵은 연필로 "Brüssel, 10. Feb. '27"라는 발신 일자를 적고, Mirok 이라는 자신의 서명을 남겨놓았다.

몇 학기 뒤에 사귀던 여자 친구 로자 Rosa가 몸이 아파서 투병 중이라는 말을 들은 일이 있으며, 이미륵 자신도 그 무렵에 건강이 별로 좋지 않았을 것이라고 하였다. 브뤼셀을 다녀온 이후 그는 결국 의사의 지시에 따라 1927년 6월 25일부터 9월 25일까지 3개월 동안 스위스의 아그라 요양소 Sanatorium Agra에 입원하여 치료를 받았다.("독립운동가" 단원 참조). 그때에 샬러는 결혼을 하고 신혼여행 중에 입원 중인 미륵을 방문하였다.

"어느 날 아침, 내가 산책을 하고 돌아왔을 때 집 앞의 베란다에 낯익은 사람이 서 있는 것을 보고 깜짝 놀랐다. 날씬하고 적당히 그을린 얼굴에 반짝이는 회색 눈을 가진 동창생 샬러가 나를 찾아왔다. 그는 얼마 전에 결혼을 하여 젊은 부인을 데리고 신혼여행 차 스위스를 지나다가 여기에 입원하고 있는 자기의 외로운 친구를 찾아온 것이다. 나는 너무나 반갑고 기뻐서 어쩔 줄을 몰랐다." (이미륵: 그래도 압록강은 흐른다", 정규화 역, 범우사, 2000년, 274쪽).

샬러는 옛날 이미륵과 친하게 지내면서 한국과 관계되는 귀한 책을 몇 권 선사받았다고 하였다. 책을 선사하면서 백지에다가 다음의 글귀를 적고 서명했다.

"사랑으로 세상을 보는 사람에게는 가시동산이 장미동산이 되리라.
Wer die Welt mit Liebe betrachtet, dem verwandelt sich die Dornhecke zum Rosengarten.
　　　　　　한국인 이미륵 Mirok Li aus Korea

1973년 4월 어느 날, 샬러는 그 중의 한 권 〈Angus Hamilton: Korea. Das Land des Morgenrots, 1904〉에 헌정문으로 "Herrn Chung in herzlicher Verbundenheit"라고 써서 필자에게 선물로 주었고, 1974년 2월 7일에는 또 다른 한 권 〈Dr. Norbert Weber: In den Diamantenbergen Koreas, 1927〉에 "Herrn Chung in herzlicher Freundschaft weitergereicht"라고 써서 선물로 주었다. 한 권은 1904판, 또 한 권은 1927년에 발간된 희귀본이다. 샬러 박사에게 "압록강은 흐른다"의 속편에 대해 질문을 했더니, 이미륵이 평소에 구상하고 있었던 계획에 대해서도 소상히 알고 있었다.

그는 이미륵이 제1부는 "Jugend in Korea 한국에서의 유년시대", 2부는 "Begegnung mit den Westen 서양과의 만남", 3부는 "Westen mit Westen 서양과 서양"으로 나누어 작품을 쓰고 있는 중이라는 말을 들은 적이 있다고 했다. 그런데 미륵의 건강이 심하게 나빠진 후로 샬러에게 "세상이 지금 제3제국을 욕하고 있기 때문에 2권을 출판하고 싶지 않다"고 했고, "원고를 소각했다"는 말도 들은 기억이 있다고 했다. 그 이후에도 뮌헨에서 샬러 박사를 가끔 만났고, 연말마다 초대를 받았으나 1976년 귀국 이후에는 소식이 끊어지고 말았다.

동물학과의 유일한 여자 동창생인 잉에보르크 자르토리우스 박사. Ingeborg Sartorius의 주소를 받고 1972년 10월 27일에 편지를 보냈다. 주소를 보니 좀 멀리 떨어진 무스바하 Mußbach에 살고 있었다. 11월 6일자로 회신이 왔으나 도와줄 수 있는 자료가 거의 없다는 내용이었다. 갖고 있는 것은 "압록강은 흐른다" 밖에 없으며 이미륵이 "압록강은 흐른다"를 집필 할 때에 자기는 이미 뮌헨을 떠나 있었지만 자기도 다른 친구들처럼 미륵을 매우 좋아했다고 하였다. 그후 자기는 미륵을 할머니와 숙모인 벡커 여사에게 소개했었다고 하면서 혹시 이 두 할머니를 만나면 당시의 얘기를 들을 수 있을지도 모른다고 하였다. 그러나 학문적인 자료들은 기대하지 말라고 하면서 미륵의 훌륭하고 고상한 인격적인 면을 추적한다면 그 자료는 여러 군데서 찾을 수 있을 것이라는 말도 덧붙였다. 1976년 10월 21일 필자가 귀국하기 직전 보낸 편지에 남편이 84세(*1882년생*)이며, 자신은 지금 시골에 살고 있고, 남편이 너무나 고령이기 때문에 집안일을 자신이 모두 해야 할 형편이라고 하였다. 꼭 한번 보고 싶었지만 거리관계로 불가능하였던 일이 아쉽다. 귀국 후에도 서신연락이 있었으나 1984년 12월 29일에 온 편지의 주소가 뮌헨 근교의 플라넥 Planegg의 어느 양로원으로 기록된 것으로 보아 그녀는 그곳에서 생을 마감한 것으로 보인다.

이의정

이미륵에게는 위로 누님 세분이 계셨다.

이의선과 이의정(좌측)

첫째 누님은 이의선 李儀善 할머니, 둘째 누님은 이의정 李儀貞, 셋째 누님은 그냥 "셋째"로 알려져 있다. 필자가 추적 작업을 할 때 불현듯 "그 누님들은 지금 어디에 계실까?" 하는 생각이 들었다. 그런데 1972년 6월 3일 "한국일보"에 이미륵에 관한 기사와 주소가 있어서 그 누님들을 찾기 시작하였다.

1972년 8월 20일 인천에 사시던 큰 누님(당시 85세, 1972년 사망)과 마포구 합정동에 사셨던 둘째 누님(당시 82세)에게 자료를 수집 중이라는 편지를 보냈다. 인천에 보낸 편지는 얼마 후 반송되어 왔기에 주소가 바뀐 것이라고 생각하였고, 9월 26일에 합정동에 사시는 둘째 누님으로 부터는 회신이 왔다. 편지는 아들되는 이흥조 李興祚씨가 대신으로 쓴 것이었다.

　내용은 "첫째, 부인과 자식들은 모두 북한에 있어서 전연 소식을 알 수 없고, 둘째, 독일생활 초기(1921-1928)에 이곳에서 별로 뒷받침을 하지 못했고, 셋째, 모친(이의정씨)과 이모님(이의선씨)의 사진, 그리고 수년 전 이곳 "여원사" 잡지에 기재되었든 독일 여성의 글(고 전혜린 역)을 별편으로 우송하여 드리니 받아 주시고, 넷째, 서울의과대학에 가서 알아보았더니 너무 옛날 일이라서 의전 졸업생의 서류는 남은 것도 있으나 중도 퇴학자에 대한 서류는 보관된 것이 없다고 하며 故 이선근 박사(소아과)와 같은 반이었다고만 알고 있다."는 정도였다. 그 후에도 여러 가지 문의를 하였으나 할머니가 워낙 연로하여 기억들이 가물가물하여 손자에게 말씀하신 것을 기록하여 보낸 것이 있다.

　이미륵은 삼대 독자였고, 결혼은 11세에 하고, 그때 부인 최문호의 나이는 17세였다. 상해로 간 것이 22세(1919년 말에 갔으면 20세인데)이고, 무심한 사람이어도 유정이 있었고 부모님의 말씀은 무엇이든 승낙했다. 처갓집은 상업을 하는 집안 이었다.

　태어 날 때의 일화 : 70 전후의 점장이 할머니가 지나가다가 아들이나 딸을 점지할 수 있는데 맨 처음 믿지 않으려 했지만 믿건 안 믿건 상관이 없다고 하며 말하길 자기가 이 집을 다시 올지 안 올지 모르지만 태기가 있으면 그 아기가 태어날 때 배꼽 밑에 표가 있게 될 것이라고 하며, 이것은 자기가 점지한 것이라 했다. 이 점장이 할머니는 음력 6월에 다녀갔는데 다음 해 3월 초팔일에 아기가 태어 났는데 배꼽 밑에 '우물 정井'자, 모양의 표가 있었다.

어릴 때 : 15살 때 부친이 낮에 약주를 잡수시고 중독이 되어 저녁에 돌아가셨다. 보통학교는 다녔으나 고등보통학교는 해주에 없어서 강의록으로 공부. 서울의전 다닐 때에 방학 동안 해주에 있을 때는 친구들과 어울려 놀며 바이올린을 켜며 지내기도 하시고 계몽도 하였다. 서울의전 다닐 시 성적은 우수한 편이었고, 서울 의전 다닐 시부터 건강은 좋지 못하였다. 춤 잘 추고 노래 잘 부르고, 술은 건강을 생각하며 잡수셨다.

이미륵 씨의 자녀관계 : 첫 딸은 결혼 7년 만에 낳았으나 첫딸이 세 살 때 죽었다. 아들 명기는 첫 딸이 죽은 1년 후 탄생했고, 18세(중 3) 때 늑막염이 생겨 폐인이 되었다. 이를 비관하여 구월산에 입산했고, 현재 생사를 모른다. 딸 명주는 명기가 태어난 3년 후 출생했다. (…) 이미륵 씨가 24세 때 모친(62세)이 사망하였는데, 그 이유는 모친이 아들이 보고 싶은데 못보니까 홧병이 나서 사망하셨다. 별명은 정쇠였다."

필자는 이미륵의 친구였던 출판사를 경영하는 에드문트 간스 Edmund Gans를 자주 만나게 되었다. 간스로부터 이미륵의 자료들을 더 찾아서 출판이나 번역을 하려면 유족들로부터 "위임장"이나 판권을 받아 두는 것이 꼭 필요하다는 조언을 받고 이흥조씨에게 그런 사정을 편지로 전하여 1973년 6월 26일자, 이 의정 할머니(둘째 누님)의 이름으로 판권에 관한 모든 권한을 양도 받았다.

"정규화씨 앞,

　금번 귀하께서 나의 동생 이미륵의 모든 유고들을 출판하여 이 유고들과 "압록강은 흐른다"를 여러 나라 말(영문, 한글 및 그 이외의 가능한 언어)로 번역하려 함에 이를 전적으로 찬성하며 모든 권한을 드리는 바입니다.

李 儀 貞 (인)

서울특별시 마포구 합정동 491-4

　이 양도권 서류를 독일어로 번역하여 피퍼 출판사에 제출하자, 1973년 4월 12일자로 "압록강은 흐른다"의 독일판권을 양도 받을 수 있었다. 그리고 곧 새 출판사를 물색하여 1974년 St. Ottilien에 있는 EOS출판사에서 "압록강은 흐른다"와 "이야기"를 출간하였고, 1996년에는 호화판 장정으로 삽화까지 넣어 상기한 두 권을 다시 발간하였다. 1996년에 발간된 "압록강은 흐른다"의 서문을 이미륵의 애제자였고, 훗날 뮌헨대학교에 봉직하던 Wolfgang Bauer(1930-1997) 교수가 써줘서 더욱 돋보였다.

이미륵 자료목록

I. 발표작 및 기고문(Selbständige Veröffentlichungen und Beiträge)

1. Yiking Li: Regulative Erscheinungen bei der Planarienregeneration unter anormalen Bedingungen(변칙조건에서 본 플라나리아 재생의 규제적 현상). Diss. München 1928. (박사학위 논문).
2. Yiking Li : Nachts in einer koreanischen Gasse. In: Die Dame, Heft 9 (Jan. 1931), S. 16-17 u. 34.
3. Yiking Li : Ahnenkult in Korea. In: Ostasiatische Rundschau, Jg. 14, 1933.
4. Yiking Li: Zwischen Jenseits und Diesseits. In: Düsseldorfer Nachrichten, Düsseldorf 1. 2. 1933.
5. Yiking Li : Europakenner. In: Hamburger Fremdenblatt, Hamburg 18. 2. 1933.
6. Yiking Li : Das rote Tor. In: Hamburger Fremdenblatt, Hamburg 13. 5. 1933.
7. Yiking Li : Verwechslung. In: Düsseldorfer Nachrichten, Düsseldorf 5. 11. 1933.
8. Yiking Li : Religionen in Korea. o.O., 20./21./22. 12. 1933.
9. Yiking Li: Korea und die Koreaner. In: Hamburger Tageblatt, Hamburg 9. 2. 1934.
10. Yiking Li : Der andere Dialekt. In: Düsseldorfer Nachrichten, Düsseldorf 16. 3. 1934.
11. Yiking Li : Erklärung meiner Hautfarbe. In: Düsseldorfer Nachrichten, Düsseldorf 17.8.1934.
12. Mirok Li : Suam und Mirok. Kindheitsbilder aus Korea. In: Atlantis. Hrsg. von Martin Hürlimann, Zürich 1935, S. 349-360 (H. 6) u. S. 428-437(H. 7).
13. Mirok Li : Nolbu und Hungbu. o.O., 5. 5. 1939.
14. Mirok Li : Herr und Knecht. In: Frankfurter Zeitung, Frankfurt 21. 2. 1941.
15. Mirok Li : Jugenderinnerungen eines Koreaners. In: Atlantis, Berlin u. Zürich 1942, S. 193-199 (H. 6) u. S. 263-267 (H. 8).
16. Mirok Li : Der Yalu fließt. München (Piper) 1946, 1950.
    .... Zürich (Büchergilde Gutenberg) 1954.
    .... St. Ottilien (EOS) 1974, 1996.
    .... Seoul (Shintzisha) 1974.
    Seoul (Pan Korea) 1979.
17. Mirok Li : Iyagi. Kurze Koreanische Erzählungen. Hrsg. von Kyu-Hwa Chung, St. Ottilien(EOS) 1974, 1996.
18. Mirok Li : 『Vom Yalu bis zur Isar』. Hrsg. von Kyu-Hwa Chung, (Benedict Press) 1982.
19. Mirok Li : 『Der andere Dialekt』. Hrsg. von Kyu-Hwa Chung, Seoul(Sungshin Women's University Press) 1984.

20. Mirok Li : Zeichnung des chinesischen Originaltitels. In: Stimmen der Völker, H. 16/17, Gauting 1947(Bavaria Verlag), S. 605.
21. Mirok Li : Zeichnungen der chinesischen Schrifttafeln. In: Stimmen der Völker, H. 17/18, Gauting 1947, S. 629-672.
22. Mirok Li : Kurt Huber und das Ausland. In: Kurt Huber zum Gedächtnis. Bildnis eines Menschen, Denkers und Forschers. Hrsg. von Clara Huber, Regensburg 1947, S. 160-164.
23. Mirok Li : Chinesische Dichtung. In: Welt und Wort, Literarische Monasschrift, Heft 3, Bad 1948, S. 61-63.
24. Mirok Li : Die Nachkriegsliteratur. In: Der Schriftsteller. Zeitschrift des Schutzverbandes Deutscher Schriftsteller. Hrsg. von Rudolf Schneider-Schelde. Jg. 1, (1947/48), Heft 6/7. München 1948.
25. Mirok Li : (Hrsg.): Tsurezuregusa(Yoshida Kenko). Bergen 1948.
26. Mirok Li : (Hrsg.): Japanische Dichtung. Bergen 1949.
27. Mirok Li : Der treue Nachfolger. o. J.
28. Mirok Li : Warum die Katzen die Hunde anfauchen. In: Grüne Post. o.J.
29. Mirok Li : Der singende Kropf. In: Die Dame. o.J.
30. Mirok Li : Zwei gelbe Papierlampen. o.J.
31. Mirok Li : Kinderkummer. In: Hamburger Fremdenblatt, Hamburg 5. 4. o.J.
32. Mirok Li : Sonne war froh. In: Hamburger Fremdenblatt, Hamburg 3. 2. o.J.
33. Mirok Li : Japanisches Kopfweh. o.J.

II. 유고 (Nachlaß)

1. Mirok Li : Mudhoni. Ein koreanisches Bauernmädchen. In: Atlanstis, 1952, S. 335-362 (H. 8) u. 400-406 (H. 9).
2. Mirok Li : Von Geistern, Tieren und Stiefmüttern. In: Atlanstis, 1953, S. 297-304 (H. 7).
3. Mirok Li : Mutterstolz. In: Atlantis, 1953, S. 299-300.
4. Mirok Li : Der beste Arzt. In: Atlantis, 1953, S. 299-300.
5. Mirok Li : Am Schwanz des Tigers. In: Atlantis, 1953, S. 300.
6. Mirok Li : Kimponghui verkauft einen Strom. In: Atlantis, 1953, S. 300-301.
7. Mirok Li : Die blaue Naht. Unter dem Titel "Wundermappe" in "Atlantis", 1953, S. 301-302.
8. Mirok Li : Die letzte Rettung. In: Atlantis, 1953, S. 302.
9. Mirok Li : Der singende Kropf, In: Atlantis, 1953, S. 303.
10. Mirok Li : Uolmä und die böse Stiefmutter. In: Atlantis, 1953, S. 303-304.
11. Mirok Li : Das Padukspiel und andere Legenden aus Korea. In: Atlantis. 1953, S. 462-463 (H. 10).
12. Mirok Li : Wie der Tongbangsok doch gefangen wurde. In: Atlantis, 1953, S.463-464,
13. Mirok Li : Begegnung. In: Atlantis, 1953, S. 464.

14. Mirok Li : Nord und Süd. In: Atlantis, 1953, S. 464.
15. Mirok Li : Musuong. In: Atlantis, 1953, S. 464.
16. Mirok Li : In unserem Lande herrschte Frieden. In: Korea erzählt. Hrsg. von Johanna Herzfeldt(Volk und Wissen. Volkseigener Verlag), Berlin 1954.
17. Mirok Li : Der Mirok-Buddha. In: Atlantis. Freiburg/Br. 1955, S. 80, 82 (H. 2).
18. Mirok Li : Aus meiner Heimat. In: Die neue Silberfracht. 5. Klasse, Hrsg. von Gottfried Stein, Oswald Stein, Frankfurt/M. 1967.
19. Mirok Li : Der Ausreißer. In: ebd. 6. Klasse.
20. Mirok Li : Die neue Schule. In: ebd. 8. Klasse.
21. Mirok Li : Die neue Schule. In: Der Fährmann. Lesebuch für Realschulen, 2. Bd. Hrsg. von Heribert Keh. Bamberg o.J.
22. Mirok Li : Glaubst du, daß in Europa Blumen blühen? In: ebd.
23. Mirok Li : Wir studierten im sechsten Semester. In: ebd.
24. Mirok Li : Der Durst nach dem Leben. In: Im Gespräch, 3+4/1975, S. 17.
25. Mirok Li : Kuhhirt und Weberin. Das hinterlassene Manuskript.

(지상에 기고되지 않았던 "유고"가 "Iyagi"책에 실린 것은 HM 로 표시함).
26. Mirok Li : Tierintelligenz. HM.
27. Mirok Li : Der Knecht im Gelehrtenhut. HM.
28. Mirok Li : Der kleine Boksuri mit dem großen Fenster. HM.
29. Mirok Li : Der Dieb. HM.
30. Mirok Li : Ein Entenbild. HM.
31. Mirok Li : Okkekimi und Poksimi. HM.
32. Mirok Li : Die trauernde Katze. HM.
33. Mirok Li : Wie der arme Namsanhi zu einer Frau kam. HM.
34. Mirok Li : Der Dieb am Sylvester. HM.
35. Mirok Li : Der hungrige Fasan. HM.
36. Mirok Li : Der kranke Fuchs. HM.
37. Mirok Li : Die Schildkröte und der Hase. HM.
38. Mirok Li : Die Wette, die niemand gewinnt. HM.
39. Mirok Li : Naktong, der Maler. HM.
40. Mirok Li : Ein Roman - "Pack" - nicht komplett (160 Seiten). HM.
41. Mirok Li : "Kampf um den Sohn" - Eine Novelle, 85 Seiten. HM.
42. Mirok Li : "Der Weg nach Westen" - Eine Novelle, 63 Seiten. HM.
43. Mirok Li : "Immer noch fließt der Yalu - Ein Teil der Fortsetzung von 「Der Yalu fließt」. HM.
44. Mirok Li : Neun kleine Erzählungen - "Iyagi" mit dem Vorwort in Englisch: insgesamt 89 Seiten. HM.
45. Mirok Li : Koreanische Mädchen. HM
46. Mirok Li : Die Eingeborenen. HM
47. Mirok Li : Grabkult in Korea. HM
48. Mirok Li : Es war einmal. HM
49. Mirok Li : Aus heiterem Japan. HM

III. 이미륵의 한국어 기고문

1. 右翼諸黨에…, 민성 제2권 제 7호, 1946년 6월 1일 발행.
2. 社勞와 南勞의 合黨觀, 민성 제2권 12호, 1946년 11월 1일 발행.

IV. 번역된 작품 (Übersetzungen der Veröffentlichungen)

1. 『Der Yalu fließt (압록강은 흐른다)』

1) 영문판

(1) The Yalu Flows : H. A. Hammelmann 옮김, London (Harvill Press), 1954.
(2) The Yalu Flows : H. A. Hammelmann 옮김, East Lansing (Michigan State University Press), 1956.
(3) The Yalu Flows : H. A. Hammelmann 옮김, Canada (Collins), 연도미상.
(4) The Yalu Flows : H. A. Hammelmann 옮김, New York(W. W. Norton), 1975년
(5) The Yalu Flows : H. A. Hammelmann/Gertraud Gutensohn 옮김, New Jersey (Hollym International Corporation)/ Bumwoo Publishing Co. 1986.

2) 프랑스어판
『Une Enfance En Corée』, Isabelle Boudon 옮김, Arles (Philippe Picquier), 1994.

3) 불가리아어판
『Яny Teye』. 마리아 네이크바 옮김. 불가리아 소피아 (삼발라 출판사), 2000.

4) 일본어판
鴨綠江は流れる, 平井敏晴 역, 일본 草風館 발행 2010.

5) 국문판
(1) 『압록강은 흐른다』, 전혜린 옮김, 서울(여원사), 1959.
(2) 『압록강은 흐른다』, 김윤섭 옮김, 서울(입문사), 1959.
(3) 『압록강은 흐른다』, 전혜린 옮김, 서울(홍익출판사), 1967.
(4) 『압록강은 흐른다』, 전혜린 옮김, 서울(범우사), 1973.
(5) 『압록강은 흐른다』, 한봉흠 옮김, 서울(정한출판사), 1975.
(6) 『압록강은 흐른다』, 김윤섭 옮김, 서울(청산문화사), 1976.
(7) 『압록강은 흐른다』, 전혜린 옮김, 서울(명문당), 1977.
(8) 『압록강은 흐른다』, 정규화 옮김, 서울(범우사) 1982, 2000, 2006.
(9) 『압록강은 흐른다』(상,하), 정규화 옮김, 서울(다림) 2000, 2003.
(10) 『압록강은 흐른다』, 김은애 옮김, 서울(문학과 현실사), 2001.
(11) 『압록강은 흐른다』, 엄혜숙 옮김, 서울(계수나무), 2002.

(12) 『압록강은 흐른다』, 박균 옮김, 서울(살림출판사), 2016.

2. Iyagi(이야기) 및 Fragmente(유고) 한국어 번역

1) 국문판 :
(1) 『이야기』, 정규화 옮김, 서울(범우사), 1974년
(2) 『무던이』, 정규화 옮김, 서울(범우사), 1980년.
(3) 『그래도 압록강은 흐른다』, 정규화 옮김, 서울(범우사), 1977년, 2006.
(4) 『어머니』, 정규화 옮김, 서울(계수나무), 2003년.

3. Essay(수필) 및 Märchen(동화) 한국어 번역

1) 국문판
(1) 〈이상한 사투리〉, 정규화 옮김, 『주간조선』, 서울 1984년 7월 29일, 제 804호.
(2) 〈일본식 두통〉, 정규화 옮김, 『주간조선』, 서울 1984년 7월 29일, 제 804호.
(3) 〈혼동〉 심미경 옮김, 『여대생』, 서울 1984년 10월호.

V. 『압록강은 흐른다』의 발췌문이 국내 교과서에 실린 곳 (Ausschnitte aus dem Roman 『Der Yalu fließt』 in koreanischen Schulbüchern")

(1) 초등학교 국어 6-2, 〈옥계천에서〉, 대한교과서주식회사, 2004년, 124-131 쪽.
(2) 초등학교 6, 손오공 논술, 〈옥계천에서〉, 신원문화사 (박광서 엮음), 2005년, 194-197쪽.
(3) 고등학교 문학 (하), 〈대서양에서〉, 천재교육, 2003년, 355-358쪽.
(4) 고등학교 문학 (하), 〈압록강은 흐른다〉, 민중서림, 2003년, 61쪽.
(5) 고등학교 문학 (하), 〈구교육과 신교육〉, 디딤돌, 2004년, 106-108쪽.
(6) 고등학교 문학 (하), 〈감상과 반응〉, 청문각, 2006년, 356-358쪽.
(7) 고등학교 문학 (하), 〈근대 이후의 한국문학과 세계문학〉, 상문연구사, 2006년, 301쪽.

VI. 학술작업 (Wissenschaftliche Arbeiten)

1. Koreanische Grammatik (122 Seiten). HM.
2. Lehrbuch der Schreibkunst - Chinesisch - (130 Seiten). HM.
3. Chinesische Philosophie - "Menzius" - (53 Seiten). HM.
4. Chinesische Philosophie - "Lunyü" - (34 Seiten). HM.

VII. 서간문 (Briefe)

1. 이미륵이 보낸 편지 (von Mirok Li)

(1) Dr. Josef Clemente .... (2x)
(2) Eduard Gutensohn .... (2x)
(3) Frieda Kratzer .... (2x)
(4) Lina Seizer .... (1x)
(5) Hilde Wohlgemuth .... (5x)
(6) Egon-Bernhard Wehner .... (32x)
(7) Dr. Ludwig Doederlein .... (2x)
(8) Reinhard Piper .... (1x)
(9) Adolf Meyer .... (1x)
(10) Stefan Andres .... (1x)
(11) Prof. Dr. du Mont .... (1x)
(12) James Krüss .... (1x)
(13) Dr. Clemens Kraus .... (1x)
(14) Walter Leifer .... (1x)
(15) Helene Gundert .... (8x)

2. 이미륵이 받은 편지 (an Mirok Li)

(1) Stefen Andres ....(1x)
(2) Frau G. Hauptmann (Margarete) .... (1x)
(3) Adolf Meyer .... (1x)
(4) Prof. Dr. du Mont .... (2x)
(5) Dr. L. Maier .... (1x)
(6) Dr. E. Schulz .... (1x)
(7) Georg Gabritchvsky .... (1x)
(8) Dr. E. Horn .... (1x)
(9) Dr. Mathilde Danziger .... (1x)
(10) Dr. K.W. Blumberg .... (1x)
(11) Dr. Margarete Karutz .... (2x)
(12) Dr. Palm .... (1x)
(13) Dr. Anna Wittenstein .... (1x)
(14) Dr. Melchers .... (1x)
(15) James Krüss .... (1x)
(16) Ernst F. Manfred .... (1x)
(17) Dr. Ursula Freuden... (1x)
(18) Dr. von Speth .... (1x)

VIII. 사전(辭典) 기록 (Mirok Li in Lexika)

(1) Kutzbach, Karl-August (Hrsg.): Mirok Li. In: Autorenlexikon der Gegenwart. Schöne Literatur. Bouvier Verlag, Bonn 1950, S. 231.
(2) Wilpert, Gero von: Mirok Li. In: Lexikon der Weltliteratur. Alfred Kröner Verlag, Stuttgart 1963, Bd. I, S. 807.

(3) 정규화 : 이미륵,《동아원색 세계대백과사전》 23권, 서울 1983년, 122쪽.

IX. 방송 (Sendungen)

(1) BBC : Mirok Li. In: BBC Home Service, 22. 8. 1954.
(2) Friedenthal, Richard: Notizen aus Korea. In: Bayerischer Rundfunk, 29. 4. 1959 und 2. 5. 1959.
(3) BBC : 1967년 1월 24일, 내용 미상.
(4) MBC: MBC 라디오. 이미륵박사. 진행: 손석희 아나운서, 1978년, 날자미상.
(5) KBS : KBS 라디오. 이미륵 박사. 리포터 이수분, 1989년 3월 6일.
(6) KBS: KBS 라디오. 재방송, 1989년 3월 7일.
(7) KBS: KBS 라디오. 이미륵 박사. 진행: 원예종 방송위원, 1989년 4월 1일.
(8) KBS: KBS 라디오. 통일열차. PD: 서진원, 1989년 4월 2일.
(9) KBS: KBS TV. 고전백선. "압록강은 흐른다". 진행: 김윤식, 1989년 4월 23일.
(10) KBS: KBS 국제방송. 뉴스매거진, 1999년 3월 24일.
(11) KBS: KBS 국제방송. "이미륵편", Lesespaß, 1999년 3월 31일.
(12) KBS: KBS "수요기획", "독일에 흐르는 압록강" - 이미륵의 흔적을 찾아서 -, 1999년 6월 16일.
(13) CH 14: 문화마당, 제43회, 날자미상.
(14) Arirang TV: Star-Lit. Promenade, 이미륵, 2003년 10월 24일.
(15) KBS: 세계문학 세계화의 조건. 나신하 기자 진행, 2007년 10월 27일.
(16) SBS: 제5회 이미륵상 수상식, 2008년 9월 2일 (저녁 8시 뉴스).
(17) SBS: 창사특집 드라마 "압록강은 흐른다", 2008년 11월 14일 (3부작)
(18) SBS: 설날특선 "압록강은 흐른다", 2009년 1월 23일 (3부작)
(19) CGV: "압록강은 흐른다" 상영, 2009년 6월ㄹ 4일-10일
(20) Art One: "압록강은 흐른다" 상연, 2009년 7월 4일.

X. 논문 및 저술 (Abhandlungen über Mirok Li)

1) 이영래: 그렇게 그리던 조국에 알려지지 못하고 죽은 이미륵씨,《春秋》, 1957년 11월 27일.
2) 김재원: 이미륵씨의 생애.《조선일보》, 1959년 6월 1,2,3,4일.
3) Leifer, Walter: Mirok Li - Vermittler zwischen zwei Welten. Ein Koreaner als deutscher Schriftsteller. In: Im Gespräch. I. Vierteljahr, 1/1986, Melle 1986.
4) Stocker, Karl: Ein kultureller Mittler zwischen Fernost und Europa.《독일문학》, 40집, 서울 1988, 408-440쪽.
5) 김효원: 이미륵과 James Joyce에 비추어 본 강용흘의 소설세계.《한림대학교 논문집》, 제7집, 인문 사회 과학편, 1989, 97-112쪽.
6) Schumacher, Stefanie: Asia and western world in the literature of Mirok Li. 연세대학교. 국제대학원, 석사논문, 서울 1990.
7) 정규화: Begegnung eines asiatischen Schriftstellers mit der westlichen Welt.《비교문학》, 제16집, 서울 1991, 47-68쪽.

8) 정규화: Leben und Werk Mirok Lis.《성신연구논문집》, 제32집, 서울 1992, 117-132쪽.
9) Chung, Kyu-Hwa: Mirok Li. Ein koreanisches Literatenschicksal. In: Kurt Franz und Horst Pointner (Hrsg.): Interkulturalität und Deutschunterricht. Festschrift für Karl Stocker. Neuried, ars una 1994, S. 39-46.
10) Souessi, Karim El: Kulturbegegnung/Kulturkonflikt. Das Leben und das deutschsprachige Werk des Koreaners Mirok Li. MA-Arbeit, Universität München, München 1995.
11) Leifer, Walter: Mirok Li - Vermittler zwischen Ost und West. In: Deutsche Literatur und Modernität.《정규화교수화갑기념논문집》, 서울(범우사) 1996년, 655-677쪽.
12) Huwe, Albrecht: Leben und Werk Mirok Lis. In: Koreana, Bonn 1997.
13) 정규화: 이미륵, 영원한 한국인 - 작가론. 고려대학교《한국학연구》, 제10집. 1998, 177-203쪽.
14) Chung, Kyu-Hwa: Mirok Li als Schriftsteller und Humanist. In: Koreana, Bonn. Ausgabe I-II/1999, S. 10-13.
15) Chung, Kyu-Hwa: Mirok Li - Sein Wesen und Wirken. In: Koreana, Bonn, Ausgabe I-II/1999, S. 19-23.
16) 정규화: 이미륵의 문학활동과 휴머니즘. 고려대학교《한국학연구》, 제11집, 1999, 125-152쪽.
17) 정규화: 민족의식과 휴머니즘. 이미륵론.『재외한인작가연구』, 고려대학교 한국학연구소, 한국학총서 3, 서울 2001년.
18) Choi, Yun-Young: Autobiographie als Ethnographie. Eine vergleichende Untersuchung zu The Grass Roof von Youbghill Kang und zu Der Yalu fließt von Mirok Li.《독일문학》, 제90집, 2004년 419-439쪽.
19) 서은주: '이행'과 '경계'의 역동적 지편. 한설야, 이미륵, 강용흘의 교양소설을 중심으로. 연세대학교 석사논문, 2005년.
20) 최윤영 :『한국문화를 쓴다』, 강용흘의『초당』과 이미륵의『압록강은 흐른다』비교연구, 서울대출판부, 2006년.
21) 김종욱 : 씌여지지 않은 자서전.《현대소설연구》, 제32호, 2006년.
22) 최명표 : 이미륵의 소년소설 연구.《다문화 사회 속 아동문학의 역할》, 2008년 봄, 제10회 한국아동문학회 학술발표대회, 57-66쪽.l
23) Schmidt, Martin H. (Hrsg.): Franz Eckert - Li Mirok - Yun Isang, Botschafter fremder Kulturen, Deutschland - Korea, Regardeur, Heft 3, Oberursel 2008.
24) 최규진 : 이의경(李儀景)의 삶을 통해 본 식민지 시대 지식인의 한 모습, 서울대학교 의과대학원 학위논문 2011.
25) 박균 : 동, 서양 문화의 중재자 이미륵, 이로 2020(국외소재문화재재단 지원사업)
26) 이태숙 : 이미륵 문학에 나타난 집단적 기억의 공유로서의 고향, 한국어문학연구 2020.
27) 박균 : 이미륵의 삶과 작품에 나타난 한독 상호인식, 제3차 한독관계사 심포지움 제국주의시대 한독관계사, 튀빙엔대학교 한국학연구소 2021.
28) 이태숙 : 이미륵 독일 한국학의 보편적 이상향* -거대한 푸가는 니르바나에서 시작한다, 한국학연구 2022.
30) 진영희, 한지영 : 문학사 교육에서 망명 작가의 문학사적 위치와 의의, 이미륵 중심으로, 학습자중심교과교육학회 2018.
31) 박성래 : 문필가로 살다 간 동물학박사 '이미륵', 과학과 기술 38집, 2005, 102-104쪽.

32) 이미나 : 이미륵 작품에 나타난 집단적 기억의 공유로서의 고향, 국어문학 73집 2020.
33) 최규진 : '재앙의 시대'를 꿋꿋이 헤쳐나간 의학도, 이미륵, 의료와 사회 2023.

XI. 헌정서 및 기타 (an Mirok Li gewidmete Bücher und andere)

1. Lautensach, Hermann: Korea. Land, Volk, Schicksal. Gewidmet dem Gedenken an Mirok Li, Stuttgart(K.F. Koehler Verlag) 1950.
2. Debon, Günther: Herbstlich helles Leuchten überm See. (唐詩 譯書). Gewidmet an Mirok Li, München (Piper Verlag) 1958.
3. Grabreden zu seinem Tode. (弔詞). (24. März 1950).
   Dr. Peter Beckmann
   Prof. Dr. Kurt Brem
   Prof. Dr. Andre Eckardt
4. 사진 340매
5. 이미륵 이력서 3통
6. 활동 필름 : 요셉 클레멘테 박사 촬영(8mm), 1분 10초
7. 초상화
   Frau von Hacke: 화백 (초상화 및 스케치)
   Ernst Haider: 화백 (초상화)
   Frau Laumen: 화백 (초상화)
   Frau von Kienlin: 화백 (2×) (초상화)
8. 정규화(편저) : 이미륵박사 탄생 100주년 기념도록. 헤외문화홍보원 발행, 1999.
9. 라소영(각색): 이미륵 작 〈무던이〉 시나리오 제작. 감독: 김수용. 宇星社, 연도미상.
10. E. Crusius : Japanische Liebes-Verse (unbekannter Dichter der Heian-Zeit um 1000), In memoriam Mirok Li. (이미륵에게 바치는 헌정악보).
11. 정규화/ 박균 : 이미륵 평전, 범우사 2010.
12. Kun Park/Kyu Hwa Chung: Wanderer zwischen zwei Welten Mirok Li, St. Ottilien(EOS) 2015.
13. 박균 : 동·서양 문화의 중재자, 이미륵. 이로 출판문화공간 2020.
14. 박균/ 정규화 : 이미륵 평전, 두 세계를 거닐다. 이로 출판문화공간 1025.

XII. 서평 (Rezentionen)

1. 〈압록강은 흐른다〉에 관한 서평

1) 독 문

(1) N.N.: Jugend in Korea. In: Schwäbische Zeitung, Leutkirch, 7. 6. 1946.
(2) Hausenstein, Wilhelm: Der Yalu fließt. In: Süddeutsche Zeitung, München, 12. 6. 1946.
(3) N.N.: Der Yalu fließt. In: Neue Westfälische Zeitung, o.O., 18. 6. 1946.

(4) N.N.: Mirok Li. Der Yalu fließt. In: Sonntagsbote, o.O., 2. 7. 1946.
(5) N.N.: Das neue Buch "Der Yalu fließt". In: Braunschweiger Zeitung, Braunschweig, 9. 7. 1946.
(6) Hirsch, Hans: Der Yalu fließt. Gevelsberg, 25. 7. 1946.
(7) Schüddekopf, G.: Eine Jugend in Korea. In: Hessische Nachrichten, Kassel, 10. 8. 1946.
(8) Münster, Clemens: Der Yalu fließt. In: Die Neue Zeitung. o. O., 7. 9. 1946.
(9) Wurm, Alois: Mirok Li. Der Yalu fließt. In: Die Seele, Regensburg, Heft 7/1946, 22. Jg.
(10) Hartung, Ludwig: Mirok Li. Der Yalu fließt. In: Welt und Wort, Juli 1946, H. 2.
(11) Storck, Joachim W.: Mirok Li. Der Yalu fließt. In: Göttinger Uni., Göttingen, 13. 9. 1946.
(12) N.N.: Mirok Li. Der Yalu fließt. In: Katholische Kirchenzeitung, o.O., 15. 9. 1946.
(13) N.N.: Der Yalu fließt. In: Donau Kurier, o.O., 27. 9. 1946.
(14) Mayring-Gaab, Irma: Mirok Li. Der Yalu fließt. In: Frauenwelt. Nürnberg, Okt. 1946.
(15) Artelt, Max: Der Yalu fließt. NN. Wilhelmshaven, 18. 10. 1946.
(16) Melchers, Dr.: Der Yalu fließt. Kassel, 1. 11. 1946.
(17) Weis, Heinrich: Mirok Li. Der Yalu fließt. In: Badische Zeitung, Freiburg, 12. 11. 1946.
(18) N.N.: Der Yalu fließt. In: Darmst. Echo, Darmstadt, 13. 11. 1946.
(19) N.N.: Mirok Li. Der Yalu fließt. In: Westfalenpost, Nr. 63, o.O., 29. 11. 1946.
(20) N.N.: Mirok Li. Der Yalu fließt. In: Asien-Bibliographie, Frankenau, 1/2 1946.
(21) N.N.: Die alte und die neue Heimat. In: Berliner Zeitung, Berlin, 3. 12. 1946.
(22) N.N.: Ein Koreaner erzählt. In: Der Tagesspiegel, Nr. 132, o.O., 1946.
(23) Mogge, Wilhelm: Mirok Li. Der Yalu fließt. In: Westfalen Post, o. O., 1946.
(24) Hammer, Franz: Der Yalu fließt. In: Aufbau Berlin, Berlin 3/1947.
(25) N.N.: Mirok Li. Der Yalu fließt. In: Argentisches Tageblatt, o. O., 31. 7. 1949.
(26) N.N.: Heimat des Friedens. In: Die Neue Zeitung, München, 15. 7. 1950.
(27) N.N.: Eine Jugend in Korea. In: Züricher Neue Zeitung, Zürich, 9. 8. 1950.
(28) N.N.: Kindheitserinnerungen eines koreanischen Dichters. In: Basler Nachrichten, Basel 11. 8. 1950.
(29) N.N.: Korea-Jugend. In: Westfalen-Blatt, Bielefeld, 30. 11. 1950.
(30) Belzner, Emil: Der Yalu fließt. In: Rhein-Neckar-Zeitung, Heidelberg, 2. 12. 1950.
(31) N.N.: Der Yalu fließt. In: Südkurier, Konstanz, 6. 12. 1950.
(32) Pawlack, Erna: Mirok Li. Der Yalu fließt. In: Bücherei+Bildung, Reutlingen, 4/1951.

(33) Pietsch, Roland: Der Yalu fließt. In: Schulbücherei, Stuttgart, 3/1951.
(34) N.N.: Mirok Li. Der Yalu fließt. In: Die Funkschule, Stuttgart, März 1951.
(35) N.N.: Mirok Li. Der Yalu fließt. In: Allgemeine Rundschau, Nürnberg, 21. 4. 1951.
(36) N.N.: Im Lande der Morgenstille. In: Der Fürstenländer, Passau, 21. 4. 1951.
(37) Linn, Fritz; Brief an den Verlag Piper, 17. 5. 1951.
(38) N.N.: Mirok Li. Der Yalu fließt. In: Bayerische Schule, München, 5. 6. 1951.
(39) N.N.: Der Yalu fließt. In: Hannoversche Presse, Hannover, 19. 12. 1951.
(40) N.N.: Untergang des Morgenlandes. In: Die Christengemeinschaft, Stuttgart, Jan. 1952.
(41) Adolph, Rudolf: Der Yalu fließt. In: Flensburger Tageblatt, Flensburg, 8. 7. 1952.
(42) Müller, Wolfgang-Johannes: Eine Jugend in Korea. In: Bayernkurier, München, 18. 5. 1974.
(43) Wulffen, Barbara von: Glück am Fluß. In: Süddeutsche Zeitung, München, 24/25. 8. 1974.
(44) N.N.: Mirok Li. Der Yalu fließt. In: Westkurier, 27. 7. o.J.
(45) N.N.: Von Korea bis Südamerika. In: Westdeutsche Allgemeine, 16. 11. o.J.
(46) N.N.: Eine Jugend in Korea. o.J.
(47) N.N.: Mirok Li. Der Yalu fließt. In: Gleichheit, Hannover o.J.
(48) N.N.: Mirok Li. Der Yalu fließt. In: Flensburger Tageblatt, 5. 12. o.J.
(49) N.N.: Der Yalu fließt. In: Romantik der Seele, o.J.
(50) N.N.: Der Yalu fließt. In: Luzenzer Neueste Nachrichten, o.J.
(51) Eckardt, Andre: Mirok Li. Der Yalu fließt. NN. o. J.
(52) N.N.: Der Yalu fließt. In: Landesregierung Schleswig-Holstein, Kiel 31. 5. o.J.
(53) Otto, J.A.SJ.: Mirok Li. Der Yalu fließt. In: Die Katholische Mission, Flensburg,
(54) N.N.: Der Yalu fließt. In: Demokrat, o.O., 22. 5. o.J.
(55) N.N.: Der Yalu fließt. In: Frankfurter Neue Presse, Frankfurt/M., o.J.

2) 영 문

(1) N.N.: Der Yalu fließt. In: The Voice of Korea, 1 September, 1949.
(2) O'donovan, Patric: An Exile's Story, 1954.
(3) N.N.: Mirok Li. In: Publishers, 14 May, 1954.
(4) N.N.: An Insight into Korea. In: Br. Evening Post, 1 July, 1954.
(5) N.N.: The Yalu flows. In: Ab. Press, 5 July, 1954.
(6) N.N.: Korea without war. 9 July, 1954.
(7) N.N.: Mirok Li. The Yalu flows. In: Times, London, 10 July, 1954.
(8) N.N.: Nostalgia. In: The Glasgow Bulletin, Glasgow, 15 July, 1954.
(9) Walting, E.F.: The Yalu flows. In: Sheffield Telegraph, 27 July, 1954.
(10) N.N.: The Yalu flows. In: House of Dawson, July 1954.
(11) N.N.: A Korean Childhood. In: Literary Supplement, 6 August, 1954.

(12) N.N.: Korea Childhood. In: New Journal, 9 August, 1954.
(13) N.N.: The Yalu flows. o.O., 9 August, 1954.
(14) N.N.: Mirok Li. In: On the air, 14 August, 1954.
(15) N.N.: The Yalu flows. In: Smith's Trade News, 14 August, 1954.
(16) N.N.: Korea Youth. In: B'ham Post, 16 August, 1954.
(17) N.N.: The Yalu flows. In: New Review, August, 1954.
(18) N.N.: The Yalu flows. In: Parcuts Review, November, 1954.
(19) O'donovan, Patric: A Small Materpiece. In: N. Z. Herald, 9 December, 1954.
(20) N.N.: The Yalu flows. o.O., 1954.
(21) N.N.: The Yalu flows. In: Eastern Nord, London, January 1955.
(22) N.N.: The Yalu flows. o.O., 14 January, 1955.
(23) Booklist: Yi, Miryok. The Yalu flows, 12 January, 1956.
(24) N.N.: A Korean Childhood. In: TLS, 6 August, 1956.
(25) Donegan, Patricia: Korea Boyhood. In: Commonwealth, 2 November, 1956.
(26) N.N.: The Yalu flows. In: The New Yorker, 17 November, 1956.
(27) N.N.: Korea Yesterdays. In: The Laucelt, 14 July, 1964.
(28) N.N.: The Yalu flows. In: Western Mail, 6 October, o.J.
(29) Wolvershampton: The Yalu flows. In: Express und Star, o.J.
(30) N.N.: An Eastern Childhood. In: Morgins of Nerature, o.J.
(31) N.N.: Korea Memories. In: East Agian Daily Times, Ipswich o.J.

3) 한 글

(1) 필자 미상 : 〈압록강은 흐른다〉, 《경향신문》, 서울 1973년 10월 25일.
(2) 엄효현 : 〈압록강은 흐른다〉, 《중앙일보》, 서울 1974년 3월 27일.
(3) 필자 미상 : 〈압록강은 흐른다〉, 《중앙일보》, 서울 1977년 7월 18일.
(4) 정규화 : "압록강은 흐른다". - 아름답고 매혹적인 동양정신. 《교육개발》, 1993년 6월호, 통권 84호.
(5) 김태훈 : 〈압록강은 지금도 말이 없다〉, 《조선일보》, 2000년 12월 2일.
(6) 정미경 : 〈압록강은 흐른다〉, 《동아일보》, 2005년 11월 29일.

2. 〈이야기〉에 관한 서평

 1) 독 문
  (1) Müller, Wolfgang-Johannes: Mirok Li und Iyagi. In: Bayernkurier, Nr. 26, München, 28. 6. 1975.

 2) 영 문
 (1) N.N.:〈Iyagi〉. In: The Korea Herald, Seoul, March 21, 1975.

 3) 한 글
 (1) 필자 미상 : 〈이야기〉《문학사상》, 제29권, 서울 1975년 2월 호.

XIII. 이미륵에 관한 기고문 (Beiträge über Mirok Li)

1) 독 문

(1) Merk, Paul: Ein Abend mit Mirok Li. In: Badische Zeitung, 9. 5. 1947.
(2) Adolph, Rudolf: Ein koreanischer Dichter. In: Echo der Woche, o.O., 24. 1. 1948..
(3) Scheltema, F. Adama von: Fünf Minuten Unterschied. In: Süddeutsche Zeitung. München, 12. 7. 1948.
(4) B.G.; Am Grab Mirok Li's. In: Münchner Merkur. München 1950.
(5) K.T.Dr.: Zum Tod von Mirok Li. In: Würmtal Bote. München, 25. 3. 1950.
(6) Brem, Kurt: Mirok Li - Mensch aus dem Geist. In: Münchner Merkur. München, 28. 3. 1950.
(7) Thierfelder, Franz: Der Koreaner in Lederhosen. In: Die Neue Zeitung, o.O., 15. 7. 1950.
(8) Leifer, Walter: Die Milchstrasse war viel zu breit. In: Die Zeit, Hamburg, 8. 10. 1950.
(9) Adolph, Rudolf: Der Yalu fließt. In: Neue Württembergische Zeitung, o.O., 31. 3. 1951.
(10) Dolezalek, Hans: Mirok Li. In: Aachener Prisma, Mai 1954.
(11) Leifer, Walter: Es waren zwei Sternenkinder. In: Grenzland-Kurier, Viersen, 8. 4. 1955.
(12) Leifer, Walter: Krieg am 38. Breitengrad. In: Asien-Erdteil der Entscheidung, Würzburg 1957, S. 149-159.
(13) Leifer, Walter: Drei Gedichte über Mirok Li (1948-ca. 1970):
 a) Mirok Li (1948)
 b) Nach Mirok Lis Tode (1950, 1955)
 c) Mirok Li - eine Meditation (ca. 1970)
(14) Leifer, Walter: Deutschland und Korea - Eine geschichtliche Bilanz. In: Zeitschrift für deutsche Studien. (Keimyung-Universität, Taegu), 1980/81, Heft 2, S. 115-116.
(15) N.N.: Mirok Li. In: Koreana. Hrsg. von Domschke, Andreas(Deutsch-Koreanische Gesellschaft): H. 1/1988.
(16) N.N.: Stück koreanische Seele in Bayern. Farbenprächtige Gedächtnisfeier für den in Gräfelfing begrabenen Dichter Dr. Mirok Li. In: Münchner Merkur, München 17. 3. 1997.
(17) Schullerus, Martin: Sanfter Mittler zwischen Welten. Vortragsabend über Mirok Li. In: Münchner Merkur, München, 22. 9. 2006.
(18) Tschochner, Friederike: Im Tumult der Studentenaufstände: Dr. Mirok Li fand Zuflucht in Grafelfing. In: Münchner Merkur, München, 28. 12. 2006.
(19) Herterich: Yvonne lernt Chinesisch, o.J.

(20) Schalk, Elisabeth: Kleiner Herbsturlaub, (Mansukript).
(21) N.N.: Mirok. In: Autoren. Porträts, o.J.
(22) N.N.: Mirok Li. In: Der Schriftsteller, o.J.
(23) N.N.: Der Münchner aus Korea, o.J.
(24) Schneider, Georg: Koreanisches Vorspiel, o.J.

2) 한 글

(1) 고병익 : 〈어떤 이방인, 독일 사람들의 기억 속에 살아 있는 한국인〉, 서울대《대학신문》, 서울 1956년 6월 13/20일.
(2) 고병익: 〈독문소설 '압록강은 흐른다'와 그 저자〉,《신태양》, 1958년 2월호.
(3) 전혜린 : 〈이미륵 씨의 무덤을 찾아서〉,《여원》, 서울 1959년 5월호.
(4) 김재원 : 〈이미륵 씨의 생애〉,《조선일보》, 서울 1959년 6월 1, 2, 3, 4일.
(5) 설정기 : 〈오늘도 독일에서 흐르는 압록강〉,《한국일보》, 서울 1968년 5월 26일.
(6) 박환덕 : 〈아버지〉《압록강은 흐른다》의 발췌,《여성동아》, 서울 1968년 9월호.
(7) 박환덕 : 〈분단국의 비애를 이해하는 서독인〉,《동서문화》서울 1970년.
(8) 남종호 : 〈손길 끊긴 이역의 타계〉,《한국일보》, 서울 1972년 5월 28일.
(9) 필자 미상 : 〈이미륵 씨의 두 누님 방문〉,《한국일보》, 서울 1972년 6월 3일.(10일).
(10) 윤병해 : 〈에바는 살아 있었다〉,《조선일보》, 서울 1973년 3월 14일.
(11) 윤병해 : 〈엘제 여사〉,《조선일보》, 서울 1973년 3월 18일.
(12) 남정호 : 이미륵씨의 유작발견.〈어깨기미와 복심이〉,(한국어로 번역),《한국일보》, 서울 1973년 7월 3일.
(13) 필자미상 : 새로 발견된 이미륵씨의 유고단편.〈어린 복술이와 창문〉,(한국어로 번역)《한국일보》, 1973년 7월 6일.
(14) 우계숙 : 〈무덤이 발견〉,《한국일보》, 서울 1974년 2월 8일.
(15) 고병익 : 〈이미륵과 그 소설〉, 고병익 저:『망원경』, 탐구신서 73. 서울 1974.
(16) 정규화 : 〈이미륵, 생애와 작품〉,《문학사상》, 제18권, 서울 1974년.
(17) 신차식 : 〈아직도 독일에서 흐르는 압록강〉,《공주사대학보》, 174호, 공주 1976년 7월 10일.
(18) 신차식 : 〈아직도 독일에서 흐르는 압록강〉,《백의》, 10호, 서울 1977년.
(19) 송상옥 : 〈이미륵 미발표 유작 발견〉,《조선일보》, 서울 1977년 9월 20일.
(20) 정규화 : 〈서양에 핀 동양의 꽃〉,《성신여대학보》, 서울 1979년 3월 15일.
(21) 라이퍼, 발터 : 〈최초의 만남〉,《한국일보》, 서울 1981년 4월 23일.
(22) 필자미상: 3월에 태어나 3월에 간 "압록강은 흐른다"의 작가 이미륵. 독일문화원서 각종추모행사,《동아일보》, 서울 1982년 3월 11일.
(23) 김영만: 〈간결한 문체에 동양의 신비가 - 작가 이미륵〉,《서울신문》, 1982년 3월 14일.
(24) 이상현: 이미륵유고 80점 발굴,《조선일보》. 서울 1984년 7월 13일.
(25) 안철환: 〈압록강은 흐른다〉의 망명작가 이미륵,《주간조선》. 1984년 7월 22일. 제803호.
(26) 한옥희 : 〈에바는 마지막 생명의 파도였다〉,《여성동아》, 서울 1984년 9월호.
(27) 심미경 : 〈독일인에게 사랑받는 망명 작가〉,《여대생》, 서울 1984년 10월호.
(28) 정규화 : 〈이미륵 - 우리 문학 유산의 발견〉,《성신여대》. 서울 1986년 2월 18일.
(29) 김종구 : 〈망명의 한 썹으며 독일서 작가활동: 이미륵〉,《한겨레신문》. 서울 1991년

4월 5일.
(30) 필자미상: 후손 끊긴 이역의 동포작가 넋 위로, 《구주신문》, 프랑크푸르트, 1992년 5월 27일.
(31) 고미석: "압록강은 흐른다"의 작가 이미륵 연구자료 국립도서관 기증, 《동아일보》, 서울 1993년 10월 16일.
(32) 정규화: 가장 훌륭한 독일어를 구사한 "압록강은 흐른다"의 작가 이미륵, 《기은》, 1994년 3월 1일.
(33) 김광현: 고 이미륵박사 묘비제막식, 《조선일보》, 1997년 3월 18일.
(34) 김병종: 독일에 압록강은 흐르지 않아도, 이미륵과 뮌헨 - 그래펠핑 (1,2), 《조선일보》, 1998년 11월 9일.
(35) 김병종: 묘소는 돌아가지 못하는 조국을 향해, 《조선일보》, 1998년 11월 16일.
(36) 이범수: 〈'압록강은 흐른다'의 작가 이미륵탄생 100주년. 독일문단에 핀 한국의 꽃〉, 《책과 인생》, 1999년 1,2.
(37) 이정은: 이미륵과 "한국의 문제", 월간 《독립기념관》, 1999년 2월호.
(38) 정규화: 서양에 핀 동양의 꽃 이미륵, 《문화와 나》. 1999년 3월 4일.
(39) 백경학: 이미륵, 시대, 민족 뛰어넘은 평화주의자, 《한겨례신문》, 1999년 3월 6일.
(40) 권오문: "동서문화중재자", 추앙받는 이미륵, 《세계일보》, 1999년 3월 15일.
(41) 정현진: "독일에 부는 한국인 '이미륵, 추모열기", 《국민일보》, 1999년 3월 17일.
(42) 정규화: '거룩한 한국혼' 이미륵. 우리가슴에 살아오소서. 《조선일보》, 1999년 3월 18일.
(43) 이현택: 자랑스런 한국인 이미륵, 월간 《동화》, 1999년 4월호.
(44) 정규화: 〈영원한 한국혼 이미륵박사〉, 《재외동포》, 서울 1999년 제5호.
(45) 김승옥: 이미륵의 "압록강은 흐른다". 《한국인》, 1999년 5월호.
(46) 한용환: "압록강은 흐른다"론, 계간 《문학평론》, 1999년 5월호.
(47) 김정년: 두 세계의 중재자, 이미륵, 《우리세대》, 1999년 통권30호.
(48) 김성진: 〈'거룩한 한국혼', 이미륵의 생애와 등산〉, 월간 《산》, 1999년 8월호.
(49) 김승옥: 〈한국적 정서의 소설 - 압록강은 흐른다〉, 『어두은 시절의 불면』, (김승옥 평론집). 도서출판 우삼. 2002년.
(50) 이유랑: 〈아! 이미륵. 이미륵의 묘소를 다녀와서〉. 《책과 인생》, 서울 2002년 6월호.
(51) 윤신철: '압록강은 흐른다'. 이미륵을 찾아서, 《City Life》, 서울 2003년 2. 제 518호.
(52) 이영래: 〈이미륵 할아버지의 등산로를 짚으며〉, 원간 《산》, 2004년 10월호.
(53) 오창규: 〈이미륵과 에르하르트, 그리고 곤노〉, 《문화일보》, 2006년 12월 12일.
(54) 유석재: 〈독립운동가 이미륵박사〉, 《조선일보》, 2007년 3월 20일.
(55) 필자미상: 〈이미륵박사 독립운동 훈장 44년 동안 창고에 묻혀있었다〉, 《주간조선》, 2007년 7월 2일.
(56) 이범진: 이미륵박사 '독립운동훈장" 44년 동안 창고에 묻혀 있었다. 《주간조선》, 2007년 7월 2일.
(57) 김성진: '거룩한 한국혼' 이미륵의 등반활동기. 《책과 인생》, 2009년 2.
(58) 곽아람: 우리가 죽으면 누가 이미륵 묘소 돌보지.... 조선일보, 2009 6월 4일.
(59) 윤완준: 독일에 묻힌 작가 이미륵, 묘지 임대료 낼 사람 없어, 동아일보, 2009년 6월 4일.
(60) 박균: 독일 망명 작가 이미륵의 '압록강은 흐른다' -초 디아스포라, 초 로컬러티를 통한 세계관적 전략으로서 순수를 이야기하다-, 동북아역사재단 뉴스레터 4월호(2023)

3) 영 문

(1) Chung, Kyu-Hwa: Life and Works of Mirok Li. In: Korea Journal, Seoul, 1/1975.
(2) Chun, Herin: Upon Visiting Mirok Li's Grave. In: Korea Journal, 서울 III/1976.
(3) Leifer, Walter: Germany and Korea. In: Asian and Pacific Quarterly, Seoul, 1981, Vol. XIII. Nr. 2, P. 15.
(4) Leifer, Walter: Korea and Germany (1). In: Korea Times, Seoul, 18 June, 1981.
(5) Byun, Eun-Mi: Germany marks birth, literary life of Korean son. 〈The Korea Herald〉, Seoul, 30 January 1999.

XIV. 이미륵의 작품 전집(Das Gesamtwerk von Mirok Li)

1. Der Yalu fließt, EOS Verlag 2011.
2. Vom Yalu bis zur Isar, EOS Verlag 2011.
3. Iyagi, EOS Verlag 2011.
4. Der andere Dialekt, EOS Verlag 2011.
5. Wanderer zwischen zwei Welten, EOS Verlag 2015.

본 원고 목록

* 이미륵 박사의 글과 관련된 원문 인용은 자료목록의 표기를 참조하세요.
김광식, 「김법린과 피압박민족대회」, 『불교평론』 2호, 2006년.
김재원, 「이미륵씨의 생애」, 『藜堂隨筆集』, 탐구당. 1973.
독일문학사, 볼프강 보이터 외, 허창운 역. 삼영사 1988
뮌스터슈바르차하 수도원 소장 연감 1920년 5월 26.
《서울항일독립운동사》, 서울특별시사편찬위원회 2009.
신한민보, 1920년 4월 16일자 기사.
연창흠, 「圓明 延秉昊」, 증평군 문화원 2006.
이극로, 고투 40년, 범우사, 2008년.
이영래, 「알려지지 못하고 죽은 李미륵 氏」『춘추』제 2호, 1957년.
전혜린 譯, 「이미륵씨와 함께 보낸 가을」, 여원, 1959년.
정공채, 「불꽃처럼 살다간 여인, 전혜린」, 도서출판 꿈과 희망, 2002년.
「한글」창간호, 한글학회 1927년 2월.
한민족독립운동사자료집 6(대동단사건), 국사편찬위원회 1988.
한옥희, 「애파는 마지막 생명의 파도였다」, 『여성동아』, 9월호. 1984년.
해주시지 편찬위원회 「海州市誌」, 해주시지 편집위원회. 1994.

Akademie der Künste(Hrsg.), Zur Tradition der deutschen sozialistischen Literatur, Band 1., Aufbau Verlag Berlin und Weimar 199,
Clara Huber(Hrsg.), 『Kurt Huber zum Gedächtnis』, Regensburg. 1947,
G, Kerschensteiner, 「Berufsbildung und Berufsschule」 1966.   Ausgewählte Pädagogische Schrifften, Band Ⅰ,
Gottfried Keller, Die Werke 「Der grüne Heinrich」
Hans-Thies Lehmann, 「Postdramatisches Theater」, Verlag der Autoren, Frankfurt am Main, 1999년,
Herbert Franke, 「Erich Haenisch」, Sonderdruck aus dem Jahrbuch der Bayerischen Akadmie der Wissenschaften. 1967.
Kurt Huber, Volkslied und Volkstanz, Buch-Kunstverlag Ettal 1959.
Kurt Huber, Volksliedsammlung und -pflege in Bayern, München 1991
Maria Bruckbauer, 『...und sei es gegen eine Welt von Feinden!』, Bayerische Schriften zur Volkskunde, 1998.
Walter Liefer, Es waren zwei Sternenkinder, Erinnerungen an den koreanischen Dichter und Gelehrten Mirok Li, 1955
Yoshida Kenko. Tsurezuregusa, herausgegeben von Mirok Li. Bergen 1948.

이미륵 연보

1899년 3월 8일	:	황해도 해주에서 출생
1905년	:	서당에서 한학(漢學) 공부 시작
1910-1914년	:	해주 제일소학교에 다님
1911년	:	최문호와 혼인
1914년	:	신식중학교에 다님(건강 악화로 휴학)
1914-1916년	:	강의록으로 독학
1917년	:	첫째 딸 탄생(3년 후 사망)
1919 년	:	아들 명기 탄생
1917-1919년	:	경성의학전문학교에서 의학공부 경성의학전문학교 3학년 당시 3·1운동에 가담, 일본 경찰을 피해 상하이로 망명
1919-1920년	:	상하이에서 망명객들을 도우며 독일 유학 준비 적십자대 대원 및 "대한민국청년외교단" 편집부장
1920년	:	프랑스 여객선 "Le Paul Lecat"를 타고 유럽으로 출발
1920년 5월 26일	:	독일 뮌스터슈바르차하 분도회 수도원에 도착, 독일어 수업 시작
1920년 6월 29일	:	대구지방법원에서 징역 2년형(궐석재판)
1922년-1923년	:	뷔르츠부르크대학교 의학부에서 공부
1923년	:	하이델베르크대학교로 전학
1925년	:	뮌헨대학교 동물학과로 전학(전과)
1928년	:	뮌헨대학교에서 이학박사 학위취득
1928-1930년	:	뮌헨에서 서예지도
1932년	:	독지가인 자일러(Seyler) 교수 집으로 이사, 《다메 Dame》라는 문예지에〈하늘의 천사〉를 독일어로 발표, 작가활동 시작
1932-1945년	:	자전소설을 준비하며 "이야기"와 논평 및 단편 발표
1946년	:	그래펠핑에 "월요대담회"라는 문인단체 설립
1946년	:	대표작 〈압록강은 흐른다〉를 발표
1948-1950년	:	뮌헨대학교 동양학부 강사(한학 및 한국학 분야)
1950년 3월 20일	:	그래펠핑에서 타계
1963년	:	대통령표창(독립운동 공로)
1990년 12월 26일	:	훈장증(건국훈장 애족상)이 추서됨 : 제2019호

이미륵 평전, 105년 만의 귀환

초판 인쇄 2025년 2월 26일
초판 발행 2025년 3월 20일
정가   22,000원
지은이   박균 · 정규화
디자인   노시윤
발행인   노시윤
출판   이로 출판문화공간
주소   청주시 청원구 1순환로 332번지 3층
전화   010-6428-9758
이메일   iro6428@naver.com
ISBN   979-11-973440-3-9-93810

* 잘못된 책은 바꾸어 드립니다.
** 무단전재 및 무단복제를 금합니다.